百川學海

續百川學海·廣百川學海

【宋】左圭 【明】吴永 馮可賓 輯

中國社會科學院歷史研究所文化史研究室 編

人民出版社

第五冊目次

貧士傳上卷

吳郡黄姬水撰　武林黄嘉惠閲

披裘公

披裘公者吳人也延陵季子出遊見路有遺金公當夏五月披芊裘負薪而過之季子呼公取焉公投鎌于地瞋目拂手而言曰子何居之高而視之下貎之君子而言之野也吾五月披裘而負薪豈取遺金者哉季子知其為賢者請問姓字公曰吾子皮相之士何足語姓字也遂去季子立而望之不見乃止

札也行國公遘中逵食薪力負冬裘夏披黄金可拾素操豈移秘名勿示佇覽莫追

老萊子

老萊子者楚人也當世亂逃耕蒙山之陽墻以茺葭室以蓬蒿牀以枝木席以蓍艾水飲菽食墾山播種蕭然世表也楚王駕先其門當萊子織畚而言曰守國之政孤願煩先生萊子許之其妻曰妾聞酒肉我者可鞭箠我官祿我者可鈇鉞我妾詎能為人所制哉遂投其畚而去萊子亦隨至于江南而止曰鳥獸之毛可績而衣其遺粒足食也仲尼嘗蹙然改容于斯言

老萊鴻翼蒙中耕處草木遵遊水菽啜咬綠闔陳謨朱方借底績毛食粒蹙容宣父

榮啟期

榮啟期者周時人也值衰世隱居窮處遺物求巳時披裘帶索行吟於路曰吾著裘者何求帶索者何索嘗鼓琴而歌孔子過之問曰先生何樂曰吾樂有三天生萬物惟人為貴而吾得為人以男為貴而吾得

為男或皆不免于襁褓而吾行年九十矣是三樂也夫貧者士之常也死者命之終也居常待終當何憂乎孔子聆其語為之三日悲焉

啟期至素拒外抱中以放舒詠因服表衷志楊舜絃詞慨尼聰三樂弗諼一丘固窮

春秋三子

春秋三子者楚之交子魯之㒕子齊之任子也三子生當衰世之季目覩王綱之斁思欲絕景雲表濯志濵滓乃相與居泰山之陽處環堵之室蓽戶不屏盎

茨不翦而高歌不輟君子謂可方之倪鈌云

殊方三子同道一心蝸視姬邦鳳遠泰岑作義舉

色含和保真豈謂陋棲靡厥高吟

鮑焦

鮑焦者不知何許人也衣弊膚見挈畚持蔬遇子貢於道子貢曰吾子何以至于此也焦曰天下之遺德教者衆矣吾何以不至于此也吾聞之世不已知而行之疾行也上不已用而干之毀廉也疾行毀廉然且弗舍惑于利者也子貢曰吾聞之非其世者不生

其利汙其君者不履其土非其世而持其蔬詩曰普天下之下莫非王土此誰有之哉焦曰嗚呼吾聞賢者重進而輕退廉者易愧而輕死於是棄其蔬而立槁于洛水之上

於烈鮑焦踽步周行耻辰叔季結想上皇曰賜敵

言投疏立殭孤潔名流洛水並長

齊餓

齊餓者不知何姓字也齊大饑黔敖爲食於道以待餓人有蒙袂輯屨貿貿然來者敖左奉食右執飲曰嗟來食適揚目而視之曰予惟不食嗟來之食以至於斯也從而謝焉終不食而死曾子聞之曰其嗟也可去其謝也可食

淄境薦凶敖也設食槁瘁有來虛餓孔棘呼嗟致

一辭舉瞳作色簞豆終揮含飴甘沒

黔婁先生

黔婁先生者魯人也修身清節不求進於諸侯魯公以鍾粟辟爲相齊王以黃金聘爲卿俱辭不就著書四篇抱潔而死曾子與門人往弔之上堂見先生之

尸在牖下枕墼席藁緼袍不表覆以布被手足不盡斂覆頭則足見覆足則頭見曾子曰斜引其被則斂矣妻曰斜而有餘不如正而不足也先生以不斜之故至于此生而不斜死而斜之非先生意也曾子不能應遂哭之曰嗟乎先生之終也何以爲謚妻曰以康乎曾子曰先生在時食不充口衣不蓋形死則手足不斂旁無酒肉何樂于此而謚爲康邪妻曰否否先生之生也甘天下之澹味安天下之卑位不戚戚于貧賤不欣欣于富貴求仁得仁求義得義其斯可

謚爲康也已曾子喟然歎曰惟斯人也而有斯婦

有穆先生正以矩身祿辭兩國室乏糠覈鉄欽曾惻攜謚妻陳存雖苦節殁乃康名

北郭騷

北郭騷者齊人也結罘罔捆蒲葦織屨履以養其母猶不足踵門見晏子曰願乞所以養母晏子之僕謂晏子曰此齊國之賢者也其義不臣乎天子不友乎諸侯於利不苟取于害不苟免今乞所以養母是說夫子之義也必與之晏子使人分倉粟府金遺之辭金而受粟有閒晏子見疑于君出奔北郭子曰吾聞之養及其親者身伉其難於是以身死白之

騷尚蠱盤銖陳晉寵毋篕莫充相門斯踵銜惠何深酬身析慵取不賊廉死非傷勇

仲尼三弟子

仲尼三弟子者顏回曾參原憲也回嘗簞食瓢飲處於陋巷人不堪其憂回也不改其樂孔子賢之宅曰嘗列弟子之行又曰回也其庶乎屢空及回死無以葬厥父顏路請夫子之車以爲槨云參不仕居衛緼袍無表顏色腫噲手足胼胝三日不舉火十年不製衣正冠而纓絕捉衿而肘見納屨而踵決曳縰而歌天子不得臣諸侯不得友而卒傳孔子之道憲居以環堵茨以生草蓬戶不完桑木爲樞而甕牖二室褐以爲塞上漏下濕匡坐而絃歌子貢盛服軒車往見原憲憲韋冠縰履杖藜應門子貢曰先生病矣憲應之曰憲聞無財之謂貧學道不能之謂病若憲貧也非病也子貢逡巡而退有愧色

素王樂天水飲疏飯道鑄三賢器同一範乃回幾化乃參聞貫彼不受命昌知貧憲

河上貧者

河上貧者宋人也家貧緯蕭而食其子沒于淵得千金之珠貧者謂其子曰取石來鍛之夫千金之珠必在九重之淵而驪龍頷下子能得珠者必遭其睡也使驪龍而寤子尚奚微之有哉君子謂其不以貧而苟得焉

宋有玄人希微澹寂溯淵幽盤織葭聊食厥嗣淵投月珠乃獲量龍作戒碎糜它石

子桑子

子桑子者不知何許人也子輿與之友霖雨十日子輿恐其病也裹飯而往食之至子桑之門則若歌若哭鼓琴曰父耶母耶天乎人乎有不任其聲而趨舉其詩焉子輿入曰子之歌詩何故若是曰吾思夫使我至此極者而弗得也父母豈欲我貧哉天地豈私貧我哉求其為之者而弗得也然而至此極者命也夫

桑也居困輿實良朋淡旬病雨一飯造門歌絃而奏思故方深究之莫得歸彼生辰

列禦寇

列禦寇者鄭人也穆公時子陽為相專任刑法禦寇乃絕迹窮巷面有饑色或告子陽曰列禦寇有道之士居君之國而窮君無乃不好士乎子陽與粟數十乘禦寇見使辭之其妻望之而拊心曰妾聞為有道者皆得佚樂今有饑色君過而遺先生食不受非命也哉禦寇咲曰君非自我知也以人之言而遺我粟至其罪我也又且以人之言居一年子陽與其黨皆

見殺列禦寇獨全著書八篇曰列子

鄭圃列子壺丘是依刑名山齋清謐女饑彼以人饋我以身辭永言窮巷世仰冲虛

莊周

莊周者宋之蒙人也家貧往貸粟于監河侯監河侯曰諾我將得邑金將貸子以三百金可乎莊周忿然作色曰周昨來有中道而呼者周顧視車轍中有鮒魚焉周問之曰鮒魚來子何為者耶對曰我東海之波臣也君豈有斗升之水活我哉周曰諾我且南遊吳越之王激西江之水而迎子可乎鮒魚忿然作色曰吾失我常與我無所處吾得升斗之水然活耳君乃言此曾不如早索我于枯魚之肆著書內外篇不仕而終

莊生知樂漆園曠逸郊犧不為塗龜自厄假粟監河誇金三百達言罕譬秩有倫脊

鶡冠子

鶡冠子者楚人也隱居幽山衣敝履空以鶡為冠莫測其名因服成號著書言道家之用馮諼常師事之

後顯于趙賜冠子懼其薦巳也乃與誒絶終身不仕

荆有哲靈幽巖芳蹈服不周形冠因作號赤縣隱
名丹書闡道有朋師顯斥交終操

顔斶

顔斶者齊人也居齊下邑宣王致見與譚以爲君子也願請受爲弟子斶曰玉生於山制則破焉非弗寶貴矣然而太璞不完士生乎鄙野推選則祿焉非不尊遂也然而形神不全斶雖貧晚食以當肉緩步以當車無罪以當貴清淨貞正以自娱恍而已因再拜辭去君子曰斶知足矣終身不辱

斶居側邑明擢齊宣侯師雖顯山玉弗完至道一
陳鄙邑言還貞璞無願君子誦焉

陳仲

陳仲字子終齊人也其兄戴爲齊卿食祿萬鍾仲以爲不義嘗殺饋鵞與食出而哇之將妻子適楚居於陵自謂於陵仲子窮不苟求食不非義遭歲饑乏糧三日乃匍匐而取井上李食之蟲者三咽而能視听身織屨妻辟纑以易衣食楚王遣使持金欲聘爲相

其妻曰亂世多害恐先生不保也遂相與逃去爲人灌園

子終蚓操於陵自竄鵞哇兄饋李充螬半乃屨乃
纑乃衣乃爨楚患内規高潛園灌

王高

王高者秦時人也當秦末饑亂父母兄弟死者十有五人家貧徒壁立夫婦晝則傭耕夜則伐草燒博饑食藜藿寒衣草衣而夫婦安然不變所守焉

高生不辰會秦鹿失戟然匹婦磬爾四壁晝耨夕
薪草衣藿食素患與貧而無戚戚

宋勝之

宋勝之南陽安衆人也少孤居穀城聚中孝慕其篤聚中化之少長有禮家貧不能自贍乃依食姊家數歲往受易長安以信義稱從兄哀爲東平内史遣使招之勝之曰衆人所樂者非勝之願也乃去太原從郇越牧羊以琴書自娱丞相孔光就太原辟之不至

勝之德亭至孝作人姊食從寄兄爵蔑輕樂遊郇
園耻就孔勳紘紫綜玩展也鴻生

張仲蔚

張仲蔚者平陵人也閉門養性不治榮名與同郡魏景卿俱修道德隱身不仕明天官博物善屬文好詩賦常居窮素所處蓬蒿没人時人莫識唯劉龔知之

仲蔚削智縉世自陶玄珠則保浮名弗饕采椽唯何惟蓬與蒿獨彼劉龔雅素締交

向長

向長字子平河内人性尚中和好通老易貧無資食好事者更饋焉受之取足而返其餘潛隱于家讀易至損益卦喟然歎曰吾已知富不如貧貴不如賤但未知死何如生耳建武中與同好北海禽慶俱遊五嶽名山不知所終

向子委順榛莽屏居食淡每匱受饋返餘潛玩微象暢弃玄知緣海携友名嶽偕歸

孫期

孫期字仲彧濟陰武城人也習京氏易古文尚書家貧不仕事母至孝養膳莫供乃于大澤中牧豕以資奉養遠人從學者皆執經壟畔黄巾賊起適期里陌輙相勑約曰莫犯孫先生舍司徒黄琬特辟之不行終於家

期也居約職共爲子乃從先澤牧厥姤豕青衿孝質芳壟詔語德懷蠢冠名徵天府

閔貢

閔貢字仲叔太原人也世稱節士雖以周黨之潔清自以弗及也黨見仲叔食無菜遺之生蒜仲叔曰吾欲省煩耳今更作煩耶受而弗食建武中司徒侯霸既辟至投劾而去復以博士徵不至客居安邑老病家貧不能得肉日買猪肝一片屠者或不肯與令聞勑吏常給焉仲叔怪問知之乃歎曰閔仲叔豈以口腹累安邑耶遂去客沛以壽終

清矣仲叔廉節與推友饋弗嘗公聘再辭皤顛在旅鮮食莫需潔躬從沛卒老于斯

梁鴻

梁鴻字伯鸞扶風平陵人也鴻幼遭亂父卒卷席而葬受業太學家貧厲節學畢牧豕於上林苑中誤遺火延及宅舍悉以豕償其主猶以爲少鴻無宅財以

身居作後聘同縣孟光入門不答乃更椎髻布衣操作而前乃喜曰此眞梁鴻妻也有頃共入霸陵山中以耕織爲業復至吳居伯臯伯通廡下爲人賃舂每孟光具食舉案齊眉伯通知非凡人乃舍之于家鴻潛閉著書旣卒伯通等爲葬于要離冢傍

伯鸞清白幼遭屯極惟臯作合彼美令德力耕隱山爲舂吳國良彥偕心烈士並域

張楷

張楷字公超不知何郡人也治嚴氏春秋古文尚書就學車馬塡門貴戚之家皆起舍巷以候過客之利楷疾其如此輒徙避之家貧無以爲業常乘驢車至縣賣藥足給食輒還鄉里

公超克學融博古今簪從旣廣鵠徙何深花邑時駕玉壺永春優游郊里忘厭處貧

孔嵩

孔嵩字仲山南陽人也家貧親老乃變姓名傭爲新野里卒友人范式行部到新野而縣選嵩爲導騎迎式式見而識之呼嵩把臂曰子非孔仲山耶對之歎息語及平生曰共語俱曳長裾遊集帝學吾蒙國恩致位牧伯而子懷道隱身處于卒伍不亦惜乎嵩曰昔侯嬴長守於賤業晨門肆志于抱關子居九夷不患其陋貧者士之宜豈爲鄙哉式勑縣令代嵩嵩以爲先傭未竟不肯去

嗟爾仲山淪賤攻苦才成國器珉編邑伍騶侯新郊節逢故與握手論交報言援古

吳祐

吳祐者不知何地人也年二十喪父居無擔石而不受贍遺常牧豕於長垣澤中行吟經書遇父故人謂之曰卿二千石子而自業賤事縱子無耻奈先君何祐辭謝而已守志如初

祐方弱冠即抱莪悲履邽將贈牧諷典書父交相遘忝生載規人各有心厥志莫移

婁壽

婁壽字元考南陽隆人也孩童岐嶷有志捥髮傳業好學不厭榮沮溺之耦耕甘山林之杳藹遲夷衡門樂以忘憂郡縣禮請終不回顧麤絺大布之衣糲楷

蔬菜之食蓬戶茅宇棬樞甕牖樂天知命確乎其不可拔也是以守道識貞之士高尚其事年七十八卒國人相與論德處謚曰玄儒先生

元考純叟性澄不誘敦志星帷滅景雲藪在歎克熙于天宜考玄儒國謚懿遠弗

郭太

郭太字林宗太原人也少事父母以孝聞家貧郡縣欲以爲吏歎曰丈夫何能執鞭斗筲哉乃欲遊學無資就姊夫貸錢五千與聞縣宗仲至京師從屈伯彥學春秋并日而食衣不蔽形常以蓋幅自障出入入則蔽前出則掩後以母喪歸凡司徒辟大常趙典舉有道皆不就以建寧二年卒

懿哉林宗胥吏豈羈遐追聖學言邁王畿蛾習典學麟獲授書奔衰歸處藏器棲遲

符融

符融字偉明陳留浚儀人也州郡禮請孝廉連辟皆不應會黨事妻亾貧無殯殮潁川張元祖來存融推所乘羸車牛馬欲爲具棺服融不肯受曰古之亾者棄之中野唯妻子可以行志但即土埋葬而已與同郡郭林宗田盛並不仕以終云

偉明逸韻杭道虬盤婦亾無歛友欲備棺乃行古志青野埋捐同襟偕逝用晦林泉

申屠蟠

申屠蟠字子龍陳留外黃人也家貧傭爲漆工郭林宗見而奇之少有名節鄉人稱焉父母卒哀毀思慕遂隱居學治京氏易嚴氏春秋小戴禮因博貫五經兼明圖緯前後凡蒲車特徵皆不就年七十四以壽終

恬曠子龍被褐虛空沖心玄境汙跡傭工聽依早失經緯咸通蒲纁數返考命以終

徐氏父子

徐穉字孺子豫章南昌人也讀書豐城樵山之厓家貧常自耕稼非其力不食恭儉義讓所居服其德常齋磨鏡具到所住傭以自給桓帝以玄纁備禮徵聘陳蕃胡廣黃瓊交辟不就靈帝欲以蒲輪聘穉會卒時年七十二子胤字季登隱居不仕躬行稼穡倦則

誦經貧窶困乏執志彌篤不受惠于人太守華歆禮
請相見辭疾不詣建安中卒

孺子者何挺生杰出田耕止共鑑磨行給匹命儆
求帝兩旌辟子胤丕承足昭先德

貧士傳上卷終

貧士傳卷下

扈累

扈累字伯重京兆人也遭亂播遷徙鄴喪婦乃詣洛陽遂不復娶獨居道側以甎甓爲障施一厨床食宿其中晝日潛思夜則仰視星宿吟詠不輟衣縕敝服嘉平中縣令閔其孤老給廩不足就工作裨繕糧出後以疾亡

伯重曷師青牛戸堂遠播京洛子止塗傍潛道觀
文理素詠緗須捷縣服庸保索糧

寒貧

寒貧者姓石字德林安定人也建安初客三輔乃就學長安宿儒欒文博氏通詩書於衆輩中最爲玄靜關中洶亂南入漢中不治産業不畜妻孥晝夜誦詠道書後還長安獨居窮巷冬夏敝衣連結里人與之衣食不取郡縣以其鰥寡給焉時乞于市亦不多取人問姓名不荅故因號之曰寒貧也車騎將軍郭淮以意氣呼之問所欲譍而不言因與脯糒及衣取其脯一胞糒一升而已

德林玄默範彼欒儒塵業弗務道典日披寒貧致
號芳字莫知或臣問遺取食却衣

孫登

孫登字公和汲郡共人也無家屬居郡北山窟土爲室夏則編草爲裳冬則披髮自覆好讀易撫琴性無恚怒見者皆親樂之時游邑都所經家或設衣食者一無所受嘗任宜陽山中文帝使阮藉往觀與語不應嵇康從游三年問其所圖終不荅康每歎息將别以才多識寡戒之後不知所終

公和弗偶宜陽居穴炎曦蔽草寒暑被髮文係虞
絃載鼓載閼阮叩緘言嵇遊戒别

董京

董京字威輦不知何郡人也初與隴西計吏俱至洛陽常宿白社中或乞于市被髮而行逍遥吟咏得殘碎繒絮結以自覆全帛全綿棄而不受著作郎孫楚就社中與語載與俱歸復貽書之仕京詩以辭之後數年遁去莫知所之於其寢處唯有一石竹子及詩二篇而已

威輦飄踪洛陽客至潔迺幽社汙游鄽市達矣行
吟鄙哉言仕倏焉遐舉獨遺玄賦

夏統

夏統字仲御會稽永興人也幼孤貧養親以孝友聞每採稆求食星行夜歸或至海邊拘螊蟣以資養雅善談論宗族勸之仕統勃然作色曰使統屬太平當與元愷評議遇濁代念與屈生齊潔若汙隆之間自當耦耕沮溺豈有辱身屈意于郡府之間乎聞君之談不覺毛灑汗匝顏赤心熱口張耳塞也言者大慙

統幼孤匱孝睦則聞采林星征拘水海征顯榮族
勵沮溺自任歛形遁世畢影高襟

郭文

郭文字文舉河内軹人也少愛山水尚嘉遯服畢不娶步擔入吳興大辟山窮谷倚木于樹苫覆而居恒著鹿裘葛巾不茹酒肉區種菽麥采竹貿鹽以供餘杭令顧颺與葛洪共造之携與俱歸颺贈韋袴褶一具文不納辭歸颺追遣使者置衣而去後衣爛戸内竟不服用王導聞其名遣船車迎之文荷擔而至居

導西園溫嘗問曰今將用先生以濟時若何文曰山草之人安能佐世後逃歸臨安既卒葛洪庾闡並爲作傳贊頌其美云

郭文嘉尚山水遐思名島既歷荒谷攸居颺服弗御導園覽栖一朝捐瑟二梧楊徽

郭翻

郭翻字長翔武昌人也翻少有志㨿辭州郡辟家于臨川以漁釣射獵不涉世交居貧無業欲墾荒田先立表題經年無主然後乃作至稻將熟有伊認者悉

推與之縣令聞而給之以稻還翻翻竟不受其漁獵所得或從買者不取其直亦不告姓名嘗墜刀于水路人有爲取者因遂與之路人固辭翻曰爾所不取我豈能得復沈刀于水其廉不受惠皆類此也

武昌翻里臨川寄室乃耕汙萊禾成弗獲乃鬻漁獵售人無直沈器漣漪允符清德

沈道虔

沈道虔吳興武康人也少好老易居縣北石山下與諸孤子弟共釜庾以措拾自資同措者爭穟道虔悉以所得與之爭者媿恧後每事輒云勿令居士知冬無複衣戴顒聞而迎之周以錢服及還悉供諸衆無衣者鄉里少年相率受學道虔無食以立學徒武康令孔欣之相與餽給受業者始得有成道虔年老菜食恒無經日之儲而琴書爲樂以終

道虔玄澹老易妍文饑仰掇穟寒鮮複衿戴周贍族孔給淑人耄年藿食琴典欣欣

孔淳之

孔淳之字彥深魯人也孔子三十六代孫性好墳集

山水爲太原王公所稱居會稽剡縣茅室蓬戶庭草蕪徑牀上有書數帙而已與處士戴顒王弘之王敬弘等並爲人外之交又申之婚姻敬弘以女適淳之子尚遂以烏羊繫所乘車轅提壺爲禮至則盡歡共飲訖暮而歸或恠其若此荅曰固農夫田父之禮也會稽太守鄭芳明要之不至使謂曰苟不入我郡何爲入我郭淳之笑曰潛游者不識其水巢栖者非辨其林飛沈所至何問其主終不屑往元嘉初復徵爲散騎侍郎乃逃去家人莫知所在後東歸七年卒

淳之屬懷崇丘山水徑草芃芃牀書楚楚三星締
姻一壺成禮郡招耻屈帝徵逃徙

翟法賜

翟法賜者潯陽柴桑人也曾祖湯莊父矯並高尚
不仕法賜結屋廬山以獸皮結草爲衣雖鄉親中表
莫得見焉徵辟不就後家人至石室尋求因復遠徙
後卒于巖石之間

翟世清高法賜尤皎栖秀餐靈服毛御草迺避數
求復投杳㴲達人就蛻青巖陳殍

劉凝之

劉凝之字隱安南郡枝江人也慕老萊嚴子陵爲人
推家財與弟及兄子作舍野外非其力不食妻亦不
慕榮華樂甘儉苦共乘薄笨車出市賣易周用臨川
王義慶衡陽王義季遣使存問凝之荅書稱僕人或
譏焉凝之曰昔老萊向楚王稱僕嚴陵亦抗禮光武
未聞巢許稱臣堯舜也荆州年饑義季慮其餒斃餉
十萬凝之將錢至市門覩有饑色者悉分與之俄
盡自甘饑餓後携妻子入衡山不返元嘉二十
五年卒

白尚凝之古逸自期于宗謝業于野爰居梧媛同
德賢王抗儀衡陽終隱遂厥遁思

朱百年

朱百年會稽山陰人也家貧少有高志談玄爲詠携
妻入會稽山業採以樵箬置道頭輒爲行人所取明
旦復然人稍怪之積久知是朱處士所賣須者隨多
寡留錢取樵箬而去或遇寒雪不售貧匱自榜船送
妻還孔氏天晴復迎之追念母氏亡于冬月衣無綿
絮自此不御嘗寒時就孔顗宿衣被單袂顗以臥具
覆之既覺引臥具去體謂顗曰綿定奇溫即洒涕悲
慟顏峻爲東陽州餉穀三百斛不受百年卒蔡典宗
爲會稽太守贈米以給孔氏遺婢詣郡門固讓時人
美之以比梁鴻妻云

百年玄潫樵山自給一日弗售兼旬無食孝不御
溫廉能却物淑妻辭饋並彰清德

顧歡

顧歡字景怡吳郡鹽官人也家世寒賤父祖並爲農

夫歡獨好學年六七歲知推六甲父使田中驅雀歡作黄雀賦而歸雀食稻過半父怒欲撻之見賦乃止鄉中有學舍歡貧無以受業於壁舍後聽無遺亡者夕則然糠自照及長篤志不倦居剡中天台山每日出戸山鳥集其掌上取食年六十四卒

歡也農流性資秀悟年方岐嶷推甲作賦屬垣晝業然糠宵度機心永絶山禽掌哺

吳蔡二隱

吳苞字懷德濮陽鄄城人也學善三禮老莊過江教

授葛巾竹麈蔬食二十餘年與劉瓛俱與褚淵宅講授論語隆昌元年徵太學博士不就蔡會字休明陳留人也嘗慕苞清抗圭齋自守不與俗交李撝謂江敩曰古人稱安貧清白曰夷涅而不緇曰白如蔡休明者可不謂之夷白乎

懷德鉅儒北學南師屣揮宋組鑰闢㬜書休明景式高抗亦特古稱夷白撝頌不虛

徐伯珍

徐伯珍字文楚東陽太末人也少而孤貧學書無紙常以竹箭箬葉甘焦及地上學書及長讀詠不倦妻亡不娶自比于曾參宅南九里有九巖山遂移居之家極貧窶而兄弟四人皆白首相對時人呼爲四皓前後徵辟凡十次皆不就

伯徵幼艱抱影長嘯藝翰摹精古墳深奧九巖遁栖四人齊耄自擬曾參世稱商皓

沈驎士

沈驎士字雲禎吳興武康人也敏慧博學有高尚之心居貧織簾誦書口手不息鄉人號爲織簾先生又

傭人伐竹以繼饘糜嘗苦無書因游都下歷觀四部畢乃歎曰古人亦何人哉稱疾歸鄉無所營求負薪汲水并日而食守操終老徵薦不就著易禮老莊等要畧數十卷于家

驎士俊敏尚志窮居誦口而畜業手以需討典都游終履鄉歸昭昭經述來嗣足垂

沈顗

沈顗字處默幼清淨有志行慕黄叔度徐孺子之爲人家貧惟讀書著述獨處一室人罕見其面從叔勃

貴顯還吳賓客填門顗獨不往勃就之顗迎送不踰閫勃歎曰吾今乃知貴不如賤也齊末兵荒與家人同甘困餓三日一餐或餽粮肉閉門不受惟采蓴荇根供食以樵采自資怡然不改其樂

處默高步憲穉欽風守我冲寂傲彼尊榮餞戎並遵養膳皆空山植溪毛日搴以供

阮孝緒

阮孝緒字士宗陳留尉士人也孝緒七歲出繼從伯胤之胤之母周氏卒遺財百萬應歸孝緒孝緒一無所納盡以歸胤姊瑯琊王晏之母之聞者嘆異性至孝既冠荅父彥之誡曰願跡赤松于瀛海追許由於窮谷庶保餘生以免塵累自是屏居一室非定省未嘗出戶家貧無爨僮僕竊隣人墓樵繼火孝緒知之乃不食更令折屋而炊所居惟竹一叢而已

卓哉士宗年芳行偉百萬推金一塵甘餒瀛海清潨頡陽高軌叢竹安愉没窮無悔

劉訏

劉訏字彥度平原人也幼貧性不欲仕時有辟之者訏卽掛檄于樹而逃事息乃還亦不願娶與陳留阮孝緒及族兄歊日夕招携都下謂之三隱卜築東澗有終焉之志每遭窘迫併日而食隆冬或無氊絮處之晏然人不覺其仁寒也常著穀皮巾披衲衣每遊山澤輒留忘返神理閑正姿貌甚華在林谷之間意氣彌遠天監七年卒謚曰玄貞處士

訏當齠紀孤困郎遭觀賓弗利比友相招東澗盤止遠岫遊遨玄貞清謚千載猶昭

胡叟

胡叟者不知何許人也居家高室草逕唯酒自適嘗謂人曰我此生活似勝焦光不治產業飢貧不以爲恥養子字螟蛉以自給每至貴勝之門恒乘一牸牛布囊容三四升飲噉醉飽便盛餘肉併以付螟蛉見車馬容華視之蔑如也

叟不家治寔勝焦光碧草寄趾黃流適情仰供養子時乞華門視彼榮富太虛馳雲

范元琰

范元琰字伯珪吳郡錢塘人也少通經史兼精佛義

居家不出戕市雖獨居如對賓客見者莫不改容憚之家徒四壁唯以園蔬爲業縣令上言義行楊州刺史臨川王宏辟命不至卒于家

吳有元琰斂求慧性既涉九經復昭三乘寂矣厭紛儼乎居敬藝疏足老終違辟命

朱桃椎

朱桃椎益州成都人也澹泊絕俗披裘曳索人莫能測長史竇軌見之遺以衣服鹿幘麂韡逼署鄉正委置不服更結廬山中夏則贏冬則緝木皮葉以自蔽

贈遺一無所受嘗織十芒屩置道上見者曰居士屩也爲鬻米茗易之置其所輒取去終不與人接高士廉爲長史備禮以請降階與之語不荅惟瞪視而去士廉拜曰祭酒其使我以無事治蜀耶屢存問輒走林草自匿云

桃椎恬閑裘褐陶熙裕襟弗諒世綱苦靡搆雲取壯緯草由頋友治請言默示無爲

孟浩然

孟浩然襄陽人也骨貌淑清風神散朗灌蔬藝竹以全高尚然遊不爲利期以放性故常貧名不挂于選部聚不盈于擔石雖屢空不給而自若也郡守韓朝宗偕浩然入秦先揚于朝約日引謁及期會友文酒講好甚適或曰子與韓公預諾而忘之可乎浩然叱曰僕已飲矣身行樂耳遑恤其它遂畢席不赴由是閒罷終于冶城南園

楚嶽降靈孟拯挺生林嘉遯尚文妙匠心放適情志任適天眞臨觴負諾樂豈易名

高繹

高繹者長安人也有古人絕行慶曆中召至京師上欲命官固辭歸山賜號曰安素處士家甚貧窶妻子寒餒終不以困固受鄉人饋遺閉門讀書而已

高子勵行卓犖邁古德聞帝擢號錫山處室用雖艱鄉周弗取唯勤遜志披文暢喜

杜生

杜生者莫知其名時人呼爲杜五郎穎昌人也所居去邑三十里有屋兩間與子並居前有空地丈餘即爲籬門生不出門者三十年黎陽尉孫軫往訪之自

陳村人無能公何見顧軫問所以爲生對曰昔有阪田與兄同耕迨兄子娶婦度不足贍乃盡以與兄而攜妻子至此僦屋居之與人擇吉醫藥聊以供飦粥有時不繼云

杜生野寄逾紀潛門讓畝敦睦俗室裕貧嚴卜韓方以粒以薪孫尉惠綏聆厥條陳

俞澹

俞澹字清老金華人也貧而無室棲山以居人呼之曰半山道人荆公王介甫嘉其潔尚乃彊爲釋牛山以貧澹曰無錢得祠部耳公爲買之牒名紫琳已戒期祝髮愆而不至公詰之澹曰吾思僧不易爲生龜脫筒亦難堪恐祠部已付酒家償負耳

清老放達風神塵表麗偶弗偕芳林孤蹈名公致嘉迦業强造曠性不堪從厥所好

賈收

賈收字耘老烏程人也以詩著名喜飲酒家素貧東坡先生每念之嘗作古木恠石書其後以贈云念賈處士貧甚無以慰其意爲作古木恠石一紙每遇飢時輒一開看還飽人否若吳興有好事能爲君月致米三石酒三斗終君之世者當便以贈之不爾可令侍姬掌貯須添丁長以付之也

賈生茂士握槧吐珠綠醑則嗜白衣罕攜室當交諸友實致思嘉圖雖慰玩豈忘饑

丁時習

丁時習字行可邵武人也父廷彦爲太學錄以忤蔡京歸卒時習遂棄青紫業僦舍掩籬玩讀經史晏如也鄉朝貴有以書薦于有司終不往謁妻危氏同甘苦未嘗以貧窮見辭色子百之千之夙興供酒掃具蔬食畢即受業恭謹終日杜來爲之立傳

廷彦邦直克陶哲器國止青蠅園藏白責令妻刑德翼子繩義藝士昭陽播芳百嗣

蘇雲卿

蘇雲卿者豫章南昌人也初與丞相張德遠爲友宋既渡南德遠貴顯雲卿乃遁跡結庵于東湖之小洲家貧畚礫爲圃織屨以自給垂三十年後德遠復相函金帛移書帥府云有故人蘇雲卿在治下斯人管

彝流亞非折簡可招必禮致之帥漕乃以計造見冀日遣吏迎候書幣不啓而雲卿已遯矣

雲卿國彥乃丁世亂故交顯達湖洲遲玩管樂致忻幣書臻薦松間一語明發遐竄

蘇扶

蘇扶者隱士蘇庠仲子也工詩善書貧甚而有介郡守辟之語子姪輩曰吾何以獲知時人特以先世隱名存耳殆不過哀吾貧而周之寧忍以父名賣錢耶固辭不往死至無以歛葬云

庠叟用晦逸範夙傳乃生麟角亦尚龍潛歌彰清蘊書適熙天抱窮以歿題轄弗全

何溥

何傳字商霖永嘉人也潤澤詳整屬詩知名釜甑常空而意趣悠然漠不爲累也葉水心常稱其凍餓自守之樂死之日殯具無貲其友翁忱率素往來者葬之

溥也梧儒聖步賢趨玉堪擬德實偶彰儀將遐育鞠心嗜道腆獻稱有試友殯無歸

周方叔

周方叔字矩道居丹徒築室五州山下讀誦不休家貧或終日不得食鄰僧乞米送之一日龔農卿準孫常州吳會造其廬無以爲具乃烹犬食之二公忻然盡歡歎息而去

矩道嵓廬考墳自娛如何裡施乃繼儒靡朝軒有造山釜無儲羹獻作餧式宴樂胥

呂徽之

呂徽之天台人也居芳山中綜博述詠安貧逃名常漁以自給一日攜弊楮詣富家易穀露頂短褐布襪

草履值大雪立門下人弗之顧徐至庭前聞閣中語責遊子弟詠雪苦吟弗就徽之哂焉逌出侮之徽之口占以答無不精美問其姓字終不言諸子弟曰嘗聞吾鄉有呂處士者欲一見而不能先生豈其人耶曰吾農家安知呂處士因惠之穀徽之怒曰不義之貨我何庸取遂去諸子弟瞰識其所雪霽覓訪唯草屋壁立忽米誦內有人乃徽之妻也以天寒無衣坐爲障耳因問先生何在荅曰溪上捕漁乃至彼見之

徵之隔溪謂曰少需之得魚易酒飲諸公也俄頃攜魚酒至盡歡散別異日復躡其蹤則徵之已行矣

作者徵之絕塵不羈盍来山麓網罟捕魚適趾一出僻牖人知諸少甫抑孤雲復移

胡汲仲

胡汲仲字長孺天台人也特立獨行凍餓有守趙子昂嘗爲羅司徒奉鈔百錠請作墓銘長孺怒曰我豈爲宦官墓誌耶是日長孺絕糧其子以情白坐諸客咸勸之受長孺愈堅嘗送蔡如遇歸東陽云靡不繼

襖不温謳吟猶是鐘球鳴語之曰此余秘密藏中休糧方也

東風沿濁卓生長孺履有確守困無纖累雖當粒絕終辭墓誌歸友贈言堅哉見志

杜有開

杜有開字伯陽江陰人也家貧授徒以給妻吳氏辟纑助之天曆歲歉學徒散去吳之弟繼勸鬻墓地少延飯死有開在羸憊中堅持不可繼欲挈吳歸吳曰夫能盡孝我獨不能盡婦道乎遂相繼枕藉死鄉人憐之

伯陽碩孺庚炊莫給養蒙而畱載緝以易孔鞠饑灾克全守德子經婦義斃焉弗失

張介福

張介福字子祺覃懷人也從姑氏來吳少慕鄉哲許衡遂軒軒以禮自持爲學誠篤周旋規矩張士誠入吳兵掠其舍令導諸富不從乃刃其面流血仆地復戴冠危坐而顏色自若家素貧寒冬不具衣襦或遺以衾絮固辭之雖小物亦不受及死語人曰吾學古

人一無所成死有餘憾矣

覃懷秀達吳邑卽旅志在希賢動能中禮白刃莫懾素介無取生雖聞道没猶含悔

王逵

王逵字志道錢塘人也足一跛家極貧無以朝夕因賣藥賣藥復不繼又市卜傳究子史百家客至輒談今古不休人知其辨博毎以疑難質之無不口應

跛者王生外歉內足山䄂秦方市簾楚卜學必窮年談唯稽贖粤義隱詞質皆彰暴

王賓

王賓字仲光吳郡人也志不願仕永樂中自壞其面終身獨居無妻子髽髻布袍游行市中家貧無業賣藥以養所至羣兒隨焉郡守姚善枉謁衡門賓據坐受拜以道誨之若師弟子姚少師廣孝貴歸來訪弗肯見玄盖掩面而走

仲光耽漁獨影窮栖毀顏佯廢編髮高嬉性偕赤子道屈貴輿同邢企德展矣我師

邢量

邢量字用禮吳郡人也平生不娶併童僕無之弊屋三間青苔蒲壁室中唯左右古書披覽薪水躬自秉執惟炊黍分而食焉未嘗得一煖食折鐺敗席壞麻被破薦然其居也及扣之經史傳記無弗應者客至清淡不設湯茗有奇彥數人每謁之必挾鈔以往午則買食他處復就談焉量以是畢老

邢叟好古經紬史究室之御令身勞井臼晨炊昏餐著麻寒覆問奇有來如鐘在叩

貧士傳卷下終

長者言

華亭陳繼儒著　江汝淳校閲

余少從四方名賢游有聞輒掌錄之已復死心茅茨之下霜降水落時弋一二言拈題紙屏上語不敢文廣使異日子孫躬耕之暇若粗識數行字者讀之了了也如云安得長者之言而稱之則吾豈敢

吾本薄福人宜行厚德事吾本薄德人宜行惜福事

聞人善則疑之聞人惡則信之此滿腔殺機也

静坐然後知平日之氣浮守默然後知平日之言躁省事然後知平日之費閒閉戶然後知平日之交濫寡欲然後知平日之病多近情然後知平日之念刻

偶與諸友登塔絶頂謂云大抵做向上人決要士君子鼓舞只如此塔甚高非與諸君乘興覽眺必無獨登之理既上四五級若有倦意又須賴諸君慫恿此去絶頂不遠旣到絶頂眼界大地位高又須賴諸君提撕警惺跬步少差易至傾跌只此便是做向上一等人榜樣也

男子有德便是才女子無才便是德

士君子盡心利濟使海内人少他不得則天亦自然少他不得即此便是立命

吳芾云與其得罪於百姓不如得罪於上官李衡云與其進而負於君不若退而合於道二公南宋人也合之可作出處銘

名利壞人三尺童子皆知之但好利之獘使人不復顧名而好名之過又使人不復顧君父世有妨親命以潔身訕朝廷以賣直者是可忍也孰不可忍也

宦情太濃歸時過不得生趣太濃死時過不得甚矣有味於淡也

賢人君子專要扶公論正易之所謂扶陽也

清苦是佳事雖然天下豈有薄於自待而能厚於待人者乎

一念之善吉神隨之一念之惡厲鬼隨之知此可以役使鬼神

黄帝云行及乘馬不用廻顧則神去今人廻顧功名富貴而去其神者豈少哉

士大夫當有憂國之心不當有憂國之語

屬官論劾上司時論以爲快但此端一開其始則以廉論貪其究必以貪論貪矣又其究必以貪論廉矣使主上得以賤視大臣而憲長與郡縣和同爲政可畏也

責備賢者畢竟非長者言

做秀才如處子要怕人既入仕如媳婦要養人歸林下如阿婆要教人

廣志遠願覬造巧異積傷至盡盡則早亡豈惟刀鋸田宅若乃組織文字以冀不朽至於鏤脯鐫肝其爲廣遠巧異心滋甚禍滋速

大約評論古今人物不可便輕責人以死

治國家有二言曰忙時閒做閒時忙做變氣質有二言曰生處漸熟熟處漸生

看中人看其大處不走作看豪傑看其小處不滲漏

火麗于木麗于石者也方其藏於木石之時取木石而投之水水不能克火也一付於物即童子得而撲滅之矣故君子貴翕聚而不貴發散

麄麄子每教人養喜神止養喜神每教人去殺機是二言吾之師也

朝廷以科舉取士使君子不得已而爲小人也若以德行取士使小人不得已而爲君子也

奢者不特制度過侈之謂凡多視多聽多言多動皆是暴殄天物

鯤鵬六月息故其飛也能九萬里仕宦無息機不仆則蹶故曰知足不辱知止不殆

人有嘿坐獨宿悠悠忽忽者非出世人則有心用世人也

讀書不獨變人氣質且能養人精神蓋理義收攝故也

初夏五陽用事于乾爲飛龍草木至此已爲長旺然旺則必極至極而始收斂則已晚矣故康節云牡丹含蕊爲盛爛熳爲衰蓋月盈日午有道之士所不處焉

醫書云居毋腹中毋有所驚則生子長大時發顛癇今人出官涉世往往作風狂態者畢竟平日帶胎疾

耳秀才正是母胎時也

士大夫氣易動心易迷專爲立界墻全體面六字斷送一生夫不言堂奥而言界墻不言腹心而言體面皆是向外事也

任事者當置身利害之外建言者當設身利害之中此二語其宰相臺諫之藥石乎

乘舟而遇逆風見揚帆者不無妬念彼自處順于我何關我自處逆于彼何與究竟愚之都是自生煩惱天下事大率類此

用兵者仁義可以王治國可以霸紀律可以戰智謀則勝負共之特勇則亡

出一個喪元氣進士不若出一個積陰德平民

救荒不患無計策只患無眞心眞心即奇策也

凡議論要透皆是好盡言也不獨言人之過

吾不知所謂善但使人感者即善也吾不知所謂惡但使人恨者即惡也

講道學者得其土苴眞可以治天下但不可專立道學門戸使人望而畏焉嚴君平買卜與子言依于孝與臣言依于忠與弟言依于弟雖終日譚學而無講學之名今之士大夫恐不可不味此意也

天理凡人之所生機械凡人之所熟彼以熟而我以生便是立乎不測也

青天白日和氣慶雲不特人多喜色即鳥鵲且有好音若暴風怒雨疾雷閃電鳥亦投林人亦閉戸乖戾之感至于此乎故君子以太和元氣爲主

頤卦愼言語節飲食然口之所入者其禍小口之所出者其罪多故鬼谷子云口可以飲不可以言

吳俗坐定輒問新聞此游閒小人入門之漸而是非媒孽交搆之端也地方無新聞可說此便是好風俗好世界蓋訛言之訛字化其言而爲訛也

富貴功名上者以道德享之其次以功業當之又其次以學問識見駕馭之其下不取辱則取禍

天下容有曲謹之小人必無放肆之君子

人有好爲清態而反濁者有好爲富態而反貧者有好爲文態而反俗者有好爲高態而反卑者有好爲淡態而反濃者有好爲古態而反今者有好爲奇態

而反平者吾以爲不如混沌爲佳

人定勝天志一動氣則命與數爲無權

偶讀司馬温公資治通鑑且無論公之人品政事只此閒工夫何處得來所謂君子樂得其道故老而不爲疲也亦只爲精神不在嗜好上分去耳

揑造歌謡不惟不當作亦不當聽徒損心術長浮風耳若一聽之則清淨心田中亦下一不淨種子矣

人之嗜名節嗜文章嗜游俠如嗜酒然易動客氣當以德性消之

有穿麻服白衣者道遇吉祥善事相與牽而避之勿使相值其事雖小其心則厚

田鼠化爲鴽雀入大海化爲蛤蚌魚且有變化而人至化不變何哉故善用功者月異而歲不同時異而日不同

好譚閨門及好譚亂者必爲鬼神所怒非有奇禍則有奇窮

有濟世才者自宜韜斂若聲名一出不幸而爲亂臣賊子所刼或不幸而爲權奸佞倖所推旣損名譽復

粤事幾所以易之無咎無譽莊生之才與不才眞明哲之三窟也

不盡人之情豈特平居時卽患難時人求救援亦當嘗味此言

俗語近于市纖語近于娼諢語近于優士君子一涉此不獨損威亦難迓福

人之交友不出趣味兩字有以趣勝者有以味勝者有趣味俱乏者有趣味俱全者然寧饒於味而無寧饒於趣

天下惟五倫施而不報彼以逆加吾以順受有此病自有此藥不必校量

羅仲素云子弑父臣弑君只是見君父有不是處耳若一味見人不是則朋友兄弟妻子以及于童僕鷄犬到處可憎終日落嗔火坑塹中如何得出頭地故云每事自反眞一帖清涼散也

小人專望人恩恩過不感君子不輕受人恩受則難忘

好義者往往曰義憤曰義激曰義烈曰義俠得中則

爲正氣太過則爲客氣。正氣則事成。客氣則事敗。故曰大直若曲。又曰君子義以爲質。禮以行之。遜以出之。

水到渠成。瓜熟蒂落。此八字受用一生。

醫以生人。而庸工以之殺人。兵以殺人。而聖賢以之生人。

人之高堂華服。自以爲有益于我。然堂愈高則去頭愈遠。服愈華則去身愈外。然則爲人乎。爲己乎。

神人之言微。聖人之言簡。賢人之言明。衆人之言多。小人之言妄。

欲見古人氣象。須于自己胸中潔淨時觀之。故云見黄叔度使人鄙吝盡消。又云見魯仲連李太白使人不敢言名利事。此二者亦須于自家體貼。

泛交則多費。多費則多營。多營則多求。多求則多辱。語不云乎。以約失之者鮮矣。當三復斯言。

徐主事好衣白布袍。曰不惟儉朴。且久服無點汚。亦可占養。

河洛卦範。皆圖也。書則自可鑽研。圖則必由討論。古人左圖右書。此也。今有書而廢圖。故有學而無問。書不盡言。言不盡意。其惟圖乎。

留七分正經以度生。留三分癡呆以防死。

騁翁云。天地一無所爲。只以生萬物爲事。人念念在利濟。便是天地了也。故曰宰相日日有可行的善事。乞丐亦日日有可行的善事。只是當面蹉過耳。

夫衣食之源本廣。而人每營營苟苟。以狹其生。逍遙之路甚長。而人每波波急急。以促其死。

士君子不能陶鎔人。畢竟學問中火力未透。

人心大同處莫生異同。大同處即是公論。公論處即是天理。天理處即是元氣。若于此處犯手者。老氏所謂勇于敢則殺也。

孔子曰。斯民也。三代之所以直道而行也。不說士大夫。獨拈民之一字。却有味。

沓假山無巧法。只是得其性之重也。故久而不傾。覩此則嚴重者可以自立。

後輩輕薄前輩者。往往促算。何者。彼既賤老。天豈以賤者贈之。

有一言而傷天地之和一事而折終身之福者切須檢點

人生一日或聞一善言見一善行行一善事此日方不虛生

王少河云好色好鬭好得禽獸別無所長只長此三件所以君子戒之

靜坐以觀念頭起處如主人坐堂中看有甚人來自然應答不差

人鳥不亂行人獸不亂群和之至也人乃同類而多

乖睽何與故朱子云執拗乖戾者薄命之人也

得意而喜失意而怒便被順逆差遣何曾作得主馬牛爲人穿着鼻孔要行則行要止則止不知世上一切差遣得我者皆是穿我鼻孔者也自朝至暮自少至老其不爲馬牛者幾何哀哉

世亂時忠臣義士尚思做個好人幸逢太平復爾温飽不思做個君子更何爲也

凡奴僕得罪于人者不可恕也得罪于我者可恕也

富貴家宜勸他寬聰明人宜勸他厚

天下唯聖賢收拾精神其次英雄其次修煉之士

醉人膽大與酒融浹故也人能與義命融浹浩然之氣自然充塞何懼之有

嘗見賢人君子而歸乃猶然故吾者其識趣可知矣

出言須思省則思爲主而言爲客自然言少

只說自家是者其心粗而氣浮也

一人向隅滿堂不樂一人疾言遽色怒氣噀人人寧有怡者乎

士大夫不貪官不受錢一無所利濟以及人畢竟非

天生聖賢之意蓋潔已好修德也濟人利物功也有德而無功可乎

未用兵時全要虛心用人既用兵時全要實心活人

孔子畏大人孟子藐大人畏則不驕藐則不諂中道也

少年時每思成仙作佛看來只是識見嫩耳

薄福者必刻薄刻薄則福益薄矣厚福者必寬厚寬厚則福益厚矣

進善言受善言如兩來船則相接耳

人不易知然爲人而使人易知者非至人亦非眞豪傑也黄河之脉伏地中者萬三千里而莫窺其際器局短淺爲世所窺丈夫方自愧不暇而暇求人知乎

能受善言如市人求利寸積銖累自成富翁

掃殺機以迎生氣修庸德以來異人

金帛多只是博得垂死時子孫眼淚少不知其他知有爭而巳金帛少只是博得垂死時子孫眼淚多亦不知其他知有親而巳

喜時之言多失信怒時之言多失體

以舉世皆可信者終君子也以舉世皆可疑者終小人也

漢人取吏曰廉平不苛平則能在其中矣廉能者後世不熟經術之論也

古人重俠腸傲骨曰腸與骨非霍霍欺弄口舌聳作意氣而巳郭解陳遵議論長伝名節

清福上帝所吝而習忙可以銷福清名上帝所忌而得謗可以銷名

人不可自恕亦不使人恕我

文中子曰太熙之後述史者幾乎罵矣嗚呼今之奏疏亦然

用人宜多擇友宜少

不可無道心不可泥道貌不可有世情不可忽世相

心逐物曰迷法從心曰悟

儒佛爭辨非惟儒者不讀佛書之過亦佛者不讀儒書之過故兩家皆交淺而言深

後生輩胸中落意氣兩字則交游定不得力落騷雅二字則讀書定不深心

古之宰相捨功名以成事業今之宰相既愛事業又愛功名古之宰相如聶政塗面抉皮今之宰相有荆軻生劫秦王之意所以多敗

周顗與何胤書云變之大者莫過死生生之重者無逾性命性命于彼甚切滋味于我可輕故酒肉之事莫談酒肉之品莫多酒肉之友莫親酒肉之僧莫接

嗜異味者必得異病挾怪性者必得怪證習陰謀者必得陰禍作奇態者必得奇窮莊子一生放曠却曰寓諸庸原跳不出中庸二字也

待富貴人不難有禮而難有體待貧賤人不難有恩而又難有禮

憐才二字我不喜聞才者當憐人寧爲人所憐邵子曰能經綸天下之謂才

閉門即是深山讀書隨處淨土

讀史要耐訛字如登山耐仄路踏雪耐危橋閒居耐俗漢

孔子云天生德于予桓魋其如予何葢聖人之氣不與兵氣合故知其不害于桓魋今人賴習文字者由其氣不與天地之氣及聖賢之淸氣合故不得不□也

香案牘序

甲午三月郡文學就試荆溪余出城南讀書孟直夫郊居不五日而客有跡者挈罍相餉余與客班坐樹下視樹影所至輒起遷席風日淡宕則枕籍紅花田以隱囊博山酒鎗佐之有古陶斗柄如鸚鵡啄腹如瓠丹砂綉蝕厚如指甲者數片班班桃花色而斟酒有異香蓋三代物也出以酌酒客爲引滿已忽聞林端反舌聲時改夏矣而聲小澁余戲指之曰何異文通才盡又笑曰豈老氏多言數窮耶客亦大笑醉去

余與直夫退而相對起居無他時憩𥔲頭橋畔布衲竟博落落不知何如人村中父老小兒習余無他則剪薔薇花縛蔬笋饋余余愧謝不能當已復余山人又摘茶寄余試以惠泉紺碧沁齒蕉衣竹粉婆娑北窻爲枕書而臥臥起抽一編讀之則浮雲山道士仙史在焉出道藏醎字函卷三十有二所載古今眞人列仙四百四十有七顧其言不雅馴余與直夫汰而洗之存其奇逸可喜者精爲一卷以資麈尾其名香案牘者何居曰仙牘玉宸吏司之如項羽所謂書不過記名姓而已清懶居士陳繼儒志

香案牘

唐太上隱者記　陳繼儒補訂

軒轅

帝列珪玉于蘭蒲席上，春雜寶爲屑，以沉榆之膠和之爲泥，畫野分州，別尊卑華戎之異。濟南人獻明堂圖，複道上有樓，從西南入，此樓之始。螻蛄大如牛羊，螾大如虹，以應土德。

尹喜

文始先生生室中，陸地生蓮花，結草爲樓，精思至道。

范蠡

蠡好服桂飲水，賣藥蘭陵，於北邙山得仙異。

鬼谷

秦時疫死者，有鳥如烏銜草覆其面，遂活。有司上聞，始皇遣使賫草以問先生，云此瓊田中養神芝，其葉似菰而不叢生，一葉能起一人。

介推

子推與趙宣子遊，且有黃雀在門上，晉公重耳異之。後見東海邊爲王俗翁賣扇。

陸通

楚狂接輿好食橐盧木實及蕪菁子，在峩眉山。

鹿皮翁

岑山頂有泉，人不能到。鹿皮翁作轉輪懸閣梯道，四間上其巔。

阮丘

丘耳長七寸，口中無齒。

玄俗

俗日中無影。

白石生

生煑白石爲糧，問之何不霞舉，笑曰：天上多有至尊相奉事，更苦于人間。爾時號爲隱遯仙人。

宋來子

來子常洒掃一市。

古丈人

嵩華松下古丈人一、女子二，曰老人秦之役者，女宮人合爲殉，幸脫驪山之禍，匿此。

董謁

諣乞犬羊皮爲裘編荊爲牀聚鳥獸毛而寢性好異書見輙題掌還家以片鋒寫之舌䑛掌爛人謂諣掌錄而舌學

季充

充號負圖先生伏生十歲就石壁中受充尚書授四代之事伏生以繩繞腰領一讀一結十尋之繩皆成結矣充餌菊术經旬不語人問何以答曰世間無可食亦無可語者

孟岐

岐嘗云見周公旦抱成王以朝于周廟岐時侍周公陛墑公上岐以手摩成王足周公以玉笏遣岐岐常寶執笏以衣袂拂拭笏笏今銳欲折耳

黃安

安坐一神龜廣三尺行則負龜而趨曰伏羲氏始造網罟獲龜以授我背已平此龜畏日月光三千年一出頭我坐此以來龜出者五矣

涉正

正閉目二十年弟子固請之正乃開目有聲如霹靂而閃光若電已復還閉

孫博

博口中吐火指樹火生葉旋焦枯又能于水面布席作樂使衆人舞于上不沒不濡引鏡爲刀屈刀成鏡積時不改

班孟

孟坐空虛中與人語又能入地初沒足至腰及胸漸漸但餘冠幘良久盡沒又吸人屋上瓦瓦飛入簷楣紛如落葉

郗融

融取杯咒成龜煮之可食腸臟皆具而杯成龜殼煮取肉則殼還成杯矣

王輿

秋長山洞穴中有千歲金蟾蜍山頂有瓊花木徑八九尺葉如白檀花如芙蓉香聞數里輿常見之

桐君

君入山得鳴石雞舂碎爲藥服之有聲氣雞色丹大如燕常在地中應時而鳴吳寶鼎元年貢琥珀燕置

靜室室中時一鳴翔此之類也

趙丙

丙舟行遇人酌水爲酒削一樹爲脯並得醉飽

王喬

武陽北平山有白蝦蟇謂之肉芝王喬食以仙去武陽山祠有三王喬一太子晉一葉令王喬一食肉芝王喬

周大賓

賓善鼓琴彈獨絃而八音自和以教糜長生孫廣川廣川即孫登也

安期生

生以醉墨洒石上皆成桃花

彭宗

宗能以一氣誦五千文通爲兩過音清暢

司馬季主

季主顔如少女鬚三尺黑如墨有子二男名法育女名濟華俱在委羽山

王探

探師司馬季主與人行身散雲霧或屹立平地俄起崇山

章玉子

玉子含水噴成珠玉與弟子行各丸泥爲馬乘之一日行千里

唐公昉

公昉昇仙雞犬皆去惟鼠惡其穢垢不將鼠自悔月三吐易其腸東廣微所謂唐鼠是也

朱仲

漢高后下書募三寸珠仲賣珠詣闕魯元公主從仲求珠仲獻四寸珠景帝時復來獻三寸珠數十顆

劉安

淮南王安見太清仙伯以坐起不恭謫守天厠

劉京

京授九子丸于王公公時巳七十歲服之御八十妾生二十兒

梅福

墨池在南昌縣水竹幽蔚王右軍典臨川郡日每過

此盤礴不能去因號墨池先是禰種蓮花池中嘆曰生爲我酷身爲我梏形爲我辱妻爲我毒遂棄妻入洪厓山

欒巴

廬山廟有鬼物能使江湖中分風舉帆巴下檄勒鬼踪跡鬼走齊郡化爲書生談五經太守妻以女巴勑殺之空中刀下狸頭墮地太守女已生一兒俄化爲狸亦殺之

孔元方

元方以杖柱地一手抱杖倒竪頭在下足向上以一手持酒盃倒飲之

李意期

人有說四方郡國宮觀市里期即撮土成之經見者詫其酷類但纖小耳

張仲常

仲常埋甕室下對妻子轟飲恣飽葷血及發甕已多度甕中經日不腐

王喬

喬埜棠城東自成塚其夕縣中牛皆流汗喘乏㦯云埜橋山即太子晉

趙威伯

威伯善嘯若衝風之激長林衆鳥羣鳴須臾雲翔其上冥霧四合零雨其濛

劉偉道

偉道學仙仙人試以白髮一莖懸十萬斤巨石犀齒髮垂垂欲絶使偉道臥其下了無怖色登二十年

王中倫

自娛…下鳥石皆下葉風霜月拊石

王仲倫生周宣王時愛此石…華衣徘徊岩上清曉方去自言…文甑留聽

李阿

阿逐犇牛以足脛罝車下轢其骨皆折阿死須臾復生足亦如故

介象

象入東岳受禁制之術能令一市人皆坐不起有客稚泰山中患羣猴摽食之乞辟猴法象告汝見猴羣

第語之吾已告介君介君教汝莫食明日客試以象言語猴猴果連臂投林而去

張道陵

道陵居渠亭山見青童絳節前導曰老君至矣從者二人貌似弱冠或指曰此子房此子淵

王犨

犨種黃精虎爲之耕豹爲之耘出入亦乘虎豹具鞿轡行鞭策如乘馬

鮑靚

靚與葛稚川善每來門無車馬獨雙燕往還或怪而網之則雙履也墉城集仙錄云靚以女妻稚川

姜伯貞

伯貞值史伯眞命立日中背後觀之其心不正因教之服石腦

元藏機

機有馴鳥三類黃鶴時翔空中呼之立至能授人語常航海飄至一島島人曰此滄洲也產分蒂瓜長二尺碧棗丹栗大如梨池中有四足魚金蓮花婦人採爲首飾曰不戴金蓮花不得在仙家

陳簡

簡遇道者引至石室屬以坦上素書一軸曰汝有書性好爲我書發標視皆古篆籀文心難之度無可遜避遂按本半日書竟

葛玄

玄遇親朋輒邀止折草刺樹以杯盛之汁流如泉杯滿即止飲之皆旨酒取瓦礫草木之實勸客皆脯棗指蝦蟇使飛龜使舞應節如人爲客行酒杯自至前不盡杯不去

鄭思遠

思遠每出行乘虎二虎雛負經而從橫江橋逢許隱具煖藥酒虎爲拾柴燃火隱患齒痛求虎鬚熱挿齒間思遠拔之虎帖地不動

黃野人

野人遊羅浮長嘯數聲迺嚮林樾宋咸淳中客有戴烏方帽着鞾往來羅浮山中見人則大笑反走三年不言姓氏他日醉歸忽取煤書壁云雲意不知滄海

春光欲上翠微人間一墮千劫猶愛梅花未歸蓋野
人之儔歟

許翽

真人告翽曰學道當如穿井井彌深土彌難出

陶弘景

弘景右膝有數十黑子作七星文少便鞍馬善射晚
皆不爲惟聽吹笙借人書臨愼治定

王遠知

遠知曇首之子母夢靈鳳有身僧寳誌曰生子當爲
神仙宗伯

司馬承禎

禎善金剪刀書腦中有小兒誦經聲玲玲如振玉額
上小日如錢耀射一席

李含光

含光工篆隸或稱過其父一聞之終身不復書

許遜

遜爲蜀旌陽令既歸父老送之如雲有不返者乃于
宅東隙地結茇以居狀如營壘多改氏族以從許姓
號許家營

許大

大爲真君掃灑夫婦隱于西山不欲人識改姓曰午
旋改曰干夫婦皆解詩許大詩云不是藏名混世俗
賣柴沽酒貴忘言妻續云兒家祗在西山裡除却白
雲誰到門

胡惠超

超身不甚長然每處稠人中首獨昂出其上雖至長
者止及肩下指地中古金石寳器穿之如言而獲

單道開

開服細石子一吞數枚唐子西贊曰世人茹柔剛則
吐之匙抄爛飯牛口如飼至人忘物剛柔一致其視
食石如啗餅餌北平飲羽出于無心食石之理于此
可尋我雖不能而識其理庶幾漱之而礪厥齒

范豹

豹云東方朔乃黠我我小兒時數與之狡獪孝文帝
召見豹從東宮過指宮門曰此中有博勞鳥奈何養
賊

寇謙之

成公興傭于寇之從母家，使墾田。寇一日于林下布筭《周髀》曆法，不合，公興教之，應手而成。

嚴達

周武帝建德中，詔達至便殿。時已汰浮屠氏，復欲漸芟黄冠。上問道與釋孰優，對曰：「主優而客劣。」上曰：「主客奚辨？」曰：「釋出西方，得非客乎？道出中夏，得非主乎？」上曰：「客既西歸，主無送耶？」對曰：「客歸則有胡土，主在則無損中華。去者不追，居者自保，又何送乎？」上大笑，得免。

孫徹

徹隱遯，宿于木杪，編葛爲席，合目端坐。其友馬儉思之，取葛席置靜室，供養數日，輙聞席上有人語。

丁玄真

毒龍潭二龍飛入殿，與張僧繇畫龍鬬，風雨震沸。玄真畫鐵符鎮潭，龍穿山而去，復釘畫龍之目，其患乃止。

顔真卿

白紫清云：真卿今爲北極驅邪院左判官。

伊祁玄解

西域進方圓二美玉，玄解曰：「此龍虎玉也。圓生于水，龍寶之；方生于山，虎寶之。」詢使人，果得之漁獵者。

摸先生

先生束雙髻于頂，携小竹筲賣藥，有疾者手摸之輙愈，人呼爲摸先生。

王元之

元之歲時夜出門，見一道士，隨之入江。在水底月明中，有不見泥沙，水隨步自開。路傍一物十丈許，如龍如蛇，有五色光。道士指曰：「此水母也，見之長生。」自是便能逆風掛帆，泛水安坐。

清言

東海 屠隆著 趙德遴閱

子房虎嘯安期生豹隱於海濱樂師龍驤魏先生蠖屈於嵩穴縈豈異哉寔命不同

三九大老紫綬貂冠得意哉黄粱公案二八佳人翠眉蟬鬢銷魂也白骨生涯

口中不設雌黄眉端不挂煩惱可稱烟火神仙隨宜而栽花竹適性以養禽魚此是山林經濟風晨月夕客去後蒲團可以雙跏烟島雲林興來時竹杖何妨獨往

覆雨翻雲何險也論人情只合杜門嘲風弄月忽頹然全天眞且須對酒

道上紅塵江中白浪饒他南面百城花間明月松下凉風輸我北窻一枕

淨几明窻好香苦茗有時與高衲談禪荳棚菜圃暖日和風無事聽閒人說鬼

老去自覺萬緣都盡那管人是人非春來尚有一事關心只在花開花謝

甜苦備嘗好丟手世味渾如嚼蠟生死事大急回頭年光疾于跳丸

無物能牢何況蠢茲布袋有形皆壞不聞爛卻虛空

坐禪而不明心取骨頭爲工課馬祖戒于磨甎談經而不見性鑽故紙作生涯達摩所以面壁

草色花香游人賞其有趣桃開梅謝達士悟其無常

修淨土者自淨其心方寸居然蓮界學坐禪者達禪之理大地盡作蒲團

立身而認骨肉太親則人緣難遣學道而求形神俱在則我相未融

錫粘油膩牽纏寔是愛河瞎引盲趍展轉投于苦海非大雄氏誰能拯之

知事理原有頓漸則南北之宗門不廢知升降分于情想則過現之因果昭然

若無後來報應則造物何以謝顏回除却永劫災殃則上帝胡獨私曹操

禿鬢黄面揣骨法豈有如許公侯道氣文心標風流亦是可見措大

招客留賓爲懽可喜未斷塵世之攀緣澆花種樹嗜好雖清亦是道人之魔障

角弓玉劍桃花馬上春衫猶憶少年俠氣瘦瓢膽瓶貝葉齋中夜衲獨存老去禪心

實籙祈仙金函禮佛造物尚不得牢籠禍衣披體破帽蒙頭君相又安能陶鑄

臨池獨照喜看魚子跳波遶逕閒行忽見蘭芽出土亦小有致時復欣然

盤飧一菜永絕腥膻飯僧宴客何煩六甲行厨茆屋

三楹僅蔽風雨掃地焚香安用數童縛帚未見元放翛然尚覺右丞多事

菜甲初肥美于熱酪蓴絲既長潤比羊酥

楊柳岸蘆葦汀池邊須有野鳥方稱山居香積飯水田衣齋頭纔着比丘便成幽趣

竹風一陣飄颺茶竈疏烟梅月半彎掩映書牕殘雪眞使人心骨俱冷體氣欲仙

登華子岡月夜犬聲若豹遊赤壁磯秋江霍影如人但想前賢神明開滌

山河天眼裡不知山河即是天眼世界法身中不知世界即是法身

如來爲凡夫說空以凡夫著有故爲二乘人說有以二乘人沉空故著有則入淪轉之途沉空則礙普度之路是故大聖人銷有以入空一法不立從空以出有萬法森然

黃虀淡飯允宜山澤之臞曲几匡牀久絕華清之夢

棺則朽于木槨則朽于土土木何勞分別沉則化于水焚則化于火火水安用商量

紅潤凝脂花上纔過微雨翠勻淺黛柳邊乍拂輕風問婦索釀甕有新芻呼童煑茶門臨好客先生此時情興何如

痴矣狂客酷好賓朋賢哉細君無違夫子醉人盈座簪裾半盡酒家食客滿堂瓶甕不離米肆燈燭熒熒且耽夜酌爨烟寂寂安問晨炊生來不解攢眉老去彌堪鼓腹

若想錢而錢來何故不想若愁米而米至人固當愁曉起依舊貧窮夜來徒多煩惱

白仲奇窮悍婦同于馮衍德園高隱孤居頗似王維我固當勝之

明霞可愛瞬眼而輒空流水堪聽過耳而不戀人能以明霞視美色則業障自輕人能以流水聽絃歌則性靈何害

詩堪適性笑子美之苦吟酒可怡情嫌淵明之酷嗜若詩而嫉妬爭名豈云適性若酒而猖狂罵座安取怡情

鑠金玷玉從來不乏彼讒人洗垢索瘢尤好求多于

佳士止作疾風過耳何妨微雲點空

學道歷于魔而莫退遇辱堅百忍以自持到底無損毫毛轉使人稱盛德當時之神氣不亂入夜之寃夢亦清

金吾厚享千鍾命慳于荳糌學士御食二器數定于橘湯余幼丁貧賤每藜藿之飯不充壯忽持齋想肉食之簿已盡

大臣雅度嫌王勃之恃才明主知人想李白之薄倖盈庭滿座斷結駟于貴人累牘連篇絕八行于政府

情塵既盡心鏡遂明外影何如內照幻泡一消性珠自朗世瑤原是家珍

善謔浪好詼諧吐語傷于過綺取快佐驩亦無大害揚隱微談中冓爲德毋乃太涼積愆消福吾鄙戒之

人生于五行亦死于五行恩裡由來生害道外于六賊亦成于六賊妙處只在轉關

雲棲蓮老佛隴燈公嶺表憨山湖南窮介有西方美人之思碧浪朱生西泠虞氏湘靈逸客鏡水隱鱗有天際眞人之想

聰明而修絜上帝固錄淸虛文采而貪殘冥官不受詞賦

凡夫迷眞而逐妄智慧化爲識神譬之水湧爲波不離此水聖人悟妄而歸眞識神轉爲智慧譬之波平爲水當體無波

樓前桐葉散爲一院淸陰枕上鳥聲喚起半窗紅日

一泓濠上便同莊叟之觀片石林間堪下米顛之拜

天上兩輪逐電晝夜不休人間二鼠嚙藤剎那欲斷

立雪斷臂秖緣藝壓當行擘面攔胸直是酒逢知己

啜飯著衣生世無補餙巾待㯋顧影多慙庶幾哉白魚蠹簡食奇字于腹中黄鳥度枝遺好音于世上

比丘鼻臭荷香來池神見斥童子乃以香嚴而圓通元卿目玩宮卉爲天神所呵古德有因桃花而悟道

茶熟香清有客到門可喜鳥啼花落無人亦是悠然翠微僧至衲衣全染松雲斗室經殘石磬半沉蕉雨

水色澄鮮魚排荇而徑度林光澹蕩鳥拂閣以低飛曲逕烟深路接杏花酒舍澄江日落門通楊柳漁家

催租吏只問家僮知主人之不理生產收稼奴徑達主母笑先生之何如外賓

八關齊久何敢然寄興于持螯五斗量慳聊復爾托名于泛蟻

侶猿猱友虎豹不能孫登之穴居馴鳥雀畜鳧魚頗似何點之野逸

高人品格既有媿弃丹絜身名士風流亦不至相如慢世

天討有罪生來幸免馬驢世棄不才隱去敢云鴻豹有分有限耗星臨宮顧我論萬事總不如人無慮無憂天喜坐命羸人只一籌至要在我

持論絕無鬼神見帷形而驚怖平居力詆仙佛遇疾病而修齋儒者可笑如此稱柴數米時翻名理于廣筵媚竈乞墦日挂山林于齒頰高人其可信乎

爲龍爲蛇生既謝陽秋于太史呼牛呼馬死亦一任彼月旦于時人

以文章爲遊戲將希劉勰逃禪看齒髮之衰頹自信鮑照才盡

荆扉纔掩便逢客過掃門飯粟一空輒有人求譽慕萬事從來是命一毫夫豈由人

家坐無聊不念食力擔夫紅塵赤日汝官不達尚有高才秀士白首青襟

峰巒窕窈一拳便是名山花竹扶踈半畝何如金谷少文五岳與聊託于臥遊元亮一園趣果成于日涉

月出青松光映琉璃夜火風搖翠篠寒生窣堵秋烟

虛空不拒諸相至人豈畏萬緣是非場裡出入逍遥逆順境中縱横自在竹密何妨水過山高不礙雲飛

孔孟以經常治世不欲炫奇怪以駭時釋老以妙道

度人故每現神通以聳衆
凡情自縛則摶沙捻土一身纏爲葛藤空覩一成則
割水吹毛四大等于枯木
薰蒸聽香則果未成而靈根漸長熬煎欲火則目未
瞑而惡趣現前
喫菜而生美好揀擇則喫菜不異喫葷作善而求自
高勝人則作善還同作惡
人若知道則隨境皆安人不知道則觸塗成滯人不
知道則居闤市生囂雜之心將蕩無定止居深山起

岑寂之想或轉憶炎囂人若知道則履喧而靈臺寂
若何有遷流境寂而眞性沖融不生枯槁
英雄降服勁敵未必能降一心大將調御諸軍未必
能調六氣故姬亡楚帳霸主未免情哀疽發彭城老
翁終以憤死
來鳴禽于嘉樹音聞兩寂悟圓通耳根印朗月于澄
波色相俱空領清虛眼
雨過天清會妙用之無礙鳥來雲去得自性之眞如
栴檀之形能出門而迎佛虎丘之石解聽法而點頭

故知山河大地咸見眞如瓦礫泥沙並存佛性
聞應將迎世人奔其羶行消磨折損造物畏其盛名
世界極于大千不知大千之外更有何物天宮極于
非想不知非想之上畢竟何窮吾嘗于此茫然安得
問之大覺
衰年嶺表餘生相傳仙去隣嫗夜哭還券垂老無家
每想斯人潸然欲涕
雲長香火千載遍于華夷坡老姓名至今口于婦孺
意氣精神不可磨滅如此

慧遠臨終撿戒于食蜜薩眞濟渡留錢于空舟古德
愼行至此使人心志凜然
三徑竹間日華澹澹固野客之良辰一編窗下風雨
瀟瀟亦幽人之好景
春衣杜陵急管平樂眞稱名士之風流雨中山果燈
下草蟲想見高人之胸次
好散阿堵亦復不能積書趣在個中平生只愛種樹
醇醪百斛不如一味太和之湯良藥千包不如一服
清涼之散

積想情堅思女因而化石磨礱功久鐵杵且會成鍼
今人纔學修行便希得證稍不見効輒退初心道其
可幾乎
不是鄭俠著眼懶殘只一丐者若非豐干饒舌寒拾
兩個火頭
籬邊杖屨送僧花鬚胃于巾角石上壺觴坐客松子
落我衣裾
待月香雲偶見鶴形之使焚香掃室時迎烏爪之姑
鳴騶呵殿歌兒孳傀儡于場中揭地掀天童子弄形

八
十一

影于燈下
張三不是他李四亦不是他總認郵亭為本宅長卿
不是我緯眞亦不是我莫把并州當故鄉
風翻貝葉絕勝北闕除書水滴蓮花何似華清一室
一室經行賢于九衢奔走六時禮佛清于五夜朝天
鳴琴流水疑魴鮪之來聽散帙當軒喜藤筠之交翳
娟娟月露下薝蔔而生香嫋嫋山風入松篁而成韵
閑情清曠未解習鍛之機野性蕭踈恥作投梭之達
負苓而罵庖犧鑿開混沌采薇而薄周武決裂隄防

善星腹笥部藏不免泥犂雲光口墜天花難逃閻老
所以初祖來自迦毘盡掃文字室利往參摩詰悉杜
語言
太原則哲幾畜疑于掇煤瑯琊故知竟因譏而投杼
嗚呼知已難哉吾欲挽九原而起鮑叔厎千金以鑄
子期
陳思逸藻僅朱邸于遮須庾信高才乃留形于地府
身後結局如此眼前文典索然
觀號千秋吾媿賀老之捨宅樓高三級複慙都水之

清言
六
十二

樓眞物在亦不苦亟期到倏然便去
周犨營產原從車子而償逋韓相卜居乃為木工而
定礎凡事前定如斯世人計較可息
靈運才高不入白蓮之社裴休詩好何關黃蘗之宗
故子昂杜甫韵語騁意氣于秭林寒山船子吟哦寫
性靈于天籟寫性靈者佛祖來印騁意氣者道人指
呵
室無長物心本宅乎清虛門多雜賓性不近乎狷介
行誼雖無大損淨業未免有妨

據床嗒爾聽豪士之譚鋒，把盞醒然看酒人之醉態。大臣赫赫甫丘基便已就荒，文士沾沾問姓名多云不識，名利至此，使人心灰。

夫人有絶技必傳，有至性不朽，靈心巧思，魯般以本匠千秋，報主存孤，李善以傭奴百世。

核人貴實，浮論囂囂，從古聖賢不能無謗，試勝釋迦于移山之口，佛云乎哉，卯宣尼于伐木之夫，何聖之有。

道人好看花竹，寄託聊以適情，居士偶聽弦歌，不染何妨入道，清曠亦自有致，寂莫無令太枯。

省睫纔交，夢裡便不能張主，眼光落地，死去又安得分明，故學道之法無多，只在一心不亂。

戴髮含齒，生幸托于中華，方袍圓頂，名復綴于下士，田園雖少，負郭妻孥尚免飢寒，榮期之樂已多，老氏之學知足。

若富貴貧窮由我力取，則造物爲無權，若毀譽嗔喜隨人脚根，則讒夫愈得志。

世法須從身試，大道不在口譚，眼目淸言有味，恐于實際無當，猝然遇境不撓，此是學問得力。袁盎報十世之仇，不知雖經萬刦而必報，師子償殺命之債，不知雖逋小債而必償，萌芽各認根苗，點滴不耄詹灑，罪在則福不集，福少則行難圓，此聖賢之所以順作業也。

口奉淸齋，過客時供梁肉，身衣短褐，兒童或曳羅綺，固知供奉之綺裘，不富于公孫之布被。

寃家恩愛，心常作平等之觀，上帝悲田，眼不見可憎之物，性鮮貪嗔，六時畏作惡趣，心能領略，四季都是良辰，昔人不云乎，此老終當以樂死。

青谿白石，倏生瀟洒之懷，黑霧黃埃，便起炎囂之念，此是心依境轉，恐于學道無當，必也月隨人走，月竟不移，岸逐舟行，岸終自若，則幾矣。

醒時思作佳夢，夢去未必如所思，生前念佛修行，死後猶恐忘初念，何也，衆生奔馳情識，一往易昏，學人積累薰修，務求根蔕。

隔壁聞釵釧聲，比丘名爲破戒，比丘之心入故也，同室與婦人處，羅什不碍成眞，羅什之心不入故也，固

知染淨在心何關形迹

方外偶過僧道倒雙屣急開竹戶迎來座中倘及市朝掩兩耳輒教松風吹去

樓窺睥睨窓中隱隱江帆家在半郵半郭山倚精廬松下時時清梵人稱非俗非僧

華屋朱門過王侯而掉臂黃頭歷齒對兒子而傷心高人之輕富貴也易斷恩愛也難

觀上虞論衡笑中郎未精玄賞讀臨川世說知晉人采善清言

清言　八　十五

王重陽闌入臥內馬鈺內子能知戒闍黎金甲傳飡太守夫人覰破

美人傅粉塗香終湡于糞土猛士格虎剸象死制于螻蟻古鏃繡刀舊日戰爭之地蝕釵灰襖昔時歌舞之場英雄漠漠精靈秦晉悠悠歲月娑羅居士釀酒治藏無日不延賓客杜門禁足經年嬾過隣家白香山云丘壑有泉石花竹者靡不遊人家有美酒鳴琴者靡不過吾甚媿其言

永明禪師云向不遷境上虛受輪迴辷丁無碍法中自生繫縛

清言終

清言　八　十六

續清言

東海　屠隆撰　武林聞淶閱

飢乃加餐菜食美于珍味倦然後卧草荐勝似重裀

流水相忘遊魚遊魚相忘流水即此便是天機太空不礙浮雲浮雲不礙太空何處別有佛性

皮囊速壞神識常存殺萬命以養皮囊罪卒歸于神識佛性無邊經書有限窮萬卷以求佛性得不屬于經書

入市而嘆過路客紛紛擾擾總是行尸反觀而照主人翁靈靈瑩瑩無非活佛

仕官能登甲第方免官府差徭學道未出陰陽終受閻君約束

暗室貞邪誰見忽而萬口喧傳自心善惡炯然凜于十王考校

香花幢蓋顯本性之彌陀羅刹夜叉現心中之魔鬼

性源既湛則鑊而銅頭化爲諸佛心垢未除則玉毫金相亦是羣魔

至人除心不除境境在而心常寂然凡人除境不除心境去而心猶牽絆

萬緣皆假一性惟眞聖人借假以修眞愚夫喪眞而逐假

入道場而隨喜則修行之念勃興登丘墓而徘徊則名利之心頓盡故一念不清宜以佛性而淘洗六根未淨可取戒香而薰蒸

天堂入樂樂盡則苦趣至故其成佛也難閻浮入苦苦極則創心生故其成佛也易

形同木石未免委運而銷亡神同虛空豈得隨形而隕滅形有銷亡故愚蒙止知現在神無隕滅故聖智照見多生

六道輪轉如江帆日夜乘潮乘潮未有棲泊一證菩提若海艤須臾登岸登岸豈復漂流

富室多藏萬寶夜深猶自持籌愈積愈吝窖中時現精光老夫弟得一錢宵臥何能貼席不散不休篋裡如聞嘷吼

名華芳草春園風日洵饒紅樹青霜秋林景色逾勝

條風既習細草茸生嫩柳韶安紅藥齊含鶯藿芳春

景大殢人清露晨流碧梧初放新篁爽氣綠陰投入
簾幃首夏時尤堪賞
常想病將則塵心漸滅常防死日則道念自生風流
得意之事一過輒生悲涼。清眞寂寞之鄉。愈久轉增
意味。
萬緣虛幻總屬心生六道輪迴皆由自作目翳除則
空華陡滅心障撤則妄業全消
今日騎獅坐象衆生之境界過來饒他帶角披毛佛
祖之眞性自若譬如小水滙爲巨流入流原自小水
續清言　一八　三
眞金煆于猛火出火還是眞金
釋迦曾作衆生身經乎多刦其他諸佛菩薩誰不來
自衆生闡提亦有佛性語載于聖經其他蠢動含靈
誰不具有佛性若佛祖天然佛祖修行之法何爲若
衆生只是衆生向善之途遂絕
今生根鈍是前世之行未修今行若修則來世之根
當利勿以無緣而自棄力辦肯心而不回今世既種
善因來生必成勝果列聖皆累刦修成大道豈一世
便了

古德云塵勞中常應着力生死上不須用心塵勞不
着力安得行圓生死若用心恐爲心障
非災橫禍世人常歎無因分付安排皇天必自有說
若現在隱微無據恐過去夙行有虧彼既不差我當
順受
成仙作佛必是善人至孝眞忠自然度世張仲文昌
未始從師授道關君天帥不聞得訣何人故求道勿
急尋師積功且須修德
若惱世上意氣須温嗜欲塲中肝腸欲冷
續清言　一八　二
士大夫禪機迅利何鋒不摧制行穢汚何業不作揚
言度世冥司之勾帖忽來開口乞哀幽部之鐵鞭巳
下
理超教外胡僧所以如愚道越言筌犢獠何嘗識字
世智紛紛名利塲中伶俐識神擾擾生死路上糊塗
亦可哀矣
死漢鞭撻不疼覺疼原非形殼僵尸爬搔不癢知癢
自是性靈人奈何輕性靈而重形殼乎
形骸非親何況形骸外之長物大地亦幻何況大地

内之微塵人能知足則隨地可以自安若復無厭則求望曷其有極富堪敵國嘆一命之不沾貴極人臣恨九錫之未至爲子之造物者不亦難乎

有待而修終日且圖安樂無常若到問君何以支吾來今往古逝者如斯貴賤賢愚誰能免此三尺紅羅過客而吊過客一堆黄土死人而哭死人與言及此哀哉當下修行晚矣

針水不投亦徒猜乎啞謎機鋒未對莫浪用乎盲拳參悟久則心花頓開若蓮蕚之舒辦機緣來則性地忽朗如日月之放光

持論絶無鬼神見怪形而驚怖平居力詆仙佛遇疾病而修齋儒者可笑如此稱柴數米時翻名理于廣筵婿竈乞墦日挂山林于齒頰高人其可信乎

世人傷我皮毛論諭難辭陽過天日下照肝膽冥冥庶免陰愆三寸枯毫欲饒未忍千金敝帚自饗知慚論非仲壬敢希藏帳于中郎文謝班生終取覆瓿于傳毅

人若知道隨境皆安道不在人應緣即礙故得道者履喧而靈臺寂若何有遷流地僻而眞性沖融奚生枯槁不得道者居鬧市而生塵雜之心將蕩無定止居空山則起岑寂之想或轉憶炎囂

時來則建勳業于天壤玉食衮衣是亦丈夫之事時失則守窮約于山林藜羹卉服是亦豪傑之常故子房封侯不以富貴而驕商皓嚴陵垂釣不以貧賤而慕雲臺

衣服豈有鬼乃本人神識之所成鬼病猶生前此亦鬼意中之所帶

病風狂而譫語多是平日之愆夢受撻而身疼可悟地獄之報

時近惡緣如皂染衣而衣皂日修淨行若香薰室而室香

度盡衆生乃如來之本願衆生難盡則世界之業因慈父不以頑子之難教而忘教子之念如來不以衆生之難度而懈度生之心

世人日與螻蟻相接螻蟻無知如來日與衆生周旋衆生不見障重故也

耳耽淫聲曷聞金口之響目昏邪色安見玉毫之光

遺民清淨則大士擁幢旛而現形間喜靈瑩則文殊坐獅子而顯相

童子之目稍淨或見鬼神道士之心漸清能召靈爽衆生以不見佛而遂謂無佛則嘍蟻以不見人而遂謂無人耶

人當溷擾則心中之境界何堪稍爾清寧則眼前之氣象自別

對境安心則清淨之體小露止觀成熟則眞如之理森然

昏散者凡夫之病根惺寂者對症之良藥寂而常惺寂寂之境不擾惺而常寂惺惺之念不馳

居處必先精勤乃能閒暇凡事務求停妥然後逍遙平時只是悠然遇境未免擾亂

迹類卑汚有損身以利物形同邋遢或混俗以埋光世人皮相失眞天眼鑒觀不謬

李青蓮仙才夙稟白香山道骨天成

嗷嗷時名心源不淨昭昭談道寄行多虧何益超昇祇深淪墮

疾忙今日轉盼已是明日纔到明朝今日已成陳迹算閻浮之壽誰登百年生呼吸之間勿作久計

太乙窺人閣下然藜之火雲林寄信架藏倒薤之書

一念已積將死冤家出現三昧既熟臨終諸佛來迎

木削方可造盧玉琢纔能成器高明性多疎脫須學精嚴狷介常苦拘迫當思圓轉

續清言終

歸有園麈談

明　徐太室著　徐仁毓校閱

孔子不作，宋儒翻有作，羲畫之上理本無像，而贅着一畤，魯使春秋，綱目亦春秋，獲麟以來，權何所托而譏評萬世。

商以前相天下者，實以天下勞之也，故横議不及於阿衡；周以後相天下者，似以天下富之也，故流言遂起於姬旦。

道統之說，孔子不言也，而言之孟子，後儒衍之，乃身其任以繼往開來；良知之說，孔子未發也，而發之孟子，近儒摘之，遂專其門以明心見性。

自秦人坑儒之後，純任法律，故處士之横議稍息於漢唐；自宋人講學以來，錯解春秋，故儒者之虛權反加於天子。

典午乘魏弱而篡國，點檢乘周弱而篡國，其後子孫夷狄之禍亦復相當；晉人以名理爲淸談，宋人以道學爲淸談，其間事功名實之辨，要自有辨。

西周以後有豪傑無聖賢，凡學聖賢者常遷謫於豪傑；漢唐而降有才子無文人，凡爲文人者僅可稱乎才子。

少年不以宋儒爲準，則視規矩繩墨盡屬弁髦；學者專以宋儒爲師，則舉事業文章俱歸腐爛。

議有可乘，則隣姬束緼以救婦；勢有可脅，則諸士結鞫以下齊。

水火盜賊之害，必先横被於孤貧；虛羸勞瘵之災，大率淹纏乎貴介。

文字内爲一人而誣詆一人，亦是平生口孽；官府中毁前任以阿諛後任，頗宗衙衙家風。

春秋之書不見於魯論，故傳聞互異，能無起諸儒之妄談；井田之法略述於軻書，若井里一分，寧不憂子孫之蕃衍。

榮華富貴，自造化而與之，又自造化而奪之，降壓不差；功名事業，由自己而成之，又由自己而毁之，始終難保。

古之作者，其人非君子也，而能爲君子之言，理明故也；今之作者，其人非小人也，而間作小人之語，才知

故也

雖貴爲卿相必有一篇極醜文字送歸林下彈章雖惡如檮杌必有一篇絕好文字送歸地下墓志

以公門爲必不可遠者趨時士也但不當竿木無節以公門爲必不可進者潔已士也但不當崖岸太高

心源未徹縱博綜羣籍徒號書厨根氣不清雖誦說三乘只添木偶

物情貴貨遺貪得者要以爲厚利辭讓者藉以爲名

高官盛則近諛師判者既不戒於前隨溫者復相繼

於後

遇沉沉不語之士切莫輸心見悻悻自好之徒應須防口

六卿但知從政不知執政是以題覆屢至變更有司但肯當官不肯做官是以施爲一切苟且

蘇卿持節而僅承屬國之典甄別自明冊陸赤誅而不麼麟閣之圖功罪大著

讀古書者做不得提學恐其用史漢以飾孔孟之言談道學者做不得提學恐其講良知以破傳註之□

地下無衣食之身而臨絕者猶勤囑付林下無冠裳之用而既休者尚事誇張

一人孤立以在下者朋黨之勢成六逆漸生爲居高者保持之念重

勢利太重只爲前輩自失典刑關節盛行益因有司欲求報效

分以利昏故講五倫易行五倫難情因欲蔽故虛四端有實四端無

有形之伎易知故梓匠輪輿高低自服無形之伎難

辨故星相風水勝負必爭

災禍從天降只怕窩頭富貴逼人來須防絕板

聽言語太濫則諸曹開無事生事之端禁饋遺過嚴則大臣受以餉待食之謗

廉史之後不竭以冬行主欽寃死之家有後爲天道好還

男子之力必勝於婦人若對悍妻其手自縛父母之尊素加於卑幼使遇劣子其口常噤

世以不要錢爲痴人故苞苴塞路世以不諛人爲遲

貨故諂佞盈朝
侵匿僧家道家以至於樂戶全然出侮鄙褻之心欺
凌武官內官以至於宗泒亦竊不畏强禦之迹
內臣之奴易使只靠鞭笞寡婦之子難馴多因姑息
逆氣所乘有時博忠諫之名有時買殺身之禍任情
自放進則不勝其英雄退則不勝其憔悴
清虛之作如水磨楠瘦自見光輝勦襲之文如油漆
盤盂終嫌氣息
子孫亦是衆生顧戀不可太深責備不可太重兄弟

原同一體事親便至推諉分財便至相爭
婦人識字多致誨淫俗子通文終流健訟
傾囊而付子難承養志之歡繼世以同居漸有鬩牆
之隙
隨緣皆可以乞食而剸办於腹者意欲何求凡業皆
可以營生而爲人淘圊者鼻忘其臭
文自六經至七大家而精髓始盡事剽竊者除却兩
頭詩自三百篇至盛唐而風雅獨存逞淫夸者別爲
一體

任重道遠取必於身故爲仁由己當仁不讓隨俗習
非必要其黨故姦須用介盜有把風
爲文而使一世之人必不愛難要諛基之金爲文而
使一世之人必我愛亦似濫竽之體
文中諸子其語不襲孔顏而嘿傳其命脉耳食者安
知昌黎大家其文不模史漢而自得其精神皮相者
爲誚
衮衣玉帶不能御之以登床故雖有萬乘之尊肝榮
而宵寂狗馬音樂不能携之以入櫬故雖有敵國之

富目暖而心灰
敢捐軀死諫以犯人主之怒者孤注之一擲也借言
事去國以希宅日之用者暗積之雙陸也
饑寒所迫雖志士未免求人但求人有道患難所驅
即聖人亦有死地顧死之有名
文士而鬧騎射立致邊都武人而耽翰墨即階闒閙
喪心病狂生於熱極攢目酸鼻起於惡寒
婦人之悲其夫蓋爲之悲其悲方已婦人之怒其夫
轉爲之怒其怒可平

始皇之築長城秦之所以致亡也至今藉之以備虜
叔孫之草綿蕞漢之所以爲陋也至今襲之以尊君
人言背恩者爲貴相則施恩之主坐受其彎弓或謂
負債者必廉官則放債之人恐見其垂槖
行酒令而必差者其人難與交若必不差者亦難與
交當始仕而即富者其人無可用若終不富者亦無
可用
孔子但欲爲乎東周而孟子以王道致齊梁之庸主
孔子上不得乎狂狷而孟子以堯舜望食粟之曹交

楊墨若在孔門亦是成章之弟子由求不聞聖訓終
爲季氏之具臣
乘勢作威者如大人裝鬼臉以駭小兒背地則收下
因事矯廉者如妓女當筵之不肯舉筯回家則亂吞
廉於大不廉於小碩鼠之貪畏也廉於始不廉於終
老虎之敦蹲也
窮措大危人主犯杞人之憂天草野人訧朝廷傳海
頭之聖旨
訪察不行如暑月無雷霆積陰必致傷稼刑誅或廢

如冬天少霜霰癘瘼更能死人
一手詰盜一手竊盜賊故前盜死而後盜生一面懲
奸一面窺奸婦故此奸伏而彼奸犯
魑魅魍魎豈能作祟必其氣弱而其鬼方靈星相醫
卜本以養身必鬼運通而其術始驗
當官廢法不如傀儡之登場考校徇情不如鬭盤之
輪撥
漢法太峻人情不堪是柱促而絃危也宮商猶在元
政不綱天道所厭是軫逆而徽慢也音調何存

致仕莫問其子少子猶難娶妾莫謀於妻晚妻更忌
秦皇漢武唐宗雖非令主而大略英風能別開混沌
留侯武侯鄴侯雖非儒者而仙風道氣自不落塵凡
政在中書權由巳出少有臧否易於責成名爲閣老
政在六卿稍見從違自難求備
男子好色如渴飲漿處富貴而能自決裂者猶有丈
夫之氣女子好色如熱乘涼居津要而漫無止足者
是眞妾婦之心
毛嬙之色誰不迷戀得倦始解趙孟之貴最號濃郁

致淡方休
耻惡衣食者未足議道美其宮室者必損令名
呆子之患深於浪子以其終無轉智昏官之害甚於貪官以其狠籍及人
近諛者如受蠱毒一中之而耳目必爲人移務博者常被書痴一挾之而議論惟知已出
以道學別爲一傳者宋史之詘也若挾孔子而私之矣何其隘也以理學獨稱名世者本朝之陋也若外佐命而小之矣何其淺也

大學十章管於好惡若痛痒不關何以剤量人物中庸一書本之中和若囂吸滿世何以調燮陰陽
見十金而變色者不可以治一邑見百金而色變者不可以統三軍
頽隨勢改升降頓殊氣逐時移盛衰立見
蜂目狠聲知爲忍人性逐形生何謂皆善深山大澤必生龍蛇物以羣分何謂無種
有黨論而後可以定國是國是不定何以秉鈞有遠識而後可以決大疑大疑不決何以壓衆

以德感人不如以財聚人以言餌人不如以食化人
吝者自能之富然一有事則爲過街之鼠俠者或致破家然一有事則爲百足之蟲
以財賄遺人者常人之事以財賄許人者小人之心
爲文而專附帶名公者雖可以倖盲子而不能博智者之大觀爲詩而故厚自誇詡者雖可以艷少年而不能當老成之一誚
炎凉之態處富貴者更甚於貧賤嫉妬之念爲兄弟者或狠於外人

目疑而不動者中必腐爛言遜而不出者內有淫邪
古於詞而不古於意其文直夏畦之學漢語先定句而後方奏景其詩亦齊工之畫壽生
狠暴之性可以藏貪柔媚之資可以掩拙
凡中第者中一資質資質高則空疎可掩凡作官者作一氣識氣識好則瑕疵難見
食色之性是良知也統觀人物而無間食色之外無良知也必由學慮而始明
孩提之童無不知愛其親似矣假令易乳而食能自

識其親母乎及其長也無不知敬其兄似矣假令從幼出繼能自辨其親兄乎

以笑迎人者淫佞之媒也以苦求人者貪饞之囮也

素富貴行乎貧賤可以得名素貧賤行乎富貴可以得利

謙美德也過謙者多懷詐默懿行也過默者或藏姦

喜以文字詈人者巫蠱之見也代人作咒咀而已喜以文字諛人者星相之術也爲人添福祿而已

面而譽之不若背而譽之其人之感必深多而施之

不若少而施之其人之欲易遂

淫奔之婦矯而爲尼熱中之夫激而入道

兒人得志莫提貧賤之時宕子成名必棄糟糠之婦

受業門生則門生聽先生之差使投拜門生則先生聽門生之差使

奕碁擅國則奴隸可以升堂度曲絕倫雖士人夷爲優孟

起身早見客遲老人家之行徑觜頭肥眼孔淺窮措大之規模

當得意時須尋一條退路然後不死于安樂當失意時須尋一條出路然後可生于憂患

富貴不隨達士以其無逐塵妄行之心功名必付佷人爲其有背水决戰之氣

暴發財主收買假骨董眼前已見糊塗新科進士結識假山人日後必遭纏累

塵談者大宗伯徐太室先生所作也月旦人倫雌黃物理包籠連類取譬搜奇自著一家之書不經

人道之語雅謔兼陳醇駁互見使夫揮塵者便爾神怡撫掌者則不魚倪矣漢陂外史識

偶譚

豫章李鼎著　武林陳國俊閲

李生掩關山中閴然無偶既戒綺語絶筆長篇典
到輒成小詩附以偶然之語亦云無過三行葢冐
氣雜除聊用自寛耳如其驢技長鳴郎犯虎谿嚴
徵豫章李鼎長卿識

舍骨肉而决烈一朝、只爲火坑、非活計。殉面皮而應
酬終日、翻從鬼窟、作生涯。閻王遣使來勾、別人替我
不得。

外護主人、捐善地、何殊叢桂烁風、内修道侶授眞詮
奚翅明珠夜月、如其翫時日而積愆尤、畢竟轉輪廻
而趨墮落、

萬壑疎風清雨耳、聞世語、急須敲玉磬三聲、九天涼
月淨初心、須眞經、勝似撞金鐘百下、

應千二百四十年之佳會、猛着力只在九齡、超萬億
兆塵沙劫之業根、急回頭直須一瞬、

大道玄之又玄。人世客而又客。直至忘無可忘。乃是
得無所得。

掃地焚香、愧作佛前之弟子、草衣木食、永爲世外之
閒人、

斷絃而夢謝雙飛、已脫周妻之累、奉齋而未捐五淨、
實餘何肉之慙、欲附慈航、請敦慧劒、

三教大聖人、闡經世出世之眞宗、心心相印、一身小
天地、會不神而神之妙理、綿綿若存、

發殺機以銷不盡之雄心、運生機以補既濟之元氣
宇宙在手、誰曰不然。

意在筆先、向包羲細參易畫、慧生牙後、恍顏氏冷坐
心齋、

身外有身、捉麈尾矢口閒譚、眞如畫餅、竅中有竅、向
蒲團回心究竟、方是力田、

定息不離几席、遠性風疎、潛身獨向巖巖、逸情雲上、

文生于情、情生于文、問子荆直應捲舌、詩中有畫、畫
中有詩、趣摩詰只合點頭、

操鬼神覷不破之機關、定是機關不立、會聖賢道不
出之言句、必然言句都捐、

水流雲在、想子美千載高標、月到風來、憶堯夫一時

雅致

身退日便是功成名遂猶龍老子神哉心遠時自無馬臨車塡五栁先生卓矣

青牛西去白馬東來萬里間關寸步不離孔矩圓塗上浮方輿下奠四時往復眞機只在人心

佞佛者沿街乞兒埋佛者入門新婦闢佛者强解小兒訶佛者當塲子弟。

開國元老當須讓圯上一翁定策竒勳誰得似商山四皓達人撒手懸崖俗子沉身苦海

三徙成名笑范蠡碌碌浮生縱扁舟負却五湖之風月一朝解綬羡淵明飄飄遺世命巾車歸來滿架之琴書

先天而天弗違後天而奉天時孔子其大人也得志與民由之不得志獨行其道孟氏眞丈夫哉

人皆有不忍之心充之足保四海我善養浩然之氣究之可塞兩間

戒生定定生慧慧定而不用是名大慧精化氣氣化神神化而合虛是名至神

名利塲中羽客人人輸蔡澤一籌烟花隊裏仙流個個讓渙之獨步

善易者不論易義文無地安身體無者不言無老莊何處着脚瞿曇不遭棒喝廣長饒舌無休

損之又損栽花種竹盡交還烏有先生忘無可忘焚香總不問白衣童子

與二氏作敵國盡水徒勤引三教爲一家摶沙自若曲士强生分合至人不立異同

詩思在霸陵橋上微吟就林岫便巳浩然野趣在鏡湖曲邊獨往時山川自相映發

醞醸熟讀離騷孝伯外敢曰並皆名士碌碌常承色笑阿奴輩果然盡是佳兒

月華淡蕩本自無形風韻飄颻何曾有質達士澄懷意表斯爲得之文人寄興篇端亦云勞矣若乃秋童幼女酒池糟丘吟風直作捕風弄月翻爲捉月

遺累辭家而出家之累未免信所患爲吾有身斷想除根而無根之想儵來轉更憶至人無巳

趣在阿堵中終日營營而六根不倦心在腔子裏經

年兀兀而四大常安

生生不生謂迷却靜裏殺機無無亦無方許說個空妙有

與造物游者能造造物而不物於物與造命游者能造造命而不命於命

六十四卦無非逆數龍虎經頗能窺豹三百五篇總曰無邪靈均氏差可續貂

樂旨潘文合之斯成雙美廣談治筆離之所以兩傷

鹿養精龜養氣鶴養神阿個先生傳授精爲衛氣爲

輿神爲馬直由元始周流

虛空當體粉碎明眼漢何勞再舉俊拳陰陽原自調和赤心人不必更煩妙手

乾三當不可變化之際故言君子而不言龍日乾夕惕猶妨觸處危機坤卦合順天時行之室故象牝馬而復象牛引重致遠足了自家職業

游魚不解五音鼓琴出聽頑石未滲四諦聞法點頭偶然而不必盡然可信而無須滲信

微言絕於人亡觀者不知作者之意絕技成於力到巧者無過習者之門

心聲者酷似其貌貌言者無關於心故分菓車中畢竟借他人面孔捉刀床側終須露自巳精神

執七處非心舍七處無心問世尊如何發付況三途是苦厭三途亦苦聽吾儕各自營生

過去心不可得見在心不可得未來心不可得此之謂明鏡止水富貴不能淫貧賤不能移威武不能屈此之謂泰山喬嶽以正治國以奇用兵以無事取天下此之謂青天白日老者安之朋友信之少者懷之

此之謂霽月光風

身在江湖心懸魏闕身心兩地奔波手探月窟足躡天根手足一齊順適

住世厭世與浮雲同一捲舒穩把無根之梅前劫後劫看虛空何曾朽壞常懸不夜之燈

捐百慮而定中生智慧縱齊寒山拾得之肩酷無裁製破萬卷而下筆有神明卽棲拾遺供奉之武終鮮性靈

靜處煉氣動處煉神煉就時動靜何曾有實內藥了

性外藥了命了却後內外盡是強名

在天成象而麗天者無形非象在地成形而麗地者無象非形若不信拔宅昇天請試看殞星爲石

雲者爲雨乎雨者爲雲乎居無事而隆施於是誰則尸之性也有命焉命也有性焉標有主而斟酌其間我之謂矣

鳳羽來儀而不可爲儀千載作天際眞人之想龍性難馴而似乎易馴一時傳山中宰相之稱

茅簷外忽聞犬吠雞鳴恍似雲中世界竹牕下雅有蟬吟鴉噪方知靜裏乾坤

頂門上欲開未開之際定煩岐伯一針心竅裏似癢非癢之時還借麻姑五爪

杏花疎雨楊柳輕風興到忻然獨往村落浮烟沙汀印月歌殘倏爾言旋

擒白額摽驪珠別有青蛇一劍挽黃河瀉銀漢全憑赤水三車

心生則性滅心滅則性見卽盡心知性之談神行則氣行神住則氣住乃志一動氣之說

空不礙物物不礙空五濁惡總是菩提無心於事無事於心四威儀渾皆般若

修命而性宗弗徹止作頑仙修性而命竇不完終爲才鬼故眞才才而不鬼大仙仙而不頑

仁有恩而至誠無恩故曰肫肫其仁淵有涯而至誠無涯故曰淵淵其淵天有象而至誠無象故曰浩浩其天

鬼神手眼俱無故能握造化之機關而指視卽爲禍福至人情意都泯故能識鬼神之情狀而呼吸盡是風霆

過也如日月之食年年雨炬慧燈復其見天地之心夜夜三杯玄酒

渾沌竅儵忽一朝鑿破還須令儵忽補完入我山衆生蔦地移來且着落衆生伐去

小盜者乃大盜之資故盜小盜成大盜而後三盜旣宜內賊者乃外賊之因故賊內賊防外賊而後六賊不起

揮如意滾滾天花亂墜絮不沾泥撒蒲鞴軋軋河車

逆行輸不轢地

在太極之先而不爲高在六極之下而不爲深長於上古而不爲老本體即是工夫大澤焚而不能熱河漢沍而不能寒疾雷破山風振海而不能驚工夫即是本體

萬里寒光生積雪坐相邀天路神仙一片氷心在玉壺難侍御洛陽親友

虛而實者天乎故以實授地之虛而往來不息實而虛者地乎故以虛受天之實而生化無端陽而陰者日乎故能獨照而不能納形陰而陽者月乎故能納形而不能獨照

五夜清霜收拾盡許多生意三春麗日放開來無限殺機

枕中鴻寶一編應自有風霜之句室中竹實數斛定知作鸞鳳之音

洞庭野鶯奏咸池大樂女殆其然哉木犀花散作滿院秋香吾無隱乎爾

因天時與地利是農圃之參贊損有餘補不足即商賈之裁成畫其日用而知其去聖人豈遠

感有心而感則無心之感也誠有言而感則無言之誠也悅有心而兌則無心之悅也說有言而兌則無言之說也蓋舉意舉口即屬後天可議可思豈爲塵跡

上九上六者老陰老陽之極數用九用六者返老爲少之神功是故能轉亢龍而爲元首罷野戰而爲永貞

羣龍無首包涵遁甲一書思不出位囊括西乾三藏

春食苗夏食葉秋食華冬食根四時食其水南陽鞠室早種乎酒不御色不邇財不貪氣不使諸塵不能染西方蓮立時見矣

天仙才子萬古莊周才子天仙乎秋李白風流放誕蘇子瞻秭海英英放誕風流王實甫詞林楚楚

爲市井草莽之臣蚤輪國課作泉石烟霞之主日遠俗情

既修而悟悟也豁焉既悟而修修也安焉大修大證悟在其中矣大徹大悟修在其中矣

悦者獨修獨證之真機乎樂者共修共證之真趣乎不愠者常悦常樂之真境乎

性體如如上無覆下無基在在妖魔屏絶鼻端栩栩水不寒火不熱人人鄙吝銷融

饍於是粥於是充口腹無美大烹寒不出暑不出庇風雨自安小築

不善飲而喜人善飲蘇長公深得酒仙三昧雖能詩而忌人能詩隋煬帝徒爲詞客修羅

陽爲不善者不必盡羅官刑感應有踰枹鼓陰爲不

善者不必盡歸冥府輪廻不爽毫芒

害生於恩總爲從無入有而順去恩生於害都緣從有入無而逆來

天無二日垂象之常十日並出　咎徵之應請看日下赤光既可二亦應可十試問錢塘萬弩將射日不與射潮

命者於穆之不已乎性者人物之各具乎理者性命之委緒乎窮理者究極根源之謂也盡性者充滿分量之謂也致命者畢事告成之謂也

物者物有本末之物知者知所先後之知格物者本末混爲一塗致知者先後融爲覺照先者離而可合在者合而不離

煉五石斷鼇足聚蘆灰本玄宗之寓言辨商羊識萍實契墳羊乃儒風之惠日

責難於君者請先責難於天君不虧其體者要在不虧其大體

熱不可除而熱惱可除炼在清涼臺上窮不可遣而窮愁可遣春生安樂窩中

不淫不屈不移持心所以養氣勿正勿忘勿助養氣亦以持心

朱陸之辨不休自分宗教蜀洛之黨頓起強立町畦

竹几當窗擁萬卷列百城南面王不與易此蒲團藉地結雙趺空萬有西方聖立證於茲

禹可司空稷可教稼契可明人倫與虞舜斟酌其間巳兆杏壇之化雨以由治賦以求爲宰以赤典賓客共顔回揖讓其際再覩康衢之休風

虚生氣氣還虚天地之終始乎形神離形神合人物

之終始乎、故始而終者、體受歸全之實學、終而始者、循環不息之化工。

有物則有天命之性乎、用之成路、率性之道乎、無行不與修道之敎乎、未發爲中、卽天命也、中節爲和、卽率性也、中和而致、卽修道也、

自誠明者、率此天命之性乎、自明誠者、遵此修道之敎乎、

寂寂惺惺者、性乎、惺惺寂寂者、心乎、心量本自廣大、而隘者不能盡也、性地本自靈明、而迷者不能知也、

存心者、存其操存舍亡之心、養性者、養其不增不減之性、

觀天之道、執天之行、道毋之精一乎、照見五蘊皆空、度一切苦厄、法王之精一乎、

遇桓而亦可管者、太公乎、遇武而亦可姜者、管仲乎、勉人事而聽天命者、孔明乎、識天命而修人事者、謝安乎、

白雲森天外、美人正自可思、明月滿樓中、老子典復不

杜少陵大海翅波、無妨汗垢、王摩詰澄潭浸月、妙在淵渟、

綺里輩或疑僞設、乃抗言於輕士善罵之主、誰則能之、太傅公卽自矯情、而詠諷於伏甲觀賓之席、不可及也、

木几冗談

青浦彭汝讓撰　沈鼎新閱

半窗一几遠興閒思天地何其寥濶也清晨端起亭午高眠胸襟何其洗滌也

軒冕而敬僞也匿就而愛私也

清淨内常近一圖天理閙熱處便着千種塵囂

窮而窮者窮于貧窮而不窮者不窮于義不窮而窮者窮於蠢不窮而不窮者不窮於禮是故君子貧而知義富而知禮

行潔者入市而闔戶行濁者闔戶而入市

義則捉襟見肘不妨爲富不義則高車駟馬不失爲貧

醉者不貴公卿乃知醉之勝不醉也風者不避王侯乃知風之勝不風也

非子卿之暴少卿不得爲知已非蔡澤之說范雎不得爲知幾

天不滿西北地不滿東南天地猶惡盈而况于人乎

諾而寡信寧無諾予而喜奪寧無予

所不可忍者分羮一杯之言所不可誨者爲官爲私之問所不可信者分香賣履之爲所不可釋者燭影斧聲之事所不可解者狄梁之德武塈所不可及者諸葛之事劉禪

天者偶然也休咎徵應若形影聲響畫矣休咎徵應不若形影聲響謬矣是故天之道無有無無無無有無無無貧富夭壽窮通得喪天也偶然也偶然言天至矣

自多其名其名不足自多其富其富不足自多其能

其能不足良賈深藏若虛諒哉

窗裏投蠅有得多少世界隙中過騎有得多少光陰

魚嗜餌而餌亡猩猩嗜酒而酒亡士嗜祿而祿亡士卒嗜戰而戰亡是故晉敗于馬蜀敗於山

醉者墮車神氣不傷眞全也嬰兒入林豺虎不食無恐也養吾之形若醉若嬰兒至人矣

蘇子瞻四十餘年奔走瘴厲之鄉食芋飲水其詩云海南萬里眞吾鄉只此亦寧常情易及

事忙不及寫大一字人以爲笑談今文章家一句可

盡而蔓延篇什猶歉然若未達旨趣何異此可笑也

臭腐之物蠅頭嘬之窮境僻壤必到氣味投也權要之門奔走若市其蠅頭乎其臭腐乎

釋云放下屠刀立地成佛道云常清常淨便見天尊儒云塗之人皆可爲堯舜悟也悟之義大矣

唐文自八代以來綺麗極矣昌黎矯之李翱諸人擅其聲唐詩自六代以來孅弱極矣子昂矯之李白諸人擅其聲故朴者朴雕者亦朴雕者雕朴者亦雕

人之德我讐我直至公待之以德報怨過矣一飯必

酬睚眦必報隘矣唐雎曰公子有德於人願公子忘之人有德於公子願公子勿忘蓋勲與蘇正和有隙梁鴻欲殺正和勲白之正和得免欲詣勲謝勲曰吾爲梁使君謀不爲正和也絶之如初葢庶幾哉

桓譚稱揚雄太玄可以準易稱蔡邕曠世 才使雄終其身無擔石邕爲議郎奏曹程諸人不法論棄市當其時而死豈不大快

多富貴則易驕淫多貧賤則易局促多患難則易恐懼多酬應則易機械多交游則易浮泛多言語則易差失多讀書則易感慨

夫鵲之聲人情喜之夫鴉之聲人情惡之夫鴉爲鵲聲人情愈惡之猶與王莽藏金滕自擬周公旦何異鴉之效聲鵲也

名利之場雖千里外矣爭之如市伯夷死名于首陽之下盜跖死利於東陵之上真萬古名言

秦法連坐棄灰子房博浪一擊大索十日不獲大奇矣良遇黄石公于圯上班馬並以黄石公爲鬼神非也蘇子瞻曰黄石公古之隱君子也

凡作文須養得一塊雄厚之氣下筆袪來自成一篇好議論昔人謂李商隱爲獺祭魚楊大年爲衲被果然

蔡中郎入吳得王充論衡秘玩以爲談助常置帳中隱處後王朗爲會稽守得其書亦秘玩之其文不逮南華遠甚而問孔刺孟諸篇更是迂誕二子固非識士

公孫弘布被脫粟不免爲曲學郭汾陽聲樂滿座寇萊公溷廁燭淚成堆不失爲名賢

謗人者受謗者並傾危之士諫人者受諫者俱側媚之夫

司馬光生平無不可對人言者只一語了却一生

有穴居野處而後有宮室棟宇有茹毛飲血而後有滲灕醴醹有木葉樹皮而後有文繡羅綺有六畫結繩而後有書契文字有男女無別而後有同牢合巹

凡物其有道乎道其有大始乎

造詣不盡者天下之人品讀不盡者天下之書

夫人有志于功業者有志于山林者巢許不能爲管

木几冗談　五

晏管晏不能爲巢許性也故曰鳬脛續之則悲鶴脛斷之則憂

責操觚以矛戟何異遊魚于木也責荷鋤以俎豆何異放獼于水也

多躁者必無沉毅之識多畏者必無踔越之見多欲者必無慷慨之節多言者必無質實之心多勇者必無文學之雅

以瓦注者巧以鉤注者憚以黄金注者昏名言也老子曰甚愛則大費多藏則厚亡旨哉

行住坐臥不離這個這個是何物佛謂舍利子也道謂玄同也儒謂道也一言蓋三教宗旨

燎原之火星星也干霄之木萌蘖也故曰圖大於微知著於細

知白守黑知雄守雌老氏法門也堅磨不磷白涅不淄孔氏法門也老氏履其險孔氏行其易

夫學者必有專默精誠之功然後事事可做位天地育萬物亦自可做夫藝亦然百工而兼爲雖工倕無益荀子曰行岐路者不至誠然

木几冗談　六

天地之道盈者消虚者息然忘其爲消息也江河之道高者與卑者取然忘其爲與取也彼沾沾之惠察察之智角角之能隘矣

土之積也則爲丘水之積也則爲河行之積也則爲聖

芝蘭之在谷不聞而自香腥膻之在市不聞而自臭

班輸作雲梯可以乘虚仰攻墨子作木鳶飛三日不集孔明作木牛流馬能飛芻挽粟皆古之異人

楊太尉致大鳥之異寇萊公感雷陽之竹韓文公驅

鱷魚之暴司馬光墜碑毀磨大風走石皆乖氣之應

古之所爲文者在創造今之所爲文者在摸擬古之所爲詩者在情致今之所爲詩者在聲響

徙木非信也姑息非仁也喑啞叱詫非勇也縶縛非禮也封股非孝也故田橫非義也仲子非廉也豫讓非忠也

嗜欲者語之富貴利達則悅語之貧賤憂戚則拂衣而去好名者語之誇大奢靡則悅語之恬淡隱約則拂衣而去故曰魚相忘乎江河人相忘乎道術

夫海日以石激之弗怒能容也夫呂梁其石嶙嶙其水沸沸不能容也

不善諫者適其事善諫者逆其機善乎孟軻之于齊宣王也曰王之好樂甚則齊國其庶幾乎善乎惠盎之於宋康王也曰臣有道於此使人雖有勇刺之不入雖有力擊之弗中也曰臣有道於此使人雖有勇弗敢刺雖有力弗敢擊也曰臣有道於此使人本無其志也曰臣有道於此使天下丈夫女子驩然其皆愛利之也善乎李斯之於秦王也曰四君者皆客之功客何負於秦也善乎左師觸龍之於秦太后也曰甚于婦人也

賈生弔屈原一賦其意悲其辭激矣令任之公卿未必舉炎漢而三代之宜帝之讓讓未遑也

譽人者則欲升諸天譖人者則欲墜諸壑是以天下無信史

好譽者常謗人市恩者常奪人其傾危一也

執盈玉者弗失以縱步失之馳峻阪者弗失以康衢失之敬與不敬固如此

大禹盜天地開闢之利后稷盜天地樹藝之利周公盜天地制作之利其盜善矣後世若阡陌緡錢間架榷酤商車兩稅青苗何異向氏之盜也

廉頗善飯馬援矍鑠李靖雖老猶堪一行不幾于鐘鳴漏盡而夜行不休乎

韓非子與李斯俱師事荀卿矣韓非子曰論其所愛則以爲借資論其所惡則以爲嘗已郎荀卿致亂而欲人之非已也致不肖而欲人之賢已也李斯曰泰山不讓土壤故能成其大河海不擇細流故能就其

深卽荀卿不積跬步無以致千里不積細流無以成江河也學問故有原委

蘇秦說秦王書十上而說不行去秦而歸羸縢履蹻負書擔囊至家妻不下紝嫂不爲炊父母不與言至佩六國相印昆弟妻嫂側目不敢仰視嗟乎倭富貴而輕貧賤自家人父子然矣

屈原之沉汨羅賈誼之徙長沙揚雄之投閣潘岳之取危陸機之見殺所謂蘭煎以膏翠拔以文

涔蹄之水必無掉尾之魚奇猛之朝必無絃歌之俗

自視之則見借人視之則不見自視明也視於無形至明也自聽之則聞借人聽之則不聞自聽聰也聽於無聲至聰也

治治世而用重典治亂世而用輕典譬如拯溺而錘之以石救焚而投之以薪

衡無心輕重自見鏡無心妍媸自見吾心之品騭鑒藻如衡鏡公矣

太公少貧賣漿値天涼屠牛賣肉値天熱而肉敗士之未遇如此

王莽藉口於周公終南藉口於善卷延年藉口於伊尹新法藉口於周官皆小人而無忌憚者

因喜用賞賞不必當因怒用罰罰不必當故王者無私喜無私怒然後賞罰平

晏子治阿三年治之以治景公不說復治阿三年治之以不治景公乃致賞嗟乎世所謂治者以不治治之也世所謂不治者以治治之也

賈生之見忌以諸大臣不悅而後絳侯之言入鼂錯之見殺以諸侯王不悅而後袁盎之譖行語云衆口

木几冗談　八

銷骨三人成虎不可弗辨也

學問之道惟虛乃有益惟實乃有功

爵祿可以榮其身而不可以榮其心文章可以文其身而不可以文其行

大道之世上下無貳心有道行也無道之世上下有携志直道不行也

木几冗談終

金石契序

肇何人也秉獨雉之耿姿隱偕驂之廣志長思弘益必藉於多聞乃慽幽棲未周於藹士爰自嵐文之後漸縶友德之期逮乎茲年郁焉合志豈伊私助之隆厥亦華風之會矣若夫歸向則察乎大通之義論議則詣乎太玄之初輸寫則注乎肺肝之蘊問學則盡乎玉石之功堪稱不回允謂同聲每一展覿未嘗不欽悚而自幸者焉雲思雪興積月加辰因秉心念之惇布諸簡槧之內畧陳品致用固因宗如其言行歷履則弗鄭重喋𠴃益以所專焉我非曰方人至於信年隔境亦不縶攣行第旣就遂名曰金石契焉弘治四年八月十六日序

名氏

朱存理字性父

史經字引之

朱凱字堯民

楊循吉字君謙

王淶字濬之

都穆字元敬

李詢字好問

邢參字麗文

吳烜字次明

劉棄字封叔

右共十人以齒爲次

附一人

張布

金石契

吳郡祝肇著　王穉登校閱

性父

性父爰自弱齡夙勤文學閱三餘以靡空攬五車而尤富書闕晉尸吟升宋堂接先曹之典刑暢遺民之風格願紬多識庸稗寡聞焉耳贊曰

野有遺艮性父老矣深藏若虛博哉君子

引之

引之詞色恬雅氣誼欵原鄙吝親之猶餐玉粒旣克

饑腸尤增和氣彰之吟諷不自苟易孔子所謂志仁者乎贊曰

熏熏飲醇浸浸麗澤洗而不厭允矣尚德

堯民

堯民性尚文和韻含芳冽求聲影於先懿研行墨以窮年嗜勝食色偷移行寢崇賢篤分歷久不渝斷金之誼牢敝褱之度廣旣如不及猶恐失之肇之飲惠寔醲惟慭弗報而已贊曰

淸矣堯民爽然風塵松顏靡落芝臭常芬

君謙

君謙荷河岳之曠靈結日月之慧氣倦乾鑿坤澄滓守湛四海橫流岌然恒岱鋪千年而銓叙始可得其人乎遐襟耿度望不可齊而乃深懷接挽莫靳開牧可謂友道一振也長肇二歲交踰旬紀時獲分霑一毛便得益重九鼎贊曰

君謙堂堂厥懋以揚堪輿之遠孰毀孰藏

濬之

濬之氣抱通朗機局警穎尊賢尚古其善之最肇自

項投漆時曠滌塵雖連呼遠篤辱不遐遺而恒尋夢路尚漸居索所惜隱而未見天廢東箭贊曰

濬之英英雅潔不伍時分秀利削我氛土

元敬

元敬意度騰越論議崇弘言必稱古志將用今動斯存禮行不由徑雖以英妙之期而巋然長宿之表綈緗願劮而後已肇少君一歲辱友最遙入室霑香臨衢駐蓋雖川含芥拾本出仁寬之量而蠅附狗續無勝收益之感永言同心遐期童頂贊曰

方冠長裙典刑玆存惇風梳塵哲哉令人

好問

好問天生物則帝降人心譬如桓宫坐皿不溢不項斂學追古恒猶不及積思遠效不安小知輔仁友德厥亦隆哉贊曰

人焉允臧粹固靡疾親之潛益踰彼長日

麗文

麗文止水為心靜山成性抑之不汚抗之靡高求古劇嗜炙之精嚴修辭匪轉石之眞重素位亾諂安節

不尤展矣厚資凝然遠器足以潛回玄化坐鎮澆風千年叔度其殆庶乎贊曰

金歛其芒玉不露角澆澆百鷙寶哉一鶚

次明

次明儀度明粹格態靖謐智照物先幾通事隱時居官守之域應妝宰季之科矣觚翰之事特臻其巧而熏茗文翫標點留情屢接王恭之席知愧毛曾之倚也贊曰

季姿雅致藻飾素淨牛刀之才可使從政

封叔

封叔斂自華門聿興懿質挺高遐之卓志厲沈潛之茂業揚鑣藝圃無退履之蹤飛鞚詞林速翰雲之力年逾弱冠地已兼人要終之就誰涯誰閫東南之美表後先者子乎贊曰

琚珩其相椎鑿雕鎪章華陸離千載南鏐

附一人

張布子門士也天分甚明御就銜勒亦一泛駕

金石契終

考槃餘事目錄

考槃餘事目終

書箋

論書

東海屠隆著　湯之奇校閲

書貴宋元者何哉以其雕鏤不茍校閱不訛書寫肥細有則刷印清明況多奇書未經後人重刻故海內名家評書次第爲價之輕重以墳典六經騷國史記漢書文選爲最詩集及百家醫方次之文集道釋二書又其次也宋書紙堅刻軟字畫如寫格用單邊間多諱字用墨稀薄雖着水濕燥無湮跡開卷一種書

香自生異味元刻倣宋單邊闊多一線字畫不分麄細紙鬆刻硬用墨穢濁中無諱字開卷了無臭味嘗見宋板漢書不惟內紙堅白每本用澄心堂紙數幅爲副今歸吳中不可得矣次以活襯竹紙爲佳蠶繭鵠白藤紙固美而存遺不黄若糊背及以官券殘紙者則惡矣元補宋板遺缺其去猶未易辨國初補元板遺缺內有單邊雙邊之異且字刻迥別不辨自明矣近日作假宋板書者種種若舊初非今書彷彿或令人先聲指爲故家某姓所遺百計瞽惑售者莫可窺測多混名家收藏者當具法眼辨證

獻售

今宦塗率以書爲贄惟上之人好焉則諸經史類書卷帙叢重者不逾時集矣朝貴達官多有數萬以上者往往猥複相糅芟之不能萬餘精綾錦標連窗委棟朝夕以享羣鼠而異書秘本百無二三蓋殘篇短帙篋笥所遺羔雁弗列位高責冗者又無暇綴拾之名常有餘而實遠不副也

越中刻本亦希而其地適東南之會文獻之中三吳

七閩典籍萃焉諸賈多武林龍丘巧於壟斷每瞯故家有儲蓄而子姓不才者以術鉤致或就其家獵取之（此蓋海內皆然）楚蜀交廣便道所攜間得新異關洛燕秦仕宦橐裝所挾往往寄鬻市中省試之歲甚可觀也吳會金陵擅名文獻刻本至多鉅秩類書咸會萃焉海內商賈所貲二方十七閩中十三燕越弗與也然自本方所梓外他省至者絕寡雖連楹麗棟蒐其奇秘百不二三蓋書之所出而非所聚也至薦紳博雅勝士韻流好古之稱籍籍海內其藏蓄當甲諸方矣

凡燕中書肆多在大明門之右及禮部門之外及拱宸門之西每會試舉子則書肆列於場前每花朝後三日則移於燈市每朔望并下澣五日則徙於城隍廟中燈市極東城隍廟極西皆日中貿易所也燈市歲三日城隍廟月三日至期百貨萃焉書其一也

刻地

凡刻之地有三吳也越也閩也蜀本宋最稱善近世甚希燕粤秦楚今皆有刻類自可觀而不若三方之盛其精吳為最其多閩為最越皆次之其直重吳為最其直輕閩為最越皆次之

印書

凡印書永豐綿紙上常山東紙次之順昌書紙又次之福建竹紙為下綿貴其白且堅東貴其潤且厚順昌堅不如綿厚不如東直以價廉取稱閩中紙短窄黧脆刻又舛訛品最下而直最廉余筐篋所收什九此物即稍有力者弗屑也

書直

凡書之直之等差視其本視其刻視其紙視其裝視其刷視其緩急視其有無本視其鈔刻鈔視其譌正刻視其精粗紙視其美惡裝視其工拙印視其初終緩急視其時又視其用遠近視其代又視其方合此七者參伍而錯綜之天下之書之直之等定矣

讐對

葉少蘊云唐以前凡書籍皆寫本未有模印之法人以藏書為貴人不多有而藏書者精於讐對故往往皆有善本學者以傳錄之艱故其誦讀亦精詳五代時馮道始奏請官鏤板印行國朝淳化中復以史記

前後漢付有司摹印自是書籍刊鏤者益多士大夫不復以藏書為意學者易於得書其誦讀亦因滅裂然板本初不是正不無訛謬世既一以板本為正而藏本日亡其訛謬者遂不可正甚可惜也此論宋世誠然在今則甚相反蓋當代板本盛行刻者工直重鉅必精加讐校始付梓人即未必皆善尚得十之六七而鈔錄之本往往非讀者所急好事家以備多聞束之高閣而已以故謬誤相仍大非刻本之比凡書市之中無刻本則鈔本價十倍刻本一出則鈔本咸

靡不售矣

藏書

藏書于未梅雨之前。晒取極燥。入櫃中。以紙糊門外及小縫。令不通風。盖蒸氣自外而入也。納芸香麝香樟腦可辟蠹。芸香即今之七里香也

觀書

勿捲腦。勿折角。勿以爪侵字。勿以唾揭幅。勿以作枕。勿以夾紙。隨損隨修。隨開隨掩。則無傷殘。出子昂書跋

日箋終

帖箋

東海屠隆撰　湯之奇校閱

墨跡難辨

法帖真僞入手。少不用心着眼。即不能辨。昔張思聰善摹古帖。自名翻身鳳凰。自能亂真。唐蕭誠僞爲古帖。以示李邕。曰。此右軍真跡。邕忻然曰。是真物也。誠以實告。邕復視曰。細看亦未能辨。但稍欠精神耳。北海且然。況下者乎。

南北紙墨

古之北紙。其紋橫。質鬆而厚。不甚受墨。北墨多用松烟。色青而淺。不和油蠟。故北搨色淡而紋綿。如薄雲之過青天。謂之夾紗作蟬翅搨也。南紙其紋竪。墨用油煙。以蠟及造烏金紙水敲刷碑文。故色純黑而有浮光。謂之烏金搨。

古今帖辨

古帖歷年遠。而褙數多。其墨濃者。堅若生漆。以手揩之。纖毫無染。兼之摩弄積久。紙面光彩。如砑古意自然。故面舊而背色長新。其側勒轉摺處。並無沁墨水

跡侵染字法且有一種異馨發自紙墨之外質薄者搨之堅而不裂以受糊多耳厚者反破裂莫舉以年遠糊重紙脆故也今之贋帖效南搨者近似之然以手微抹滿紙皆黑效北搨者敲法入石太深字有邊痕用墨不勻濃處若烏雲生雨淺者如白虹跨天殊乏雅致大率皆以川扇紙竹紙用挂灰爐煙瀝和水染成古色表裏浬透兩面如一試以一角揭看薄者即裂厚則性倢不斷矣此俱以形似求之若以字法刻手敲手搨法過目翻閱雖同一宋搨而妍醜即別矣別贋搨乎

贋帖

吳中近有高手贋爲舊帖以竪簾厚麄竹紙皆特抄也作夾紗搨法以草烟末香烟薰之火氣逼脆本質用香和糊若古帖嗅味全無一毫新狀入手多不能破其智巧精采反能奪目鑒賞當具神通觀法

藏帖

凡玩家評宋之書帖爲最上珍品以銅玉耐久而書帖易敗耳兼之兵火銷鑠或散落俗家用以覆瓿粘

牕劫會業逢不知其幾故得之者當寳過金玉斯爲善藏

學書

吾人學書當兼收並蓄聚古人于一堂接丰采于几案手執心談求其字體形勢轉側結構若龍跳虎卧風雲轉移若四時代謝二儀起伏利若刀戈強若弓矢點摘如山頽雨驟而纖輕如烟霧游絲使胸中宏博縱横有象庶學不窘于小成而書可名于當代矣

辨帖箋

東海屠隆著　沈鼎新校閱

淳化閣帖

宋太宗搜訪古人墨跡于淳化年中命侍書王著摹勒作十卷卷尾俱有篆書題淳化三年壬辰歲十一月六日奉聖旨摹勒上石用澄心堂帋李庭珪墨拓打以手摩之墨不汚手親王大臣各賜一本無銀錠紋初搨者上也不可得矣有銀錠紋而墨濃者次也淡者又次之今世所有皆轉相傳摹者翻本以泉州爲佳宋搨泉帖亦不可得泉州今刻何啻天淵哉

絳帖

宋潘思且以淳化帖增入別帖摹于山西絳州計二十卷北紙北墨極有精神帖比淳化高二字亦稱高駙馬帖

潭帖

淳化頒行潭州摸刻一本與絳帖焉行慶曆年丞相劉公沆帥潭日命慧照大師希白摸刻增霜寒十七日王濛顏眞卿等帖風韻和雅血肉停勻形勢俱圓頗乏峭健之氣葢淳化之子也在潭之郡齋亦名長沙帖紹興間第三次重摹者失其眞矣

汝帖

摘諸帖中字牽合爲之刻河南汝州府每卷後有汝州印後會稽重摸謂之蘭亭帖

秘閣續帖

元祐中哲宗除淳化帖外增刻他帖于秘閣謂之續帖

淳化祖石刻

后主命徐鉉以所藏法帖勒石名昇元帖在淳化前故名祖刻

太清樓帖

太觀年中徽宗以淳化帖考選數帖重刻于太清樓下摸自蔡京恣意草率筆偏于縱無復古意賴刻手精工猶勝他帖亦名大觀帖

淳熙秘閣續帖

孝宗命劉燾摸勒禁中工夫精緻亞于淳化兩續帖相去不遠肥而多骨乃失之麄遂少風韻亦名太清

模續閣帖後重摸刻于紹興府學亦名續蘭亭以其中有蘭亭也今遷于潭州

戲魚堂帖

元祐間劉次莊以淳化帖除去篆題年月增入釋文摹於臨江官署亦名臨江帖在翻刻中頗有骨格濇墨搨尤佳

淳熙修内司本

卷帙規模同閣本而卷尾題字乃楷書非篆書也

星鳳樓帖

宋趙彦約刻于南康曹士冕重摹于南宋趙刻精善不苟曹刻清而不濃亞于太清樓帖

寶晉齋帖

紹興年間曹之格刻于直隸無爲州學多米芾所臨在諸帖中爲最下米元章又云義之七帖有雲烟卷舒翔動之氣

百一帖

宋王曼慶刻筆意清遒雅有勝趣但刻手不精

利州帖

宋慶元中劉次莊以戲魚堂帖重刻于益昌其釋文字畫較臨江稍大

黔江帖

宋秦子明命湯正臣父子刻于長沙郎僧寶月古帖十卷載入黔江之紹聖院

武陵帖

較諸帖中所增最多中有右軍黄庭經他本所無博而不精殊無足取

東庫帖

世傳潘氏以石本帖二十卷分爲二絳州公庫得其上十卷絳守重刻下十卷以足之靖康兵火俱失金虜重刻者天淵矣

賜書堂帖

宋宣綬刻于山陽有古鍾鼎識文絶妙但二王帖俱不精石已不存後有重模本

甲秀堂帖

宋盧江李氏刻前有王顔書多諸帖未見後有宋人書亦多今吳中有重摹者亦有可觀

一百十七種蘭亭

宋理宗內府所藏裝褫作十冊希世之寶也備詳南村輟耕錄

二王帖

宋許提舉刻于臨江摸勒極精二王帖選

蔡州帖

上蔡州重摹絳帖上十卷出于臨江潭帖之上

彭州帖

彭州重刻歷代法帖十卷不甚精采紙類北紙

鼎帖

武陵郡齋石硬而刻手不精雖傳而乏古意

鍾鼎帖

宋薛尚功編次鍾鼎彝古銅器銘二十卷刻于九江府庫臨摹極工甚有古意今多取便抄錄作十卷以市于人

四聲隸韻

書法極工畧似嫵媚傳云石刻于琉球其搨法希色絕佳

玉麟堂帖

宋吳琚摸刻穠而不精多雜米家筆法

已上諸帖原石存者十無一二矣

石鼓文 史籀篆今重摸北監

壇山石刻 周穆王時所刻史籀吉日癸巳四篆字絕妙在直隸真定府趙州贊皇縣

泰山碑 秦李斯篆始皇封禪太山碑石在山東濟南府

朐山碑

嶧山碑 秦李斯篆皆玉筯燬于火宋鄭文寶翻刻石在陝西西安府學宋李丙臺翻刻在應天府學中山東鄒縣亦有翻本

章帝草書帖

秦詛楚文

淳于長夏承碑 漢蔡邕八分書石在直隸廣平府學

郭有道碑 漢蔡邕作文隸書在山西平晉縣

九疑山碑 漢蔡邕文并隸書在廣西

石經隸書

邉韶墓碑 漢郎邉孝先漢蔡邕隸書在河南開封府[illegible]北五里

宣父碑 蔡邕書在直隸真定府

師宜官八分書　仙人唐君碑

張公廟碑　韓明府修孔子廟器碑
劉耀井陰碑　堯母祠碑
北岳碑 漢蔡邕隸　張平子墓銘 崔子玉書
西岳華山廟碑 漢郭香察隸漢人碑多不書何人書姓名者獨此帖耳碑在陝西華陰縣華山廟
已上皆周秦漢帖
鍾元常賀捷表　太饗碑
文皇哀冊文　受禪碑
上尊號碑 在河南許州世傳受禪尊號二碑俱梁鵠書顏真卿辨爲鍾繇書

宗聖侯碑 魏文帝封孔子二十一世孫孔羨爲宗聖侯曹子建作文梁鵠書在孔廟中
劉玄州華岳碑
已上皆魏帖
吳國山碑　王僧恕延陵季子二碑
已上皆吳帖
蘭亭記 王右軍作并書李龍眠畫流觴曲水圖後有盧陵會宏父考究并跋在浙江山陰縣
筆陣圖 右軍行書間有草字末云于金陵傳非其人也永和十二年四月十二日書在陝西西安府學　黃庭經
金剛經 唐僧懷仁集右軍行書石在陝西西安塔下

樂毅論　草書心經
集王聖教序 唐太宗作序高宗作記僧玄奘譯多心經僧懷仁集右軍行書貞觀二十三年八月作咸亨三年十二月刻石字體遒勁可愛石在陝西西安府學
北岳醮告文
周府君碑　東方朔頌
洛神賦 較大令書稍大　大草書蘭亭 恐非真蹟
集右軍書牡丹詩　告墓文
絳州重修夫子廟堂碑 集右軍書
攝山寺碑 晉智永集右軍　裴雄碑

興福寺碑 集書　臨鍾繇宣示帖
平西將軍墓銘　梁思楚碑 集右軍書
楊承源 集義之歐陽詢褚遂良等書　改高樓碑
王濟之陀羅尼經幢　建福寺山門碑 集右軍書
羊祜峴山碑 有二石一在湖廣峴山之上一投漢水之濱亦名墮淚碑
包府君碑
以上皆晉帖
宋文帝神道碑　齊倪桂金庭觀碑
齊南陽寺隸書碑　梁茅君碑 張澤書

瘞鶴銘 梁陶弘景書世傳在直隸鎮江府焦山寺山足水中今不可得其字神妙見東觀餘論

劉靈正墮淚碑

以上宋齊梁陳帖

魏裴思順教戒經　北齊王思誠八分茅山碑

後周大宗伯唐景碑 歐陽詢書

蕭子雲章草出師頌 在福建福州府學

天柱山銘

以上皆魏齊周帖

薛道衡書宋㲉碑　張公謹書龍藏寺碑

魏璦書上方寺舍利塔銘

史陵書帛廟碑　虞世南書陰聖道場碑

開元三年刻蘭亭記 妙絕諸本

以上皆隋帖

唐太宗書魏徵碑　李邕書李思訓碑

雲麾將軍李秀碑 北海太守李邕行書石在陝西蒲城縣者最妙一在順天府良鄉縣學石刻不及

僧智永千文 一真行一行草末有大觀已丑薛嗣昌記石在陝西西安府學

盧府君碑　陀羅尼經

玄度十八體書 石在陝西西安府香城寺中

僧亞栖千文 洛陽僧亞栖草書得張顛筆意若飛鳥出林驚蛇入草石在北監

李陽冰篆先侍郎碑　郎官帖

張旭草書千文 石在陝西西安府學今亡缺過半

僧懷素三種草書千文 石在陝西西安府學

聖母帖 僧懷素草書頗難識石在陝西西安府學

自叙帖 懷素草書宋蘇舜欽補一帖後有魏良臣跋有建業文房印石在陝西耀州三原縣臧氏

墓上　入市詩

藏真律公二帖 僧懷素草書俱遊絲字末有宋景祐三年馮丞之題草書二十三字亦妙

又有微仲書石在陝西西安府學

心經　褚河南忠臣像贊

枯樹賦　虞世南寶曇塔銘

夫子廟堂碑 虞世南書真字石在陝西西安府學

破邪論　龍藏寺碑

褚遂良文皇哀冊

臨摹蘭亭 褚遂良臨羲之書後有延陵之印石在陝西同州學中

臨聖教序 二褚河南臨本一在陝西西安府同州倅廳一在河南歸德府州中

蔡孝子墓表　小楷陰符經

草書陰符經　小楷度人經
紫陽觀碑　眞書千文 褚河南書
虞世南龍馬圖賛　李懷琳絶交書
史惟則隷書千文　于志寧十八學士像賛 隷書
薛稷昇仙太子碑　顔眞卿元次山碑
中興頌　摩崖碑 顔魯公眞書於湖廣語溪厓上
汝南宮主墓志銘　北岳廟碑 顔魯公書
草書千文 顔魯公書　戒壇記
李含光碑　祭伯文 顔魯公書石在陝西
禊帖箋　二
五言詩 圓寂上人　麻姑仙壇記
爭坐帖稿 顔魯公行書蓋初稿也中多塗改字體妙絶凡五碑正統中被燬多矣石在陝西西安府學　東方朔畫像賛
顔氏家廟碑 顔魯公文并書碑四面環轉李陽冰篆額石在陝西西安府學
多寶寺碑 顔魯公眞書石在西安府學
放生池碑 顔魯公眞書在浙江湖州府長興縣
干祿字帖 顔魯公眞書小字別辨字之正俗顔元孫作石刻在四川潼川州
顔母陳夫人墓碑 顔魯公文并書石在河南鄧州
射堂記 顔魯公書石在浙江湖州府長興縣

祭顔杲卿并十三姪文 顔魯公行書石在陝西
昭仁寺碑 歐陽通眞書石在陝西
茅山玄靜先生碑 一顔魯公書楷并文一唐柳識文張從申書李陽冰篆額世號三絶碑俱在右隷應天府句容縣茅山
西嶽書 衛公李靖布衣時上西嶽書蓋厭隋亂其志奮欲有爲而祈之神明之辭也其書亦佳石刻在廣西
金剛經 柳公權書石在陝西興唐寺中
一行禪師塔碑 唐明皇御製文八分書在陝西灞橋東源上
擣衣篇 僧彥修草書石在西安府學
禊帖箋　六　十二
三藏法師塔銘 僧建初行書石在陝西
榮州刺史碑 張頌行書石在陝西三原縣北墓上
北岳恒山碑 蔡有隣隷石在直隷宣州曲陽縣
有道先生葉公碑 李邕行書石在山東金鄉縣
壯觀 李白書二大字在山東金鄉縣今翻刻于濟寧州城南樓上
房定公墓碑 歐陽詢眞書在山東
孔子廟碑 李陽冰篆書石在浙江縉雲縣
月儀 自正月至十二月止凡二碑俱章草石在浙江府學
李北海陰符經　娑羅樹碑

曹娥碑　曹娥碑　泰望山碑　泰望山碑
臧懷庇碑李邕書石在陝西耀軍臧氏墓上　三原縣羽林大將
岳麓寺碑李邕行書石在湖廣衡山之麓
開元寺碑　李夢徵篆教與頌
歐陽率更化度寺碑真書在西安府學
九成宮醴泉銘歐陽詢真書魏徵撰文在陝西鳳翔府麟遊縣
皇甫君碑歐陽詢真書字多損壞存者數十字耳乃于志寧撰文在西安府學今石本是重模者
真書千文歐陽詢書
虞恭公碑歐陽詢真書遒勁最妙此詢第一筆也世人貴尚惜鈌落過半石在陝西邠州宜祿

巡檢司　小楷心經歐陽詢書
夢英帖歐陽詢書　金蘭帖歐陽詢真書石在西安府學
鄱陽銘　唐太宗屏風帖
唐太宗李勣碑　城隍廟碑李陽冰篆書在浙江縉雲縣
薦福寺碑韓擇木八分書史維則篆額石在西安府景風街仁王寺中
韓擇木八分書臧希洸碑
唐玄宗孝經八分隷書註作小隷字末有御跋草書後具列述臣官勳石在陝西
歐陽通道因禪師碑詢之子
李陽冰篆書千文石在西安府學

謙卦爻辭李陽冰篆書石在直隷太平府蕪湖縣民家
玄秋塔銘侍書學士柳公權書石在西安府學
李晟碑　薛平碑
武侯祠堂記　玄度八分書崔守成碑
唐明皇書金仙公主碑
隴興寺四絕碑李華撰張從申書李陽冰篆法慎師書額
薛稷周封中岳碑　僧行敦書遺教經
孫過庭書譜　王維書壽州紫極宫記
柳公綽諸葛廟堂碑　牛僧孺隷書陀羅尼經

歐陽通益州碑　熊君重修先師廟碑隷書
索靖出師表　褚遂良樂毅論
李北海荆門行　智永草書蘭亭記
白鶴禪師墓靈記隷書
字源千文十八體僧夢英篆書在西安府學
孔子廟碑僧夢英篆書石在西安府學
以上皆唐帖
蘇長公真書韓文公廟碑石在廣東
醉翁亭記蘇文忠行書石在江西吉安府學明倫堂

馬券 東坡書在檇李陸宣公書院
魚枕冠記　王郎帖
歸去來辭 東坡行書石在江西南康府
表忠觀碑 蘇書　洋州園池三十首 蘇書
金剛經 蘇書　楚頌帖 蘇書
此君軒歌　羅池廟碑 東坡真書在廣西
黃涪翁書狄梁公碑 范仲淹作黃山谷真書石在江西九江彭澤縣
書評 行書　晚遊池塘詩
大江東去詞　食時五觀帖 黃涪翁書

米南宮章君表　歸去來辭 山谷行書在江西
穹窿山賦　山水歌 米書
龍井記 米書　壯懷賦
天馬賦 米書　行書千文
第一山 米芾行書字方六七寸奇偉秀麗在直隸鳳陽府盱眙縣
孔子手植檜贊 米南宮行書在孔廟
蔡端明書東園記　晝錦堂記 蔡襄真書在河南彰德府
閱古堂記　荔枝譜
嚴陵祠堂記　白從矩先師廟碑

冉宗閔宣廟門碑　周越草書千文
葛剛正讀千文　陶穀抄高僧傳
姜夔讀書譜　佛印牛頌
袁正巳摩利支天經
歷代鼎彝器銘誌 薛尚功編次凡二十卷刻于九江府使庫
朱晦翁富貴有餘樂詩
易繫卦辭說 晦翁書蔡元定刻於湖廣明倫堂
拙賦 周濂溪撰向子廓隸石在湖廣
岳鄂王像 石在杭州西湖武穆王墓廟中

集蘭亭 宋景定咸淳間賈似道命客參挍諸本異同擇其字字尤精者輯成一帖用良工王用和刻之經年始成此本後有悅生堂印甚可寶也
以上皆宋帖
鮮于太常進學解　行書千文 鮮於樞書
巙子山白石篇　清風嶺詩
宋仲溫竹譜　雪賦
七姬權厝志 宋克做鍾字書張羽撰文盧熊篆額在蘇州吳縣陳嗣初家
與俞仲幾書 宋克做鍾字今仲幾諸孫俞珙勸右在直隸松江府
蘭亭十三跋 宋克戲書趙松雪者藏華亭縣沈民望家正統中楊政模刻于郡後有[illegible]

會稽陳賓跋

趙松雪小楷度人經　宣德初直隸鎮江府玄妙觀道士得之土中今在川德縣學經後有皇慶元年春正月九日三教弟子趙孟頫書末有元翰林學士袁桷跋其字又小

言偃祠堂記　朱晦翁撰文趙松雪書石在蘇州府常熟縣子游殿前

黃庭經　松雪臨右軍楷書石在北京國子監

樂毅論　松雪臨右軍小楷在北京國子監

七觀帖　松雪小楷末有袁文清公題跋在浙江寧波府

佑聖觀帖　蘭亭十三跋　趙文敏書

番陽君廟碑　道德經　趙松雪行書

雜帖全　一七

沈山寺碑　真書千文　松雪書

東嶽行宮碑　元孟淳作趙子昂行書在浙江湖州府長興縣

行書千文　趙松雪書惜碑破碎今翻刻有僧善啟跋在松江府

小楷千文　松雪書　大字千文　趙松雪書在四川蜀府

玄元十子像贊　歸去來辭　子昂行書在蘇州崑山縣

洞玄經　金丹四百字　趙文敏公書在北監

臨蘭亭帖　趙文敏公臨定武本北監

春夜宴桃李園記　松雪書

臨座位帖　趙松雪臨顏魯公帖在北監今亦不全

鐵佛寺鐘銘　松雪真書在松江府鶴砂報恩戩院

棲霞阡表　松雪書行草在山東金鄉縣

碎金帖　示子手帖　趙文敏行書在臨江府學

玉枕蘭亭　趙松雪倣褚河南歐李更端本方四五寸許頭小楷一在臨江府一在福州府學

真書千文　鮮于樞書在松江府

趙仲穆義田記　樂善堂集趙諸帖

雪菴顏陀茶榜　吳衍篆陰符經

王翼篆　不自棄文　宋燧小楷書

書杜出塞九首　宋仲溫倣章草吳僧善啟舊藏此真蹟模刻於寺在松江府

雜帖全　十八

小楷孝經　顏輝書　四體千文　周伯溫書在江西鄱陽縣

張郎之金剛經　吳志淳千文　隸書石在福州府學

石鼓臨本　舊刻宋東都時嘗鑄金填其刻文置宣和殿金人入汴剔取其金而棄之故自靖康土宇分裂之後拓本絕不可得至元國子司業潘迪考訂音訓刊附于後置北京國學於是搨本日以廣而字畫存者僅三之一耳且中不可辨識者又三之一則亦久遠之驗也若今之轉摹者謬甚矣

僧訥草書千文　吳僧訥考學張旭懷素書上有晉陵孫仲賢跋語宣德間寺僧得之土中今在蘇州崑山縣

已上皆元帖

大字千文 中書舍人新安詹孟舉真書字兼顏歐虞柳在蜀府者爲第一本宣德中袁旭翻刻于直隸寧國郡中亦佳江西諸本不及遠甚

送叅政任晃詩 解學士大紳草書詩二首石在直隸松江府

第一山 大祖言書在直隸鳳陽府龍興寺中方一尺五寸

春夜宴桃李園記 詹孟舉書在蘇州府崑山縣

國朝尊崇孔子廟碑 詹孟舉真書在闕里大成殿前

易繫卦辭說 朱晦翁書刻在湖廣石久漫滅正統間知府周冕重刻教授劉慶有跋

草書要領 五卷集晉草書爲初學法

草韻 三種各五卷宋元有刻今吳中重摹

帝王聖賢將相像 自伏羲至元許衡凡一百一人王林居士刻于福建盧峰書院

閣帖 松江顧氏潘氏得泉州舊刻較時本爲佳

書法要覽 劉仲芥真書在四川蜀府

國朝書法 石在浙江湖州 金剛經 本朝名人各書一段

東書堂帖 皇明宗室周府模刻閣帖而增入蘭亭敘文并宋人書甚有雅趣近復翻刻其去周國又甚遠矣

停雲館帖 姑蘇文待詔徵仲得前人未刻真跡勒之于石翻本則不佳矣

小停雲館帖 文徵仲刻內多本朝名人筆跡

以上皆國朝帖

國朝書家當以祝允明爲上今之人不啻家臨池而人染翰然無敢與希哲抗衡也

文徵仲以法勝王履吉以韻勝然文之書畫有親藩中貴及外國人雖遺以隋珠趙璧而欲購片紙隻字平生必不肯應此文之名益重于世

宋仲溫仲珩當與王文並駕之四子者亞于祝者也

陸深沈度徐元玉李應禎吳寬五人其又次者也

詹希原解縉嗚于朝周砥盧熊著于野朝者迺當讓野

社環沈粲楊士奇李昌祺胡文穆曾棨李時勉陳敬宗吳餘慶衛靖魏驥徐有貞劉珏張汝弼黃翰張天駿蕭顯邵文敬詹和錢溥錢博陳白沙任道遜王守仁金琮周倫張電凌晏如許成名許宗魯朱九江王鏔中楊慎羅洪先陳鶴楊珂羅鹿齡吳維嶽陳道復王同祖袁褧王穀祥文嘉陳鎏陸師道彭年許初王姬水張鳳翼王稚登邢侗俞允文莫雲卿朱子价黎惟敬梁思伯湯煥吳大禮陸萬里其又次者也

隸古在明世殊寥寥聞惟陳文東文徵仲文彭數人

而已

篆書李東陽滕用亨程南雲金湜喬宇景暘徐霖陳道復王穀祥周天球

署書詹希原夏㬊蔣廷暉朱孔暘湛若水夏言方元煥張書紳蘇洲王問俞憲莫如忠陳尒見

張天駿有廝養婢善書觀者咄咄稱賞能贊列紫薇郎署分科木天大可怪也

朱孔暘姜立綱㫖掾史筆所謂南路體也馬一龍用筆本流迅而乏字源濃淡大小錯綜不可識拆看亦

不成章況多俗筆方元煥張書紳蘇洲皆近時書中惡道也馬負圖狂斡亦有習者既貽譏大雅終非可久王逢年本有筆而雜用之遂不成家之數子者書不足法也

李自實亦稱善書爲右都御史坐藩寧事伏法豊吏部坊改名道生自負書藪第形樸既不美觀加之狼戾難親蹤跡永絕此二人者人品惡薄書不足道也

以上評國朝書家

宋姜堯章蘭亭偏傍考

永字無畫發筆處微轉折　和字口下横筆稍出　年字懸筆上湊頂　在字左人反剔　歲字有點在山之下戈口之右　事字斜脚拂不挑　流字内公字處就田筆不是點殊字挑脚横帶　是字下疋凡三轉不斷　趣字波畧少捲向上　於字欠右一筆作章草發筆之狀不是捺　抱字巳開口　亦大矣亦字是四點　與感感字戈邊是直作一筆不是點　○未嘗不字反挑脚處有一缺

右法特舉其大槩耳持此以觀天下之蘭亭恐亦

不大失眼

五字損本蘭亭考

湍流帶右天五字有損也

蘭亭模本字考

癸丑二字畧小而相連崇山二字傍註因寄因字中改向之二字痛哉痛字悲夫夫字斯文文字皆改而筆畫重視昔之下圖去二字曾不知曾字旁註作僧字東觀餘論云晉史逸少傳無曾字乃徐僧權得之用名字小印押縫耳歲久止存僧字後人不知誤爲

會字脱落添此字耳

蘭亭諸本考

復州裂本首六行斜裂第一行缺會字又永字與二行會字三行畢字四行修字五行爲流二字正當裂處十三行因字内改筆作小仲字十七行向之字差大二十五行視昔下二作圖夫字上露初也字末行文字稍重廼景陵郡齋舊物湮没民間宋紹興丁丑郡守何文度搜訪得之

豫章裂本首行闕會字二行亭字三行群字六行列字七行幽字九行勝字俱有闕白又九行觀字十行以遊二字十一行樂也夫三字十二行抱悟言三字十三行形骸之外四字十四行其欣二字正當裂處餘同復州本

江州裂本首行裂會字五行缺湍字六行坐其二字七行詠亦二字八行清惠風三字九行之盛二字正當裂處餘同復州本

鄱陽汪相家裂本首行缺會字二行亭字三行羣字四行流激二字七行幽字九行盛字十二行内字七行臨字十八行猶字二十二行若字二十三行生字皆有闕白又其裂處正與豫章本同後有圖書云忠衛社稷之家

處州劉涇本云是巨濟刻家藏絹本首行會字全末横家本留刻仙都又題紹興丁丑蜀人劉涇字皆全惟第三行畢字闕石

石氏肥本云是石熙明摹刻首行闕會字筆畫雖肥而意度亦有可取者

不知處本首行闕會字其中多細裂而意度亦好

淡墨本前八行横裂一行暮字二行亭字三行咸集字四行有字五行流字六行管字七行幽字八行暢仰二字正當裂處又十七十八行有細裂文

劉無言本首行亦有會字筆勢稍活動當是重刻褚本褚本在宋時初藏蘇氏米元章以名書易得之極寶愛後嘉熙庚子西秦張清淑摹勒上石不知無年何時又重刻也

永嘉本云是智永臨寫宋紹興間太守程邁刻寘郡齋筆勢雖縱逸而未免失真首行會字亦全末有孫

緈後序是唐乾封二年僧懷仁集書又有吳傳朋題識具在

右諸本嘗以復州本爲勝次豫章本次劉無言本次北京本其他皆不及也

趙松雪蘭亭十三跋考

第一跋三行縣字大七八分　二跋四行零四字比上差小一半皆縣字　三跋七行作章草與二跋大小同　四跋二行作縣字差小于上　五跋一行半作縣字比上又小　六跋二行半作行書比首跋差大　七跋四行作行書字比上差小　八跋三行零二字作草書比上差小　九跋三行半作小楷帶縣字　十跋四行半行草帶草字書與昔人得古刻同大　十一跋二行小楷作縣字　十二跋三行作蚕頭章草　十三跋三行作縣字頗麄

辨帖箋終

畫箋

東海屠隆著　錢震瀧挍閱

賞鑒

看畫有賞鑒好事二家其說舊矣若求其人則自人主侯王將相以及方外衲子固宜有之張彥遠云有收藏而不能鑒識能鑒識而不能善閱翫能閱翫而不能裝䙴能裝䙴而無銓次皆病也若寧庶人宸濠嚴逆人世蕃甚富貴貪婪之極而傷及於此固不可以言好事也

似不似

畫花趙昌意在似徐熈意不在似非高於畫者不能以似不似第其高遠蓋意不在似者太史公之於文杜陵老子之于詩也

古畫

上古之畫跡簡意淡眞趣自然畫譜繪鑒雖備而歷年遠其筆素敗腐不可得矣

唐畫

意趣具於筆前故畫成神足莊重嚴律不求工巧而

自多妙處後人刻意工巧有物趣而乏天趣

宋畫

評者謂之院畫不以爲重以巧太過而神不足也不知宋人之畫亦非後人可造堂室如李唐劉松年馬遠夏珪此南渡以後四大家也畫家雖以殘山剩水目之然可謂精工之極

元畫

評者謂士夫畫世獨尚之蓋士氣畫者廼士林中能作隸家畫品全法氣運生動不求物趣以得天趣爲高觀其曰寫而不曰畫者蓋欲脫盡畫工院氣故耳

此等謂之寄興但可取玩一世若云善畫何以上擬古人而爲後世寳藏如趙松雪黃子久王叔明吳仲圭之四大家及錢舜舉倪雲林趙仲穆輩形神俱妙絕無邪學可垂久不磨此眞士氣畫也雖宋人復起亦甘心服其天趣然亦得宋人之家法而一變者

國朝畫家

明興丹青可宋可元與之並駕馳騁者何啻數百家而吳中獨居其大半即畫諸方之燁然者不及也

邪學

如鄭顛仙張復陽鍾欽禮蔣三松張平山汪海雲輩皆畫家邪學徒逞狂態者也俱無足取

粉本

古人畫藁謂之粉本草草不經意處廼其天機偶發生意勃然落筆趣成自有神妙有則宜寳藏之

臨畫

臨模古畫着色最難極力模擬或有相似惟紅不可及然無出宋人宋人摹寫唐朝五代之畫如出一手

秘府多寳藏之今人臨畫惟求影響多用己意隨手苟簡雖極精工先乏天趣妙者亦极國朝戴文進臨摹宋人名畫得其三昧種種逼眞效黃子久王叔明畫較勝二家沈石田有一種本色不甚稱摹倣諸舊筆意奪眞獨於倪元鎭不似葢老筆過之也評者云子昂近宋而人物爲勝沈啓南近元而山水爲尤今如吳中莫樂泉臨畫亦稱當代一絕

宋繡畫

宋之閨繡畫山水人物樓臺花鳥針綫細密不露邊

縫其用絨一二絲用針如法細者爲之故眉目畢具絨彩奪目而丰神宛然設色開染較畫更加女紅之巧十指春風迥不可及

看畫法

看畫之法如看字法松雪詩云石如飛白木如榴寫竹應從八法求正謂此也須着眼圓活勿偏已見細看古人命筆立意委曲妙處方是

品第畫

以山水爲上人物小者次之花鳥竹石又次之走獸

虫魚又其下也更須絹素紙地完整不破色雖古而清潔精神如新照無貼襯嗅之異香可掬此其最上品也

無名畫

古畫無名款者多畫院進呈卷軸皆有名大家廼御府畫也世以無名人畫即塡某人款字深爲可笑

單條畫

高齋精舍宜挂單條若對軸即少雅致况四五軸乎且高人之畫適興偶作數筆人即寶傳何能有對乎今人以孤軸爲嫌不足與言畫矣

古絹素

唐紙則硬黄短簾絹則絲粗而厚有擣熟者有四尺濶者宋紙則鵠白澄心堂絹則光細若紙揩摹如玉間有濶五六尺者名曰獨梭元絹有獨梭者與宋相似有宓家機絹皆妙

裱錦

古有樗蒲錦又名闍婆錦有樓閣錦紫駝花鸞章錦朱雀錦鳳凰錦斑文錦走龍錦鸂鶒錦皆御府中物有海馬錦龜紋錦粟地錦皮毬錦皆宣和裝今蘇州有落花流

水錦皆用作表首

學畫

人能以畫寓意明牕淨几描寫景物或覩佳山水處胸中便生景象或觀名花折枝想其態度綽約枝梗轉折向日舒笑迎風欹斜含烟弄雨初開殘落布置筆端不覺妙合天趣自是一樂若不以天生活潑爲法徒竊紙上形似終爲俗品古之高尚士夫如李公麟范寬李成蘇長公米家父子輩靡不盡臻神品賞

鑑大雅須學一二名家方得深知畫意

軸頭

用檀香爲之可以除濕遠蠹芸麝樟腦亦辟蠹

藏畫

以杉桫木爲匣匣内切勿油漆糊紙恐惹黴濕遇四五六月之先將畫幅幅展玩微見風日收起入匣用紙封口勿令通氣置透風空閣或去地丈餘又當常近人氣過此二候方開可免黴白平時張挂名畫須三五日一易則不厭觀不久惹塵濕收起先拂去兩面塵垢略見風日卽珍藏之久則恐爲風濕損其質地

小畫匣

單條短軸作横面開關門扇匣子畫直放入軸頭貼籤細書某畫甚便取看

捲畫

須顧邊齊不宜局促亦不可着力捲緊恐急裂絹素

拭畫

揩抹畫片不可用粗布恐摸擦失神

出示畫

古畫不可出示俗人不知看法以手托起畫背就觀絹素隨折或忽慢墮地損裂莫補

褙畫

畫不脱落不宜數褙一裝揩則一損精神墨跡亦然

挂畫

對景不宜挂畫以僞不勝眞也

畫箋終

紙箋

南北紙　東海屠隆著　王道焜校

北紙用橫簾造其紋橫其質鬆而厚謂之側而紙南紙用竪簾其紋竪晉二王真跡多是會稽竪紋竹紙

唐紙

有硬黃紙唐人以黃蘗染之取其辟蠹其質如漿光澤瑩滑用以書經今秘閣所藏二王書皆唐人臨倣紙皆硬黃又元和初蜀妓薛洪度以紙爲業製小箋

十色名薛濤箋亦名蜀箋

宋紙

有澄心堂紙極佳宋諸名公寫字及李伯時一多用此紙亳間有紙織成界道謂之烏絲欄有歙紙今徽州府歙縣地名龍鬚者紙出其間光滑瑩白可愛有黃白經箋可揭開用之有碧雲春樹箋龍鳳箋團花箋金花箋有匹紙長三丈至五丈陶穀家藏數幅長如匹練名鄱陽白有藤白紙觀音簾紙鵠白紙日藕絲竹紙大箋紙有彩色粉箋其色光滑東坡山谷多用之作畫寫字

元紙

有彩色粉箋蠟箋黃箋花箋羅紋箋皆出紹興有白籙紙觀音紙清江紙皆出江西趙松有枝子山張伯雨鮮于樞書多用此紙

國朝紙

永樂中江西西山置官局造紙最厚大而好者曰連七曰觀音紙有奏本紙出江西鉛山有榜紙出浙之常山直隸廬州英山有小箋紙出江西臨川有大箋

紙出浙之上虞今之大内用細密灑金五色粉箋五色大簾紙灑金箋有白箋堅厚如板兩面研光如玉潔白有印金五色花箋有磁青紙如段素堅韌可寶近日吳中無紋灑金箋紙爲佳松江潭箋不用粉造以荊川連紙褙厚砑光用蠟打各色花鳥堅滑可類宋紙新安倣造宋藏經箋紙亦佳有舊裱畫卷綿紙作紙甚佳有則宜收藏之

高麗紙

以綿繭造成色白如綾堅韌如帛用以書寫發墨可

愛此中國所無亦奇品也

造葵箋法

五六月戎葵葉和露摘下搗爛取汁用孩兒白鹿堅厚者裁段蘸汁内稍投雲母細粉明礬些少和匀盛大盆中用紙拖染挂乾或用以砑花或就素刷其色綠可人且抱野人傾葵微意

染宋箋色法

黃栢一斤搥碎用水四升浸一伏時煎熬至二升止聽用橡斗子一升如上法煎水聽用胭脂五錢深者方妙用湯四碗浸榨出紅三味各成濃汁用大盆盛汁每用觀音簾堅厚紙先用黃栢汁拖過一次復以橡斗汁拖一次再以胭脂汁拖一次更看深淺加減逐張晾乾可用

染紙作畫不用膠法

紙用膠礬作畫殊無士氣否則不可着色開染法以皂角搗碎浸清水中一日用沙礶重湯煮一炷香濾淨調匀刷紙一次挂乾復以明礬泡湯加刷一次挂乾用以作畫儼若生紙若安藏三二月用更妙折舊裱書卷綿紙作畫甚佳有則宜寶藏可也

造搥白紙法

法取黃葵花根搗汁每水一大碗入汁一二匙攪匀用此令紙不粘而滑也如根汁用多則反粘不妙用紙十幅將上一幅刷濕又加乾紙十幅累至百幅無礙紙厚以七八張相隔薄則多用不妨用厚板石壓紙過一宿揭起俱潤透矣濕則晾乾否則平鋪石上用打紙搥敲千餘下揭開晾十分乾再疊壓一宿又搥千餘搥令發光與蠟箋相似方妙余常製之甚佳但跋涉耳

造金銀印花箋法

用雲母粉同蒼朮生薑燈草煮一日用布包揉洗又用絹包揉洗愈揉愈細以絕細爲佳收時以綿紙數層置灰矼上傾粉汁在上滲乾用五色箋將各色花板平放次用白芨調粉刷上花板覆紙印花板上不可重塌欲其花起故耳印成花如銷銀若用薑黄煎汁同白芨水調粉刷板印之花如銷金二法亦多雅趣

造松花箋法

槐花半升炒煎赤冷水三碗煎汁用銀硃粉一兩礬五錢研細先入盆内將黄汁煎起用絹濾過方入盆中攪勻拖紙以淡爲佳文房用牋外此數色皆不足備

紙箋終

筆箋

東海屠隆著　柴世基挍閲

筆法

製筆之法以尖齊圓健爲四德毫堅則尖毫多則色紫而齊用檾貼襯得法則毫束而圓用以純毫附以香狸角水得法則用久而健檾貼云副齊則波製有憑管小則運動有力毛細則點畫無失鋒長則洪潤自由筆之玄樞當盡于是今人毫少而狸檾倍之筆不耐寫豈筆之咎哉爲不用料耳

毫

筆之所貴者在毫廣東番禺諸郡多以青羊毛爲之以雉尾或鷄鴨毛爲蓋五色可觀或用豐狐毛鼠鬚虎毛羊毛麝毛鹿毛羊鬚胎髮猪鬃狸毛造者然皆不若兎毫爲佳兎以崇山絶壑中者兎肥毫長而銳秋毫取健冬毫取堅春夏之毫則不堪矣若中秋無月則兎不孕毫少而貴朝鮮有狼尾筆亦佳近日所製尤絶妙

管

古有金管銀管斑管象管玳瑁管玻瓈管鏤金管綵沉漆管棕竹管紫檀管花梨管然皆不若白竹之薄標者爲管最便持用筆之妙盡矣他又何尚焉冬月以紙帛衣管以避寒者似亦難用悉不取也

式

舊製筆頭式如筍尖最佳後變爲細腰葫蘆樣初寫似細宜作小書用後腰散便成水筆卽爲棄物矣當從舊製可也

工

古者蒙恬創筆南朝有姥善作筆開元中筆匠名鐵頭能瑩管如玉宣州有諸葛高常州許頵國朝有六繼翁王古用皆湖人住金陵吉水有鄭伯清吳興有張天錫惜乎近俱失傳其妙大抵海內筆工皆不若湖之得法畫筆以杭之張文貴爲首稱而張亦不妄傳人今則善惡無准世業不修似亦可惜楊州之中管鼠心畫筆用以落墨白描佳絕水筆亦妙

藏

筆以十月正二月收者爲佳文房寶飾云養筆以硫黄酒舒其毫蘇東坡以黄連煎湯調輕粉蘸筆頭候乾收之則不蛀黄山谷以川椒黄蘗煎湯磨松烟染筆藏之尤佳

滌

妙筆書後卽入筆洗中滌去滯墨則毫堅不脫可耐久用寫完卽加筆帽免挫筆鋒若有油膩以皂角湯洗之

瘞

古人重筆用敗則瘞今人委之糞土似非雅厚昔趙

光逢薄遊襄漢濯足溪上見一方磚類碑上題云髡友退鋒郞功成鬓髮霜塚頭封馬鬛不敢負恩光後題獨孤貞節立磚上積有苔痕此盖好事者瘞筆之所

筆經

劉向說苑王滿生說周公躳筆牘書之則周公時巳有筆矣韋誕筆經曰製筆之法桀者居前毳者居後强者爲刃愞者爲輔參之以檾束之以管固以漆液澤以海藻濡墨而試直中繩曲中勾方圓中規矩終

日握而不敢故曰筆妙又柳公權一帖云近蒙寄筆深慰遠情但出鋒太短傷於勁硬所要優柔出鋒須長擇毫須細取管在大副切須齊副齊則波製有馮管小則運動省力毛細則點畫無失鋒長則洪潤自由此帖論筆之妙頗盡故稡書之

筆箋終

墨箋

論墨　東海屠隆著　柴世埏挍閱

古人用墨必擇精品蓋不特藉美于今更藉傳美於後昔晉唐之書宋元之畫皆傳數百年墨色如漆神氣賴以全若墨之下者用濃見水則泌散湮汚用澹重褙則神氣索然未及數年墨跡已脫此用墨之不可不精也高深甫云墨之妙用質取其輕烟取其清嗅之無香磨之無聲新研新水磨若不勝忌急則熱熱則生沫用則旋研研無久停塵埃汚墨膠力泥凝用過則濯墨積勿盈藏久膠宿墨用乃精誠鑒墨三昧語其古今名家造法備詳墨經墨書

古製墨法

古墨法云烟細膠新杵熟烝勻色不染手光可射人又曰虬松取烟鹿膠相揉九烝回澤萬杵力扣光可照人色不染手造墨惟膠為難古之妙工皆自製膠法取新解牛革及䚡全用之牛革取其厚處連膚及毛皆割不用入冶成膠即以和烟若冷定重化則已

非新矣今之膠村皆牛革之棄餘故雖號廣膠去古膠法猶遠無怪乎墨品之下也徽墨今古第一者上比潘谷蔡滔中間猶容十許人況李廷珪乎

朱萬初墨

楊慎曰元有朱萬初善製墨純用松烟蓋取三百年摧朽之餘精英之不可泯者用之非常松也天曆乙巳開奎章閣揀儒臣親侍翰墨榮公存初康里公子山皆侍閣下以朱萬初所製墨進大稱旨得祿食藝文館虞文靖公贈之詩曰霜雪摧殘澗壑非根深千

歲斧斤違寸心不逐飛烟化還作玄雲繞紫微蓋紀玆事也又曰萬初之墨沉着而無留跡輕清而有餘潤其品在郭圯父子間又跋其後曰近世墨以油烟煬松烟姿媚而不深重萬初既以墨顯又得眞定劉法造墨法於石刻中以爲劉之精藝深心盡在於此必無誤後世因覃思而得之余嘗謂松烟墨深重而不姿媚油烟墨姿媚而不深重若以松脂爲炬取烟二者兼之矣宋徽宗嘗以蘇合油搜烟爲墨至金章宗購之一兩墨價黃金一斤欲倣爲之不能此謂墨可也

玉泉墨畫眉墨

南中楊生製墨不用松烟止以燈煤爲之名玉泉墨又金章宗宮中以張遇麝香小御團爲畫眉墨余謂玉泉之名與燈煤無干只以東坡佛幌輕烟爲名豈不奇絕

松墨

古墨惟以松烟爲之曹子建詩墨出青松烟筆出狡兔翰唐詩輕幹染松烟東坡詩徂徠無老松易水無

良工小說載王方翼燎松丸墨富家聞見錄云唐李超易水人與子廷珪亡至歙州其地多松因留居以墨名家仇池筆記眞松煤遠烟自有龍麝氣世之嗜者如滕達蘇浩然呂行甫暇日晴暖研墨水數合弄筆之餘乃啜飲之又云衢蔡瑫自烟煤膠外一物不用特以和劑有法甚黑而光近世稱徽墨率用桐油烟既非古法墨成亦用漆爲衣始光東坡云光而不黑索然無神氣亦復安用殆此等耶予得法墨於異人祗用烟膠成即光如漆名之曰一品玄霜殆不虛

也

香與墨同關紐

邵安又與朱萬初帖云深山高居爐香不可闕退休之久佳品乏絕野人爲取老松栢之根枝葉實擣治之研楓肪羼和之每焚一丸亦足助清苦今年大雨時行土潤溽暑特甚萬初致石鼎清晝香空齋蕭寂遂爲一日之借良可喜也萬初本墨妙又兼香癖蓋墨之與香同一關紐亦猶書之與畫謎之與禪也

墨箋終

研箋

東海屠隆著　柴世堯校閱

論研

研以端歙爲上古端之舊坑下岩天生石子温潤如玉眼高而活分布成象磨之無聲貯水不耗發墨而不壞筆者爲希世之珍有無眼而佳者第白端綠端非眼不易辨也歙亦如之但無眼耳大抵端取細潤停水歙取縝澀發墨兼之斯爲寶矣然皆難得今惟取其質之堅膩琢之圓滑色之光彩聲之清冷體之厚重藏之完整傳之久遠爲可貴耳

養研

凡硯池水不可令乾每日易以清水以養石潤磨墨處不可貯水用過則乾之久浸則不發墨

滌硯

日用硯須日滌去其積墨敗水則墨光瑩潤若過一二日則墨色差減春夏二時霉溽蒸濕使墨積久則膠泛滯筆又能損硯精彩尤須頻滌以華麻子擦硯滋潤不得以滾湯滌硯不可以氈片故紙揩抹恐氈

毛紙屑以混墨乞端溪有洗硯石絶佳今以皂角清水滌之爲妙或以半夏切片擦硯極去滯墨或以絲瓜穰滌洗或以蓮房殼滌洗去垢起滯又不傷硯絶佳大忌滚水磨墨茶亦不可尤不宜令頑童持洗

試新墨

新墨初用膠性并稜角未伏不可重磨恐傷硯質

藏研

端溪水中出一草芊芊可愛石工取石琢研訖迺用其草裹之故自嶺表迄中夏而無損也取以爲囊藏研最佳或以文綾 囊韜避塵垢寘之筒匣不可以研壓研恐傷研材

冬月研

冬天嚴寒不可用佳硯得青州熟鐵研可以敵凍炙研須用四脚踔爐架火研上微微逼之或用研爐亦可

朱研

亦得舊石者方妙或用白端亦可

墨繡

研池邊斑駁墨跡久浸不浮者名曰墨繡爲古硯之徵最難得者不可磨去致規杖滲琴之誚

研箋終

琴箋

論琴

東海屠隆著　周大紀校閱

琴爲書室中雅樂不可一日不對清音居士談古若無古琴新者亦須壁懸一牀無論能操縱不善操亦當有琴淵明云但得琴中趣何勞絃上音吾輩業琴不在記博惟知琴趣貴得其真若亞聖操懷古吟志懷賢也古交行客窓夜話思尚友也猗蘭陽春鼓之宣暢布和風入松御風行操致涼颸解愠瀟湘水雲鴈過衡陽起我興薄秋穹梅花三弄白雪操逸我神遊玄圃樵歌漁歌鳴山水之間心谷口引扣角歌抱烟霞之雅趣詞賦若歸去來赤壁賦亦可咏懷寄興清夜月明操弄一二養性修身之道不外是矣豈徒以絲桐爲悅耳計哉

古琴色

古琴歷年既久漆光退盡惟黯黯如烏木此最奇古也

古斷紋

古琴以斷紋爲證不歷數百年不斷有梅花斷其紋如梅花此爲最古有牛毛斷其紋如髮千百條者有蛇腹斷其紋橫截琴面相去或一寸或半寸許有龍紋斷其紋圓大有龜紋冰裂紋者未及見之蓋諸漆器無斷紋而琴獨有之者以他器用布漆而琴無布他器安靜而琴日夜爲絃所激也

古琴灰

觀合縫處無隙不散斷紋過肩此漆灰琴也若上下有紋兩傍光漆者適開而復合重漆補者此料灰琴也

古琴材

琴材以桐面梓底者爲上純桐以一木置之水上取上半浮者爲面下半沉者爲底亦陰陽材也若底面皆用浮者謂之純陽琴古無此製近世爲之取其暮夜陰雨彈之聲不沉也然必不能達遠聲亦不實桐面杉底者無足取也桐木近寺觀聞鐘鼓聲者最佳吳中懿王得天台寺中對瀑布泉屋柱斵二琴一號洗凡一號清絕爲曠代之寶過於精金美玉也

琴軫

玉者不爲之華有花則易轉素不受污紫檀犀角者亦可

琴徽

琴以金玉爲徽示重器也然每爲琴災不若以産珠蚌爲徽清夜彈之得月光相映愈覺明朗光彩射目取音了然觀亦不俗若老翁清夜不寐以琴消遣如用金蚌爲徽則有光色燈月炫目不便老視惟白日照之無光爲空

琴絃

絃絲蜀中爲上秦中洛下爲次山東江淮爲下此由水土使然也今只用白色柘絲爲上秋蚕次之絃取冰者以素質有天然之妙若朱絃則徽色新滯稍濁而失其本眞也

琴臺

以河南鄭州所造古郭公磚長僅五尺濶一尺有餘上有方勝或象眼花紋用鑲琴臺長過琴一尺高二尺八寸濶容三琴以堅漆塗之或用維摩式高一尺六寸坐用胡牀兩手更便運動高或費力不久而困也嘗見一琴臺用紫檀爲邊以錫爲池於臺中實水蓄魚上以水晶板爲面魚戲水藻儼若出聽爲世所稀

琴室

宜實不宜虛最宜重樓之下蓋上有樓板則聲不散其下空曠則聲透徹若高堂大廈則聲散漫斗室小軒則聲不達如平屋中則於地下埋一大缸缸中懸一銅鐘上用板鋪亦可幽人逸士或於喬松脩竹岩

洞石室清曠之處地清境寂更有泉石之勝則琴聲愈清與廣寒月殿何異哉

唐琴

蜀中有雷文張越二家置琴得名其龍池鳳沼間有舷餘處悉窪令關聲而不散

宋琴

宋有琴局製有定式謂之官琴餘悉野斵有施木舟者造琴得名斷紋漸去

元琴

有朱致遠造琴精絶今之古琴多屬施朱二氏者

國朝琴

成化間有豐城万隆弘治間有錢塘惠祥高騰祝海鶴擅名當代人多珍之又樊氏路氏琴京師品爲第一大抵琴以音爲主其音善矣又何必拘拘以爲古哉

蕉葉琴

取蕉葉爲琴之式製自祝海鶴甚佳

百衲琴

偶得美材短不堪用因而裁成片段膠漆最長非好奇也今倣製者以龜紋錦片錯以玳瑁象牙香料雜木嵌骨爲紋鋪滿琴體名曰寶琴與廣中滇南螺嵌琵琶何異更可笑也近有銅琴石琴紫檀烏木者皆失琴音雖美何取

挂琴

不論寒暑不可挂近風露日色中及磚墻泥壁之處恐惹濕潤琴不發聲宜木格布骨紙屏當風透處挂之加以囊盛以遠塵垢或置牀上被中以近人氣爲佳

琴匣

貴窄小止可容琴不使中空搖動梅月未至須先以琴入匣中鎮閉以紙糊口不令濕黴着琴

抱琴

當語童僕勿令横抱恐觸物致損須按古今人抱琴二勢方稱雅觀

對鶴

彈琴欲鶴舞鶴未必能舞觀者鬨然誠非雅致之事

對月

春秋二候天氣澄和人亦中夜多醒萬籟咸寂月色當空横琴膝上時作小調亦可暢懷

對花

宜共岩桂江梅茉莉薝蔔建蘭夜合玉蘭等花清香而色不艷者爲雅

臨水

鼓琴偏宜於松風澗響之間三者皆自然之聲正合類聚或對軒窓池沼荷香撲人或水邊簾下清漪芳

泚微風洒然游魚出聽此樂何極

焚香

香清烟細如水沉生香之類則清馥韻雅最忌龍涎及兒女態香

盥手

彈琴須先盥手則絃不受汚夏月惟宜早晚午則不可非惟汗濘恐太燥脆絃

露下

乘露彈琴不可久坐不惟潤絃抑且傷人且陽林鼓之有聲陰材則無聲矣

飲酒

彈琴之人風致清楚但宜啜茗間或用酒發興不過微有醺意而已若堆醴酩羅葷膻蕩情狂飲致成醉者之狀以事琴此大飄最宜戒也

琴壇十友

氷絃 玉軫 軫函 玉足 絨剅 琴薦

錦囊 琴牀 琴匣 替指以鶴翎造火烙爲之 此臞仙製也

古今論琴之言唯淵明無絃中散喑喑琴德爲得味外味此箋近之閑德美跋

琴箋終

香箋

論香

東海屠隆著　　嚴于鈇校閱

香之為用其利最溥物外高隱坐語道德焚之可以清心悅神四更殘月興味蕭騷焚之可以暢懷舒嘯晴窗榻帖揮麈閒吟篝燈夜讀焚以遠辟睡魔謂古伴月可也紅袖在側密語談私執手擁爐焚以薰一熱意謂古助情可也坐雨閉窗午睡初足就案學書啜茗味淡一爐初爇香靄馥馥撩人更宜醉筵醒客皓月清宵冰絃戛指長嘯空樓蒼山極目未殘爐爇香霧隱隱遶簾又可祛邪辟穢隨其所適無施不可品其最優者伽南止矣第購之甚艱非山家所能卒辦其次莫若沉香沉有三等上者氣太厚而反嫌於辣下者質太枯而又涉於煙惟中者約六七分一兩最滋潤而幽甜可稱妙品煮茗之餘即乘茶爐火便取入香鼎徐而爇之當斯會心景界儼居太清宮與上真游不復知有人世矣噫快哉近世焚香者不博真味徒事好名兼以諸香合成鬬奇爭巧不知沉香

出於天然其幽雅沖澹自有一種不可形容之妙若修合之香既出人為就覺濃豔即如通天熏冠慶真龍涎雀頭等項縱製造極工本價極貴決不得與沉香較優劣亦豈貞夫高士所宜耶

伽南香

有糖結伽南鋸開上有油如飴糖黑白相間黑如墨白如糙米焚之初有羊羶微氣有金絲伽南色黃止有絲若金絲惟糖結為佳

角沉香

質重劈開如墨色者佳不在沉水好速亦能沉也有以碎沉香轇煉成大塊以市於人當細辨之

片速香

俗名鯽魚片雉雞斑者佳有偽為者亦以重實為美

唵叭香

一名黑香以軟淨色明者為佳手指可撚為丸者妙甚惟都中有之

香角

俗名牙香以面有黑爛色者為鐵面純白不烘焙者

為生香其生香之味妙甚在廣中價亦不輕

降眞香

紫實爲佳茶煮出油焚之

白膠香

有如明條者佳

黄檀香

黄實者佳茶浸炒黄去腥

芙蓉香

京師劉鶴製妙

蒼术

句容茅山産細梗如貓糞者佳

萬春香

内府者佳

蘭香

以魚子蘭蒸低速香牙香塊者佳近以木香滾以棍蒸者惡甚

安息香

都中有數種總名安息其最佳者劉鶴所製月麟香

聚仙香沉速香三種百花香即下矣

龍掛香

有黄黑二品黑者價高惟内府者佳劉鶴所製亦可

甜香

惟宣德年製清遠味幽可愛燕市中貨者罈黑如漆白底上有燒造年月每罈一二三斤有錫罩蓋罐子一斤一罈者方眞

黄香餅

王鎮住東院所製黑沉色無花紋者佳甚僞者色黄惡極

黑香餅

劉鶴二錢一兩者佳前門外李家印各色花巧者亦妙

京線香

前門外李家第二分每束價一分佳甚

龍樓香

内府者佳

玉華香

武林高深甫所製

暖閣香

有黄黑二種劉鶴製佳

黑芸香

河南短束城上王府者佳

香爐

官哥定窯龍泉宣銅潘銅彝爐乳爐大如茶杯而式雅者爲上

香盒

有宋剔梅花蔗段盒金銀爲素用五色漆胎刻法深淺隨粧露色如紅花綠葉黄心黑石之類奪目可觀有定窯饒窯者有倭盒三子五子者有倭撞可携遊必須子口緊密不泄香氣方妙

隔火

銀錢雲母片玉片砂片俱可以火浣布如錢大者銀鑲周圍作隔火猶難得凡盞隔火則炭易滅須於爐四圍用筯直搠數十眼以通火氣周轉方妙爐中不可斷火即不焚香使其長温方有意趣且灰燥易燃謂之靈灰其香盡餘塊用磁盒或古銅盒收起可投入火盆中薫焙衣被

匙筯

雲間胡文明製者佳南都白銅者亦適用金玉者似不堪用

筯瓶

吳中近製短頸細孔者插筯下重不仆古銅者亦佳官哥定窯者不宜日用

香盤

紫檀烏木爲盤以玉爲心用以插香

薫爐

書齋中薫衣炙手對客常談之具如倭人所製漏空罩蓋漆鼓可稱清賞今新製有罩蓋方圓爐亦佳

爐灰

以紙錢灰一斗加石灰二升水和成團入大灶中燒紅取出又研絶細入爐用之則火不滅忌以雜火惡炭入灰炭雜則灰死不靈入火一蓋即滅有好奇者用茄蒂燒灰等説太過

香炭墼

以雜骨炭碾爲末入葵葉或葵花少加糯米粥湯和之成餅或爛棗入石灰和炭造者亦妙

留宿火法

好胡桃一枚燒半紅埋熱灰中三五日不滅

香都總匣

嗜香者不可一日去香書室中宜製提匣作三撞式用鎖鑰啓閉内藏諸品香物更設磁合磁罐銅合漆匣木匣隨宜置香分布於都總管領以便取用須造

子口緊密勿令香泄爲佳

文房器具箋　東海屠隆撰　古杭高濂訂

筆格

玉筆格有山形者有舊仙者有舊玉子母猫長六七寸白玉作母横臥爲坐身負六子起伏爲格有純黄純黑者有黑白雜者有黄黑爲玳瑁者因玉玷汚取爲形體扳附眠抱諸態絶佳眞奇物也銅者有鎏金雙螭挽格精甚有古銅十二峰頭爲格者有单螭起伏爲格者窰器有哥窰三山五山者製古色潤有白

定臥花哇瑩白精巧木者有老樹根枝蟠曲萬狀長止五六七寸宛若行龍鱗角爪牙悉備摩弄如玉誠天生筆格有棋楠沉速不俟人力者尤爲難得石者有峰嵐起伏者有蟠屈如龍者以不假斧鑿爲妙

研山

始自米南宮以南唐寶石爲之圖載輟耕錄後即効之大率研山之石以靈璧英石爲佳他石紋片粗大絶無小樣曲折屼嵂森聳峰巒狀者嘗見宋人靈璧研山峰頭片段如黄子久皴法中有水池錢大深半

寸許其下山脚生水一帶色白而起磥砢若波浪然初非人力偽爲此眞可寶又見一樂石研山長八寸許高二寸四面米粞包裹而巒頭起伏作狀尤更難得

筆牀

筆牀之製行世甚少有古鎏金者長六七寸高寸二分闊二寸餘如一架然上可卧筆四矢以此爲式用紫檀烏木爲之亦佳

筆屏

有宋内製方圓玉花板用以鑲屏插筆最宜有大理舊石方不盈尺儼狀山高月小者東山月上者萬山春靄者皆是天生初非紐捏以此爲毛中書屏翰似亦得所蜀中有石解開有小松形松止高二寸或三五十株行列成徑描画所不及者亦堪作屏取極小名画或古人墨跡鑲之亦奇絕

筆筒

湘竹爲之以紫檀烏木稜口鑲坐爲雅餘不入品

筆船

有紫檀烏木細鑲竹篾者精甚有以牙玉爲之者亦佳此與直方並用不可缺者

筆洗

玉者有鉢盂洗長方洗玉環洗或素或花工巧擬古銅者有古鎏金小洗有青綠小盂有小釜小巵匜此五物原非筆洗今用作洗最佳陶者有官哥元洗葵花洗磬口元肚洗四捲荷葉洗捲口簾段洗縫環洗長方洗但以粉青紋片朗者爲貴有龍泉雙魚洗菊花瓣洗鉢盂洗百折洗有定窑三箍元洗梅花洗綠

環洗方池洗柳斗元洗元口儀稜洗有中盞作洗邊盤作筆覘者有宣窑魚藻洗葵瓣洗磬口洗鼓樣青剔白楠洗近日新作甚多製亦可觀似未入格

筆覘

有以玉碾片葉爲之者古有水晶淺碟有定窑匾坦小碟最多俱可作筆覘更有奇者

水中丞

玉者有陸子剛製其碾獸面錦地與古尊罍同亦佳器也有古玉如中丞半受血侵元口瓮腹下有三足

大如一拳精美特甚乃殉葬之物古人不知何用今作中丞極佳銅者有宣銅雨雪沙金製法古銅詵者樣式甚美有古銅小尊罍倣口元腹細足高三寸許以作中丞特佳陶者有官哥瓮肚元式有鉢盂小口式者有儀稜肚者有青東磁菊瓣瓮肚元足者有定窑印花長樣如瓶但口倣可以貯水者有元肚束口三足者有龍泉瓮肚周身細花紋近用新燒均窑俱法此式奈不堪用

水注

玉者有圓壺方壺有陸子岡製白玉辟邪中空貯水上嵌青綠石片法古蕉形滑熟可受有蟾蜍注擬寶晉齋舊式亦佳銅者有古青綠天鷄壺有金銀片嵌天鹿妙甚有半身鸕鷀杓有鎏金雁壺有江鑄眠牛以牧童騎跨作注管者亦佳但銅性猛烈貯水久則有毒多脆筆毫又滴上有孔受塵所以不清今所見犀牛天鹿之類口啣小盂者皆古人注油點燈非水滴也陶者有官哥方圓壺有立瓜臥瓜壺有雙桃注有雙蓮房注有牧童臥牛者有方者有筆格內貯水用者有定窑枝葉纏擾瓜壺有蔕葉茄壺有駝壺可格筆有蟾注有青冬磁天雞壺底有一竅者有宣窑五采桃注石榴注雙瓜注彩色類生有雙鴛注鵝注工緻精極俱可入格

研匣

不可用五金蓋石迺金之所自出若同處則子盈母氣反能燥石以紫檀烏木豆瓣楠及雕紅退光漆者爲佳

墨匣

以紫檀烏木豆瓣楠爲匣多用古人玉帶花板鑲之亦有舊倣長玉螭虎人物嵌者爲最有雕紅黑退光漆亦佳

印章

有古之鎏金塗金細錯金銀及商金青綠銅章有金者玉者瑪瑙琥珀寶石者有哥窑官窑青冬窑者其製作之巧鈕式之妙不可盡述古玉章用力精到篆文筆意不爽絲髮此必昆吾刀刻也即漢人雙鉤碾玉之法亦非後人可擬故玉章更爲賞鑒家珍重靑

田石中有瑩潔如玉照之燦若燈輝謂之燈光石今
頓踊貴價重于玉蓋取其質雅易刻而筆意得盡也
今亦難得近刻玉章並無昆吾刀蟾酥之說惟用眞
菊花鋼煆而爲刀濶五分厚三分刀口平磨取其平
尖鋒頭爲用將玉章書篆文以木架鉗定用刀踮文
鐫之一刀弗入再鍥一刀多則三鍥玉屑起矣但不
可以力勝之則滑而難刻運力以腕更置礪石於傍
時時磨刀使鋒鋩堅利無不勝也別無他術今之鍥
家以漢篆刀筆自負將字畫殘缺刻損邊傍謂有古

意不知顧氏印藪六帙可謂徧括古章內無十數傷
損卽有傷痕迺入土久遠水銹剝蝕或貫泥沙剔洗
損傷非古文有此欲求古意何不法古篆法刀法而
竊其傷損形似可發大噱若諸名家自無此等

圖書匣

有宋剔新剔者有填漆者有紫檀鑲嵌玉石者有豆
瓣楠者近有退光素漆者何文如之亦堪日用

印色池

官哥窰方者尚有八角委角者最難得定窰方池外
有印花文佳甚此亦少者諸玩器玉當較勝于磁惟
印色池以磁爲佳而玉亦未能勝也故今官哥定窰
者貴甚近日新燒有蓋白定長方印池并青花白地
純白者此古未有當多蓄之且有長六七寸者佳甚
玉者有陸子岡做周身連蓋滾螭白玉印池工緻侔
古近多效製有三代玉方池內外土銹血侵四裹不
知何用今以爲印池似甚合宜

糊斗

有古銅小提卣一如拳大者上有提梁索股有蓋盛

糊可免鼠竊有古銅元瓮肚如酒杯式下乘方座且
體厚重不知古人何用今以爲糊斗似宜有古銅三
籠長桶下有三足高二寸許甚宜盛糊陶者有建窰
外黑內白長罐定窰元肚并蒜蒲長罐有哥窰方斗
如斛中置一梁俱可充作糊斗銅者便於出洗價當
高於磁石

蠟斗

古人用以炙蠟緘啓銅製頗有佳者皆宋元物也今
雖用糊當收以備數

鎮紙

銅者有青綠蝦蟆有遍身青綠蹲虎蹲螭眠龍有坐臥哇哇有鎏金辟邪臥馬皆上古物也玉者有古琉古人用以掙肋殉葬者有白玉獬狗有臥螭有大樣坐臥哇哇有玉兔玉牛玉馬玉鹿玉羊玉蟾蜍其背斑點如洒墨色同玳瑁無黃暈儼若蝦蟆背狀肚下純白其製古雅肖生用爲鎮紙摩弄可愛瑪瑙有日月瑪瑙石鼓有栢枝瑪瑙蹲虎辟邪有紅綠瑪瑙蟹可爲奇絕水晶者有石鼓海黃眠牛捧瓶波斯陶者有哥窑蟠螭有青東磁獅鼓有定哇哇狻猊

壓尺

有玉碾雙螭尺有以紫檀烏木爲之上用古做蹲螭玉帶抱月玉兔走獸爲紐者有倭人鋄金銀壓尺古所未有尺狀如常上以金鋄雙桃銀葉爲紐面以金銀鋄花皆縹環細嵌工緻動色更有一竅透開內藏抽斗中有刀錐鑷刀指剉刮齒消息空耳剪子收則一條掙開成剪謂之八面埋伏盡于斗中收藏近有潘鐵幼爲浙人被虜入倭性最巧滑習倭之技在彼十年其鑿嵌金銀倭花樣式的傳倭製後以倭敀還省徙居雲間所製甚精而價亦甚高

秘閣

有以長樣古玉璏爲之者近以玉碾螭文臥蚕梅花等樣長六七寸者有以紫檀雕花者有以竹雕花巧人物者有倭人造黑漆秘閣如圭元首方下濶二寸餘肚稍虛起恐惹字黑長七寸上猶金泥花樣其質輕如紙爲秘閣上品

貝光

多以貝螺爲之形狀亦雅有古玉物中如大錢元泡高起半寸許傍有三耳可貫不知何物以爲貝光雅甚有以紅瑪瑙製爲一桃稍匾下光可砑紙上有桃葉枝梗凡水晶玉石可做爲之

靉靆

如大錢色如雲母老人目力昏倦不辨細書以此掩目精神不散筆畫倍明出西域滿剌國

裁刀

有古刀筆青綠裹身上尖下環長僅尺許古人用以

殺青爲書令人入文具似雅有姚刀可入格近有崇明刀頗佳刀靶惟西番鸂鶒木最爲難得取其不染肥膩其木一半紫褐色内有蟹爪紋一半純黑色如烏木有距者價高山西澤潞有不灰木作靶亦妙

剪刀

有賓鐵剪刀製作極巧外面起花度金裡面嵌回回字者如潘鐵所遺倭製摺叠剪刀古所未有有則竇之後世必有好尚之者

途利

小文具匣一以紫檀爲之内藏小裁刀錐子穵耳挑牙消息修指甲刀剉指剔指刀髮則鑷子等件旅途利用似不可少

書燈

有古銅駝燈羊燈龜燈諸葛軍中行燈鳳龜燈有元燈有青綠銅荷一片檠架花朶於上想取古人金蓮之意用亦不俗陶者有定窑三臺燈檠有宣窑兩臺燈檠俱堪書室取用

香櫞盤

香櫞出時山齋最要一事得官哥定窑大盤青冬磁龍泉盤古銅青綠盤宣德暗花白盤蘇麻尼青盤朱砂紅盤青花盤白盤數種以大爲妙每盆置櫞二十四頭或十二十三頭方足香味滿室清芬其佛前小几上置香櫞一頭之橐舊有青冬磁架龍泉磁架最多以之架玩可堪清供否則以舊硃雕茶橐亦可惟小様者爲佳

鈎

古銅腰束縧鈎有金銀碧瑱嵌者有片金商者有用獸而爲肚者皆三代物也有羊頭鈎螳螂捕蟬鈎鏒金者皆秦漢物也齋中以之懸壁挂畫挂劒及拂塵等用甚雅自一寸以至盈尺皆可用

簫

鶴脚銅鐵玉簫杖簫總不如紫竹九節而吹有奇聲者佳湘竹眉綠九節者尤更難得今會稽胡了凡雲閩戈蓼汀所製可稱江南二絶

麈

古人以玉爲柄用以對客清談者近有天生竹邊若

靈芝如意形者有小萬歲藤傷枝玲瓏透漏儼肖龍形者製爲塵柄甚雅共拂以白尾爲之妙

如意

古人用以指畫向往或防不測煉鐵爲之長二尺有奇上有銀錯或隱或現眞宣和舊物也近有天生樹枝竹鞭磨弄如玉不事斧鑿者亦佳

詩筒葵牋

採帶露蜀葵研汁用布揩抹竹紙上伺少乾以石壓之可爲吟箋以貯竹筒與騷人往來賡唱昔白樂天

與微之亦嘗爲之故和靖詩有帶斑猶恐俗和節不妨山之句

韻牌

刻詩韻上下二平聲爲紙牌式每韻一葉總三十葉山遊分韻人取一葉吟以用韻似甚便覽

五嶽圖

篆法有二一出唐鏡一出道藏經以玉篆圖琢爲方圖綴於漢唐巾兩傍帶之甚雅以黃素朱書裱作三四寸高小卷飾以玉軸錦帶懸之杖頭與葫蘆作伴可拒虎狼可遠魑魅謂非負圖先生輩歟

花尊

古銅花瓶入土年久受土氣深以之養花花色鮮明或就瓶結實陶玉器亦然其式以膽瓶小方瓶爲最若養蘭蕙須用觚牡丹則用蒲搥瓶方稱瓶內須打錫套管收口作一小孔以管束花枝不令斜倒又可注滾水插牡丹芙蓉等花冬天貯水插花則不凍損瓶質

鐘

得古銅漢鐘聲清韻遠者佐以石磬懸之齋堂所謂數聲鐘磬是非外一個閒人天地間是也

磬

有舊玉者股三寸長尺餘古之編磬也有古靈璧石色黑性堅者妙懸之齋中客有談及人間事擊之以代清耳

禪燈

高麗者佳有月燈灼以孔酥其光白瑩眞如初月出海有日燈得火內照一室皆紅曉日東升不是過也

小者尤更可愛價亦倍於月燈角者似不堪用

數珠

有以檀香車入菩提子中孔着眼引繩謂之灌香世廟初惟京師一人能之果絕枝也價定一分一子爲格有金剛子小而花細者甚貴有人頂骨以傍宗眼血實色紅者爲佳枯黒爲下有龍鼻骨磨成者謂之龍充色黒嗅之微有腥香有玉瑪瑙琥珀金珀水晶沉香紫檀烏木棕竹㻴琚者亦雅珊瑚俗甚記念有宋做玉降魔杵玉五供養有定窰豆大葫蘆有天

生一寸小葫蘆可作記總

鉢

取深山巨竹車旋爲鉢光潔照人上刻銘字塡以大青誠道家方物似不可缺

番經

嘗見番僧携玉佩經或皮袋或漆匣上有番篆花樣文字四方三寸厚寸許匣外兩傍爲耳繫繩佩服中有經文朱書其細密精巧中華不及此眞梵王物也當與素珠同携坐臥西風黄葉中捧念西方大聖作人間有髮僧使心神閒靜妄念自熄養老之術也

鏡

秦陀黒漆古光背質厚無紋者爲上水銀古花背者次之俗謂面無打攬輪摶周圍形影不吹爲貴有如錢小鏡滿背青綠嵌銀嵌金五嶽圖及片子鐵花面無瘢痕清瑩如水極可人意價亦高貴似不易得携具用之山遊寺宿亦不可少菱花入角方鏡悉不取也

劍

自古格物之製莫不有法傳流獨鑄劍之術不傳典籍亦不之載故今無劍客而世少名劍今所見有屈之如鉤縱之鏗然有聲復直如絃亦非常鐵能爲也吾輩設此縱不能以禦暴敵强亦可壯懐志勇不得古劍即今之賔劍如雲南製者懸之高齋俾豐城隱氣化作紫電白虹上燭三台斗垣令熒熒夜光爍彼攙搶慧孛不敢横焰逞色豈果迂哉

文房箋終

起居器服箋

東海屠隆撰　古杭高濂閲

榻

高一尺二寸長七尺有奇横如長之半周設木格中實湘竹置之高齋可作午睡夢寐中如在瀟湘洞庭之野有大理石鑲者或花楠者或退光黑漆中刻竹以粉填之儼如石榻者佳

短榻

高九寸方圓四尺六寸三面靠背後背少高如傍置

之佛堂書齋閒處可以坐禪習靜共僧道談玄甚便斜倚又曰彌勒榻

禪椅

嘗見吳破瓢所製採天台藤爲之靠背用大理石坐身則百衲者精巧瑩滑無比

隱几

以怪樹天生屈曲若環帶之半者爲之横生三丫作足出自天然摩弄瑩滑置之蒲團或榻上倚手頓顙可臥書云隱几而臥者此也

坐墩

冬月用蒲草爲之高一尺二寸四面編束細密且甚堅實内用木車坐板以柱托頂久坐不壞暑月可置藤墩如畫上者佳

坐團

有蒲團大徑三尺者席地快甚吳中製者精妙可用棕團亦佳或以青氈爲團中印白梅一枝雅稱趺坐山椒玩月以雄黄熬蠟作蠟布團坐之可遠濕辟虫蟻

滚凳

以木爲之長二尺濶六寸高如常四桯鑲成中分一鐺内二空中車圓木二根兩頭留軸轉動凳中鑿竅活裝以脚踹軸滚動往來蓋涌泉穴精氣所生之地故必以運動爲妙

枕

舊窑枕長二尺五寸濶六寸者可用長一尺者謂之尸枕乃古墓中物雖宋磁白定亦不可用有磁石者如無大塊以碎者琢成枕面下以木鑲成枕最能明

目益睛至老可讀細書有以大理石鑲成者亦佳有書枕腰仙所製用紙三大卷狀如碗品字相疊束縛成枕每卷綴以朱籤牙牌下垂一曰太清天籙一曰南極壽書一曰蓬萊仙籍用以枕於書窗之下最雅

簟

芰蕈出滿喇加國生於海之洲渚岸邊葉性柔軟鄉人取之織爲細簟冬月用之愈覺溫暖夏則蘄州之竹簟最佳

被

以玉色或蘭花布爲之上畫蝴蝶飛舞變態不一儼存蝶夢餘趣

臥褥爐

以銅爲之花文透漏機環轉運四周而爐體常平可置之被褥

帳

冬月紙帳或白厚布或厚絹爲之夏月吳中撬紗爲妙以粗布爲帳底如綴頂式紉其三面前餘半幅下垂上寫梅花副以布衾蒲褥左設几爲燃紫藤香廻相稱道人還了鴛鴦債紙帳梅花醉夢間之意

紙帳

用藤皮繭紙纏於木上以索纏緊勒作皺紋不用糊以線折縫縫之頂不用紙以稀布爲頂取其透氣或畫以梅花或畫以蝴蝶自是分外清致

禪衣

瑣哈刺絨爲之外紅裡黑其形似胡羊毛片縷縷下垂用布織爲體其用耐久來自西域價亦甚高惟都中有之似不易得

道服

製如中衣以白布爲之四邊延以緇色布或用茶褐爲袍緣以皂布有玉衣鋪地儼如月形穿起則披風以呂公黃縧繫之中空者副之二者用以坐禪策蹇披雪避寒俱不可少

冠

有鐵者玉者竹籜者犀者琥珀者沉香者瓢者白螺者製惟偃月高士二式爲佳癭木者終少風神

扇

有羽扇有新安竹篾扇輕便可携但不宜漆有紙糊者如篾扇式亦佳但有竹根紫檀妙柄爲美

巾

漢巾之製去唐式不遠前摺較後兩傍少窄三四分頂角少方有純陽巾亦佳兩傍製玉圈右綴一玉瓶可以簪花外此者非山人所取

又

或段或氊爲之區巾方頂後用披肩半幅内絮以綿此履仙所製爲踏雪衝寒之具

文履

用白布作履如世俗之鞋用皂絲縧一條約長一尺三四許折中交屈之以其屈處綴履頭近底處取起出履頭一二分而爲二復綴其餘縧於履面上雙交如舊書圖分其兩稍綴履口兩邊緣處是爲絇於牙底相接處用一細絲縧周圍綴於縫中是爲繶又以履口納足處周圍緣以皂絹廣寸許是爲純又於履後綴二皂帶以繫之如世俗鞋帶是爲綦如黑履則用皂布爲之或白或藍爲絇繶純綦是也

雲舄

以蘘草及棕爲之雲頭如芒鞋或以白布爲鞋青布作高挽雲頭鞋面以青布作條左右分置每邊横過六條以象十二月意後用青雲口以青緣似非塵土中着脚行當爲山人濟勝之具也

起居箋終

遊具箋

東海屠隆撰　古杭高濂閱

笠

有細藤作笠方廣二尺四寸以皂絹蒙之綴簷以遮風日名雲笠有竹絲爲之上以檞葉細密鋪盖名葉笠有竹絲爲之上綴鶴羽名羽笠三者最輕便甚有道氣

杖

有方竹上生九節其崇不滿七尺有棕竹合竹之字

竹俱可作杖有三代時立鳩飛鳩杖頭周身金銀填嵌用以飾杖上懸二三寸長小葫蘆小靈芝及五嶽圖卷暮年携之採奇歷怪多有相長之益若萬歲藤藜藿爲杖形雖奇怪此爲者衲行具恐非山人家扶老也姑置弗取

漁竿

江上一簑釣爲樂事釣用綸竿竿用紫竹綸不欲大竿不宜長但絲長則可釣耳豫章有叢竹其節長而直爲竿最佳長七八尺敲針作釣所謂一釣釣山滄浪月釣出千秋萬古心是樂志也意不在魚或於紅蓼灘頭或在青林古岸或値西風撲面或敎飛雪打頭于是披羽簑頂羽笠執竿烟水儼在米芾寒江獨釣圖中比之嚴陵渭水不亦高哉

舟

形如剗船底惟平長可三丈有餘頭潤五尺内容賓主六人僮僕四人中倉四柱結頂幔以蓬簟更用布幕走簷罩之兩傍朱欄欄内以布絹作帳用蔽東西日色無日則懸鉤高捲中置桌凳列筆床香鼎盆玩

酒具花尊之屬後倉以藍布作一長幔兩邊走簷前縛船尾釘兩圈處以藏僮僕風日用二畫槳泛湖棹溪更着茶灶起烟一縷恍若畫圖中一孤航也別置一小船如葉繫於柳根陰處時平閒暇執竿把釣放乎中流或於雪霽月明桃紅柳媚之時放舟當溜吹紫簫鐵笛以動天籟使孤鶴乘風唳空或扣舷而歌飽飡風月回舟返棹歸臥松窓逍遙一世之情何其樂也

葉箋

取吳中羅紋長箋爲之以蠟板砑肖葉紋用剪裁成紅色者肖紅葉綠色者肖蕉葉黃色者肖貝葉山遊時偶得絕句書葉投空隨風飛颺泛舟付之中流逐水浮沉自多幽趣

葫蘆

有天生一寸小葫蘆用以綴爲衣紐又可懸於念珠有物外風致若用杖頭挂帶盛藥二三寸葫蘆亦妙其長腰鷺鷥葫蘆可懸藥籃左畔右可爲鷺瓢吸飲小匾葫蘆可爲冠及瓢俱以生相周匝摸弄精神無

汗氣方妙

瓢

有瘦瓢其形如芝如瓠者山人携以飲泉大不過四五寸而小者半之惟以水磨其中布擦其外光彩如漆明亮燭人雖水濕不變塵污不染厥入精鑒有小匾葫蘆可作瓢須摸弄瑩潔方妙

藥籃

即水火籃也有以二匾瓢爲之有逺紅漆者上開一蓋放丹爐一個內實應驗藥膏藥以便遊處濟人山童携之有物外風致

衣匣

以皮護杉木爲之高五六寸蓋底不用板嵌惟布裹皮面軟而可舉長濶如璮包式少長一二寸携於春時內裝綿夾便服以備風寒驟變夏月裝以夾衣秋與春同冬則綿服煖帽圍項等件匣中更帶撥背竹鈀并鐵如意以便取用

疊桌

二張一張高一尺六寸長三尺二寸濶二尺四寸作

二面拆脚活法展則成卓疊則成匣以便携帶席地用此擡合以供酧酢其小几一張同上疊式高一尺四寸長一尺二寸濶八寸以水磨楠木爲之置之坐外列爐焚香置瓶插花以供清賞

提盒

深夫所製高總一尺八寸長一尺二寸入深一尺式如小廚爲外體也下留空方四寸二分以板閘住作一小倉內裝酒杯六酒壺一箸子六勸杯二空作六合如方合底每格高一寸九分以四格每格裝碟六

枚置葉碟供酒觴又二格每格裝四大碟置鮭菜供餜筯外總一門裝鉅即可關鎖遠宜提甚輕便足以供六賓之需

提爐

式如提盒亦深夫製高一尺八寸濶一長一尺二寸作三撞下層一格如方匣内用銅造水火爐身如匣方坐嵌匣内中分二孔左孔炷火置茶壺以供茶右孔注湯置一桶子小鑊有蓋頓湯中煮酒長日午餘此鑊可煮粥供客傷饕一小孔出灰進風其壺鑊迥出爐格上太露不雅外作如下格方匣一格但不用底以罩之便壺鑊不外見也一虚一實共二格上加一格置底蓋以裝炭總三格成一架上可箭關與提盒作一副也

備具匣

近製以輕木爲之外加皮包厚漆如拜匣高七寸濶八寸長一尺四寸中作一替上淺下深置小梳匣一茶盞四骰盆一香爐一香盒一茶盒一匙筯瓶一上替内小硯一墨一筆二小水注一水洗一圖書小匣一骨牌匣一骰子枚馬盒一香炭餅盒一途利文具匣一内藏裁刀錐子挖耳挑牙消息肉叉修指甲刀銼髮則等件酒牌一詩韻牌一詩筒一内藏紅葉各箋以錄詩下藏梳具匣者以便山宿外用關鎖以啓閉攜之山遊亦似甚備

酒尊

洼酒遠遊古有窑器甚佳銅提亦之遠以錫造者惡甚余意磁者負重銅者有腥不若蒲蘆作具内用堅漆挾之遠遊似甚輕便山遊當與巳上三物束以二架共作一肩彼此助我逸興

太極樽以匾匏爲之堅漆上鑿一孔以竹木旋口朴以竹足堅以漆布內以生漆灌之凡二次酒貯不朽且免沁漏以絡携遊便甚

葫蘆樽用大小二匏爲之中腰以竹木旋管爲筍上下相聯堅以布漆頂開一孔如上式但不用足口上開一小孔并蓋子口透穿横插銅銷用小鎖閉之

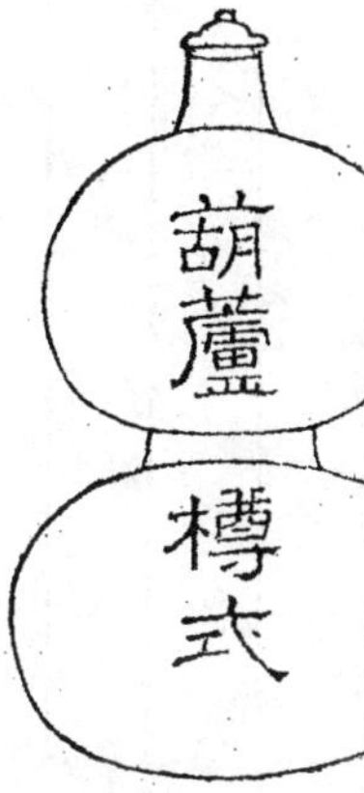

山遊提合圖式

不作提撞製爲小廚式者恐格腳既空夏月取涼非廚不足以拘攝故耳

提爐圖式

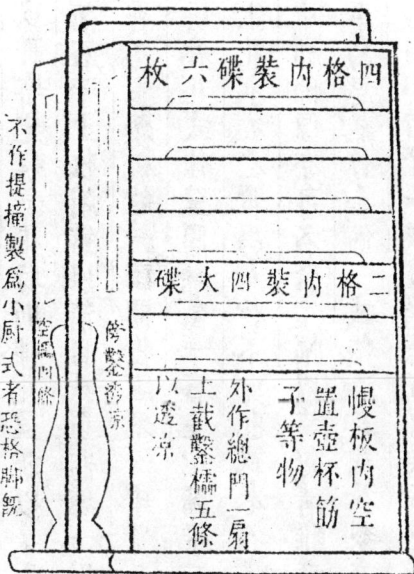

右圖四式

山齋志

古杭高濂輯　屠本畯重訂

書齋

書齋宜明靜不可太敞明淨可爽心神宏敞則傷目力窻外四壁薜蘿滿墻中列松檜盆景或建蘭一二遶砌種以翠芸草令遍茂則青葱鬱然傍置洗硯池一更設盆池近牕處蓄金鯽五七頭以觀天機活潑齋中長卓一古硯一舊古銅水注一舊窑筆格一班竹筆筒一舊窯筆洗一糊斗一水中丞一銅石鎮紙

一左置榻床一榻下滚脚凳一床頭小几一上置古銅花尊或哥窑定瓶一花時則插花盈瓶以集香氣閑時置蒲石于上收朝露以清目或置鼎爐一用燒印篆清香冬置煖硯爐一壁間掛古琴一中置几一如吳中雲林几式佳壁間懸畫一書室中畫惟二品山水爲上花木次之禽馬人物不與也或奉名畫山水雲霞中神佛像亦可名賢字幅以詩句清雅者可共事上奉烏思藏鏒金佛一或倭漆龕或花梨木龕以居之否用小石盆一或靈壁應石將樂石昆山石

大不過五六寸而天然奇怪透漏瘦削無斧鑿痕者爲佳次則燕石鍾乳石白石土瑪瑙石亦有可觀者盆用白定官哥青東磁均州窰爲上而時窰次之几外爐一花瓶一匙筯瓶一香盒一四者等差遠甚惟博雅者擇之然而爐製惟汝爐鼎爐戟耳彝爐三者爲佳大以腹横三寸極矣瓶用膽瓶花觚爲最次用宋磁鵞頸瓶餘不堪供壁間當可處懸壁瓶一四時插花坐則吳興竹凳六禪椅一拂塵搔背棕帚各一竹鐵如意一右列書架一上置周易離騷百家唐詩草堂詩餘花間集歷代詞府海釋典導引諸書法帖則鍾元常季直表黄庭經蘭亭記隸則夏丞砂石本隸韻行則李北海陰符經雲麾將軍碑聖教序草則十七帖草書要領懷素絹書千文孫過庭書譜此皆山人適志備覽書室中所當置者畫卷舊人山水人物花鳥或名賢墨跡各若干軸用以充架齋中永日據席長夜篝燈無事擾心閱此自樂逍遥餘歲以終天年此眞受用清福也

煴閣

煴閣南方暑雨時藥物圖書皮毛之物皆爲黴澤壞盡今造閣去地一丈有多閣中循壁爲厨二三層壁間以板弭之前後開窗梁上懸長笐物可懸者懸於笐中餘置格上天日晴明則大開窗户令納風日爽氣陰晦則密閉以杜雨濕中設小爐長令火氣温鬱又法閣中設床二三床下收新出窰炭實之乃置書片床上永不黴壞不須設火其炭至秋供燒明年復换新炭床上切不可臥臥者病瘖屢有驗也蓋火氣所爍故耳

清閟閣

清閟閣雲林堂閣尤勝客非佳流不得入堂前植碧梧四令人揩拭其皮每梧墜葉輒令童子以針綴杖頭亟挑去之不使點汚如亭亭綠玉苔蘚盈庭不容人踐綠褥可愛左右列以松桂蘭竹之屬敷紆僚繞其外則高本情篁蔚然深秀周列奇石東設一玉器西設古鼎尊罍法書名畫每雨止風收杖屨自隨逍遥容與詠歌以娱望之者識其爲世外人也

觀雪菴

觀雪菴長九尺濶八尺高七尺以輕木爲格紙布糊之以障三面上以一格覆頂面前施幃幔捲舒如帳中可四坐不妨設火食具隨處移行背風張之對雪瞻眺比之氊帳似更清逸施之就花就山水雅勝之地無不可也謂之行窩

松軒

松軒宜擇苑囿朱嗣明吳域之地搆立不用高峻惟貴清幽八窻玲瓏左右植以青松數株須擇枝幹蒼古屈曲如畫有馬遠盛子昭郭熙狀態甚妙中立奇石得石形瘦削穿透多孔頭大腰細裊娜有態者立之松間下植吉祥蒲草鹿葱等花更置建蘭一二盆清勝雅觀外有隙地種竹數竿種梅一二以助其清共作歲寒友想臨軒外觀恍若在畫圖中矣

茆亭

茆亭以白茆覆之四搆爲亭或以棕片覆者更久其下四柱得山中帶皮老棕本四條爲之不惟淳朴雅觀且耐久外護闌竹一二條結於蒼松翠蓋之下修竹茂林之中雅稱清賞

花榭

歐陽公示謝道人種花詩云深紅淺白宜相間先後仍須次第栽我欲四時攜酒賞莫教一日不花開余意山人家得地不廣開徑怡閑則四時花品不可不培植也

茶寮

茶寮側室一斗相傍書齋內設茶竈一茶盞六茶注二餘一以注熟水茶臼一拂刷淨布各一炭箱一火鉗一火筯一火扇一火斗一（可燒香餅）茶槃一茶橐二當教童子專主茶役以供長日清談寒宵兀坐煎法另具

藥室

藥室用靜屋一間不聞鷄犬之處中設供案一以供先聖藥王分置大板卓一光而堅厚可以和藥大鐵碾一石磨一小碾一乳鉢大小二甄（音蠡）筒一用以搗珠末不飛搗臼一大小中稀篩各一大小密絹篩各一棕掃箒一淨布一銅鑊一火扇一火鈴一大小盤秤各一藥櫃一藥廂一葫蘆瓶罐此藥家取用無笑

當多蓄以備用凡在藥物所需俱當置之藥室平時寄鎖以杜不虞此又君子所先

佛堂

內供烏絲藏佛以金鋑甚厚慈容端整結束得眞印結趺跏妙相具足者案頭以舊磁淨瓶獻花淨碗酌水畫幾印香夜燃一石燈其鐘磬椅榻之類次第鋪列人能供禮亦增善念

山齋志終

茶箋

東海屠隆撰　陸鳴勳校閱

茶品

與茶經稍異今烹製之法亦與蔡陸諸前人不同矣

虎丘

最號精絕爲天下冠惜不多產皆爲豪右所據寂寞山家無繇獲購矣

天池

青翠芳馨啖之賞心嗅亦消渴誠可稱仙品諸山之

茶尤當退舍

陽羨

俗名羅岕浙之長興者佳荆溪稍下細者其價兩倍天池惜乎難得須親自採收方妙

六安

品亦精入藥最效但不善炒不能發香而味苦茶之本性實佳

龍井

不過十數畝外此有茶似皆不及大抵天開龍泓美

泉山靈特生佳茗以副之耳山中僅有一二家炒法甚精近有山僧焙者亦妙眞者天池不能及也

天目

爲天池龍井之次亦佳品也地志云山中寒氣早嚴山僧至九月即不敢出冬來多雪三月後方通行茶之萌芽較晚

採茶

不必太細細則芽初萌而味欠足不必太青青則茶以老而味欠嫩須在穀雨前後覓成梗帶葉微綠色而團且厚者爲上更須天色晴明採之方妙若閩廣嶺南多瘴癘之氣必待日出山霽霧障嵐氣收淨採之可也穀雨日晴明採者能治痰嗽療百病

日曬茶

茶有宜以日曬者青翠香潔勝以火炒

焙茶

茶採時先自帶鍋灶入山別租一室擇茶工之尤良者倍其僱値戒其搓摩勿使生硬勿令過焦細細炒燥扇冷方貯罌中

藏茶

茶宜箬葉而畏香藥喜溫燥而忌冷濕故收藏之家先於清明時收買箬葉揀其最青者預焙極燥以竹絲編之每四片編爲一塊聽用又買宜興新堅大罌可容茶十斤以上者洗淨焙乾聽用山中焙茶回復焙一番去其茶子老葉枯焦者及梗屑以大盆埋伏生炭覆以灶中敲細赤火既不坐烟又不易過置茶焙下焙之約以二斤作一焙別用炭火入大爐內將罌懸架其上至燥極而止以編箬襯於罌底茶燥者扇冷方先入罌茶之燥以拈起即成末爲驗隨焙隨入既滿又以箬葉覆於罌上每茶一斤約用箬二兩口用尺八紙焙燥封固約六七層擪以方厚白木板一塊亦取焙燥者然後于向明淨室高閣之用時以新燥宜興小瓶取出約可受四五兩隨即包整夏至後三日再焙一次秋分後三日又焙一次一陽後三日又焙之連山中共五焙直至交新色味如一罌中用淺更以燥箬葉貯滿之則久而不浥

又法

以中罈盛茶十斤一瓶每瓶燒稻草灰入于大桶將茶瓶座桶中以灰四面填桶瓶上覆灰築實每用撥開瓶取茶些少仍復覆灰再無蒸壞次年換灰

又法

空樓中懸架將茶瓶口朝下放不蒸緣蒸氣自天而下也

養水

取白石子瓮中能養其味亦可澄水不淆

洗茶

凡烹茶先以熟湯洗茶去其塵垢冷氣烹之則美

候湯

凡茶須緩火炙活火煎活火謂炭火之有焰者以其去餘薪之烟雜穢之氣且使湯無妄沸庶可養茶始如魚目微有聲爲一沸緣邊湧泉連珠爲二沸奔濤濺沫爲三沸三沸之法非活火不成如坡翁云蟹眼已過魚眼生颼颼欲作松風聲盡之矣若薪火方交水釜纔熾急取旋傾水氣未消謂之嫩若人過百息水踰十沸或以話阻事廢始取用之湯已失性謂之老老與嫩皆非也

注湯

茶已就膏宜以造化成其形若手顫臂彈惟恐其深瓶嘴之端若存若亡湯不順通則茶不匀粹是謂緩注一甌之茗不過二錢茗盞量合宜下湯不過六分萬一快瀉而深積之則茶少湯多是謂急注緩與急皆非中湯欲湯之中臂任其責

擇器

凡瓶要小者易候湯又點茶注湯有應若瓶大啜存停久味過則不佳矣所以策功見湯業者金銀爲優貧賤者不能具則瓷石有足取焉瓷瓶不奪茶氣幽人逸士品色尤宜石凝結天地秀氣而賦形琢以爲器秀猶在焉其湯不良未之有也然勿與誇珍衒豪臭公子道銅鐵鉛錫腥苦且澁無油瓦瓶滲水而有土氣用以煉水飲之逾時惡氣纏口而不得去亦不必與猥人俗輩言也

滌器

茶瓶茶盞茶匙生鉎致損茶味必須先時洗潔則美

熁盞

凡點茶必須熁盞令熱則茶面聚乳冷則茶色不浮

擇薪

凡木可以煮湯不獨炭也惟調茶在湯之淑慝而湯最惡煙非炭不可若暴炭膏薪濃烟蔽室實爲茶魔或柴中之麩火焚餘之虛炭風乾之竹篠樹梢燃鼎附瓶頗甚快意然體性浮薄無中和之氣亦非湯友

茶効

人飲眞茶能止渴消食除痰少睡利水道明目益思

除煩去膩出本草拾遺人固一日不可無茶然或有忌而不飲每食已輒以濃茶漱口煩膩旣去而脾胃自清凡肉之在齒間者得茶滌之乃盡消縮不覺脫去不煩刺挑也而齒性便苦緣此漸堅密蠹毒自去矣然率用中下茶出蘇文

人品

茶之爲飲最宜精行修德之人兼以白石清泉烹煮如法不時廢而或興能熟習而深味神融心醉覺與醍醐甘露抗衡斯善賞鑒者矣使佳茗而非其人猶汲泉以灌蒿萊罪莫大焉有其人而未識其趣一吸而盡不暇辨味俗莫甚焉司馬溫公與蘇子瞻嗜茶墨公云茶與墨正相反茶欲白墨欲黑茶欲重墨欲輕茶欲新墨欲陳蘇曰奇茶妙墨俱香公以爲然

茶具

苦節君湘竹風鑪　建城藏茶箬籠　湘筠焙焙茶箱蓋其上以收火氣也隔其中以有容也納火其下去茶尺許所以養茶色香味也　雲屯泉缶　烏府盛炭籃　水曹滌器桶　鳴泉煮茶礶　品司編竹爲狀收貯各品葉茶　沉垢古茶洗　分盈木杓即茶經水則每兩升用茶一兩　執權準茶秤每茶一兩用水二升　合香藏日支茶瓶以貯司品者　歸潔竹筅箒用以滌壺

漉塵洗茶籃　商象古石鼎　遞火銅火斗　降紅銅火筯不用連索　團風湘竹扇　注春茶壺　靜沸竹架即茶經支腹　運鋒鑱果刀　啜香茶甌　撩雲竹茶匙　甘鈍木砧墩　納敬湘竹茶橐　易持納茶漆雕秘閣　受污拭抹布

茶箋終

盆玩品

東海屠隆撰　古杭高濂閲

盆花

盆景以几案可置者爲佳其次則列之庭榭中物也最古雅者如天目之松高可盈尺其本如臂針毛短簇結爲馬遠之欹斜詰曲郭熙之露頂攫拏劉松年之偃亞層叠盛子昭之拖拽軒翥等狀栽以佳器槎牙可觀更有一枝兩三梗者或栽三五窠結爲山林排匝高下參差更以透漏窈窕奇名古石筍安插得

體置諸庭中對獨本者若坐岡陵之巔與孤松盤桓對雙本者似入松林深處令人六月忘暑又如閩中石梅迺天生奇質從石本發枝且自露其根樛曲古拙偃仰有態含花吐葉歷世不敗蒼蘚鱗皴封滿花身苔鬚垂或長數寸風颺絲絲飄飄可玩烟横月瘦恍然夢醒羅浮又如水竹亦產閩中高五六寸許極則盈尺細葉老幹瀟疎可人盆植數竿便生渭川之想此三友者盆几之高品也次則枸杞當求老本虬曲其大如拳根若龍蛇至於蟠結柯幹蒼老束縛盡解不露做手多有態若天生然雪中枝葉青鬱紅子扶踈點點若綴時有雪壓珊瑚之號亦多山林風致杭之虎茨有百年外者止高二三尺本狀笛管葉叠數十層每盆以二十株爲林白花紅子其性甚堅嚴冬厚雪玩之令人忘餐更須古雅之盆奇峭之石爲佐方惬心賞至若蒲草一具夜則可收燈烟朝取垂露潤眼誠仙靈瑞品齋中所不可廢者須用奇古崑石白定方窑水底下置五色小石子數十紅白交錯青碧相間時汲清泉養之日則見天夜則見露不特

充玩亦可辟邪他如春之蘭花夏之夜合黄香萱秋之黄蜜矮菊冬之短葉水仙美人蕉佐以靈芝盛諸古盆傍立小巧青石一塊架以朱几清標雅質踈朗不繁玉立亭亭儼若隱人君子淸素逼人相對啜天池茗吟本色詩大快人間障眼

瓶花

堂供須高瓶大枝方快人意若山齋充玩瓶宜短小花宜瘦巧最忌繁雜如縛又忌花瘦於瓶須各具意態得畫家寫生折枝之妙方有天趣瓶忌有環忌成

對忌小口瓮肚瘦足槳罇忌用葫蘆瓶忌粧彩雕花架忌香烟燈煤燻觸忌油手拈弄忌猫鼠傷殘忌井水貯瓶味醎不宜於花夜則須見天日忌以插花之水入口惟梅花秋海棠二種其毒尤射須防之

擬花榮辱

花之雅稱為榮曰栽灌得時開植晴明輕雲蔽熱暖日蒸香薄寒護葩和風拂蕊清飈舞態細雨逞嬌烟籠爽醉露濕新粧涼月篩陰夕陽弄影蒼蘿裊娜秀石層崚微雪點素晚霞鬭彩清溪照妍疎籬倚笑翠竹為隣長松作蔭小橋斜站明窓靜對粉墻掩映朱闌曲護蒼崖倒懸綠苔錯綴銅瓶插玩紙帳藏春珍禽嘈雜孤鶴步影名園瀟灑高齋清供把酒傾歡嬌歌艷賞嘉客品題主人醞籍閏值三月開值生日種落山家門無剝啄家僮善衛美人助粧林間吹笛膝上横琴石枰下棋掃雪煎茶

花之憎嫉為辱曰狂風摧慘霪雨無度烈日銷鑠嚴寒閉塞種落俗家惡鳥翻啣春雪成凍惡詩題詠頑童採折主人慳鄙栽灌失時藤草纏攪臺榭荒涼沉

湎狼籍藥餌作瓶蠹食不治蛛網聯結麝臍薰觸談論時政較量差除花徑喝道對花幕緋賞動鼓板醜婦命名蟠結作屏庸僧窓下食店插瓶枝上晒衣樹下狗糞青粉畫屏穢溝猥巷煤烟塵坌白晝清蝿[illegible]昏蝙蝠權勢剪摘頭戴如厠

金魚品

東海屠隆著　古杭高濂閱

嘗怪金魚之色相變幻遍考魚部即山海經異物志亦不載讀子虚賦有曰網玳瑁釣紫貝及魚藻同置五色文魚因知其色相自來本異而金魚特總名也顧品有妍媸而謂巧在配嘯者又不可盡非之也惟人好尚與時變遷初尚純紅純白繼尚金盔金鞍錦被及印紅頭裹頭紅連鰓紅首尾紅鶴頂紅若八卦若骰色又出贋為繼尚墨眼雪眼珠眼紫眼瑪瑙眼琥珀眼四紅至十二紅二六紅甚有所謂十二白及堆金砌玉落花流水隔斷紅塵蓮臺八瓣種種不一總之隨意命名從無定顏者也至花魚俗子目為癩不知神品都出是花魚將來變幻可勝紀哉而紅頭種類竟屬庸板矣第眼雖貴于紅凸然必泥此無全魚矣乃紅忌黃白忌蠟又不可不鑑如藍魚水晶魚自是陂塘中物知魚者所不道也若三尾四尾品尾原□一種體材近滯而色都鮮艷可當具足第金管尾也□管廣陵新都姑蘇競珍之夫魚一虫類也而好尚每異世風之華實茲非一驗與

巖棲幽事序

夫鳳鳥高翔夕集梧桐之上鯤鱗潛泳旦窮渤澥之濵豈期深而好遠哉亦各遂其性而已故有忽弓旌而心樂漁釣負羁䩛而志廿王侯斯則魏闕之與江湖蒼岩之與紫闥習所近者爲安忘所背之爲適也徵士眉公先生華亭之隱君子也少無俗韻長有素心獨居不寡處衆忘多謂華衮不足以榮身則托意乎毫素謂卑位不可以傲世則縱情乎丘壑遂乃棄榮從好築館婉娈深棲托跡於是乎遠余讀岩棲幽

事書喟然歎曰此古昔之沉冥來兹之逸軌也夫徇名慕勢之徒雖處高林靜藪之中而神馳衡繢意揣炎涼曾忘聲利薰心詎識烟霞悦性若乃幽人高士屏貴忘貧逃形祟阜之巔息影長林之下以花鳥作四鄰以詩書爲三益壠新井汲種黍斵苓其樂忘老何者意之所怫則丘陵不能却輒情之所鍾則衡泌可以療饑是以銜玉之賓三刖不辭其泣洗淵之士萬乘不枉其情籍令矯易去就則不能强同矣昔巢高峻節夷皓抗志舜禹莫能屈周漢不得臣既而末影不留芳流遂遠不見龜文鳥跡之書鮮有木葉山花之致不其惜乎先生架學區中揚才句外婆娑墳典不求浮世人知放浪形骸且寄高文自適故其書多與鄰翁杜友田畯岩僧談接花果探量晴雨時出名言間參禪妙如是而已乃知仲長樂志之論猶仰田園文通自叙之書但圖山水以今况古曾何足云余少不自羈性樂怡曠慕墨允之清而病具介想稽康之懶而棄其狂沉對此書廓若發蒙愛難釋手而幽期可托臭味無爽聊命叙之敢附長卿慕藺之心

庶同郭象註莊之旨既以針砭俗腸且爲典刑心友云爾鉛山費元祿撰

序終

岩棲幽事

華亭陳繼儒撰　章斐然校閱

吾家於陵及華山處士世有隱德余輩膠粘五濁羈鎖一生每憶少年青松白石之盟何止浩歎丁酉始得築婉孌草堂于二陸遺址故有長者爲營我竹地中年方憔住山心之句然山中亦不能如道家保鍊吐納以齋餘年即佛藏六千卷隨讀隨輟惟喜與隣翁院僧談接花藝果種秫劚苓之法其餘一味安穩本色而已暇時集其語爲岩棲幽

事藏之土室嘻此非伊吕契稷之業也世有所謂大人先生者其勿哂諸

多讀兩句書少說一句話

香令人幽酒令人遠石令人雋琴令人寂茶令人爽竹令人冷月令人孤棋令人閒杖令人輕水令人空雪令人曠劍令人悲蒲團令人枯美人令人憐僧令人淡花令人韻金石彝鼎令人古

粉研令極細以楮樹汁調之如校書時有誤字以此塗抹則與紙無異粉當用畫家蒸粉若無楮汁止當用膠和麪糊亦可

雌黄銀硃皆能損剝硯石雌黄尤甚

凡山具設經籍機杼以善族訓家備藥餌方書以辟邪衛疾儲佳筆名繭以點綸賦詩備清醪雜蔬以供賓燭酌補破衲舊笠以犯雪當風畜綺石奇墨古玉異書以排悶永日製柳絮枕蘆花被以連牀夜話鑄黄面老僧白頭漁父以遣老忘機

山谷誡子弟云吉蠲筆墨如澡身浴德指拭几研如改過遷善敗筆涴墨瘝予弟職書几書硯自黔其面

惟藏帳子瞞溧戰戰

客過草堂叩余岩棲之事余倦于酬答但拈古人詩句以應之問是何感慨而甘棲遯曰得閒多事外知足少年中問是何功課而能遣日曰種花春掃雪看籙夜焚香問是何利養而獲終老曰研田無惡歲酒國有長春問是何往還而破寂寥曰有客來相訪通名是伏羲

余喜賞雪每戲云古今二鈍漢袁安閉門子猷返棹底是避寒作詩題目

人有一字不識而多詩意。一偈不參而多禪意。一勺不濡而多酒意。一石不曉而多畫意。淡宕故也

多少箴不知何人所作其詞云少飲酒。多餟粥。多茹菜。少食肉。少開口。多閉目。多梳頭。少洗浴。少羣居。多獨宿。多收書。少積玉。少取名。多忍辱。多行善。少干祿。便宜勿再往好事不如無

山居勝于城市蓋有八德不責苛禮不見生客不混酒肉不競田宅不問炎涼不鬧曲直不徵文逋不談仕籍如反此者是飯僧牛店販馬驛也

陶弘景借人書隨誤改定米襄陽借書畫親爲臨摹題跋印記裝潢往往亂眞後并以眞贗本同送歸之雖遊戲翰墨而雅有隱德。

易之妙處在晝王弼談理開宋人談象數之門易遂成一部有端有倪之書可歎也

山鳥每至五更喧起五次謂之報更蓋山中眞率漏聲也余憶曩居小崑山下時梅雨初霽座客飛觴適聞庭蛙請以節飲因題聯云花枝送客蛙催鼓竹籟喧林鳥報更可謂山史實錄

東坡琴詩云若言琴上有琴聲放在匣中何不鳴若言聲在指頭上何不于君指上聽此一卷楞嚴經也東坡可謂以琴說法

昔之隱居者放言今之隱居者宜孫言然出于口落于筆皆言也愼于口而不愼于筆謂之孫言可乎

裒訪古帖置之几上其益有五消永日汰俗情一益也分別六書宗泒二益也多識古文奇字三益也先賢風流韵態如在筆端且可以搜其遺行逸籍交遊宅墓四益也不必鈎搨日與聚首如薰修法自然得

解五益也

徐孺子問以朝事嘿然不答有味乎斯言

山谷賦苦笋云苦而有味如忠諫之可活國多而不害如舉士而能得賢可謂得笋三昧海海乎如淵松之發清吹浩浩乎如春空之行白雲可謂得煎茶三昧

醫書中有天地國脉圖曰氣廻東南文章太盛亦是天地一病

眞人前莫弄假癡人前莫說夢

寤言空谷跫然客至方相與討松桂酒雲烟而負才之士輒欲拈題闘韻豪咏苦吟幽入當此真如清流之著落葉深林之沸鳴蟬也所謂詩人不在大家省得三五十首唱酬亦非細事

蘇子由每云多疾病則學道宜多憂患則學佛宜以肉食無公卿福以血食無聖賢德然則何居而後可曰隨常而已

古人畫史魚尸諫與地獄變相圖皆著勸戒正與君平賣卜同

余每欲藏萬卷異書。襲以異錦薰以異香茅屋蘆簾紙窗土壁。而終身布衣嘯咏其中客笑曰果爾此亦天壤一異人

石靑不能研碎以耳塞粟許彈入便成粉墨多麻眼亦用此法

天台藤可劚爲杖然有數種有含春藤有石南藤清風藤者婆藤天壽根藤

翰林九生法一生筆鈍毫爲心軟而復健二生紙新出篋笥潤滑易書即受其墨若久露風日枯燥難用三生研用則貯水畢則乾之不可浸潤四生水義在新汲不可久停停不堪用五生墨隨要隨研多則泥鈍六生手攜執勞腕則無准七生神凝神靜思不可煩躁八生日寐息適寤分明九生景天氣清朗人心舒悅乃可言書

洪崖跨白驢驢名積雪其詩云下調無人采高心又被嗔不知將俗意教我若爲人黃山谷自題像云前身寒山子後身黃魯直頗遭俗人惱思欲入石壁余謂有古語云上士閉心中士閉口下士閉門我椽中下法庶其免乎

瓶花置案頭亦各有相宜者梅芬傲雪。偏繞吟魂杏蕊嬌春。最憐粧鏡。梨花帶雨。青閨斷腸荷氣臨風紅顏露醑海棠桃李爭艷綺席牡丹芍藥乍迎歌扇芳挂一枝足開笑語。幽蘭盈把堪贈仳儷以此引類連情境趣多合。

牡丹須著以翠樓金屋玉砌雕廊白鼻猧兒紫絲步障丹青團扇紺綠鼎彝才子書素練以飛觴美人拭紅綃而度曲不然乃措大賞花耳。

古隱者多躬耕余筋骨薄一不能多釣弋余禁殺二不能多有二頃田八百桑余貧瘠三不能多酌水帶索余不耐苦飢四不能乃可能者唯嘿處淡飯著述而已然著述家切弗批駁先賢但當拈己之是不必訕人之非

海味不鹹蜜餞不甜處士不傲高僧不禪皆是至德

有見事足一把茅遮屋若使薄田耕不熟添箇新生黃犢閒來也教兒孫讀書不爲功名種竹澆花釀酒世家閉戶先生右調清平樂余醉中書付兒曹以爲家券

書曰炎上作苦凡人遇困苦則怨尤易生客氣易動正是火炎上時也貧而隱者不可不知

方云食三樹桃花盡者則顏色亦如之

東坡投荒時荅程大倅云此間食無肉病無藥居無室出無友冬無炭夏無寒泉大率皆無耳余擁山居公所無者盡有之不省何德而享此惟日拈一瓣香向古佛懺罪耳

□溪徑之奇恠論則畫不如山水以筆墨之精妙論則山水決不如畫

小兒發願云願明月長圓終夕如晝余曰善哉雖然使人終無息肩期矣于鄴詩不云乎白日若不落紅塵應更深

宣和時酒店壁間有詩云是非不到釣魚處榮辱常隨騎馬人

李北海書當時便多法之北海笑云學我者拙似我者死

黃山谷嘗云士大夫三日不讀書自覺語言無味對鏡亦面目可憎米元章亦云一日不讀書便覺思澁想古人未嘗片時廢書也

四時之景莫如初夏余嘗夜飲歸作增減字浣溪沙云梓樹花香月半明棹歌歸去蟪蛄鳴曲曲柳灣茅屋矮挂魚罾笑指吾廬何處是一池荷葉小橋橫燈火紙窗修竹裏讀書聲

余嘗愛夷堅支一序云老矣不復觀心猶獨愛奇氣習猶與壯等耳力未減客話尚能欣聽心力未歇憶所聞不遺忘筆力未遽衰觸事大略能述此洪适語

也
人無意意便無窮
陸平翁燕居日課云以書史爲園林以歌咏爲鼓吹以理義爲膏粱以著述爲文繡以誦讀爲菑畲以記問爲居積以前言往行爲師友以忠信篤敬爲修持以作善降祥爲因果以樂天知命爲西方
以金石鼎彝竹簡之古文可以正六書以六書之字畫尚可正六經之訛字
韓退之詩云居閒食不足從官力難任兩事皆害性

一生常苦心子瞻詩云家居妻兒號出仕猿鶴怨未能逐什一安敢搏九萬二公猶不免徘徊于進退之間其後退之迷雪于衡山子瞻望日于儋海回視闔戶擁衾簞瓢藜藿不在王上乎故考槃詩云獨寐寤言永矢弗諼
雪景莫若山山雪莫君月下余嘗冒擊而賦四言詩云夜起岩嫲淡而無風月直松際鷄鳴雪中喬眞景也
了心即了生死余徵心二十年覺眼前有歷歷者以爲心在是矣而不知此正是生死之根忽聽臥雷霆主人公皆無措頓處此時心路逆絕難以言喻其後讀中峰見無所見剩雙眸開無所聞餘兩耳更覺痛切乃知一切老禪痛棒熱喝與余迅雷無異趙清獻五十九聞雷得道自號知非子世人不省以爲改過之辭嗟乎眞摸象人也
太乙六壬奇門此三部書原本於易但我輩知之不可習習之想安靜心見輩見之猶不當習習之生務外損惟稗官小說山經地志時留案頭可以廣異聞

可以待老友
辟穀咽津爲上咽氣爲次咽津者腎中之水上通舌底二竅大有眞味如小兒咯乳滾滾不止故雖酬應交際而終日忘飢若咽氣則閉口住息身心俱寂然後可此正不可以歲月效也
種樹之法莫妙于東坡曰大者不能活小者老夫又不能待惟擇中材而多帶土礁者爲佳
箕踞于斑竹林中徙倚于青石几上所有道笈梵書或校讐四五字或烹諷一兩章茶不甚精壺亦不燥

音不甚良。灰亦不死。短琴無曲而有絃長謳無腔而有音激氣發于林樾。好風送之水涯若非羲皇以上定亦嵇阮兄弟之間

李之彥云嘗玩錢字旁上著一戈字下著一戈字眞殺人之物而人不悟也。然則兩戈爭貝豈非賤乎

滌硯不宜用湯有損于石

採茶欲精藏茶欲燥烹茶欲潔

茶見日而味奪墨見日而色灰

裴潢舊碑石刻法帖篆額斷不可去。不然却似賢人不著冠耳。

眼生于墨池外曰高眼生于墨池中曰低眼高者尤貴以其石不爲墨漬也

硯宜頻易新水去塵墨宜頻易故囊去濕

硯有積墨洒見古舊張仲素墨池賦曰惟遍地而盡墨知功積而稚成又曰湿此黛色涵乎碧虛形容積墨妙矣

山谷云相茶瓢與相邛竹同法不欲肥而欲瘦但須飽風霜耳。

吾子彥所述書室中修行法心閒手懶則觀法帖以其可逐字放置也。手閒心懶則治迂事以其可作可止也。心手俱閒。則寫字作詩文。以其可兼濟也。心手俱懶。則坐睡。以其不强役于神也。心不定宜看詩及雜短故事以其易于見意不滯于久也。心閒無事宜看長篇文字或經註或史傳或古人文集此又甚宜于風雨之際及寒夜也。又曰手冗心閒則思心冗手閒則臥心手俱閒則著書作字心手俱冗則思早畢其事以寧吾神

抄本書如古帖不必全帙。皆是斷璧殘珪。

古鼎彝尊卣不獨饕餮示戒几蠆鼎防灼也周舟防溺也奕車　防覆也

小兒輩不當以世事分讀書當令以讀書通世事。

辛棄疾言人生在勤當以力田爲先故以稼名軒

名妓翻經老僧釀酒將軍翔文章之府書生踐戎馬之場雖乏本色故自有致

山中人十月以蕭縛柤橘樹上余曰此爲木奴著裘

一兔橫身當古路蒼鷹纔見便生擒後來獵犬無靈

性猶向枯樁舊處尋大陽玄禪師典客偈也參禪之病盡于此矣豈惟禪門事。凡詩文書畫有獅子獨行。不求伴侶之意便是到家漢。若尋聲逐迹。乃問關吏過關者也。田舍翁多收十斛麥尚能瞠胸露肥作村杜撰況大丈夫翰墨之事哉

磨墨如病夫把筆如壯夫

朱紫陽答陳同父書奉告老兄早暮相攛掇留取閒漢在山裏咬菜根了却幾卷殘書

古人以書畫爲柔翰弱翰故閒卷張冊從容爲上

經史子集以辭相傳而碑刻則并古人手蹟以存故好古尚友之士相與共訪而傳之

看棋不若抄書談人過不若述古人佳言行。

畫與字各有門庭字可生畫不可不熟字須熟後生。畫須熟外熟。

讀史要耐訛字正如登山耐仄路踏雪耐危橋閒居耐俗漢。看花耐惡酒此方得力

饌要眞不要高。

洞庭張山人云山頂泉輕而清山下泉清而重石中泉清而甘。沙中泉清而冽土中泉清而厚流動者良于安靜負陰者勝于向陽山削者泉寡山秀者有神眞源無味。眞水無香。

吾鄉荇菜爛煮之其味如蜜名曰荇酥郡志不載遂爲漁人野夫所食此見于農田餘話俟秌明水清時。載菊泛泖膾鱸擣橙并試蒓法同與尊絲薦酒

余山中徐德夫送一隺至巳受所張公復送一隺配之每欲作詩咏其事偶讀皇甫湜隺處雞羣賦遂爲閣筆其中有句云同李陵之入胡滿目異類似屈原

之在楚衆人皆醉慘淡無色低回不平每戒比之匪人常恥獨爲君子

與其結新知。不若敦舊好。與其施新恩不若還舊債。

三月茶笋初肥梅風未困九月蓴鱸正美秫酒新香勝客晴窻出古人法書名畫焚香評賞無過此時

門生包鳴甫云淳化帖着頭字尚帶卦體此言得字之本。

住山須一小舟朱欄碧幄明櫺短帆舟中雜置圖史鼎彝酒漿荈脯近則峰泖而止遠則北至京口南至

錢塘而止風利道便移訪故人有見留者不妨一夜話十日飲遇佳山水處或高僧野人之廬竹樹蒙茸草花映帶幅巾杖履相對夷然至于風光淡爽水月空清鐵笛一聲素鷗欲舞斯亦避喧謝客之一策也

邵堯夫云但看花開落不言人是非

王辰玉香山記云大約西山之勝彷彿武林之西湖逶迤不如而脩潤或過之因與二三子作妄想若斬荻蘆開陂隰以盡田荷花至山滕而止使十五小兒錦衣畫舸唱江南採蓮詞出沒于白鷗碧浪之間所

在室廬必竹門版扉與金碧相間出而後結遠道人爲香山社主乞青蓮居士爲玉泉酒家翁吾老此可矣

古云宦笠鷺蓑鹿裘鵲冠魚枕杯猿臂笛與夫畫圖之屋廬詩意之山水皆可遇而不可求即可求而不可常余惟紙牕竹屋夏葛冬裘飯後黑甜日中白醉

余寒齋焚香點茶之外最喜以古瓶簪蠟梅水仙蠟梅古人云本非梅類以其與梅同時香又相近色酷似蜜脾也又山谷謂京洛間有一種香氣如梅類女工撚蠟所成故以名之有湯夷華陰人服水仙花八石得爲水仙又拘樓國有水仙樹樹腹中有水謂之仙漿飲者七日醉楊誠齋以千葉爲眞水仙而余以爲不如單葉者多風韵蠟梅難題咏山谷簡齋惟五言小詩而已獨水仙山谷極爲推賞曰何時持上紫宸殿乞與宮梅定等差又考蠟梅原名黃梅故王安國熙寧間尚咏黃梅詩至元祐間蘇黃命爲蠟梅而范石湖梅譜又云本非梅種以其與梅同時而香又近之如鸚鵡菊亦以葉梗似菊而花又同時也張翊

花經首云一品九命蠟梅亦在其中洛陽亦有蠟梅直九英耳

閩有紅茉莉蜀有紫繡毬楚有紅梨花燕有黃石榴天台有黃海棠白海棠白紫碧桂花白玫瑰洛陽有黃芍藥昌州有香海棠

凡蘭皆有一滴露珠在花蕊間此謂蘭膏甘香不啻沆瀣多取損花

孟淑卿蘇州人訓導澄之女工詩號荆山居士嘗論宋朱淑眞詩曰作詩貴脫胎化質僧詩無香火氣乃

佳鉛粉亦然朱生故有俗病李易安可與語耳

讀書能轉音能破句是眞能讀書人溫故知新盡此矣

漢高手敕子云每上疏宜自書勿使人也大帝王自然況士大夫子弟乎今數行字輒付倩史書之豈非惰習

養生家忌北首臥忌北向食坐以及冠帶嚔溺蓋北方壬癸至陰所居祀者魁罡神責之

校書能闕疑者其平生口無誑語可知也

碑石水泐者具在好奇之士乃專做刻文剝蝕之處僅存字形以爲古意范石湖此語爲漢隸也不知今學漢印者皆此類古文亦然

危太朴作隸書歌一篇贈四明汪大雅備括諸碑之所自且歷疏之亹亹千餘言不休

倪元鎮寄松江府判官張德常詩後題云陰陽冥騖富少聞意開居尚可爲之況身有職任而值飢者易爲食乎仙官分置洞宮亦如世間局任者矣吾德常兄固知之也此皆激德之言

東坡云吾借王參軍地種菜不及半畝而吾與子過終年飽菜夜半飲醉無以解酒輒擷菜煮之味含土膏氣飽霜露雖梁肉不能及也人生須底物而乃更貪耶乃作四句秋來霜露滿東園蘆菔生兒芥有孫我與何曾同一飽不知何苦食雞豚余故題其廬曰安蔬

品茶一人得神二人得趣三人得味七八人是名施茶

嵩山僧贈余木瘿爐余銘之云形固可使如稿木乎

心故可使如死灰乎惟我與爾有是夫又有天台僧寄余藤杖余荅以詩云僧寄天台杖支余獨上臺借它時點綴不是老相催村果驚黃鳥疏泉破碧苔秋聲滿松壑弄與夕陽來

余嘗過一山鄰老而嗜花紅紫映戶弄孫負日使人不復知有城居車馬之鬧況京都滾滾塵耶余贈以詩云有箇小門松下開堂前名藥繞畦栽老翁抱孫不抱甕恰欲灌花山雨來

嵇康皇甫高士傳止七十二傳傳不過數行而止至

使諸君子若滅若沒非闡幽發潛之意余故從二十一史隱逸全傳悉爲採出即孝友獨行方技中有此類高蹤者咸爲著之而又補勝國自鄭思肖而下凡幾十人總得二十四卷曰陳氏逸民史

焚香倚枕人事都盡夢境未來僕于此時可名臥隱便覺鑿坏住山爲煩

余得古書校過付抄抄後復校校過付刻刻後復校校過即印印後復校然魯魚帝虎百有二三夫眼眼相對尚然況以耳傳耳其是非毀譽寧有眞乎

吾山無薇蕨然梅花可以點湯薝蔔玉蘭可以蘸麪牡丹可以煎酥玫瑰薔薇茶蘼可以釀醬枸杞蘼蔥紫荊藤花可以佐饌其餘豆莢瓜菹菜苗松粉又可以補筍脯之闕此山癯食譜也

白骨觀法想右腳大指膿爛流惡水漸漸至脛至膝至腰左腳亦如此漸漸爛過腰至腹至胸以至頭頂盡皆爛了惟有白骨須分明歷歷觀看白骨一一盡見靜心觀看良久乃思觀白骨者是誰白骨是誰是知身體與我常爲二物矣又漸漸離白骨觀看先離一丈以至五丈十丈乃至百丈千丈是知白骨與我了不相干也常作此想則我與形骸本爲二物我暫住于形骸中豈可謂此形骸終久不壞而我常住其中如此便可齊死生矣

素問云精神守内病安從來

掩戶焚香清福已具如無福者定生他想更有福者輔以讀書

孫眞人云凡遇山水塢中出泉者不可久居常食作瘦病凡陰地冷水不可飲飲必作痎瘧

世人但愛秋月而不知秋日之妙白雲碧漢大勝平時桂落開庭乃契斯語

打碑文上墨後須融蠟揩之則字畫光潤而墨不脫否則漫漶不明北方用駱駝油亦佳或以酥融蠟用之

臨帖如驟見異人不必相其耳目頭面當觀其舉止笑語眞精神流注處此莊子所謂目擊而道存者也

倪山村詩云艱危頗得文章力嫁娶各隨男女緣又云無求莫問朝廷事有恥難交市井人

吳人于十月采小春茶此時不特逗漏花枝而尚喜月光晴暖從此蹉過霜凄雁凍不可復堪

東坡與蒲傳正書云千乘姪屢言大舅全不作活計多買書畫奇物常典錢令退居之後決不能食淡味簞杜門絕客貧親知相干決不能不應副此數事豈可無備不可但言我有好兒子不消與營產業也書畫奇物老坡近年視之不啻如糞土也此言中余膏肓所謂眞實語者不誑語者書而榜之壁間爲山居第一戒

岩棲幽事　八　三二

居山有四法樹無行次石無位置屋無宏肆心無機事

東坡有詩曰論畫以形似見與兒童隣作詩必此詩定此非詩人余曰此元畫也晁以道詩曰畫寫物外形要物形不改詩傳畫外意貴有畫中態余曰此宋畫也

士人作畫當以草隸奇字之法爲之樹如屈鐵山如畫沙絕去甜俗蹊徑乃爲士氣不爾縱儼然及格已落畫師魔界不復可救藥矣

徽宗畫高宗字至不能與蘇米諸臣爭價翰墨尚如此況立德者乎

白樂天自作生墓志云外以儒行修其身內以釋教汰其心旁以圖史山水琴酒詠歌樂其志

癸辛雜志云折梅花插鹽中花開酷有肥態試之良然已與家仲乙未正月十四日舟過鍾賈山大雪探梅僧院僧出酒相餉因論前事僧言以醃豕滚汁熱貯瓶梅却能放葉結子余始知古人鹽梅和羹故自同調

岩棲幽事　八　三三

劚竹根以辰日捕魚蝦以亥日栽種忌焦枯日

不能卜居名山即于岡阜廻複及林水幽翳處闢地數畝築室數楹插槿作籬編茆爲亭以一畝蔭竹樹一畝栽花果二畝種瓜菜四壁淸曠空諸所有畜山童灌園薙草置二三胡牀著亭下挾書研以伴孤寂攜琴奕以邀良友凌晨杖策抵暮言旋此亦可以娛老矣

東坡乙帖云僕行年五十始知作活大要是慳耳而文以美名謂之儉素然吾儕爲之則不類俗人眞可

謂淡而有味者詩云不戢不難受福不那口體之欲何窮之有每加節儉亦是惜福延壽之道往京師宜用此策也余以爲山林人此策尤不可少

桐帽本蜀人作以桐木作而漆之棕鬉亦出蜀中南叢林皆作吳人不能製也

郡邸每聞欲高尚隱退者輒爲辦百萬貲并爲造立居宅在剡爲戴安道起宅甚精整康節慶曆間過洛愛其山川風俗之美始有卜築之意嘉祐七年王宣徽尹洛就天宮寺西天津橋南五代節度使安審琦

宅故基以郭崇廢宅餘材爲屋三十間請康節遷居之富韓公命其客孟約買對宅一園又皆有水竹花木之勝余秉尚不及前哲陸平泉先生包羽明董玄宰革各指山貲爲余築讀書臺于小崑山之陰丘壑狎主峯泖來賓頗稱勝槩余嘗作臨江仙一詞云婉孌北山松樹下。石根結箇岩阿巧藏精舍恰無多尚餘簷隙地。種竹與栽梧。高臥不須愁客至客來野筍山蔬。一瓢濁酒儘能沽。倦時呼鹿舞。醉後倩僧扶。

韻書字學嘯青山居清暇不可不習

有客謂山居春屬難山隣難山友難山僕難余謂如此則山堂前草深一丈矣不如勑斷家事撑二三童子自隨其强幹者以備烹煑樹蓺文弱者以備酒掃抄寫子孫能相體者則送供養賓朋能相念者則通餽問舍此以外靡知其它不然東坡所謂老稗紛紛口衆食貧孤寂未必不佳也

傅大士云寛着肚皮須忍辱放開着眼任從他

田家月令宜粘置茆堂左右使修理墻屋不失向調攝起居不失節息製物料不失常種蒔花木不失候

戊戌春正三日夜大雪余偶戲云雪者洗慾戒之齷齪灑火坑之煩惱填世路之坎坷喚夜氣之清曉客曰此便可作雪賛

田衣即山谷所謂稻田衲王右丞亦有詩云手巾花氍淨香帔稻畦成是也（雪霏錄謂袈裟者恐非）

讀書當如鬭草遇一樣采一樣多一樣鬭一樣

莫言婚嫁蚤婚嫁後事不少莫言僧道好僧道後心不了惟有知足人鼾鼾直到曉惟有偷閒人憨憨直到老

韋應物歐陽修皆作滁州太守應物遊瑯琊山則曰鳴騶響幽澗前旌耀崇岡永叔遊石子澗則曰使君厭騎從車馬留山前行歌招野叟共步青林間山遊如是乃不犯李義山松間喝道也

巖棲幽事終

友論

大西域利瑪竇集　陳肆然閲

利瑪竇曰吾友非他即我之半乃第二我也故當視友如己焉

友之與我雖有二身二身之内其心一而已

相須相佑爲結友之由

孝子繼父之所交友如承受父之産業矣

時當平居無事難指友之眞僞臨難之頃則友之情顯焉蓋事急之際友之眞者益近密僞者益疎散矣

有爲之君子無異仇必有善友

交友之先宜察交友之後宜信

雖智者亦謬計己友多乎實矣愚人妄自侈口友似有而還無智者抑或謬計友無多而實少

友之饋友而望報非饋也與市易者等耳

友與仇如樂與鬭皆以和否辨之耳故友以和爲本焉以和微業長大以爭大業消敗樂以導和鬭則失和友相和則如樂仇不和則如鬭

在患時吾惟喜看友之面然或患或幸何時友無有益憂時減憂欣時增欣

仇之惡以殘仇深於友之愛以恩友豈不驗世之弱于善强于惡哉

人事情莫測友誼難憑今日之友後或變而成仇今日之仇亦或變而爲友可不敬愼乎

徒試之于吾幸際其友不可恃也脉以左手驗耳左手不幸際也

旣死之友吾念之無憂蓋在時我有之如可失及旣亡念之如猶在焉

各人不能全盡各事故上帝命之交友以彼此胥助若使除其道於世者人類必散壞也

可以與竭露發予心如爲知己之友也

德志相似其友始固友也双又耳彼又我我又彼

三友不常順友亦不常逆友有理者順之無理者逆之故直言獨爲友之責矣

交友如醫疾然醫者誠愛病者必惡其病也彼以捄病之故傷其體苦其口醫者不忍病者之身友者宜忍友之惡乎諫之諫之何恤其耳之逆何畏其

額之蹙

友之譽及仇之訕並不可盡信焉

友者於友處處時時一而已誠無近遠內外面背異

言異情也

友人無所善我與仇人無所害等焉

友者過譽之害較仇者過訾之害猶大焉（友人譽我我或因而自矜仇人訾我我或因而加謹）

覩財勢友人者其財勢亡即退而離焉謂此不見其

初友之所以然則友之情遂渙矣

友論　三

友之定於我之不定事試之可見矣

倘爲吾之眞友則愛我以情不愛以物也

交友使獨知利己不復顧益其友是商賈之人耳不

可謂友也（小人交友如放帳惟計利幾何）

友之物皆與共

交友之貴賤在所交之意耳特據德相友者今世得

幾雙乎

友之所宜相宥有限（友或負罪惟小可容友如犯義必大乃棄）

友之樂多於義不可久友也

恐友之惡便以他惡爲己惡焉

我所能爲不必望友代爲之

友者古之尊名今出之以售比之於貨惜哉

友於昆倫邇故友相呼謂兄而善於兄弟爲友友之

益世也大乎財爲無人愛財爲財而有愛友特爲友

耳

今也友既沒言而誦諛者爲佞則惟存仇人以我聞

眞語矣

設令我或被害於友非但恨己害乃並恨其害自友

友論　四

發矣

多有密友便無密友也

如我恒幸無禍豈識友之眞否哉

友之道甚廣濶雖至下品之人以盜爲事亦必以結

友爲黨方能行其事焉

視友如己者則遐者邇弱者强患者幸病者愈何必

多言耶死者猶生也

我有二友相訟於前我不欲爲之聽判恐一以我爲

仇也我有二仇相訟於前我可猶爲之　判必一

以我爲友也

信於佞者猶不可失況於友者哉信於友不足言矣

友之職至於義而止焉

如友寡也予寡有喜亦寡有憂焉

故友爲美友不可棄之也無故以新易舊不久即悔

既友每事可同議定然先須議定交

友於親惟此長焉親能無相愛親友者否蓋親無愛

親親倫猶在除愛乎友其友理焉存乎

獨有友之業能起

友友之友佞友之佞爲厚友也吾友必仁則知愛人知惡人故我據之

不扶友之急則臨急無助者

俗友者同而樂多於悅別而留憂義友者聚而悅多於樂散而無愧

我能防備他人友者安防之乎聊疑友即大犯友之道矣

上帝給人雙目雙耳雙手雙足欲兩友相助方爲事有成矣友字古篆作爻即兩手也可有而不可無朋字古篆作羽即兩羽也鳥倚之方能飛古賢者視朋友豈不如是耶

天下無友則無樂也

以詐待友初若可以籠人久而詐露反爲友厭薄矣

以誠待友初惟自盡其心久而誠孚益爲友敬服矣

我先貧賤而後富貴則舊交不可棄而新者或以勢利相依我先富貴而後貧賤則舊交不可恃而新者或以道義相合友先貧賤而後富貴我當察其情恐我欲親友而友或疎我也友先富貴而後貧賤我當加其敬恐友防我疎而我遂自處於疎也

友論 一八

夫時何時乎順語生友直言生怨

視其人之友如林則知其德之盛視其人之友落落如晨星則知其德之薄

君子之交友難小人之交友易難合者難散易合者易散也

平時交好一旦臨小利害遂爲仇敵由其交之未出於正也交既正則利可分害可共矣

我榮時請而方來患時不請而自來夫友哉

世間之物多各而無用同而始有益也人豈獨不如

此耶
良友相交之味失之後愈可知覺矣
居染壓而狎染人近染色難免無污穢其身矣交友
惡人恒聽視其醜事必習之而浼本心焉
吾偶候遇賢友雖僅一抵掌而別未嘗少無裨補以
洽吾爲善之志也
交友之旨無他在彼善長於我則我效習之我善之
於彼則我教化之是學而即教教而即學兩者互
資矣如彼善不足以效習彼不善不可以變動何

殊盡日相與遊謔而徒費陰影乎哉無益之友乃偷時之盜偷時之損甚於偷財財可復積時則否
徒或人未篤信斯道且修德尚危出好入醜心戰未
決於以剖釋其疑安培其德而救其將墜計莫過
於交善友蓋吾所敬聞所敬視漸透於膚髓然關
悟誠若活法勸責吾於善也嚴哉君子嚴哉君子
時雖言語未及怒色未加亦有德威以沮不善之
爲與
爾不得用我爲友而均爲嫌媚者

友者相褒之禮易施也夫相忍友乃難矣然大都友
之皆感稱已之譽而忘忍已者之德何歟一顯我
長一顯我短故耳
人人不相愛則耦不爲及
臨當用之時俄識其非友也愍矣
務來新友戒毋誼舊者
友也爲貧之財爲弱之力爲病之藥焉
國家可無財庫而不可無友也
德之饋不如友之捧也

世無友如天無日如身無目矣
友者既久尋之既少得之既難存之或離于眼即念
之于心焉
知友之益凡出門會人必圖致交一新友然後回家
矣
諛諂友非友乃偷者偷其名而借之耳
吾福祉所致友必吾災禍避之
友既結成則戒一相斷友情情一斷可以姑相著而
難復全矣玉器有所黏惡于覩易散也而寡有用

耶
醫士之意以苦藥瘳人病諂友之向以甘言長人惡
不能友己何以友人
智者欲離浮友且漸而違之非速而絕之
欲以衆人交友則繁焉余竟無宛仇則足已
彼非友信爾爾不得而欺之欺之至惡之之效也
永德永友之美餌矣凡物無不以時久爲人所厭惟
德彌久彌感人情也德在仇人猶可愛況在友者
歟

歷山王 大西域古總王 値事急躬入大陣時有弼臣止之曰
事險若斯陛下安以免身乎王曰汝免我於詐友
且顯仇也自乃能防之
歷山王亦冀交友賢士名爲善諾先使人奉之以數
萬金善諾怫而曰王賜吾以茲意吾何人耶使者
曰否也王知夫子爲至廉是奉之耳曰然則當容
我爲廉已矣而麾之不受史斷之曰王者欲買士
之友而士者毋賣之
歷山王未德總値時無國庫凡獲財厚頒給與人也

有敵國 富盛惟事務克庫識之曰足下之庫在
於何處曰在於友心也
昔年有善待友而豐惠之將盡本家產也傍人或問
之曰財物畢與友何留於己乎對曰惠友之味也
別傳對曰留惠友之冀也意從與而均美
古有二人同行一極富一極貧或曰二人爲友至密
矣竇法德 古者名賢 聞之曰旣然何一爲富者一爲貧
者哉 言友之物皆與共也
昔有人求其友以非義事而不見與之曰苟爾不與

我所求何彼用爾友乎彼曰苟爾求我以非義事
何彼用爾友乎
西土之一先王嘗交友一士而賜養之於都中以其
爲智賢者日曠弗見陳諫即辭之曰朕乃人也不
能無過汝莫見之則非智士也見而非諫則非賢
友也先王弗見諫過且如此使値近時文飾過者
當何如
是的亞 是北方國名 俗獨多得友者稱之謂富也
客力所 西國王名 以匹夫得大國有賢人問得國之所行

大（古咨）曰惠我友報我仇賢曰不如惠友而用恩俾仇爲友也

墨臥皮（古聞上者）折開大石榴或人問之曰夫子何物願獲如其子之多耶曰忠友也

友論終

農說序

孟珂子曰力田養母此吾今日第一義也家貧親老屢瀕乞恩侍養歸而無所取備以供甘旨上負吾君下負吾母皇皇然不能一朝寧處也昔吾有先君大難外兄史玉陽氏及二楊子憐吾貧助之金帛百餘不足復繼之粟及是捐其貲乃與田老講求資身充養之計衆指荒蕪一區曰是田也穢順至于今不耕民以賦稅累而逃亡者殆盡得是可耕亦可富矣衆爭歸之墾將前玉陽所遺物易大武十元約傭耕者各取田收之半一歲盡墾而大有獲焉日共諸傭在畝談視其所爲則皆農也視其所爲事皆非農者也農不知道知道者又不屑明農故天下眛眛不務此業而他圖賈人之利率爲世途閭閻之間力倍而功不半十室九空知道者之所深憂哉山廬作農說一章以示傭之人書生言過文致遂條更爲詳說好事者多求索書因命工刻版布諸鄉人之有志於農者

農說

明　馬一龍撰　何士錫校閱

農爲治本。食乃民天。天畀所生人食其力。周書無逸曰君子所其無逸爰知稼穡之艱難則知小人之依故聖人治天下必本於農神農之教歷山不改其業禹稷之後莘野猶振其風益斯民之生以食爲天而人無穀氣七日則死者其天絕也天之生人必賦以資生之物稼穡是也物產於地人得爲食力不致者資生不茂矣故世有浮食之民謂民窮而財盡況以供無厭之欲而欲天下安生樂業以無叛也得乎古者一夫授田百畝不奪其時仰事俯育皆有賴也其上不求其民不爭以力足食而已至於後世人皆厭於力食而務以其力食人是以獸相食矣而天下常不治嗚呼君以民爲重民以食爲天食以農爲本農以力爲功所因如此而司農之官教農之法勸農之政憂農之心見諸詩書者惓惓焉

力不失時。則食不困知時不先終歲僕僕爾。故知。力。

為上知土次之知其所宜用其不可棄知其所宜避
其不可為力足以勝天矣知不踰力者雖勞無功
此總言用力體要政典曰先時者殺無赦不及者
殺無赦時其可失乎時一失則緩急先後之序皆
倒行而逆施矣安得順暢而不困苦哉困者無所
舒展之意傑傑者瞢然無知手忙腳亂不得休息
也然時言天時土言地脉所宜主稼穡力之所施
視以為用不可棄若欲棄之而不可也不可為亦
然合天時地脉物性之宜而無所差失則事半而

功倍矣知其可不先乎故儒者之學亦必先於致
知否則發不中節其繆千里勞無功者以足傑傑
之義
故畜陽不極發生乃微
此以下詳說知時之義皆用不可棄避不可為之
事上云時者主陰陽之候而言陽主發生陰主歛
息物之生息隨氣升降然生物之功全在於陽陽
之生物欲盛必畜畜之極而通之大盛而後始衰
者氣之終也不然散漫游佚之精安能萃而基命

根苗花實之體無所待而成物矣故冬至之後一
陽起於下則羣陰推而漸出寒凝固結於上所以
遏其浸耳及陽氣出地物生呈露流衍布濩而不
窮畜之盛大致然使冬不寒凝氣無所畜安得盛
大流行而發生萬物哉是以桃李冬花無冰不殺
草春秋紀之以病愆陽農家者有云冬暖宜早春
暖宜遲云早其於冬至之前云遲其在春分之後
冬至前者地中陽氣未生也春分後者陽氣半於
土之上下也其意皆在陽禁陰衛欲使微陽之氣

不洩求其壯盛而已於此不知所避一則初升而
蹶其踵一則方啓而裂其膚豈非童而牿未壯而
亢者乎亢則害牿則亡陽氣殆盡其生安得不微
而畜陽之意不止於冬凡日為陽雨為陰和暢為
陽沍結為陰展伸為陽斂詘為陰動為陽靜為陰
淺為陽深為陰晝為陽夜為陰繁植之道惟欲陽
含土中運而不息陰乘其外護持而不出若陽洩
於外而陰實其中生機轉為殺機矣說見下文
凝陰在土其氣固嗇

陰陽往復無停機進退乘除流行者未嘗斷續充
塞者未嘗空夫大而天地之金體小而一物之微
區無不皆然故陽洩殆盡而陰即凝其中何以言
之冬至一陽生於地中陰氣盡在外也時當寒凝
而反和暢則固閉不密陽氣發洩陽洩一分於外
陰入一分於中生與殺機並藏而覆與培者同出
矣夫大塊生物之功以太和流行耳其間直遂而
旋翕合而受必陽居陰中乃能徒運清虛之神鍛
煉陰精以成形質反是則斂而固啬固者滯而不

通啬者吝而不與而欲物各付物遂其暢茂條達
之性以成豐亨豫大之體得乎是以小人之使爲
國家亦必以公滅私不能開誠以通天下之志徇
利忘義不能舍己以廣天下之業否泰之義復姤
之幾聖人所以示訓也嚴矣然歲久不畊之地純
陰固結非假太陽之力追攝何以得散又冬春二
時不見天陽亦猶是耳今夫圖植之土未嘗生物
正以內不含陽陰不外固而火煅之地藏氷不解
者絕其地脉而中無陽氣來至也竊窺神化之妙

陽根陰物之所以生也陰根陽物之所以成也生
者謂之化成者謂之變下詳之
諸陽皆生者陽自下起發其內之一本以出於外諸
陰皆死者陰自下起斂其外之散殊以入於內
此二氣分布一元循環六卦相乘萬彙始終之定
理也諸陽謂自復以至夬也復十一月之卦也夬
三月之卦也十二月爲臨正月爲泰二月爲大壯
復自坤中來一陽始生成位於冬至至泰而開開
而壯壯而夬四月復全乎乾矣諸陰謂自姤以至

剝也姤五月之卦也剝九月之卦也六月爲遯七
月爲否八月爲觀姤自乾中來一陰始生成位於
夏至至否而塞塞而觀觀而剝十月復全乎坤矣
上下者乾坤分列之位升降者陰陽往來之氣內
外者神化闔闢之妙斂發者萬物生成之機出入
者循環無窮之端一本散殊相禪以爲始終者也
夫一元之氣升則爲陽降則爲陰進則爲陽退則
爲陰初非截然二物故一日之間子前爲陽日進
而上升午後爲陰日退而下降今言陰陽皆自下

起蓋乾坤互相爲物之形反覆轉也大抵二氣陰陽之至當主日月爲義春秋二分晝夜相半氣之平也春分後晝漸永日在地下之刻少秋分後夜漸永日在地下之刻多陰陽消長係於是矣太虛生物之功不過日月之代明四時之錯行水火相射五行雜揉而萬物之爲物也無盡藏觀乾坤所乘四子以周一歲之氣而坎離不與焉日月之職大矣哉故冬至井汲則溫夏至井汲則寒其實如此內之出於外外之入於內者亦非臆說萬物不

離乎陰陽陽爲乾陰爲坤乾體一坤體二乾主闢坤主闔一故神兩故化闔戶自內而出於外也闢戶自外而入於內也觀之物理自然陽道生陰道成剝之既盡生者一終矣致成於坤而旋生復成者至是又基其始也故穀種之生色雖本是而生理已完具於其中厥後散殊於外不減舊物不過自其中之一本者發之耳及其成也復如之夫之既盡成者一終矣致生於乾旋成於始生者至是又基其始也故歸根之狀雖本形而殺機已寖何

於其外厥後根本於中渾然一體不過自其外之散殊者斂之耳及其生也復如之

陽上而不抑遂以精泆陰下而不濟亦難以形堅損有餘補不足則精不泆而形可堅矣天地之間陽常有餘陰常不足故醫家補陰之論後世本之然扶陽抑陰古聖至言不師古君子不以爲妄乎易曰亢龍有悔又曰下濟而光以是見陽之精泆由於不抑陰之形脆者由於無所濟也今有上農土地饒糞多而力勤其苗勃然興之矣其後徒

有美穎而無實粟俗名肥腸此正不知抑損其過而精泆者耳其法何以斷其浮根剪其附葉去田中積污以燥裂其膚理則抑矣及其總秸俱成農功已畢或土力既衰潤滋不繼淫濁未去清氣有傷此正不知補助故粒米有空頭弱幹粉黛諸病也

是故含生者陽以陰化達生者陰以陽變參陰陽之故叅變化之機其知生物之功乎

此言陰陽變化之妙以足上文生成之義化者化

生也變者變易也陽變陰化氣之定分儒者論著詳矣生則化成則變然必成而後有生陽根陰也生而後有成陰根陽也成者謂之變脫其本根易其故體生者謂之化融液所畜暢茂其緒夫生者陽也生不自生而舍之自於成物之生也陽舍陰中陽雖總生而實以陰化爲質本於所成者陰耳成者陰也成不自成而達之自於生物之成也陰代陽體陰雖總成而實以陽變立命本於所生者陽耳故冬至之後生意皆含夏至之後生色皆達

合者化之機達者變之漸陰陽互爲其根求其所以然微妙而難悉一化一變理不盡顯物自相形機緘所存非審察糸詳則天地生物之功莫之知矣故含生者先天也以後天爲之體達生者後天也以先天爲之神養生家欲求先天之氣當思化裏一變非化不能變非變則化者終於化矣推之事理亦然凡事之立其始甚幾微充廣必盛大盛必衰衰必敝敝則變不變則毀毀則熄此知道者之所深憂乎圖善變而不毀者其諸取法於農

故聖人推日星定四時分節候而示民以則陰陽列於四時早晚見於節候歲氣係於日星朞三百有六旬有六日也日窮於次月離於紀星回於天此一歲之終也日行速而月遲故有餘日而以閏月收之天行健而日月不能及故有歲差而以六十年約之一歲之中春而夏夏而秋秋而冬四時順布也四時有八節立春春分立夏夏至立秋秋分立冬冬至也冬至以後陽漸長立春陽之出也春分陽氣之中也立夏得陽三之二至夏至

而極矣夏至以後陰漸長立秋陰之出也秋分陰氣之中也立冬得陰三之二至冬至而極矣堯命羲和日中星鳥以殷仲春日永星火以正仲夏宵中星虛以殷仲秋日短星昴以正仲冬不詳其餘者以一中一極前後測之耳冬至一陽生主生主長夏至一陰生主殺主成故曰生者陽也成者陰也舍雖未見其生達雖未見其殺而幾已在矣易曰知幾其神乎神者造化之良能妙萬物而爲言者也得之可以把握陰陽主張造化而無難矣焉

知發其生者與其晚也寧早收其成者與其早也寧晚此陽進而前陰退而後之道也故九爲老陽七爲少陽八爲少陰六爲老陰也

衆知膏瘠不如原隰衆知蕪平不如淺深

肥饒爲膏砂瘦爲瘠高者爲原下者爲隰蕪荒而不治者也平成熟也農家栽禾啓土九寸爲深三寸爲淺土之生物膏則茂瘠則不茂而人之相地成熟則美荒廢則不美此皆易知而莫不知也至如地之高下有氣

脉所不鍾而假天陽以爲生氣者故原之下多土骨而隰之下皆積泥啓原宜深啓隰宜淺深以接其生氣淺以就其天陽蓋土骨如人身之經絡而積泥如人身之餘肉耳經絡者氣血流行之所餘肉者塊然附贅之區也

常治者氣必衰再易者功必倍患因無備命在有滋

將衰而沃之助其力也欲倍而壯焉收其全矣沃莫妙於滋源壯須求其尚本

此因土材而以人力輔相之衰者土力衰也倍者所穫倍也患言水暵虫傷之類滿堰陂洫桔槔蓑笠潤燥以時濟及浚築製造爲之預者則有備而無患矣命言生發收藏之元所滋之事有二以人力者灌溉鋤耘塗盪也以物力者泥糞灰粈稿卉也禾苗資土以生土力乏則衰沃之所以助土力之乏易田併兩歲之力不壯則不能兼收所生以致倍然沃助其衰壯求其倍勢也猶有不待其衰未禾而先沃之白塊之間者此素問所謂滋化源之意耳滋其衰者過滋或至於不能勝而病矣滋

源則無是也固本者要令其根深入土中法在禾苗初旺之時斷去浮面絲根略燥根下土皮俾頂根直生向下則根深而氣壯可以任其土力之發生實穎實栗矣

亢而過洩者水奪

此謂獨陽不長者濟之以陰也何爲亢如既穫之後犁土在田冬春二時皆無雨雪太陽燥烈破塊之間盡爲枯體陰不外周陽不內育氣之過洩矣水奪者以水奪之也奪其過洩之陽藉其潤澤之

液包含融結以成發生之功葢天一生水水爲陰氣之微遇火俱化化則合倂爲用不惟不爲害而反爲利焉故君子貴不驕富不侈賢智不先人處崇高而憂履盛滿而戒不待以水奪之而自能不至於亢也

斂而固結者火攻

此謂獨陰不生者濟之以陽也何爲斂失於鋤墾蕪薉蔽其天陽汚濁淫其膚理陰沍久而不開生意塞而不達氣之固結矣火攻者以火攻之也攻其固結之陰假其焚燎之力疏導蒸騰以宣發育之氣葢地二生火火爲陽氣之微遇水俱變變則消易死氣以爲生亦不害矣水云奪者必久浸而後可奪火云攻者必猛烈而後可攻然奪之欲其過洩於外者返而攻之欲其固結於內者去也陰陽善惡其用舍去留之分有不可誣者如此

鎡錤寸隙不立一毛鬱蒸所至並鍾五賊

此又揭工力時氣所害爲甚者言也鎡錤寸隙墾之不遍也雖所餘徑寸他日禾根適當之則詰屈不入葉雖叢生亦必以漸消盡而至於萎濯然今俗云縮科是已故耔鋤者必使翻抄數過田無不畊之土則土無不毛之病五賊食禾之虫也熱氣積於土塊之間暴得雨水醞釀蒸濕未經信宿則其氣不去禾根受之遂生蠹烈日之下忽生細雨灌入葉底留注節幹或當晝汲太陽之氣得水激射熱與濕相蒸遂生蠥朝露泥日濛雨日中點綴葉間畢則化氣合則化形遂生蠥熱蹶根下濕行於蔽夾日與雨外薄其膚遂生螟螣交熱化不雨不暘晝晦夜暍而風氣不行遂生蜚五賊不去則嘉禾不興故灌田者先須以水遍過收其熱氣旋即去之然後易以新水栽禾無害不過一遍易去者雖久浸不免日中雨露或以長牵或以疎齒披拂勿令凝着則虫不生近者田家治虫之法多以石灰桐油布於葉上亦可殺也

知天之時識地之宜昧其苞命亦無以善其後

此承上以起下也苞命見下

故祖氣不足母胎有虧其踵不踵胎氣不完其胎不

農說　八　三

胎雖成必敗葢親下之本既久去地而傷毋之體豈能全天哉

祖氣主穀子之在秸者言也母胎主穀子之脫秸者言也祖氣不足謂未及冬至而先刈者其一成之氣既未充足以之爲種毋胎有虧矣草木之生其命在土成化變不離土氣踵踵相接生生無巳焉若脫土久氣不連屬生之雖具於胎成之則不全其數或半途而剝或成穗而秕故收種者當於冬至之後熟治高土散布其上覆以踈草障蔽鳥雀塵以畬灰滋潤燥枯至清明時沃之使芽除草滠糞頻助其長此第一義也其次草褁美穗縣之風簷季春之始置諸深汪勿令近泥半月氣足布地而芽此雖不傷巳落第二義矣但世俗浸種晝沉夜晾會釀鬱蒸逼之使速胎中受病拔不可去長芽嫩脆拋撒下田跌蹼拆損種種不免迷而不悟不知何見耳

夫善本者斯圖末慮終者貴謀始推陳而致新氣以交併積盛脫胎而洗髓精以剝換化生

上言天時土性人力穀種備矣此下言治禾也種得水始芽芽得土始苗移苗置之別土二土之氣交併於一苗生氣積盛矣然其始不脫則陳腐之體猶存髓不洗則濁淫之氣終在欲其稚而壯壯而盛盛而不衰也得乎於天地之間氣之積盛者力在交併精之化生者功在剝換不然同類而異形一本而殊末果何故哉此在交併與剝換者得不得之差耳

達順則豐覆逆乃稿縱橫成列紀律不違密邇爲儔尺寸如范

栽苗者當如是也先以一指搪泥然後以二指嵌苗置其中則苗根順而不逆縱橫之列整則易於耘盪踈密各因其地之肥瘠爲儔踈者每畝約七千二百科密則數踰於萬地肥而密所收倍於踈者矣

但害生於莨莠法謹於芟耘與其滋蔓而難圖孰若先務於夬去故上農者治未萌其次治巳萌矣巳萌不治農其農何

薅蕣惡草之害苗者芟耘皆去草之事蔓草之延生也滋益甚也蔓難圖也出左氏皆務決去而求必得之亦古語引此以見惡不可縱漸不可長之意上農深於農理勤於農事者也未萌根株在土也上農者智力兼至知薅蕣之害苗不惟不容其延蔓於根芽未萌之時先有以治之矣是以用力少而成功多不使其害及於苗所養至而所以生全者大也已萌而治之其功次於是矣已萌而不治者必至於蔓而不可圖爲農也何以謂之農哉歎而哀之之詞知道者可以深長思矣

夫薙草之法數與草齊南稉北黍天所生地所宜人所賴以養者種之良也物之良者必貴貴非賤等良畏惡朋

薙治也惡草之害苗者不可勝數而其爲物也尤易生焉所治之法不多則不可去南稉以下原其當治之故蓋貴賤殊類善惡不可同居同居則善者必爲惡者所害矣天生五穀所以養人可貴之物也貴者難成而易傷賤者易起而難制於此辨之不早俟其潛滋暗長而後治之則其根株深固枝葉暢茂盤結而輔翼者勢盛於苗矣雖有上農亦無如之何

故農家者流思其力不足以盡圖之備假諸物其始也直木而耒其次也橫木而耜又其次偏木而齒曲木末而鏟鑿木首而鋤繼之以掇終之以塗無不加以鐵焉以木直而鐵堅也攻之無遺類矣

草之滋生無窮而人之用力有限不能不假於物以爲力勝之具耳今之耒而畊者有大畊小畊開挑罨倫大低勤與惰之殊也𣯿抄遍過之說已見於前其耙者亦多不求細熟平整粗塊朧泥凸則曝日先燥窪則注水過深是以一坵之間禾之豐瘁頓異且又妙在旋抄旋耙旋耙旋蒔則燥濕和均渾水澄泥聚於根坎有壅培之力也移苗新土黃色轉青乃用搗盪搗盪雖以去草實以固苗蓋田之浮泥易行浮根而下之實土難入頂木頂本入土不深橫根布於泥面則得土之生氣不厚枝葉雖繁抽心不茂矣搗欲斷其泥面橫根使其頂

根入土深受積厚多生之氣其後抽心始高而結穗長碩也鏟鋤皆削草器撥以手拾去餘草塗以泥壅蔽田皮既撥則洩去多水留少水在田夾泥爲塗塗時以手捻去禾心宿水候田中有燥裂即上水灌之禾心宿水既去燥時免其濕釀漬入新水又助潤滋清氣矣養苗至此除草已盡物不能再假力不可再加然竟外之虞尚不保其無也如是而猶有存者可不畏夫

此又申言稂莠之難去可畏之甚也蓋惡草賤而易生有一根踵遺於地忽不覺其蔓矣

衛生固難成功亦不易華而欲實風雨不作時將穫矣燥則多損浸以成腐

此言養之係於人而成之係於天也稻花必在日色中始放雨久則閉其竅而不花風烈則損其花而不實二者皆粃穀之患也及其成穀將穫土太燥則米粒乾損水多而過浸則斑黑成腐二者又皆毁成之病也陰晴燥濕是豈人力可致哉農家至此猶不得自盡况以委之蕪蘮而求其敗也可乎

故可貴之物。不產非時。不安非類欲其至足以豁斯民之天。而農也如之何不力。

此總結通篇旨意蓋穀不足則食不足食不足則民之所天不遂物之可貴如此苟非順時調護何以得之農者當知自力矣

農說終

山棲志

吳興愼蒙輯　屠本畯校閱

梁竦自負其才鬱鬱不得意登山遠望歎息曰大丈夫生當封侯死當廟食如不然閑居足以養志詩書足以自娛州郡之職徒勞人耳

向長字子平讀易至損益卦喟然歎曰吾已知富不如貧貴不如賤但未知死何如生耳男女娶嫁既畢勑斷家事勿相關肆意與同好北海禽慶俱遊五嶽名山竟不知所終

韓康字伯休京兆霸陵人也常遊名山采藥賣於長安市中口不二價者三十餘年

王烈嘗入太行山聞雷聲往視之見山石上破數百丈石中有一孔尺餘中有青泥流出烈取摶之隨手堅凝氣味如粳米

許邁句容人擇餘杭懸霤山結廬居焉往來茅嶺間放絕世務以尋仙館惟朔望一歸定省而已及親終遂棄家徧游名山

郄詵數月山行喜聞樵語牧唱曰洗盡五年塵土腸胃欣然倚驂臨水久之而去

郭文河內軹人年十三每遊山林彌旬忘返父母終服不娶辭家徧遊名山洛陽陷乃步擔入吳興餘杭大辟山中窮谷無人之地

陶弘景性愛山水每經澗谷必先臥其間吟詠盤桓不能自已謂門人曰吾見朱門廣廈雖識其華樂而無欲往之心望高巖瞰大澤知此難立止自恆欲就之乂特愛松風庭院皆植松每聞其響欣然爲樂有時獨游泉石望見以爲仙人

宗測少靜退不樂人間豫章王嶷徵爲參軍測答府云何爲謬傷海鳥橫斤山木欲遊名山乃寫其祖所畫尚子平圖於壁上畫莊老二書自隨子孫拜辭悲泣測長嘯不顧遂往廬山止祖舊宅其辭侯子響贈遺曰少有狂疾尋山採藥遠來至此量□而進松朮度形而衣薜蘿淡然已足豈容當此橫施□善畫自圖阮籍遇蘇門於行障上坐臥對之

沈麟士居貧織簾誦書不輟鄉里號爲織簾先生家世孤貧藜藿不給懷書而耕白首無倦挾琴採薪行

歌不輟弁日而食守操終老

褚伯玉少有隱操寡嗜慾居剡飛布山性耐寒暑時人比之王仲都在山三十餘年隔絶人物

庾承先少沉靜有志操與道士王僧鎮同遊衡嶽又居玉臺山寄情丘壑徐則東海剡人嘗歎曰名者實之賓吾其爲賓乎遂懷棲隱之操杖策入縉雲山中又入天台山因絶穀養性五十餘年所資惟松栢水而已

太白中峰絶頂有胡僧不知幾百歲眉已長數寸身不製繒帛衣以草葉常持楞嚴經路僻迥絶人跡罕到遇東峰有鬬虎弱者將死而僧以杖解之西湫有毒龍久而爲患而僧以器貯之商山趙叟前年採茯苓深入太白偶値此僧宿余嘗有獨往之意聞而悅之

張志和居江湖自稱煙波釣徒築室越州東郭茨以生草椽棟不施斤斧豹席椶屩每垂釣不設餌志不在魚也陳少游表其居曰玄眞坊爲買地大其閎號囘軒巷先是門阻流水無梁少游爲搆之號大夫橋

陸羽嘗問孰爲往來曰太虛爲室明月爲燭與四海諸公共處未嘗少別又語言眞卿曰願爲浮家泛宅往來苕霅間

呂岩字洞賓會昌中兩舉進士不第去遊廬山遇異人得長生訣多游湘潭岳鄂之間人莫之識嘗題岳陽樓詩云朝遊北粤暮蒼梧袖有青蛇膽氣麤三入岳陽人不識朗吟飛過洞庭湖

田游巖嘗補太學生罷歸入太白山棲遲山水間自蜀歷荆楚愛夷陵青溪止廬其側召赴京師行及汝

辭疾入箕山居許由祠傍自號曰由東鄰高宗幸嵩山遣使就問其母又親至其門游巖野服出拜帝謂曰先生比佳否對曰臣所謂泉石膏肓煙霞痼疾者也

唐李約司徒汧公子雅度玄機蕭蕭沖遠有山林之致在湖州嘗得古鐵一片擊之淸越又養一猿名山公嘗以隨逐月夜泛江登金山擊鐵鼓琴猿必嘯和傾壺達旦不俟外賓

韓文公遊華嶽之巓顧視其險絶恐慄度不可下乃

發狂慟哭而欲變遺書爲訣王玄仲欲登蓮花峰約寺僧到峰頂當起煙爲信翌日持火而登僧候至午果有煙起留二旬乃下僧問之云峰頂有池菖蒲盛開可愛其中又有破鐵舟焉

魏野居陝州之東郊手植竹樹清泉環遶旁對雲山景趣幽絕鑿土袤丈曰樂天洞前爲草堂彈琴其下好事者多載酒殽從之游嘯詠終日出則跨白驢見者異之

林逋恬淡好古客游江淮久之歸杭結廬西湖之孤山二十年足不及城市嘗畜兩鶴或泛小艇出游客至則童子開籠縱鶴逋隨放棹而歸

春陵周茂叔人品甚高胸中灑落如光風霽月好讀書雅意林壑初不爲人窘束世故茂叔雖仕宦三十年而平生之志終在丘壑湓城有水發源於蓮花峰下潔靓紺寒下合於湓江茂叔濯纓而樂之築屋於其上

朱文公每經行處聞有佳山水雖迂途數十里必往遊焉攜樽酒一壺銀杯大幾容半升時引一杯登覽

竟日未嘗厭倦又嘗欲以木作華夷圖刻山水凹凸之勢合木八片爲之以雌雄筍相入可以折度一人之力足以負之每出則以自隨

劉峻因遊東陽紫巖山築室居焉爲山棲志其文甚美

劉凝之性好山一旦攜妻子泛江湖隱居衡山之陽登高嶺絕人跡爲小屋居之採藥服食

秦系天寶末避亂剡溪客泉州南安有九日山大松百餘章俗傳東晉時所植系結廬其上穴石爲研註老子彌年不出

唐潘師正居逍遙谷高宗幸東都召見問所須對曰茂松清泉臣所須也既不乏矣

陸龜蒙嗜茶置園顧渚山下歲取租茶自判品第不喜與流俗交雖造門不見升舟設蓬席齋束書茶竈筆牀釣具往來時謂江湖散人

王士源者藻思清遠深鑒文理好游名山年十八首事陵山蹤止恒嶽資求通玄丈人又過蘇門問道隱者元知運入太行採藥經王屋小有洞至太白習隱

訣終南修允倉子九篇

趙知微有道術中秋積陰不解衆惜良晨知微曰可借酒殽登天柱峰玩月偕出門天色開霽及登峰月色如晝及下山歸則凄風苦雨陰晦如故

米芾風韻蕭遠趣向高潔山水佳處遊題殆徧

張觳居許之西城有園號小斜川花木泉石隱然一佳處公日在其間行吟坐嘯至一觴一咏盡歡襟韻脩然君子儒也

范景仁致仕一朝思鄉里遂徑行入蜀至成都日與鄉鄰樂飲散財於親舊之貧者遂遊峩眉青城山下巫峽出荆門凡朞歲乃還京師

元黎則交南人居漢陽官湖之上著書種樹環堵蕭然賓客過從無虚日常以遠人自待惟志山水餘不屑意

黄哲番禺人性好山水結廬蕭澗棲息其中往來羅浮峽山南華諸名勝自以爲未足乃辭家度庾嶺過吳楚游燕齊間當風雪時泊舟秦淮過朱文昭余穎輩相與握手吟咏沽酒大噱

何胤以會稽山多靈異往游焉居若耶雲門寺後遷秦望山山有飛泉迺起學舍即林成棲因巖爲堵別爲小閣室寢處其中躬自啟閉僮僕無得至者

韓愈曰太行之陽有盤谷記曰其環兩山之間故曰盤是谷也宅幽而勢阻隱者之所盤旋友人李愿居之

趙季仁曰某生平有三願一願識盡世間好人二願讀盡世間好書三願看盡世間好山水客曰盡則安能但身到處莫放過耳

竹溪逸民陳洵曾抵掌于几曰人生百歲能幾旦暮所難遂者適意耳戴青霞冠披白鹿皮裘所居近大溪篁竹脩脩然生當明月高懸水光瀲灔共月爭清輝輙吹短簫乘水舫蕩漾空明月簫聲挾秋氣爲豪直入無際宛轉若龍鳴深泓絕可聽簫已叩舷歌曰吹玉簫兮弄明月明月照兮頭成雪頭成雪兮將奈何白鷗起兮衝素波人以爲世外人

吳萊字立夫好游嘗東出齊魯北抵燕趙每遇中原奇絕處及昔人歌舞戰鬭之地輙慷慨高歌呼酒自

慰頗謂有司馬子長遺風及還江南復游海洲歷蛟門峽過小白華山登盤陀石見曉日初出海波盡紅瞪然長視思欲起安期羡門而與之游由是襟懷益疎朗文章益雄宕有奇氣嘗謂友人曰胸中無三萬卷書眼中無天下奇山川未必能文縱能亦兒女語耳

王冕買舟下東吳度大江入楚淮歷覽名山川或遇奇才俠客談古豪傑事即呼酒共飲慷慨悲吟人目爲狂奴北游燕館泰不花家泰薦之曰不滿十年此中狐兎遊矣隱九里山種荳三畝粟倍之樹梅花千桃杏居其半芋一區薤韭各百本引水爲池種魚千餘頭結茅廬三間自題爲梅花屋

方正學曰往者壬戌七月之望予偕葉夷仲張廷璧林公輔陳元采夜登巾山絕頂飲酒望月縱談千古竟夕不眠予謂葉君曰昔蘇子瞻夜登黃樓觀王定國諸公登桓山吹笛飲酒乘月而歸以爲太白死三百年無此樂矣斯樂又子瞻死三百年後所無也諸君皆大笑

宋景濂性疎曠嘗携友生徜徉梅花間轟笑竟日或獨臥長林下看晴雪墮松頂雲出沒巖扉間悠然以自適嘗與弟子入龍門山著書二十四篇曰龍門凝道記

孫太初關中人年十八入終南山繼入太白山晉草木居息大石厓上時有所得赤脚散髮走山巔高峯持古松根扣巨奇石以歌久之東入華南浮湘漢登衡祝融峯返嵩山渡汴謁闕里思孔子遺風依依不忍舍去遂上岱宗日觀峯觀夜半日出滄海中發狂大叫自以爲奇偉復南經吳入越探會稽禹穴訪天台石橋返渡揚子江訪殷雲霄東海上與登孤山矚海門月餘別去

白樂天與元微之書僕去年秋始游廬山到東西二林間香爐峯下見雲水泉石勝絕第一愛不能捨因置草堂前有喬松十數株修竹千餘竿青蘿爲墻垣白石爲橋道流水周於舍下飛泉落於簷間綠柳白蓮羅生池砌大抵若是每一獨往動彌旬日平生所好者盡在其中不惟忘歸可以終老

王維山中與裴迪書曰近臘月下。景氣和暢。故山殊可過。足下方温經猥不敢相煩輒便往山中憩感配寺與山僧飯訖而去北涉玄灞清月映郭夜登華子岡輞水淪漣與月上下寒山遠火明滅林外深巷寒。犬吠聲如豹村墟夜舂復與疎鐘相間此時獨坐。僮僕静默多思曩昔攜手賦詩步仄逕臨清流也當待春中草木蔓發春山可望輕鯈出水白鷗矯翼露濕青皋麥隴朝雊斯去不遠儻能從我遊乎非子天機清妙者豈能以此不急之務相邀然是中有深趣矣

無忽因馱黄蘗人往不一

楊升庵曰清明時節樓船簫鼓行江南道中亦復奇勝。

荆州記載鹿門事云龐德公居漢之陰司馬德操宅州之陽望衡對宇歡情自接泛舟褰裳率爾休暢寄沮水幽勝云稠木傍生凌空交合危巘傾岳恒有落勢風泉傳響於青林之下巖猿流聲於白雲之上遊者常苦目不周玩情不給賞

方正學曰十五六時侍父北游濟上歷齊魯之故墟覽周公孔子廟宅求七十子之遺跡問陋巷舞雩所在慨然有願學之志嘗在郡城會集林張陳四君子登巾山絶頂縱談千古竟夕不寐自以此樂乃蘇子瞻死後三百年所無也。

楊億至道中知處州與李起居書郡齋迫在霄漢石磴盤曲策馬征登嵐靄滴衣烟霞滿目

王廷陳寄余懋昭曰究心老莊保愛性命江湖乘興漲則不舟雅好雲嶠苔滑磴危鮮不綏郄此僕大畧也。

陳獻章答李憲長曰平生山水稍癖待明年服闋後采藥羅浮訪醫南岳上下黄龍洞嘯歌祝融峯少償夙願。

顧璘與陳魯南曰今春長居墓田舊時草堂移入山中數舍四面竹松前通古道可歩尋諸寺後有崇岡飯食一登南對牛峰石嶺西望大江令人灑然可忘死。

鄭善夫答倪宗正曰自抵家剷迹荒村與野老無別天下將太平吾輩耕巖釣海何適不樂秋末天台諸

友欲往少谷。遂爲羅浮之行。非浮說也。

吳寬跋李賓之曰覽賓之此錄其閒在南都時登臨題詠凡崇臺長榭。古廟幽亭。與乎仙宮佛廬之映帶乎江山者。皆予舊所經游而裴徊者也。閉目了然殊深東坡龍井之歎。

吳寬跋沈周畫曰吳中多湖山之勝。予數與沈君啟南往游其閒。尤勝處輒有詩紀之。然不若啟南紀之于畫之似也。

楊佺期洛陽記曰河東鹽池長七十里廣七里水氣紫色。有別御鹽。四面刻如印齒。文章字妙不可述。

陸賓望云金華山杉峰叠巘。秀氣旁魄。不啻神僊登臨。

歐陽永叔與梅聖俞書曰去年夏中因飲滁水甚甘。問之有一土泉在城東百步許。遂往訪之。乃一山谷中。山勢一面高峯。三面竹嶺回抱。泉上舊有佳木一二十株。乃天生一好景也。遂引其泉爲石池甚清甘。作亭其上。號豐樂亭。亦宏麗。又於州東五里許。靈溪上有二怪石。乃馮延魯家舊物。因移至亭前。廣陵韓

公聞之。以細芍藥十株見遺。亦植於其側。其他花竹不可勝紀。山下一逕穿入竹篠蒙密中。豁然路盡。遂得幽谷。

山棲志終

林水錄

吳郡彭年鈔　屠本畯校

孟門卽龍門之上口也實謂黃河之巨阨兼孟津之名矣此石經始禹鑿河中漱廣夾岸崇深傾崖返捍巨石臨危若墜復倚古之人有言水非石鑿而能入石信哉其中水流交衝素氣雲浮往來遥觀者常若霧露霑人窺深悸魂其水尙崩浪萬尋懸流千丈渾洪贔怒鼓若山騰濬波頹疊迄于下口方知愼子下龍門流浮竹非駟馬之追也

河水又東與敎水合出垣縣北敎山其水南流歷鐘鼓上峽懸洪五丈飛注流壑夾岸深高壁立直上經崿秀舉百有餘丈峯次青松元巖頹石於中歷落有翠栢生焉丹青綺分望若圖繡矣

成皋城西北隅有小城周三里北面列觀臨河苕苕孤上景明中言之壽春路亘玆邑昇眺淸遠勢盡川陸羈途游至有傷深情

汜水又北右合石城水其山複澗重嶺欹疊若城山頂泉流瀑布懸瀉下有濫泉東流洩注邉有數十石畦畦有聲野蔬巖側石窟數口隱跡存焉而不知誰所經始也

澮水出河東絳縣東澮交東高山水出絳山東至寒泉奮湧揚波北注懸流奔壑十許丈青崖若點黝素湍如委練望之極爲奇觀矣

晉水出晉陽縣西懸甕山山海經曰懸甕之山晉水出焉今在縣之西南昔智伯之遏晉以水灌晉陽其川上原後人踵其遺蹟蓄以爲沼沼西際山枕水有唐叔虞祠水側有凉堂結飛梁於水上左右雜樹交陰希見曦景至有淫朋密友羈遊宦子莫不尋梁契集用相娛慰於晉川之中最爲勝處

淸水出河內修武縣之北黑山黑山在縣北白鹿山之東淸水所出也南峰北嶺多結禪栖之士東巖西谷又是刹靈之圖竹栢之懷與神心妙遠仁智之性共山水效深更爲勝境也

沁水東逕野王縣故城北水北舊有華嶽廟廟側有攢栢數百根對郭臨川負岡蔭渚青青彌望奇可玩也

丹水又東南歷西巖下巖下有大泉湧發洪源巨輪淵深不測蘋藻冬芹竟川含綠雖嚴辰肅月無変暄萋

淇水出沮如山水出山側頹波湍注衝激橫山山上合下開可減六七十歩巨石磥砢交積隍澗傾瀾瀉盪勢同雷轉激水散氛曖若霧合

二館之城澗曲泉清山高林茂風煙披薄觸可栖情方外之士尙憑依舊居取暢林木其水東南入于易水

林水錄　八　三

又有一水道源盧奴縣之西北東流至唐城西北隅堨而爲湖俗謂之唐池蓮荷被水勝遊多萃其上信爲嬉處也

溥水又東南逕榖梁亭南又東逕陽城縣散爲澤渚渚水瀦漲方數里匪直蒲筍是豐實亦偏饒菱藕至若孌童丱及弱年女子或單舟採菱或疊舸折艾長歌陽春愛深淥水掇拾者不言疲謠詠者自于時行旅過矚亦有慰於羈望矣

徐水又東南流歷石門中世俗謂之龍門也其山上合下開開處高六丈飛水歷其間南出乘崕傾瀾泄注七丈有餘濆盪之音奇爲壯猛觸石成井水深不測及素波白濤激襄四陸闞之者驚神臨之者駭魄矣

巨馬水又東酈亭溝水注之余六世祖樂浪府君自涿之先賢鄉爰宅其陰西帶巨川東翼兹水枝流津通纏絡墟圃匪直田魚之贍可懷信爲遊神之勝處也

桑乾枝水又東流津委浪通結兩湖東湖西浦淵潭

水錄　八　四

相接水至清深晨鳧夕鴈泛濫其上黛甲素鱗潛躍其下俯仰池潭意深魚鳥所寡唯良木耳

濕水又東北逕白狼堆南魏烈祖道武皇帝於是遇白狼之瑞故斯阜納稱焉阜上有故宮廟樓榭基雉尙崇每至鷹隼之秋羽獵之日肆閱清野爲昇眺之逸地矣

武周川水又東南流水側有石祇洹舍并諸窟室比丘尼所居也其水又東轉逕靈巖南鑿石開山因崕結構其容巨壯誠世所希山堂水殿烟寺相望林淵

錦鏡綴目新眺
南則絕谷累石爲關址崇墉峻壁非輕功可舉山岫
層深側道褊峽林障邃嶮路才容軌曉禽暮獸寒鳴
相和羈宦遊子聆之者莫不傷思矣
汝水又東逕玄瓠城北今汝南郡治城之西北汝水
枝別左出西北流又屈西東轉又西南會汝形若垂
瓠灣中有地數頃上有栗園水渚即栗洲也樹木高
茂望若屯雲積氣矣
潁水又東五渡水注之春夏雨泛水自山頂而迭相

灌澍崿流相承爲二十八浦山下大澤周數里而清
深蕭潔水中有立石高十餘丈廣二十許步上甚平
整緇素之士多泛舟昇陟取暢山情
洧水又屈而東南流逕零鳥塢西側塢側有水懸流
赴壑一匹有餘直注澗下淪積成淵嬉游者矚望奇
爲佳觀
郭緣生嘗游北邑踐夷門升吹臺終古之跡緬焉盡
在
睢陽縣有盧門亭城內有高臺甚秀廣巍然介立超

焉獨上謂之蠡臺亦曰升臺焉當昔全盛之時故與
雲霞競遠矣
西園多士平臺盛賓鄒馬之客咸在伐木之歌屢陳
是用追芳昔娛神游千古故亦一時之盛事今也歌
堂淪宇律管埋音孤基塊立無復曩日之望矣
萊蕪谷澗中出葦藥饒松栢林藿綿濛崖壁相望或
傾岑阻徑或迴巖絕谷清風鳴條山壑俱響言是昔
人居山之處薪爨煙墨猶存谷中林木緻密行人鮮
有能至矣

陽水東逕故七級寺禪房南水北則長廡偏駕扃閣
承阿林之際則繩坐疏班錫鉢閒設所謂修修釋子
耿耿禪棲者也
寒泉涌山頂望之交橫似若瀑布頹波激石散若雨
灑勢同厭源風雨之池其水西流入于酉水
漢水又東逕嵐谷北口嶂遠溪深澗峽吹近氣蕭蕭
以瑟瑟風颼颼而颼颼故川谷擅其目矣
檀溪水出自鴨湖北逕漢陰臺西臨流望遠俯眺農
圃情邈灌蔬意寄漢陰故因名臺矣溪之陽有徐元

直崔州平故宅悉人居故習鑿齒於謝安書云每省家舅司檀溪念崔徐之友未嘗不撫膺躊躕惆悵終日矣

沔水中有魚梁州有龐德公所居士元居漢之陰在南白沙故世謂是地爲白沙曲矣司馬德操宅洲之陽望衡對宇懽情自接泛舟褰裳率爾休暢豈待還桂柂於千里貢深心於永思哉水南有層臺號曰景昇臺言表盛遊於此嘗所止憩表性好鷹嘗登此臺歌野鷹來曲其聲韻似孟達上堵吟矣

楊水及東北流得東赤湖口湖周五十里城下陂地皆來會同湖東有清暑臺秀宇層明通望周博游者登之以暢遠情

山陰縣西四十里有二溪東溪廣一丈九尺冬煖夏冷西溪廣三丈五尺冬冷夏煖二溪北出行三里至徐村合成一溪廣五丈餘而溫涼又雜

東南地卑萬流所湊濤湖泛決觸地成川枝津交渠世家分夥故川舊瀆難以取悉雖粗依縣地緝綜所纏亦未必一得其實也

義陽郡有九渡水注之水出雞翅山溪澗瀯委沿遡九渡矣於溪之東山有一水發自山椒下數丈素湍直注顔波秀壑可數百丈望之若霏幅練矣下注九渡水

溠水之北有積石爲世謂女靈山其山平地介立不連岡以成高峻石孤峙下托勢以自遠四面壁絕極能靈舉遠望亭狀單樝捕霄矣北面有如頹落劣得道步好事者時有扳陟耳

溫水出竟陵之新陽縣東澤中口徑二丈五尺垠岸

重沙端淨可愛靖以察之則淵泉如鏡聞人聲則揚湯奮發無所復見矣其熱可以爓雞洪瀏百餘步冷若寒泉

肥水東側有一湖三春九夏紅荷覆水

大巫山非唯三峽所無乃當抗峯岷峨偕嶺衡疑其翼附羣山並槩青雲更就霄漢辨其優劣耳

自三峽七百里中兩岸連山略無闕處重巖疊嶂隱天蔽日自非亭午夜分不見曦月至於夏水襄陵沿泝阻絕王命急宣有時朝發白帝暮到江陵其間千

二百里雖乘奔御風不以疾也春冬之時則素湍淥潭迴清倒影絶巘多生檉栢懸泉瀑布飛漱其間清榮峻茂良多趣謂每至晴初霜旦林寒澗肅常有高猿長嘯屬引淒異空谷傳響哀轉九絶故漁者歌曰巴東三峽巫峽長猿鳴三聲淚沾裳

自黄牛灘東入西陵界至峽口一百許里絶壁或千許丈其石彩色形容多所像類林木高茂略盡冬春猿鳴至清山谷傳響冷冷不絶其疊崿秀峯奇構異形固難以辭叙林木蕭森離離蔚蔚乃在霞氣之表

仰矚俯映彌習彌懽流連信宿不覺忘返

陸抗城爲墉四面大險江南岸有山孤秀從江中仰望壁立峻絶袁崧爲郡嘗登之矚望焉故其記云今自山南上至其嶺嶺容十許人四面望諸山略盡其勢俯臨大江如縈帶焉視舟如鳧鴈矣

袁崧嘗言江北多連山登之望江南諸山數十百重莫識其名高者千仞多奇形異勢自非煙褰雨霽不辨見此遠山矣余嘗往返十許過正可再見遠岑要點耳

夷道縣爲二江之會北有湖里淵淵上橘柚蔽野桑麻闇日西望狼山諸嶺重峯疊秀青翠相臨時有丹霞白雲遊曳其上城東北有望堂地特峻下臨清江遊矚之名處也

夏口城孫權所築依山傍江開勢明遠憑墉籍阻高觀枕流上則游目流川下則激浪崎嶇寔舟人之所艱也

堂琅縣西北行上高山羊腸繩屈八十餘里或攀木而升或繩索相牽而上緣陟者若將階天故袁休明

巴蜀志云高山嵯峨巖石磊落傾側縈廻下臨峭壑行者扳緣牽援繩索

自朱煜至僰道有水步道有黑水羊官水至險難三津之阻行者苦之故俗謂之語曰楢溪赤木盤蛇七曲盤羊烏櫳氣與天通

更始水注引濆水石門空岫陰深邃澗闇密傾崖上合恒有落勢行旅避瘴將有遥之處無不危心於其下

五嶺者天地以隔内外况綿途於海齊顛九嶺而彌

遞非復行路之逕岨信幽荒之冥域者矣
咸驪巴兩麏麚滿岡鳴咆命疇警嘯聒野孔雀飛翔
蔽日籠山
林邑記曰松原以西鳥獸馴良不知畏弓寡婦孤居
散髮至老南移之嶺崪不踰仍倉庚懷春於其北翡
翠熙景乎其南雖嚶鳴接響城隔殊非獨步難游俗
姓塗分故也
狠山溪水所逕皆石山畧無土岸其水虛映俯視游
魚若乘空也淺處多五色石冬夏激素飛青傍多茂

林木集　八　十一

木空岫靜夜聽之恒有清響百鳥翔禽哀鳴相和巡
頹浪者不覺疲而忘歸矣
又東歷臨沅縣西爲明月池白壁灣灣狀半月清潭
鏡澈上則風籟空傳下則泉響不斷行者莫不擁檝
嬉游徘徊愛境
沅水潤側茂竹便娟致可玩也又東帶綠蘿山頹巖
臨水懸蘿鈎渚漁詠幽谷浮響若鐘沅水又東逕平
山西南臨沅水寒松上蔭清泉下注栖托者不能自
絕於其側

都梁縣左右二罡對峙重岨齊秀間可二里西有小
山山上有淳水既清且淺其中悉生蘭草綠葉紫莖
芳風藻川蘭馨遠馥
益陽縣之左右處處有深潭漁者咸輕舟委浪謡詠
相和羅君章所謂其聲綿邈者也
羅君章湘中記曰湘水之出於揚朔則觴爲之舟至
洞庭日月若出入於其中也
衡山在縣西南有三峯一名紫蓋一名容峯容峯最
爲竦傑自遠望之蒼蒼隱天故羅含云望若陣雲非

林木集　八　十二

清霽素朝不見
衡山東南二面臨映湘川自長沙至此江湘七百里
中有九背故漁者歌曰汎隨湘轉望衡九面有飛泉
望之若幅練在山矣
麓山東臨湘川西傍原隰息心之士多所萃焉
湘水縣北有空冷峽驚浪雷奔濬同三峽
湘川清照五六丈下見底石如樗蒲矣五色鮮明白
沙如霜雪赤崖若朝霞
君山東北對編山山多篦竹兩山相次去數十里迴

峙相望孤影若浮
朝夕塘水出東山西有塘水從山下注塘一日再增再減盈縮以時未嘗愆期同於潮水因名此塘爲朝夕塘矣
武水又南入里山山名藍豪廣圓五百里悉曲江縣界崖峻阻巖嶺干天交柯雲蔚霾天晦景謂之瀧中懸湍迴注崩浪震天名之瀧水
冷水東出冷君山山羣峯之孤秀也晉太元十八年崩千餘丈於是懸澗瀑掛傾流注壑頽波所入灌于

瀧水
始興縣北湯泉泉源沸涌浩氣雲浮以腥物投之俄頃卽熟其中時有細赤魚游之不爲灼也
靈石一名逃石高三十丈廣圓五百丈其傑處臨江壁立霞駁有若績焉水石驚瀨傳響不絕商舟淹留聆翫不已
含洭縣堯山盤紆數百里有赭岀逶起冠以青林與雲霞亂采山上有白石英山下有平陵有大堂基耆舊云堯行宮所

其縣南湘陂村村有圓水廣圓可二百步一邊暖一邊冷冷處極清綠淺則見石深則無底暖處水白且濁玄素既殊凉暖亦異厥名除泉其猶江乘之半湯泉也
郴口華石山孤峯特聳枕帶雙流東則黃溪來水之交會也兩岸連山石泉懸溜行者輒徘徊留念情不極已
大江南贑水總納洪流東西四十里而清潭遠漲綠波凝淨而會注于江川

廬山山川明淨風澤淸廣氣爽節和土沃民逸嘉遁之士繼響窟巖龍潛鳳采之賢往者忘歸矣秦始皇漢武帝及太史公司馬遷咸升其巖望九江而眺鍾彭焉
廬山東有石鏡照水之所出有一員石懸崖明淨照見人影晨光初曜則延曜入石毫細必察故名石鏡焉
新安溪有四十七瀨濬流驚急奔波聒天
信安水懸百餘丈瀨勢飛注狀如瀑布瀨邊有如石

牀床上有石牒長三尺許有似雜綵玷也其水分納
衆流混波東逝逕定陽縣夾岸緣溪悉生支竹及芳
枳木連雜以霜菊金橙白沙細石狀若凝雪石溜湍
波浮響無輟山水之趣尤深人情
秦望山在州城正南爲衆峯之傑陟境便見秦始皇
登之以望南海自平地以取山頂七里縣磴孤危峭
路險絕扳蘿捫葛然後能升山上無高木當出地廻
多風所致山南有嶕峴峴裏有大城越王無餘之舊
都也

又有玉筍竹林雲門天柱精舍並疎山創基架林裁
宇
諸暨縣洩溪溪廣數丈中道有兩高山夾溪造雲壁
立凡有三洩洩懸三十餘丈廣十丈中二洩不可得
至登山遠望乃得見之下洩懸百餘丈水勢高急聲
震水外上洩懸二百餘丈望若雲垂此是瀑布土人
號爲洩也
六溪列溉散入江夾溪上下崩崖若傾東有簟山南
有黃山與白石三山爲縣之秀峯山下泉流前導湍

石激波浮嶮四注
浦陽江又東逕石橋橋頭有盤石可容二十人坐溪
水兩傍悉高山山有石壁二十許丈溪中相攻贔響
外發未至橋數里便聞其聲
嵊山下有亭亭帶山臨江松嶺森蔚沙濃草淨極慰
春情
嶀山與嵊山接二山雖曰異縣而峯嶺相連其間傾
澗懷烟泉溪引露吹畦風馨觸岫延賞是以王元琳
謂之神明境

浦陽江自嶀山東北逕太康湖車騎將軍謝玄田居
所在
江曲悉是桐梓森聳可愛民居號爲桐亭樓樓兩面
臨江盡升眺之趣蘆人漁子汎濫滿焉
湖中築路東出趣山路甚平直有三精舍高甍凌虛
乘簷帶宓俯眺平烟杳在下水陸寧晏足爲避地之
鄉矣
𠩄浦西通山陰浦而達於江江廣一百丈狹處二百
步高山帶江重嶺被水江閱漁商川交樵隱故桂棹

蘭棧望景爭途

會稽縣南有蘭風山山少木多石驛路帶山傍江路邊皆作欄干山有三嶺枕帶長江苕苕孤危望之若傾緣山之路下臨大川皆作飛閣欄干乘之而渡謂此三嶺爲三石頭

漁浦山北三山孤立水中湖外有青山黄山澤蘭山重岫疊嶺參差入雲澤蘭山頭有深潭山影臨水水色青綠山中有諸塢有石樓所右臨白馬潭潭之深無底

越王無彊爲楚所伐去瑯琊止東武人隨居山下遠望此山其形似龜越起靈臺於山上又作三層樓以望雲物川土明秀亦爲勝地故王逸少云從山陰道上猶如鏡中行也

東陽記云信安縣有縣室坂晉中朝時有民王質伐木至室中見童子四人彈琴而歌質因留倚柯聽之童子以一物加棗核與質質含之便不復饑俄頃童子曰其歸承聲而去斧柯漼然爛盡既歸質去家已數十年親情凋落無復向時比矣

湖南有天柱山湖口有亭號曰蘭亭亦曰蘭上里太守王羲之謝安兄弟數往造焉太守王廙之移亭在水中晉司空何無忌之臨郡也起亭於山椒極高盡眺矣

吳社編

吳　王穉登撰　潘之淙校閱

里社之設所以祈年穀祓災祲洽黨閭樂太平而已吳風淫靡喜訛尙怪輕人道而重鬼神舍醫藥而崇巫覡毀宗廟而建淫祠黜祖禰而尊野厲嗚呼獘也久矣毎春夏之交妄言神降於是游手逐末亡賴不逞之徒張皇其事亂市井之聽惑穉狂之見朱門纓紱之士白首耋耄之老荼鑄簑笠之夫建牙罷虎之客紅顔窈窕之媛無不驚心奪志移聲動色金錢玉

帛川委雲輸百戲羅列威儀雜遝啓傭竊本心滋奸慝之行長爭鬪之風決奢淫之漸潰三尺之防廢四民之業嗟乎是社之流生禍也昔郭代公殺豕烏氏之妖亡西門豹沉巫河伯之害息今之長民者不是之聞豈所謂魯人獵較孔子亦獵較與不然是或一道也吾儕小人不可知也已

會

凡神所棲舍具威儀簫鼓雜戲迎之曰會優伶伎樂粉墨綺縞角觝魚龍之屬繽紛陸離靡不畢陳香風花霧迤邐日夕翱翔去來雲屯霧散此則會之大畧也會有松花會猛將會關王會觀音會松花猛將二會余幼時猶及見然惟旱蝗則舉關王會則獨盛於崑山觀音會亦間一行之今郡中最尙曰五方賢聖會

五方賢聖

按五方賢聖之名考古祀典圖經皆不載或以爲五行之神余意吳爲澤國地濵五湖當是五湖之神或又以爲五龍亦此意也搜神紀則謂神皆有姓氏及

爵土封號其說不經又謂其司主民間疾瘦故吳中是會必以五月行蕃祖其說頃見五方之外肖像爲一緇一黃緇曰勸善黃曰匡阜是蛇而足矣神之首曰至尊余謂至尊者人君之號惟龍有君象宜當之又其居爲黃屋朱軒僭擬乘輿若含夫神龍而彼花竹之妖魅川壑之精靈尸之未有不膺帝罰者也

會境

曰五龍堂曰東倉曰婁門曰葑門曰專諸巷曰康王廟曰丁香巷曰北營曰胥門曰虎丘寺曰楓橋曰白

蓮橋曰洞涇里曰黃路巷曰南濠曰陸墓曰許市五
方會由五龍堂始故五龍堂會之盛甲於他境云

會首

會所集處富人有力者捐金穀倩乘騎出珍異倩妓
樂命工徒雕朱刻粉以主其事曰會首里豪市俠能
以力嘯召儔侶醵青錢率黃金誘白粟質錦貸綉飲
翠裒香各一其務者亦曰會首會首之家先期數月
畢力經營臨期數日輸心會計及期不過騎馬市中
插花鬢畔執鞭張蓋往來指麾而已要之皆亡賴爲

之亦有夤緣衣食者

助會

荒隅小市城陰井落之間不能爲會或偏門曲局一
部半伍出裝海餙各羅其智以俟大會成并入之者
曰助會

接會

會所經行通衢廣陌闤闠高門及市人之家洞去扉
閾張秖遮敉綉段飣餖組繪籩豆千百殽核尋丈紅
炬金爐香氣如雲神像過門士女羅拜謂之接會往
往所費不貲

看會

會過門之家拚觴召客倩徒戚屬閨秀嬰竒雲至雨
集家窺則朱門錦帘水覽則白舫青簾花間而玉勒
搖柳下而紅妝映目星而秋漢微波鬟雲而春山遠
翠玉斷珠連鞸過黛續富者列筵張具千金一擲貧
者茶杯脫粟而已若夫街塡巷溢壁倚楣憑牆外爐
傍簷間井上秧雲而汗雨者則又不可數計也

打會

會行必有手搏者數十輩爲之前驅凡豪家之阻折
暴市之侵陵悉出是輩與之角勝爭雄酣鬪猛擊旁
觀之人無不罷市掩扉奪魄喪氣此皆怒髮裂眥暴
虎馮河之流往年倡導海氛焚燒官廨不過此曹爲
之漏網出柙之奸跳梁跋扈之黨司干城者宜有以
灰其焰而熄其燼也

妝會

入會之人裘襦衫幘衣裳楚楚紅殷翠鮮香熏粉傳
髻上則簪白鷺羽翦綵花雪絲紅豔翩翩可觀

走會

無所事事而但白袍烏帽戴花枝捧香爐徒行會中者曰走會道人擊磬談經叢叢馳騖者亦曰走會特無贅閒花耳

捨會

公卿士庶之家稚齒孩提弱齡髫齔蘭芽棘心鵷雛璧樹白皙清揚之子錦帶懸髦之嬰輒令佩刃躍馬執鞭持橐淆赤子之心傷黃口之氣雕其樸而琢其純嗟乎可惜已

色目則有皁隸衙兵舍人掾吏健兒旗手蒼頭執蓋輿夫牧豎之屬每會數百人

雜劇則　虎牢關　曲江池　楚霸王　單刀會　遊赤壁　劉知遠　水晶宮　勸農丞　採桑娘　三顧草廬　八仙慶壽

虎丘赤壁畫小舫令壯夫羿之舟中蘇公二客及兩長年並皆孱稚歌喉清妙而長年能唱竹枝璁瓏裊裊有破烟出峽之聲

神鬼則　觀世音　二郎神　灌天師　十八羅漢　鍾馗嫁妹　西竺取經　雷公電母　后土夫人

專諸巷有兩觀世音坐石者歙人女閒靚有艷姿魚籃觀世音是天庫前民家子纖弱娟媚子都之姣也觀者尤嘖嘖云

人物則　伍子胥　孫夫人　姜太公　王彥章　李太白　宋公明　狀元歸　十八學士　十三太保　征西寡婦　十八諸侯

五龍堂王彥章以壯夫爲之鐵槍金甲凛凛有虎賁中郎之想

白蓮橋寡婦則妓童十二人郎玉樹瑤毬衣郎香執白苧馬郎珠勒銀鞍斜陽之間紛如積雪

技術則　傀儡　竿木　刀門　戲馬　馬上橇　禿索　弄繖　廣東獅子

獅子金目熊皮兩人蒙之一人戴木面具肖月氏奚奴持繡毬導舞兩人蹲跳按節若出一體弄繖則一架五繖大者如屋一人弄之左提右攬當其奇處卽脣端頷上肱畔臍間皆繖也

纏結則　藍關亭　鏡子亭　麥柴亭　五雲亭
九層亭　錦毯門　鞦韆架　採蓮船
五龍之藍關長竿五丈結爲重巒蒼厓雪巘干霄犯
斗
虎丘之麥柴則雕簷曲楯疊架連楣皆以麥柴爲之
如黃屋瑠璃光射清旭眞奇玩也
樂部則　柘枝鼓　得勝樂　軍中樂　太平樂
清平調　單合笙　雙合笙　歇拍鼓　十様錦
海東青

按樂者錦衣少年復有垂髫幼稚金驍長笛鼓吹競
奏馬上臨風雲凝霧結老伶髦工岐舌嘆賞自岢莫
及也
珍異則　金花鐙　真珠帶　飛魚袍　蟒龍衣
犀角弓　紫檀箏　商金鞍　刻絲韉　玳瑁笙
珠繖　水墨畫繖　錯金兵仗　螺鈿兵仗　百
斤沉香　百斤雄黃
聞洞庭會中黃白龍裹金銀掩鬣爲鱗復以金銀指
環連爲長緪維之以行此尤駭心極目所不及覩者
也
火器則虎丘之爆仗一枚四人舁之
祭器則南濠之瓜仁壘花石牲牢尊壺俎豆皆以瓜
仁飣成如雪圃霜林瓊筵玉席
東倉之五穀壘則以稻黍之屬甃爲樓觀軒楹楣牖
動合準繩光潔澄麗濯濯可鑒千靈百慧窮精竭神
直可供一笑耳
散粧則　打圍場　野仙人　八蠻朝　山魈戲
太保参　平倭隊　沙兵隊　廣兵隊　毛女仙

吳社編　八

卜僧道　小醫師　金錢卜　蓮花鼓　琵琶婦
行腳僧　小將軍　射生弩　鬭蟋蟀　採芝仙
白猿精
廣兵皆賣香人爲之竹帽氊裳鎖刀藤弩迺其土服
沙兵則城中之洵金户猛憨多力是眞嘗殺倭者也
會行迂緩彌日不休行者不及齋糧迺有盛壺漿積
果實製湯餅於門閒迎勞之者南濠之楠脯十石冶
坊之包子麥屑千斤徐氏之酒巨罌五十計口分遺
一物一錢不能徧逮嗚呼以不貲之財充無益之費

神而有靈吾誰欺欺天乎凡二日編成藏之齋中以
消煩暑

吳社編終

客越志

吳郡王穉登著　顧懋樊閱

歲丙寅五月余方有事於故相國袁公之塋以十二日壬寅治裝余未識南行道里既從書肆買圖經載麓中又要友人管建初同去建初昔歲曾探禹穴爲余談兩浙山川曲折若在掌上故遂挾之行黃徵君一之阮都尉時濟皆爲詩贈別已而王青州伯仲從東海來闕余行作壯士言相賞易水悲風不覺蕭蕭座上生也坐久日斜不及發十三日早出金昌門十五里寶帶橋作詩寄德安令殷君二十里吳江泊垂虹亭下與建初對月賦詩十四日雨舟人買蓑笠早發二十里八尺又二十里平望大雨夾水居人甚稠蝦菜魚鹽與土同價岸右長渠石甃精楚流水作青黛色此去鶯脰湖僅半里雨昏風逆竹緶不前意殊悵悵三十里王江涇千家巨市地產吳綾爲八越初程三十里嘉興春秋傳所稱檇李於越敗吳軍處河流湯湯設關中流曰三清郎四十八牐之一剩俗貴海遷者夜嚴桴鼓四起夾河軍壘上壯往年東方有事諸樓船將軍建旗鼓地夜泊城北門雷雨大作十五日嘉興南行過三塔灣見田間空蕪知蠶忌已過家兄在石門欲就問平安命舟師飛槳行十五里斗門十五里皂林徐海獗時阮中丞在桐鄉嬰城自守宗將軍以無援戰歿於此　朝廷贈官官其子有司立廟戰場曰忠蒬宗名禮關中人官遊擊將軍驍騰善戰約束部伍有古名將之風麾下六郡良家佽飛射虎之士能談故侯將畧往往爲之雪涕以此人知其得士心今其祠在水涯土人多有薦蘋藻者五里石門地饒桑田蠶絲成市四方大賈歲以五月來貿絲積金如丘山家兄有年亦在顧余舟中爲言路難慰勞良苦雨濛濛不休倉忙解維十八里泊崇德城外登下焚枯魚佐酒夜雨益甚十六日稍霽四十五里塘栖河廣百尺隔河人聲不相聞星橋橫空如白虹沉沉下飲波上過塘栖水益濶桑益多魚亦益賤青田白鷺小船如瓜葉葉烟波中有濠濮間想望見吳山翠微神思飆飛不可復禁四十五里至杭州北新關司徒主事奉　命榷稅其地官衙壯甚設鹿柴

於河中兩端鐵絙維之以識舟楫大倍於吳中許市
十七日新晴見青天人意欣暢入關泊德勝壩僮輩
入城覓得邸舍過午併當箱篋擔夫三人尚有餘力
此雖土人猛憨亦可知客子橐中如水耳兜子輕如
馬蹄余以畏日獨買一巾車然不若兜子快意從武
林門入風景大略似兩都人家門外悉是冬青樹憶
讀杭州志云洪武間都指揮徐司馬所栽今有如拱
者當猶是其舊植蒼翠鱗鱗屋瓦盡碧碧如山家青
靄人從樹裏行不見赤日小樓黑戶副以短扉緯蕭

作垣加堊其上門門金像奉浮屠氏甚崇每慧燈不
戢即千家爲爐故臨安大火非一燎矣婦人低鬟胡
粉傅面都作女郎妝又類青樓倚門伎小兒白雪椎
結甚多美少年蓋山川淑清生人都秀亦如吳中然
也邸屋在八字橋人家甚湫欲遷入吳山上道士觀
聞霜臺爲隣遂不果買輿訪陸丈陸丈吳人余姻也
爲布政幕僚近擢海豐丞將去與余久別亟欲見時
大方伯視事堂上不容闌入十八日路淳乾去訪陸
丈相見烏烏有安仁拙政之歎行李已出關外空堂

如水吳山樹色半入衙齋吏散鴉啼廳事間有雲氣
眞仙吏也問秦觀察顧杭州俱出候使者於江上木
歸命官厨飯余辭以西子久待爲之嫣然而別遂要
建初出遊同行者爲黃秀才從錢唐門出山色層層
如芙蓉千片欲揷入人髻人家斷處見湖色一星兩
星過溜水橋湖波注其下作瀑布聲憩昭慶律寺舊
爲浙西叢林第一設戒壇其中每歲上巳推高臘者
一人登座說法雲水携錫來受戒者無慮千萬居士
長者道品度門爲之護法四方壇越布施金錢山積

大爲常住之利今寺爲兵燹開府胡公助資重建使
者逐游僧戒壇不復開髡徒不逞幾有戎心恐亦小
功之察也過寺折而西湖光如鏡千峯萬嶂倒影其
中入大佛禪寺寺在寶石山麓一峯數仞僅刻半面
飾以黃金射木如月傳爲始皇繫舟石傍有沁雪泉
深廣可二尺大旱不枯黃塵赤日之困到此盡消遊
侶一鬨而出山巔保淑塔不及登緣岡被磴水竹蓊
薆丘丹谷翠人家如棊布鷄鳴犬吠皆在雲中矣北
行二里葛嶺下爲岳武穆王祠廟貌英英有中原僉

字遺恨同遊肅拜相顧骨竦我輩白面生亦復英雄淚下朱殿半圮官爲修葺材器苦竊粉飾目前而已從廊間小門入當路有分屍檜英皇朝郡丞馬偉鋸檜中開下離上合以當商君車裂至今不凋青塚一坏金甲葬其下無復有象祁連山色者範金作獄囚三反接五木鳫行跪其前中爲秦檜一是其妻王氏一即万俟卨卨煆獄得爲大理卿王氏東窗下共謀者也其軀盡爲遊人擊碎守祠者加扃墓門乃已墓下邂逅黟中吳山人知李舍人來杭州住孤山別業

舍人家餘姚相國南渠公長子爲人開美洸愛文釆翩翩在都下與余交善聞其來喜甚從孤山造其門方有貴游呵聲出松間清吹金奏湖波麻沸僮輩辟易莫敢問入謁四賢祠四賢爲唐李鄴侯泌白舍人居易宋蘇學士軾林和靖先生逋三人皆刺杭州有惠政而林以山中逸民俎豆其間信纓緌之不足貴也山之陰即處士墓野梅數株偃其傍近土皆乾不知有酹椒漿否北爲放鶴亭俗子酣嘯其中緬想在陰之聲低回久之而出踏歌蘇堤上桃葉柳絲存者

無幾湖中舊植藕花雲錦燦爛香氣十里皆豪家所據近柱後惠文惡其妨漁一時拔去刻石城闉著爲令雖釣徒快心而湖色亡賴殊寂寂無可觀余意不若散水衡錢於種花之家而留花娛人庶幾兩利或者謂去花爲西子洗妝無足惜也遊船大小皆黑猶是南宋遺製惟一二有酒客餘皆野渡自橫觀察戒嚴人莫敢犯或官令張弛稍稍携壺閒出而笙簧粉墨非復當時之舊矣過斷橋由故路入城歸問逆旅主人知秦觀察書來約余明日晚當過邸中是夕篝

燈撰祭袁相公文夜分始寐十九日早訪李舍人於城中寓宅座上遇淨慈寺僧談藕花居之勝又聞余太史主其家太史鄞人相國門生薊門同遊也余旣心豔藕花又欲見余君商畧相國文字別李君李君邀遊孤山辭以明日出湧金門西過清波門外沿湖人家鑿陂種藕青葉田田可人隔湖望昨日遊處已在寒雲中回首夢境先過淨慈寺不入徑入藕花居夾道皆士大夫家丘壠烏塚白楊秋氣瑟瑟居傍臨湖藕花四市木葉露下如金莖承漢明珠亂飛經云

佛宇爲青蓮又云遠公蓮社以今觀之殆不虛也李君座上僧出迓問余君已出遊昭慶僧打鐘欲留齋飯余意在淨慈遂別去遊淨慈寺倚南屏山周顯德二年錢俶建南渡間燬而復興山門高棟可當他寺寶殿殿三倍於門罘罳百丈龍象如山皆非他剎可侔東廊搆田字殿貯五百尊者像作四層相背坐尊尊異形位置曲折屈指多迷余默數亦誤其二家人輩廻環舛訛不覺失聲而笑寺後有蓮花洞居茶亭極幽勝聞鵓鴣啼屋上湖面昏昏欲雨不及一探還旅

舍岸幘覓高枕而顧杭州貞叔已在門清官瘦馬有古老叅軍風氣爲言小官之難束帶負弩頭鬚爲白就邀余及建初過飲廨中小屋新麗丹粉光明炊黍擊鮮楚楚充案客子爲之加飡皆捐五斗所爲也秦觀察來顧余不值而去是夕大風木落如秋星辰半在霧氣中中夜雨作二十日小雨如絲李家使者來相屬門其主人已在湖上供張爲具從早起至今未得自便買輿固請乃乘李家輿先訪秦觀察約日暮留余集衙中辭以湖上之席余獨行出錢唐門過斷

橋雨大作衣幘霑濡半透肌肉從者張叅莫能禦然湖色鴻濛千頃一白一處一奇發狂大咤不知滂沱之在體也湖船點點如黑鷗鵜隔煙歌竹枝聲裊裊意不知此曹誰何與復不淺故當是我輩人李君揖客便誇湖色奇否相與大噱酒數行揮去携壺登樓萬狀畢獻君問客此何似水墨畫圖余謂是雲母屏後粉面黛鬟但鈌霓裳按拍李君首肯再四余沾醉頭瞢瞢不能作客命僕夫易巾車來李君有他約其主人已俟良久隸人魚貫門外欲俟客去余自謂以

西子來意豈在君推使去去未幾鶯啼過湖音中曲調余悔不留君去少遲使聽霓裳拍也與來遂行雨收山出與來時所見又成異境詩成誦似建初建初亦成一詩佳甚若與余對壘然余堅壁待之午後雨益大秦君折簡來招辭不赴是夜大雨達旦不休廿二日復大雨出看門外滔滔如江河行人攝衣而涉杭人堂構簡畧[illegible]毹踈脫不甃甓溝泄水地皆漫板如船既無長廊曲阿聯絡參差皆短簷衰牖不蔽風雨每夏秋淫潦上漏下濕水鳴床間泥淖爛熳客子

到門索屐始入因憶吾家高齋蕭森若在天上又無
佳客晤言日對生人作夲同語殊無味越中故心懂
一童子鳴流落梁谿不能歸來作東道主人問其姓
名無一知者向人讀其詩亦茫茫不識其佳嗟嗟高
士負俗家丘見嗤朱輪白馬之子黃口未落而名耀
鄉閭才一覓之三尺能對若夫逸民有道獨行至德
雖靈珠在握而墻東不聞昔之人如伯鸞執舂孺子
磨鏡勾踐酒人韓康藥裹申蟠傭人君平卜肆管安
皂帽仲宣登樓於陵灌園陸通狂歌買臣伐薪鱗士
客越志　八　九
織簾書傳所載莫能盡紀凡此數子者不逢牙曠即
光消景滅與椔翳朽腐等焉得班班青簡芳香襲人
士有不遇寧獨一子鳴哉雖然白龍魚服得水而飛
羊質虎皮見豺則恐何時一見子鳴把臂尌勞足下
良苦幸毋以彼易此也雨中顧丈來訪衣袍盡濕淙
淙在地隸人悉從泥中來不能吐氣問有蓋何乃爾
為言州郡凡謁大府上官雖甚風雨不許持蓋又不
敢直立欄楯下淋漓庭中以為常乃知柴桑輩不肯
折腰真有以余命沽濁醪為飲坐中談孫太守事甚

快孫前刺杭州風流緼藉無俗吏卑庸之氣種荷花
滿湖堤上栁絲成畦荒祠廢殿丹青一新建太虛樓
於吳山絕巘捐俸不給從木客質千金足成其事樓
成望見百里時時與琴酒客來登晝游夕治公事無
留後竟為言者所中投劾去不知白傅蘇公之曠達
何以見容於當時亦復有沾沾善宦者在耶是夕雨
霽星皆出廿三日早起欲渡江顧丈騎馬來邀遊吳
山顧先去約共集三茅觀留隸導余行與建初先過
吳山第一泉泉凡五眼銀床石井操罍汲者成市金
客越志　八　十
鱗於物殊不為潛由大井巷北行入家夾磴道居行
漸深山氣漸綠山以伍行人得名訛為吳或云春秋
為吳南封盡處以別於越一丘一壑支支異稱其實
皆吳山也先入中興觀次至德觀登星宿閣江色從
樹中來寒動金像又次皮場廟火德廟皆不入入重
陽菴觀青衣泉泉出山下深可一尋瀾如深之半中
為方池亭據其上睨視池面與江光相映一線潺潺
作風雨聲龕中青衣為髫童妝相傳泉所由名也由
至此一名寶蓮由菴至城隍廟路逕曲雜江光隱見

閬樹踈寮山至此一名金地廟後爲太虛樓樓面湖
廟蹲江干波萬流左顧右盻讀樓下石牌知孫公名
孟滁州人文出其手亦琅琅可句隸言孫在郡時裁
花蒔谷錦繡被磴今悉爲茂草樓空野鵲來巢日方
午顧丈家人送酒至云主人奉使者檄出郭不能來
余與建初飲三茅觀山至此一名七寶欲急過紫陽
菴三杯而出紫陽隣霜府設禁甚嚴客一入門即爲
邏者所獲余以隸自衛得從間道入一瑩瓏雲氣
爲碎攢星簇霞曲曲成境如王家池臺假山餖飣華

整松檜蒙蘢不雨翠濕亭中塑丁真人蛻骨丁號野
鶴趙宋時於此羽化遼東令威可謂仙種不乏山至
此一名瑞石總謂曰吳山云大抵杭州諸山無甚勝
吳門南金東箭各自爲寶吳山散而緩越山聚而湊
行春星梁何㣲六橋具區萬頃西湖斯下保叔揷霞
雷峯貫月非不表表而上方靈巖之浮圖亦復影挂
青漢補陀巖石棧仲伯天台大佛所當北面孤山嵱
嶁水心松色如髮何得與太湖一峯比肩藕花居外
寛中窄比之治平草堂當退三舍紫陽奇詭雲泉競

秀城中丹嶂雲泉所無霞表石梁紫陽亦欠斯亦尺
短截長足補銅坑七寶龍墓九珠白雲長流天池不
過若夫第四第三具載本經尤非青衣泚雪所能甲
乙其餘昭慶淨慈之流紛紛土木皆籬壁間物何足
爲之比論或謂飛來天竺之邃棲霞靈鷲之雄虎覩
游宇客皆未見余家虎丘鄧尉洞庭四飛之屬故亦
未經蠏黃他日與越人樗蒲猶可一擲百萬勿云吳
見孤注也與建初抵掌軒渠杭人聞者皆相顧自失
而二十四日顧丈來送別遣隸護行過鎮海樓下出

永昌門青泥一尺負而登舟錢唐江一名浙江秦始
皇度浙江至會稽是也又名曲江又名羅刹桑欽本
經以爲漸水當由浙字之誤西興隔水嘈如楊子瓜
渚所乏者金焦兩點東望海門義和亞升八言八月
潮生如雪山東傾雷霆鬬鳴爲天下潮聲第一是日
風氣甚恬江流似鏡漏刻未移巳達西興方其怒濤
時雖艅航如龍千夫棹歌莫可渡也西興買舟已在
蕭山境上此地舟形如梭捲篷蝸居不可直項揷一
竹於船頭有風則帆無風則縴或擊或刺不聞晝夜

余甚以爲困二十里蕭山縣聽湖樓甚偉日暮過剡溪山川映發水木清華陂深堰曲清波蕩漾數十里皆作碧瑠璃色新田綠漲若佛衣參差十樹一村五樹一塢門扉隔竹人面半綠憶吾鄉義興畫溪長若衣帶遊者比之武陵桃源而此處居人意殊不覺所謂司空見慣耳吾宗子敬謂應接不暇良非過稱宜乎晉代名流考槃相望今其遺墟尚在精靈何之不知可能騎鶴翩翩雲中下來也四十五里山陰縣枕上過六十里紹興郡禹穴已成夢遊廿五日早過

樊江去紹興五十里爲會稽縣大禹巡狩諸侯防風氏玉帛後至戮於此今不識專車之骨安在時朝旭初升羣峯盡出嵐容如沐紫翠濯濯與建初指揮四顧隣船皆驚又八十里渡曹娥江微波鱗鱗一葦可杭然土人有鐵面之謠當是其風浪時耳西岸叢祠額孝女其中乘潮亂流不及登問行人黃絹幾碑如奏綠琴於牛耳過曹娥爲東關驛買舟如西興三十里上虞縣因山爲城十里中壩十八里下壩灘聲下囗怒如驚濤船從枯堤而下木皮如削爲之毛髮森

竦何必瞿塘峽方知蜀道難也過壩即姚江水才一線是日夏至大熱行李圖書蒸蒸若甑中仰視翠壁夾岸溪流如東對之心凉舊藏趙承旨重江疊嶂黃子久姚江曉色二圖每疑丹青過實今觀此景乃知良工苦心未知四十里夜半過餘姚舟中苦熱廿六日大熱八十里入慈谿縣過袁相公家堂几蕭蕭不勝國士之痛尚寶君多情愛客藹然綈袍之誼生事寥落門庭清寒田穀歲入僅數百斛不作供伏臘古書中所稱八百桑賢相恐不過是飯後尚寶邀遊普

院由縣門外過慈谿以漢董孝子黯得名縣在浮碧山上山郭生寒海錯登市出環山門百步入袁公書院堂構渾朴壯而不華門臨闞湖院據闞峯山麓孫吳太子太傅闞澤故里山水皆闞名命酒坐湖山亭亭在山半書院最高處城裏城外山如魚鱗姚江列岫盡在窓中飛雨從東南來峯巒出沒頃刻數十回不覺爲之酩酊院右爲宋儒楊慈湖先生祠左普濟寺即闞公香火院山門甚古丹青半落出寺雨作還尚寶家見其二仲清揚白皙並有門風具湯沐留客

宿樓上雨竟夕不止廿七日大雨袁君張燕棒日堂雅歌投壺極歡而罷午後雨晴出遊永明寺大寶山山在西門外僅僅一卷歸與袁君夜坐談先相國生時母夢黑龍盤床間生而墨面少名應龍後易今名五歲占對作驚人語賢豪長者莫不折節父亦自多其兒時時命見客故相國雖晩成然海內早已知袁家郎矣相國畏父如嚴君事事無敢有所與獨飲酒不禁袁氏代擅麯蘗至今尚寶猶以大白自負尚寶父遇弟亦太嚴相國爲學士直呼其名兄稍怒郎長跪謝怒不解不起尚寶幼孤弟在遺腹皆育於相國

相國後無子子尚寶之弟尚寶以季父敘爲今官爲相國服三年寢苫一室不入閨房鄧攸兒子之戚可謂刺心鏤骨者也廿八日別袁君欲入郡訪張孺穀袁君治畫船載客送至清道觀爲別情極依依舟人報乘潮乃行十五里小新壩二里大新壩二十里夜泊寧波西門寧波古董子國爲越東南境勾踐滅吳欲置夫差甬東君三百家卽其地廿九日大雨孺穀遣舟來迎寓客寶雲寺借香積治供具燕客別久乍

見喜極不能爲寒暄語二季徵孺君孺皆來訪又要余君房同集君房名寅余友沈嘉則嘗稱其人不爲生客席上聽孺穀談鋒如雲若對幽并健兒金甲貂衣面有河朔之氣信快士也淫雨不解旅思頗生往往得孺穀高言消之六月朔日與孺穀伯仲去謁其翁大司馬公黑頭未落尚可爲蒼生復起余君房來邀孺穀陪行先謁賀監祠賀鄞人唐太子賓客請爲黃冠師祠瞰月湖翠水如染猶可當一曲也坐君房樓上包參軍庸之來與同飯聞其家江樓絕勝出東

門渡江過其家樓名碧岑僅可容數胡床下俯三江盪胸決眥有無窮之想恨不能歌野鷹來覩此寂寂令江山笑人檻外龍宅明月時弄珠出波面光榷射城中又毎歲石首來時帆檣蔽日層旗疊鼓而過皆稱偉觀日暮尚書公招燕同集者包參軍李山人尚書器度凝立如青壁巉巖好文下士有古大臣之風評詩隲賦一發破鵠談東湖之勝留余遊甚堅然余病懷惙惙心已在金昌亭子下矣初二日在床上尚書贈詩來枕邊讀之躍然起余亦作一篇贈公公和

余詩甚速而思更益藻爲之驚心毛正郎來顧問吾友張幼于杜子庸二太學近況未幾尚書公亦來顧午後與建初孺穀同赴包叅軍燕君房已先在樓中憑闌看余輩渡江叅軍出所藏古銅玉器示客雖無取充牣而一一皆可欣賞孺穀指樓下桃花渡爲永樂中太監三寶奴出西洋處海舟征倭時矴入水不可出叅數十人泅出之復有一矴大如牛相挽而上上鑄三寶名憶吾家六世祖陰陽公以星占從太監行過其故蹟爲之停杯而歎初三日天瀰暑浮屠石

礎皆濕孺穀與張山人平叔來邀遊東湖出靈橋門過浮橋小頓補陀寺寺外有石浮圖七殿中白衣觀音沉香爲軀坐大圓鏡中鏡大可尋丈入後殿庸之君房建初已先在午齋僧寮齋後登舟舟凡三一大二小大以載客小以載酒及僮子輩明州海濱滓國亂流爭趍其治水之法因形創制紛紛別名鑿而豬之曰陂既而導之曰渠障而高之曰堰隄而石之曰碶樞而運舟曰壩以時停決曰閘方舟連絡車徒並濟曰浮橋是行三十里過一碶一浮橋二堰而後達

茂嶼山房尚書公別業也門左琴山上有步虛亭坐久之孺穀邀入後圃寒凋在門梁石而渡小山幽靚花木清潤亭曰瀞山沈嘉則所命名也園公言數日前虎來躍濟牆潮恐入山房看門前白蓮初開杳氣中人酒皆醒是夜宿山房雨大作孺穀訂客明日雖大風雨必遊湖初四日朝饔後發舟先至莫枝堰留大舟於堰上以二小舟過湖東行湖名東錢又曰萬金山香木亂濃舟淺碧不知凡幾十重余心已默賞孺穀在中流問此何如西湖余故謂東施效顰耳

孺穀大呵不肯下諸君相顧絕倒青鸞大如鶴羣翔碧藻間烏鳳鵲身黃喙黑光如漆皆吳中所無余心異之不爲問以待客自名始得識益恐孺穀揶揄我也諸君知之則又大笑叅軍指前堰人家喬木重重皆史氏史出宋丞相彌遠彌遠援立理宗擅寵震代由史浩以降蟬聯黃閣者五世其三世皆生封王墳墓悉在湖中雲仍至今稱巨族家家有珍木麗石皆平泉遺物也泊舟登霞嶼嶼在湖心四面皆斷中有補陀洞天史丞相時大母葉夫人目盲欲浮海叅大

士史虞涉險鑿此洞待葉來遊紿云禰陀因以爲名
洞深百步前後通行寺屋盡傾惟一有髮僧在飲酒
數杯而下問大慈路久之乃得艤舟雨大作流泉横
道僮子皆有難色余攝衣自持一蓋袖中皆作泉聲
道傍石表離立問皆史氏殘塚行三里至大慈過史
丞相墓墓前穹碑斷裂雨甚不可讀冒雨入墓門松
關再折始見華表作石筍形刜石爲趺色深紫石馬
繡鞍縏纓昂首欲嘶又上小屋庳暗龕像梁間凡四
浩爾遠父子婦姑也像才二尺冕旒雉衣尚具王者

歲儀木圭數十錯其中不能一一問葬地半畝石垣
四圍不齊而堅石將軍二石翁仲二雕刻如絲皆非
今制可及宋栢二人圍之不盡沉沉半黑石爲闕門
樹坐其上拱矣雙塚相並衛王夫人合璧其中正德
間爲盜詹檢尸所發寶玉盜盡出其屍鬚髯如戟史
氏裔孫爲蓋藏之嗚呼東園梓器黃腸題湊之屬乃
不能自衛殘骸安用錮南山石爲哉與孺穀把臂爲
歡去入大慈寺門外亦有石塔七大過補陀而圯其
一塔下萬工池史氏所鑿寺爲史功德院賜田踰萬

畝今爲豪家奪去尚存什之三從僧家竹廚然松薪
燎衣盡乾乃出坐方丈僧不貧能炙鵞飯客皆田所
入也宋殿悉燬新建者茅茨無足觀飯後出讀史王
墓碑文撰丹書皆出理宗睿製今破碎不可收拾僧
言少年及見詹氏發墓時知碑下有金丸并掘之碑
仆如雷林谷皆鳴是夕宿僧顯房山深虎多門早閉
大雨達旦僧俗不能持課鐘磬爲之無聲余及諸君
對窓裏青山自相慰藉而已初五日雨肅之邀過其
墅道上鳴澗比來時十益其五客不能行者借僧家

馬騎去余復持蓋取故道入舟行數曲得參軍墅命
僮子摘雨中楊梅出酒飲客讀孟浩然詩自謂風流
不減舟還出梅梁堰雨益作客皆倦卧篷底順流及
郭猶未暮艤舟李山人庄登陸邂逅啓田叔田叔父
中丞公嘗開府吳中爲尊官而田叔蕭然如寒士不
問不知其爲中丞子肅之君房平叔皆別去余與建
初孺穀入城孺穀憊甚過寺門不能入竟去寺僧手
剌三言方別駕周中丞余太史來顧皆不值初六日
方余兩君招燕並固辭司馬公遺詩來邀遊武陵庄

余先訪司馬辭武陵之招繼訪中丞太史太史方過余寺中中丞亦不遇又訪方君問何爲見知云自李舍人所顧余惓惓有傾蓋之誼方嶺南人相國文襄公仲子以敘自乞外補翩翩有鳳毛知余行急不能留命所乘大鷁爲送約八月過吳當來下榻歸寺趣裝屠田叔見過庸之君房來問行色寺僧懸公治酒送別留共坐良久乃散與孺穀偕訪田叔門庭蕭寂似其爲人張君孺爲余送別將赴其招歸寺欲少休周屠二中丞皆來訪送客出門便與建初過君儒家

聞縣鼓十刻始別方君送舟至又送酒來寺中不能復飲觴寺僧及賞僮子皆沾醉是夜大雨雷電初七日雨行李早發君房孺穀兄弟皆來送孺穀諸君載酒要建初先出西門余買輿訪屠中丞中丞出鎮時余爲諸生去今十二載鬚中絲不爲添爲余設賓禮遜謝不敢當而中丞意殊歉歉故盛德人也出過周中丞留飲贈詩乃別入舟雨暴甚諸君待良久冒雨解維二十里送至壩上爲別衆皆黯然自厓而反建初以同行獨留青衫盡濕余甚爲之悽其晚宿壩上

夜半乘潮過丈亭初八日雨姚江增闊數尺江上山半入雲中如白幘綦巾下垂綠髮處處流泉並出木銀匠練空中亂垂比來日風景益奇夜泊姚江驛石楔如林兩城夾河舊城縣治新城李相公所居初九日大雨姚江驛發舟龍泉嵐氣盡在雉堞之上望孫忠烈祠拱立而過江橋湍水盤渦千尺爲機度緪始得進舟師顏色如土夜過中壩水高一丈雨晴微月磧聲怒激若千雷殷作石樞爲水衝落壩人烈炬築棧數十裝轆轤易以新緪又益添舟人邪許沸地夜

分乃上信矣如升天也初十日雨晴舟中作書及留別詩謝明州諸君爲詩酧方別駕詩成達曹娥驛渡江甚平往來不一遭其鐵面幸矣幸矣過曹娥遺方君舟人還買舟過陶家堰著龍挂南海中白日雷電甚靈恠舟中人皆倚桅而觀久之始滅暮抵紹興郡溪清木茂山水名都石壁插江二三里如翡翠舟行手捫綠蘿而過月下過蓬萊驛篙師夜行十一日早達蕭山雨復作到西興小晴萬艘齊赴江流頓高買大舟渡錢唐江海門在煙中不可見入杭城楊梅滿

缺第二十三

山人李舍人顧杭州秦觀察袁尚寶張孺徵孫君孺包參軍余君房張尚書張平叔李仙八周居爾中丞屠田叔方别駕僧殷公遠先一人袁文榮公期而不至一人張觀察往來皆不值者一人余太史丙仲所見神物三青鸞鳥鳳蒼龍

雨航紀

吳郡王穉登撰　張遂辰閱

紀事第一

嘉靖辛酉九月王穉登求志先廟夫人墓卜日延毘陵謁薛憲副先生先期外舅陸丈使人來曰遲之當同行舟以十六日薄莫發于是穉登束裝俟及期晨起作寄顧先生詩書軸上飯後過陸丈草堂日且落舟不及發明日廼發南風甚勁挂帆出楓橋倏忽及許市余欲留訪顧先生先生吳名士與余神交者凡

五年其居在陽山大石出許市甚近余過毘陵往來道必由許市由許市輒意先生今年夏中童子鳴以書來云楊梅熟先生日俟君君訪先生幸偕朱子常入余是日令人立于常子常以賫藥入城未即歸長年嘖嘖歎風順可惜不宜留余不得已以軸上詩投朱君家令先寄先生約舟還當來訪遂怏怏出關去風果駛過曹王涇忽千舩俱落帆北風倒吹檣間聲獵獵猛甚雨亦大作冒雨逆風行入無錫抵泰汝立汝立方戢書千百萬卷縱横堂上客至罷戢燒燈張

燕留余宿余謂君戢書倦宜少休余明日欲早行宿舟中便乃與陸丈宿舟中夜闌雨益大迫曉不止午過五木問薛先生五木人言先生在郡城余即移舟入郡城至則令人走劉子延所問薛先生蹤跡子延是夕出赴燕不及問十九日舟中書刺欲詣子延子延已遣人來候余欲陸丈同過子延入門便趣余作書留薛先生先生在舟中遲則將還五木書去未久薛先生人來要同去余欲起子延謂與君二載別宜少留語薛先生人令先去出酒飲數行一青衣作都

下人裝入對子延鄉語刺刺問知是唐玄卿僕玄卿冀北歸遣送香藥余久別玄卿欲亟而問吳幼元消息顧子延索飯飯畢出門與子延別陸丈還舟中余詣玄卿玄卿閉門不聽客去坐少頃子延亦來同夜坐譚先中丞遷祭事出燕雲聲物儞客寺鐘鳴廼散去復別子延入舟陸丈是日病作不能眠俟余入乃眠命童子以燈約白丈夫明去訪白丈白丈今年亦五十與陸丈同年而生差後各相顧問顏色又携酒入舟中飲出東門別去舟行向五木風甚逆窮日行

四十里得達五木已昏黑陸丈病不能與薛先生是
日亦病令子孔隣先出先生力疾亦繼出余與先生
父子別又五年相見懽甚許作蒯夫人墓文夜宿孔
隣齋中風雨大作晨起雨益大風益怒往來舟楫俱
不行先生出所藏書畫令余鑒入夜張燕復留宿是
夜天雨明日天又雨余別先生先生病小間遺書數
十種爲别意甚悵悵入舟陸丈病亦間鮮維過慧山
汲慧山泉四罌余毎過泉上雖甚多事及昏夜必迂
路汲泉上人熟識余及是風雨復來汲皆大笑以爲

迂嗟乎風甚怒雨甚大舟甚窄道路甚迂而余所汲
泉又甚淡無味爲世間所最棄不屑者嗟乎余誠怪
余誠怪汲泉後復過汝立汝立許書基上石乃還舟
宿汝立濠上是夜夢吳郎先是前三日余從玄卿所
問吳郎消息未得連日夜懷吳郎及是遂夢作夢吳
郎詩二十三日從汝立濠上發舟雨猶不止晚及許
市竹青塘雨忽止望陽山上丹霞如樓意快甚疾要
朱君同訪顧先生朱君持白醪來禦寒飲未盡遽達
顧先生所入大石山房讀童子鳴題壁詩余前日所

寄詩亦在壁間先生燈下出示所撰家山入記留宿
大石山房命作大石山房詩且曰必以是夕成乃入
余及陸丈對牀卧夜半開山牕寒星光白如月謂明
日天必晴晴即遊大石各起坐牀上作大石山房詩
詩成不復卧起視天宇陰雲復滓空顧顯父來訪顧
甫年少古心襲嘗聞其人於子鳴及是始見果不負
子鳴言已而顧丈出攜古圖書器物示客求余作硏
銘命書大石山房詩於子鳴詩後余與陸丈亟欲遊
大石先生謂泥濘不可行余不聽先生命子從政行

顯父亦願行余四人復入舟抵山下登陸泥果濘沒
屐齒幾顛仆折道傍竹枝秋而行得不仆大石在目
前積雨石色面面如青黛各相顧嘆以爲奇山僧出
迓客入庵望太湖湖上山青似眉髮余昔年遊山見
山中僧與今不類問之已吾易主矣石梁亘庭中著
屐不可登僧言吳李諸公聯句詩尚無恙出庵過顧
先生家山山中勝處凡入歷歷奇秀如先生記中所
云從政留客坐欵雲亭畏雨作不果下山移舟復飯
于顧先生家日暮雨作宿舟中不能行與陸丈賦遊

大石山詩明日舟中起櫛髮欲詣顧先生別顧丈已先設雞黍留坐坐半刻與諸君別子長附余舟出許市乃別別子常過許市復作一詩是日爲九月廿又五也舟中射瀆風雨困悶命童子滌硯伸紙次第其事於有道里所經泉石所歷人品之勝物類之奇一一紀之以貽諸君太原王穉登射瀆舟中紀事

紀程第二

出金昌十里曰楓橋楓橋十里曰射瀆本當陽山前闕下相傳始皇射于此

射瀆十里曰許市今名滸墅秦皇廢闔閭墓逐白虎來此初名虎嘯後避吳越諱遞易今名許市迂路由竹青塘入十里至陽山大石山房

許市二十里曰望亭望亭二十里曰新安新安二十里曰無錫

出無錫北門五里曰黃阜在水心由黃阜迂路入五里曰惠山寺汲泉處

黃阜有樓閣多遊人五里曰高橋高橋五里曰石塘灣水曲如絲石塘灣五里曰潘葑潘葑五里曰洛社

洛社十里曰橫林有墟市人煙甚稠橫林十里曰戚墅堰戚墅堰十里曰丁堰毘陵五堰此其二也

又五里曰劍井曰白家橋劍井中相傳有寶鍔往年白虹貫日唐中丞嘗見之

白家橋十里入毘陵曰常州府

自蘇州至常州水程一百六十里迂路入陽山慧山又十五里行二日可盡

紀山第三

陽山去郡城二十五里一名四飛山爲三吳巨鎮擎

豁秀而不奇奇盡在大石大石大如百間屋巧類人家石假山遠望瓏瓏若社燕巢門外有疎松亂泉門內有庵曰雲泉庵有樓登之可見太湖石梁起庭中長二三丈天雨梁在雲氣中如白雲左右秀石林立香蘿赤薜蒙羃其上梁可躡而升構屋巖端吳文定李太僕諸公聯句在其中

顧家青山在大石左麓山中有勝蹟八曰玉塵澗清松宅毛竹磴楊梅岡欵雲亭拜石軒宜晚屏招隱稿山中人曰顧先生先生自有記

惠山在無錫北其濱處曰石門曰青山塢甚勝余皆不及遊余所長遊自惠山寺門入西曰聽松東曰觀泉聽松松在斷岡上大可十圍奇曲皆虬枝入聽松絲岡皆士大夫家墓隧松楸白楊青沾翠洒其最勝曰邵文莊墓文莊名寶 武皇時名禮部卒賜金墓墓上石牀唐李陽氷書三松雄立大逾聽松者二陪而奇梢不逮入觀泉最勝曰二泉亭堂曰漪瀾泉在亭中二井石甃相去只尺方圓異形汲者多由圓井盖方動圓靜靜淸而動濁也流過漪瀾從石龍口中

出下赴大池者有土氣不可汲泉流冬夏不涸張又新品曰天下第二泉

紀人第四

顧先生名元慶字大有吳名士家近許市凡高人逸士由許市過者多就顧先生顧先生性好客今年七十五猶酧對不倦所著書數十種行亦甚高前太守溫公以鄕飲聘

薛先生名應旂中會試第二人才太富文太工而行亦大奇故不爲世所容官止按察副使子近魯字孔脩溫溫玉映爲賢公子

朱子常名大經家許市爲醫童子鳴稱其術甚高亦能詩

外舅陸丈名承憲字子紹能文章潯州太守孫太守在潯州有善政人謂其後宜昌今六上有司猶未第

白丈名仲字子中晉陵人康敏公孫落魄能飲酒學晉人書甚工

童山人名珮字子鳴太末人往來吳中詩淸甚讀之如有雲氣以詩窮不修形骸人多白眼視之蔑如也與顧先生及無錫秦柱有世契踪跡長在二君家今

還太末明年當復來

劉子延名昌祚晉陵人爲人有道氣今年二十九無子復下第余甚惜之

秦柱字汝立尚書諸孫好古博雅慷慨然諾有國士之風

顧詡字從振顧先生第四子能丹靑

唐寉徵字玄卿荆川中丞之子有逸才覘其神駿殆汗血之驥也

顧顒父名學尼家與顧先生隣其姊夫曰黄姬水又最能詩故顧父亦能詩

吳郎名履謙字幼元奕世簪組美風儀朱衣傅粉自豪士態讀秦漢人書能成誦今遊燕未歸

王穉登字百穀晉陵人流寓姑蘇其爲人特多病喜交名流故亦知詩然其病以詩益甚

右十三人以齒爲序穉登載其後

紀物第五

薛憲副家藏宋勾龍爽堯民擊壤圖元趙魏公畫蘇

黄州像蘇公長耳豐額鼻準隆起相法鼻主文章故蘇公能文

國朝錢塘戴進山水四圖余閲戴畫多矣當以此爲第一

顧先生藏宋馬遠鍾馗移家圖

國朝沈周先生大石山圖後有吳文定書大石聯句詩

又吳江圖　又西園雅集圖俱妙品

靈壽杖一長可三尺文如紫玉四時變色靈物也

宋端溪石硯一硯在山下人家作磨刀石先生購得之余爲銘

荆溪疏

吳郡王穉登撰　潘之淙閲

余以萬曆癸未二月廿又四日過毘陵訪吳幼元萬承夫先在請爲荆溪之游承夫家荆溪幼元姨之子也與幼元固要余而西意良厚余重拂其惓惓遂以廿七日冒雨放舟出毘陵西門泊吳子知南河莊子知載酒至同集者盛原濟吳章叔杜玄慶趙直卿幼元之子雅言入夜皆别去玄慶有事荆溪請偕行廿八日雨止早發抵河橋漸暝承夫拏單舸先行倩關

吏無下蕨鞿之鑰而後余及幼元舟並得入城泊東門是夜萬子寅杭子湘來訪廿九日早起陸山人元德吳宫詹惟允吳太學惟籍先後偕來朝饔罷訪子寅父子寅仲父宗伯公都門舊游也請見以單紋辭又訪子湘惟允惟籍家後訪陸山人登周孝侯墓望銅官積雪午後子寅携酒幼元舟中觴余及玄慶東汎之滸是夜泊宜與三十日枕上聞鐃吹幼元先入蜀山余及玄慶飯宫詹家出城訪吳光祿先生游鶚鵲園請記許之覓蜀山路茫然彷徨道左有呼於水涯者乃承夫治游具將追幼元遂别玄慶與俱日暮及之蜀山夜泊閏月朔日天霽游與大發幾欲奮飛自蜀山至湖汊日中畀幼元亟問張公洞路會金沙寺僧寄公來迎不俟買輿疾走入金沙啜茗而出至洞由前門入余將謁補陀大士以是日齋戒絶去葷酒僅啖蔬而已諸君飲微酡出聞僧言洞後有屍解異人覩日晻曖矣幼元氣甚鋭鼓行而前匍匐入覩之旣出汗如沐夜泊湖汊是日子寅祭家廟不至初二日游玉女潭史金吾請告歸疏泉架壑爲樓觀

極宏麗飯瓊玉軒看瓊樹去游天窟連珠龍湫一綫天皆洞也惟一綫天寂奇間道走金沙路中見虎蹟輿夫盡怖幼元命舉砲震山谷然聞山人言防虎實不宜砲虎驚則跳而蛭人旣入寺輿夫指所從間道者虎穴也不寒而栗坐寄公房禮故講師珂公墓幼元許爲造塔余作銘湯沐罷然後奏笳鼓入舟觀者如堵放舟宿湖汊初三日南風勁余及子湘聯舟絙束之並行艤松下望幼元舟不至至則折艣不能操召工斲之然後抵北門外宿子寅來初四日驟熱日

皆無光疑有雨今歲天文示異仲春之初雷電雨雪並日而作自正月至今未嘗連三日見日天幾漏矣而余與幼元入荆溪來更六日暮皆晴可謂天幸不可婁徵相與商略勿游善卷便幼元不聽趣解維西行至祝陵雨大作初五日史戶部來訪遽別雨中持蓋游善卷坐水洞亂石中屏屨盡濕幼元命火下窮幽窅淖染其裾不顧余與子湘嘖嘖稱豪舉觴飲三生堂上憶往歲與愚公約同游盟且寒矣爲之悵然未幾子寅之東床徐君遣一廝養來請游龍池從張公踞之不得復至此涉險行百里矣勢以危酒許之乃去觀唐殿閣柱上雷書並奇絕惟國山圓碑雨不可往盱衡遐矚而已放舟而前徐君亦自來邀客列炬如星漏下二十刻且闘於蒐橫道遂辭徐君宿張渚以明日初六乘徐君之車輿馬騾往雨乍晴日光熹微龍池之雲葱蒨在目主人張供具甚盛不聽客游僅一至響山坂入夜雨復作比曉不休相顧輿索然如山陰雪下徐君之諸父兄弟知客有歸心悉携酒觴客掩關下樓以大白浮幼元盡一斛不醉於是

莫不稱吳君酒人也徐君送至舟中亦浮之而後去初八夜泊宜興東門與子寅子湘別承大子病從道上先馳歸至是復來別別諸君幾沾裳浮屠不三宿桑下以此譙鼓聲急始別幼元幼元意不忍將偕余歸余謂諸君今夕歸爲具不得休且日敬候足下足下戀戀僕無意幸臨諸君足下猶可僕不良朝那詛楚耶又父之竟別遣蒼頭奴送余初九日至毘陵更三日抵家計入荆溪之日屈指踰一旬晴與雨相半晴即游眺雨乍頻則坐舟中看子寅與幼元奕二寅

寬然長者他喜怒不少見顏色惟奕顧獨使氣每楚風不競輒提局擲子迸散如走盤幼元愈捧腹蹴之君氣愈盛甚者自搏頰俄復手談津津忘之矣以是知君真長者罰觴及君子湘妻代之時時佐君奕欲醉幼元乃兩君每及濡首而幼元獨醒以此豪兩君此一平原期頃不知腹便便盛麴生幾石也

未至荆溪三十里曰河橋豈詩人所云酒幔青者即其地與

宜興古陽羨也一名荆溪城外東西二汊匯諸溪之

流注太湖菰蘆之藪剽掠四出稱巖邑焉
㳇字字書不載當作九土人以九里計程故名
周將軍廟在城中陸平原碑集王右軍書不佳其半已泐廟後數丘魁然古木蒼蔚登之可望南山或云將軍馬革未還此特藏金甲墓也
城中長橋直聊縣門甃石堅好非孝侯斬蛟處斬蛟橋在西㳇宋蘇文忠公題梁好事者摹刻廟中
銅官山在城南袤五十里山嘗產銅前代設官守之志稱天降銅棺葬袁令甚奇

蜀山在城東四十五里水環之如培塿蘇長公買田陽羨時徜徉其中因名蜀志懷鄉也今祠堂在山椒鐘㦯生青苔矣
蜀山黃黑二土皆可陶陶者穴火負山而居纍纍如兎窟以黃土爲胚黑土傅之作沽鍉藥壚釜鬲盤盂敦瓻之屬鬻於四方利最博近復出一種似均州者獲直稍高故土價涌貴晦𦘦三十千高原峻坂半鑿爲陂可種魚山木皆童然矣陶者甬東人非土著也
蜀山折而南可二十里曰湖㳇記得孫尚書尺牘中作湖務宋時置務於此榷採山之利今作㳇亦訛字
湖㳇山中大市也夾澗而居者百室地多虎虎白晝垤人暴甚一歲中死者幾二千指近虎妖也余同吳幼元來游先三日射殺一虎巡檢藏其皮俟縣官入計還受賞格肉作醢售之飼小兒能稀痘
金沙寺在湖㳇東南一里唐陸希聲舊宅今尚有讀易臺門外綠潭云是玉女湫流至此此洞庳淺不可入遶寺竹竿可數萬個
寺左有杭中丞祠堂弘正間諸髡嗜酒悉賣寺田中丞出鍰贖其半歸常住故沒而俎豆其中

寺中有岳武穆駐師時題壁後爲岳氏子孫取去
張公洞去金沙寺三里山如覆釜赤烏間霹靂開爲洞洞有前後二門自前門入者懸磴而下日射之光明遍一壑磴盡處幽黑不可窺拾級而上登一臺從臺上仰睇俯矚怪石輙肸莫可摸寫如燃犀照海天吳紫鳳負波而浮神人異物輸賮獻琛魚龍漋濟乍出乍沒見者無不咋指吐舌洞中前明後晦自後入者非列炬不可又須側足曲跽蹣跚郤行而後能下石怪不當前洞十三初至探奇聊堪一傴僂耳憶與

幼元以嘉靖辛酉來游迄今萬曆癸未乃經三朝二十有三載而後能偕幼元再至如次律齋中盧生拢上簪莁恍惚有同隔世昔爲健犢今成老䮍更二十三年余兩人當作何狀安得俟河之清耶青鬓漸霜紅顏易稿不知尚能着屐幾緉耳

張公一云道陵一云果按曆道陵在前赤烏在後雲房卅竈當屬白騾先生

張公洞冬煖夏寒游宜寒月不煩挾纊洞乾猶可躡屩夏多浮嵐蝙蝠失覆地如雪垂溜點人衣默承之

無迹但言痕宛然在洞後支徑窔幽曲別一小洞近有異人屍解凡三易寒暑不朽余與幼元着促袙脫帽去屐作蛇行人持一短炬下燭之雖枯骸如腊而齒髮皆完好非偎蜕不迨此爲作記異時携工來勒之洞壁

去張公二里爲玉女潭故史吏部別墅潭深不可窮投絲一絢未及底巖光綠可染衣水作碧瑠璃色雲裏膏沐草木猶香信是洗頭盆也

潭上數武爲玉女祠　世皇帝遣一尚書祝釐於此瑣樹榉柳也以獨孤常州詩得名臃腫輪菌空腹半死枝葉尚扶蘇垂藤其上如斗近金吾君築墻圍之面以雕楹若檻猿籠鳥神理頓盡

天窟洞史金吾新開有兩竇天光下入曠然若堂皇橫泉出石罅甚細左轉盤旋可通行平崖上覆仰視猶承塵

去天窟而近者爲龍湫水綠如玉女潭云與潭通下視沉沉不異窺井然可浮舟至隔巖亦一靈境

近龍湫者爲連珠洞雙穴如規故名後有池石合之

如蚪

近連珠者爲君陽洞一綫天有大石梁梁下石如砥水達之可浮杯或病其監斃稍廣大類圍池間流觴石令人短氣洞右盡處褰裳而涉雙厓劃然不合者僅如綫所謂一綫者也兩傍石如羅漢座潺湲界道流極駛羽觴隨波客跏趺承之頃刻盡一鴟夷

洞近張公泉近玉女洞非一洞泉非一泉曲引傍緣近湫遠注洞洞鉤連泉泉帶繞或經或緯棼如錯如斯坤維之妙解水德之靈通乎

西汉五十里至祝陵祝英臺葬地山人業採石斧鑿聲鏗鏗翠微破碎矣

善卷寺去祝陵一里長松夾道今漸少亭跨澗日涌金入寺門有閣曰圓通古碑離立閣下唐毁制作甚古科斗蕨虆數百垂累懸墜樸前榮承塵雕鏤作連錢文使不穴鼠大中初創建庭中左紐柏一

雷書一在殿左第一柱近覩塵者曰射鈎記詩米漢在左第二柱者但有射鈎記右後壁第一柱者但詩米漢皆倒書非籀非隸削之文愈深摹去録者可辟

瘧義不可解或云是雷部神名

三生堂以唐相李蠙宋相綱得名非圓澤事

玉帶橋亦李司空橦施

梁帝禮斗壇在寺右山上尚有遺址

善卷洞作兩層如重屋上爲旱洞渠渠如廣廈可羅百胡床石柱一當其門如踞獅後壁漸暗可秉炬入中亦宏敞有石床丹竈僊人掌玉柱亭亭可二十尺及潭而止此通下洞路也

水洞在旱洞下鳴瀑礀硿自前山瀉入亂石齒齒水流其間與石關聲潺潺可當千琴一潄仰視石甚奇不減張公在壁有僊人種玉田級崖數級斤斫宛然石色如雪人稍深路乾泉皆涸流亦及潭而止明處即旱洞二洞惟幼元獨窮探余及諸君輸一籌矣

後洞與寺左通前洞水所從出也接竹引之以供香積秋時海棠千本並着花一壑皆丹

善卷避堯不知何緣至此或云高僧別一善卷耳

國山在寺左可一里孫吳登封處上有赤烏碑形如囤名國碑

張渚去祝陵十五餘里千家之市大倍湖汊可四五茶筍竹木煤炭之利日數百金酒肆屠門比舍如櫛一巡檢守之

凡市之臨水者土人皆稱步湖汊張渚祝陵皆步也

宜興形勢以銅官爲鎮縣當其中負之而居東爲湖汊西爲張渚置尉設邏略如常山之蛇首尾相應昔人建邑立都非苟然也

自張渚而北十里曰長林徐氏所居村巷井列塢深地饒土人富者種竹起家貧者負薪自給屋皆瓦而

不塲塲則白蝗蝕之令檁易槎

龍池去長林十里在山巔池中蜥蜴能含氣出雲神物也有二菴上菴最勝登之震澤風帆皆可數然山深多虎游者罕至亡友胡原荆最好游尤能濟勝嘗徒步來游觀虎鬬大呼以為奇土人物色之知其桂後惠文佐以與焉不受今原荆骨寒言之於邑與幼元約以秋來畢此緣得造奇境當携謝朓驚人詩來擊石三踊而弔之

水自龍池下者畢滐不竭可灌田千頃故厥田皆上

上歲夏秋水大至行者皆濡足乎時石瀨濺濺與松風竹響互荅作至者悠然忘去

響山坂去徐氏一里走茗嶺道也石平如棧澗並之聲淙淙過嶺即吳興顧渚茶所從出嶺因以名

吳幼元名履謙常州人官京兆郎風度甚高有勝情而不善浮湛閭井故有負俗之累近體詩甚工予雅言有鳳毛

趙直卿名經德常州人篤行君子

吳子知名近道太學生幼元猶子奕奕有致可方阿咸

杜玄慶名善楨余里人也

吳章叔名冠明州人北川學士孫

盛原濟名之楫蘇州人醫名甲吳下俊爽不羣豪士之氣

萬尚書名士和宜興人官大宗伯兩忤權相兩疏請歸清貝簡穆卓然有麟鳳之標里門蕭寂有若寒士子弟相率以醇謹成風人稱萬石君家

子寅名曉故吏部長郎宗伯猶子也直而能通方而

不執當在夷惠之間予承夫名德緒今為諸生清茂朴雅青出於藍

杭子湘名士錡中丞諸孫白眉最良族之翹楚

吳宮詹名馭字惟允荆溪世家以好客聞於四方樂義好施能周人之急家有園池花木之勝鐘鼎圖書森然武庫弟馳字惟範太學生清通醖藉不減嫖騎者乎

陸山人名本仁字元德東洞庭人移家陽羨吳氏兄弟為築室孝侯祠傍詩溫美似其人酒德甚善大為

諸君所賸

吳光祿鶴孚官詹猶子恬澹寡營泊於聲利為園自
娛據鸚鵡塘之勝余記之

史戶部名繼志慄陽人為郎聲籍甚尤能詩

徐君名承芳家長林代本好客客至雖數十人供具
無不咄嗟立辦車輿馬騾一一取給至於厮養僕隷
皆饜酒累肉連數日不倦今其家半毀於客然猶轍
迹相尋

恩公長干講師也游戲三昧不縛於禪圃通妙解鬱

為宗門梁棟

故御史胡君原荊名孝梁溪人疏斥中貴禍幾不測
由此直聲震臺中倜儻不羣千載士也傷哉蚤死以
貧故

故講師珂公本北人南游荊溪二三大夫請住持金
沙遂卓錫於此說法演教大闡宗風珂化去其徒真
寄能嗣衣鉢寺因以興寄有戒律亦能詩

竹菇蕈也小如錢赤如丹砂生以二月山中所在皆
有之不獨竹下風味極佳當為蔬譜第一

蘭出荊溪者葉柔花弱比閩浙產不同又易致龍池
銅官之間彌坂盈谷山人杖挑籐束售鬻登市每歲
正二月之交負而入郭者價賤於土人行市中衣袂
皆馥夏月生者一幹數花名曰蕙

荊溪疏終

大嶽志

明 方升撰 王元壽校

刻志畧之閲四月將訖事升述所以作之意授之工曰升少時則聞武當奇勝甲天下裹糧走觀之亡一乘之便卒莫能往嘉靖癸巳督屯唐鄧間庶幾望見諸道子之宮而又不敢越他境以勤邑人乃止甲午提調 命下升奉以趨曰茲命也將得以指揮其宮事行有辭矣明年三月既至觀于淨樂曰美哉巖巖乎上逼太紫而下壓城闉也哉抑大者三十六焉今

見其一焉觀其餘也觀于玉虛曰又有大焉其文皇之餘烈乎吾聞之費而不傷勞而不怨觀于五龍曰美哉神仙窟宅也其東則青羊太上之所繇也其南則桃源希夷之所夷也觀于南巖曰美哉天作之者歟地生之者歟人力不至此觀于紫霄曰美哉傳有之天下七十二福地此其一也觀于太和曰美哉亭亭乎吾不知其幾千萬丈也其去地益遠而去天益近也乎日月出沒在下矣嵩高泰華不足言矣既歸取誌讀之曰該矣悉矣無所不載矣讀之卒篇曰詳

而俚博而寡要其猶有盡乎乃忘其愚輯爲此編沐十之五增十之三爲之櫽栝一百四十六處杜述者十有九首類爲五卷既脫稿唯災木是懼質之少監李公曰雖然不可無刻也遂刻之嘉靖丙申長至日

太和宮四圖述

宮在天柱峰之上舊有小銅殿一永樂十四年始撤小殿改治大殿塗以黃金制極工緻其梁楹鈎合處渾成若不假繩削者殿之外爲臺臺外爲檻檻外爲城臺下罍石梯懸崕間高出木末飛鳥皆俯其背人

行其上若乘空按掌蹑趾目不敢旁游舉武則股石搏乃護以石檻聯以鐵鎖使可憑可引盡數十堦則橫折其磴使稍就平可坐城闕四天門以象天闕儼然上界五城十二樓也殿上觀日之出如火之發于足觀灝氣之往來太虛如呼吸之氣之出于口殿前諸峰不可盡名其對峙而起逼几案者呼蠟燭峰其下跪者揖者拜且舞者羅而立者執戟而衛者搢笏而侍者冉冉而下如羣仙之擁絳節者源源而來如諸侯之捧玉帛者皆作朝謁狀蓋天造地設以副我

文皇神道設教之盛心耳宮之制隨地之力不能相屬其大頂爲殿頂南北縮五之四東西掞者復十之一益以飛棧爲更衣二小室地既窮右折而下于蜺規山之曲爲朝聖殿爲元君殿爲聖父母殿爲講經臺爲真官堂爲龍池龍廟爲鐘鼓之樓厨庫之室地又窮又左折而踰小崦出右脇之下武山曲四倍之復規爲方丈爲廊廡爲寮室地又窮陟自故道右折而度朝聖門繞出天柱峰後下三天門門下昔傳有尹喜巖絶壁不可尋三門皆連磴千尺從高山直落

或側道鈎出于石芒間下臨不測之壑塏累數十百級強直如弦投以小石子從欄間一躍便翛然下不及趾不止行者攀危欄緣長組仰脇息者數四然後得望一二其旁負土而爭出者爲巘累石而欲墜者爲崕山曲無復可窺者地又益窮遂刓塹碞夷斷齶以益之爲道房爲齋堂爲靈官祠爲祖師殿爲會星楹大小五百二十

南巖宮七圖迹

宮即天一真慶故址自大頂東走二十里有丘焉可屋有泉焉可瀹莫如南巖其旁多重崦曲阜呀呷之壑嵌空之洞訪洙入時坐榔梅祠望北壁下懸崕置屋如棧道飾閣殊奇絶可愛由祠右行南崕百餘步度北崕崕深峭不可測中通一道如横堵行者側足而上既度升自南天門循山左支行數十步折行右支百步復折而左入小天門並崕陟折而行過大巖下山將窮而崕見擘崕之半爲大殿畢諸楹山復起突爲小阜復即其上爲圓光殿殿下則黑虎巖也巖大如側鐘口處僅可伏從大殿後左折而東皆循崕

緣石欄屈曲而行俯視欄外數千尺目窮處正黑不得底投之以石無敲落聲陰風生於谷中若生騎數百弛枚而馳迅突不可當寒蟬瞑禽鳴聲悲切令人毛髮灑淅戰掉不能休既東二十步折而陟崕上方轉西行過元君殿入南薰亭亭窮崕杪爲之大可羅胡床七八其上松風響細而長異他處有禽自呼我師常棲止崕上亭外有石枰從衡十八道類今俗所彈者相傳爲洞賓故物復從元君殿折而下自是直東過磚室一石室一磚室曰獨陽巖石室曰紫霄巖

對榔梅祠前所望北壁下者也巖前刻龍頭横出欄外四五尺其奉神謹者則緣龍頭置一瓣于其上以爲敬旁禮斗臺崛起灌莽中莫知所從登崕上岸石刻靈官像高五六尺亂置小竅中其數不能遍閱曰五百云又東過風月雙清亭値巖窮處二面皆倚石壁壁下坐可各數人可卧可眺可以觴咏然亂吹不時發亦不能久留也亭外石枰一如南薰所見者復從故道抵大殿後西望捨身崕空懸若乖天之翼狀甚可怖其上爲飛昇臺玄帝改服于此臺下爲試心

石又下爲謝天地巖殿並山爲楮室一爲神厨一爲碑亭二泉二曰甘泉曰甘露泉言形露言色也池二曰太一曰天一太一水生氣天一水生數也殿之前偏右爲方丈其堂曰蓬萊之署從方丈左折行堂後其上分爲二道左出雙杉下爲五師殿右亂穿道院中爲圜堂爲浴堂爲滄水庫池池上有小間道從之可通鉢堂由鉢堂陟翠微折行山之後則尋鄧眞君所謂欻火巖者又轉而前平行山上北折而覲于崇福巖西下而復于南天門南巖之游於是乎始窮矣

紫霄宮五圖述

宮在展旗峰下故宮之側故宮今名香火殿負東小阜始使者入山將新是圖則觀其貌于堂樹于臺者赫如蔚如也於是乃議不毁别治于西大麓殿楹三故宮石屬十之其他建置百之曰池一宮前左月池一宮後左七星池一宮前右眞一泉宮後右上善泉一東方丈堂北大如盆中石鈎塞者半水從旁竅出日可數千斗宮中皆屬厭焉舊爲池名弗稱今更曰泉從殿後又轉陟山之椒根石壁爲龕者太子巖也

巖前横書太子巖三字其左曰蓬萊第一峰亦横書巖下小圜亭松風四入如敞百道巖上餘瀝飀飀前其散如沫下而出道院左復北上者煉丹巖也下而出道院右復西上者七星巖也又上爲三清巖石頂不可到其下爲榔梅園正德年間令守臣歲取榔梅以貢太監呂憲乃移植數本于園自榔梅園東下又轉而南上爲福地殿殿兩墀下丹井二北爲𦼮松亭東爲賜劒臺相距不數武左右山斷而復圜起如小兒擎[illegible]狀者大小寶珠峰也諸巖之水合而東流于

石脇者金水渠也渠廣八九尺北折過宮前抵小寶
珠不得出鑿其項以行爲後渠既汨復東趨大寶珠
溢于其趾爲禹跡池池大僅一畝湛湛皆戶間尤爲
高山勝槩舊傳禹導山至此因名橋一亭一並綠池
設池上仰見三公五老竈門福地諸峰矗矗霄漢之
表或竪如笏或倚如鄒或列如墻或錯如碁銳者亳
攢斜者圭葵止者鵠跱奮者鶴突千態萬狀左右盻
而目不敢暇焉自始釋平地下上五六十里至是凡
得三大觀棲危巔憑太虛如承露仙掌擎出數十百

丈日月出沒皆在其下不如太和立神以扶棟宇鑿
翠以開戶牖逞伎巧于懸崖亂石間因險爲奇隨在
成趣不如南巖右虎左龍前雀後武雖當廉貞貪狼
二宿之下而環抱天成楹石所棲各有次第則非太
和南巖之所得而有也故論太和之勝者于其高不
于其大論南巖之勝者于其恠不于其麗論紫霄之
勝者于其整不于其奇太和在上南巖紫霄並峙于
下足成三台矣

五龍宮八圖述

宮在靈應峰山曲南巖之游既窮從其中以望五龍
諸殿宇在扉屨之下去巖而北過滴水巖仙侶巖下
青羊澗二十六七里山行多虎逆旅無三戶行者始
持兵澗陷大麓下如行簷底已而南巖五龍皆失所
在踰澗而西復尋山行陰磴苔甚滑崎嶇二三里山
忽平樹忽壯景物忽佳於是南巖所望青羊所失者
始欣然獲一投足焉顧瞻南巖又復如在眉睫之上
矣宮東向逆折其門北向就澗道也宮門內爲道九
曲十八折蔽以崇垣行者前後不相見玄帝啟聖二

殿堦合九重前五重爲級八十一後四重爲級七十
二望之如在天上眞所謂上帝居也殿前天地池二
陷石龍上中而垂其首于池水從龍口出注焉龍井
五左三井右二井井痕不及欄者纔二尺寒冽可食
碑亭三臺二丈有奇亭倍臺之半右廊之陰日月池
碧色微綠月池深緇色字金魚各可數十頭殿之左
爲玉像殿紫玉像一披髮跣盤右膝而坐沉香像一
披髮跣端坐舊白玉像入供于內今像則當時所易
者也蒼玉像一冕而垂紳雲履菜玉像一首飾不可

辮額微起至後如抹帕氅袍圓履碧玉像一項左右結雙鬟素袍鋭履諸像皆貌玄帝而大小各不同似非一時所爲者其餘從神二龜蛇二香爐連葢一皆碧玉製龜蛇大者如蟹小者僅如錢香爐葢刻獅子爲雙紐繫小毬隆起旁窄不掩爐瘞前殿丹墀内掘得之無款識不知爲何時物也殿之右出山坎大林下六石碑在焉皆元物也一爲崇封真武誥碑一爲揭傒斯所撰宮碑一爲揭傒斯所撰瑞應碑二爲戒臣下碑碑尾書至元三年其下又繫以龍兒年牛兒

年葢當時制如此一仆于地苔蘚所蝕漫滅不可讀

宮門左從曲道北折陟左山爲榔梅臺臺上榔梅一株方盛發臺後有小石碑載賞李素希衣物勑二道其陰則尚書胡濙述上前面領論素希語也下而折左出大門外盡門下皆爲真官堂爲雲堂自雲堂東山西行下小谷澗水出焉所謂磨針澗也澗上有老姥祠澗出爲蒿口東流入于淄水宮門右從碑亭下南折陟右山爲啟聖臺折而南下行土逵數百步側出一小山平聳如臺陳希夷誦經處也直下爲凌虛

巖復從故道折而西上涗山微凹處爲自然庵庵前石作小池而橋其上金魚十數頭聞人咳唾從橋下羣趍嗾之庵藏李素希故物數事青袍一針領廣袖製不甚古衲襲裹各一皆用五綵布裁爲方寸間綴以成襲衣領直下不交襟不裳袖徑三尺二寸邊皆緣重衣促製小袖襟左右交腰以下疊褶而舒其末不緣呂公縚一五色絲攬結而三令焉綴長寸半皆文皇時所賜也其頂爲靈應巖其外又有長生巖近巖數丈皆絕壁百仞下臨大壑横一木于樹上以通往來歲久木腐不可度

玉虛宮六圖述

宮在展旗峰北遇真故址爲真仙張三丰之庵真仙嘗語人曰此地他日必大興既而去之四方聲迹寂然 文皇遍訪物色不可得遂大其宮以爲覲蹔之所殿之屬三曰大殿玄帝所棲也大殿之陰曰啟聖殿尊其所自出也左曰元君殿明授受也又左曰小觀殿初出之制未大也三殿合諸楹得大殿者半之元君小觀則入臨焉中夷山址以奠石焉亭之屬三

西塢西山下曰仙衣亭真仙昔嘗授衣者也亭後碑室一曰張仙洞神所游也室外銅碑一闕之遺也左聖水池池上室大如斗僅可置几案沐都尉讀書處也宮之前曰左右碑亭廚之後曰神泉井亭樓之屬一西塢北山下曰望仙蓋真杖履所及招之以其故也樓外雪洞一有兩臺洞光臺容相輝映雖亭午如出月狀堂之屬五石渠北曰齋堂石澗西曰浴堂宮門左曰鉢堂宮門右曰雲堂西塢北曰圜堂故西塢則呼小圜以別之齋堂前老桂三其最大者以指絜

之得二十二圍雖柯幹方盛然菜遲如子母錢花枝開時時綴數點不能多獨異香不減他植一本十圍空中立枯猶屈強如平昔一本十三圍偃蹇墻下若付是非欣戚于人者蓋皆百餘年物也院之屬二澗之東曰東道院智者居之山之西曰西道院仁者居之橋之屬六曰遇真曰仙源曰游仙曰東萊曰仙都曰登仙而石渠之所建不與焉門之屬三曰東天曰西天曰北天而殿中之所闢不與焉石渠一宮門之內廣八尺深四尺夾以石欄而橋焉中爲中橋左爲西橋右爲東橋渠首起西山之麓水泉不甚大卻盈于驟雷滛潦以成其停蓄之勢延袤數十百武斗折蛇行入于東澗石澗一宮之東九渡之所經也自高山傾瀉而下澎湃數十里出右脇之間與石渠合西北爲橋東會于淄東北入于漢石鼓四南山之陽鼓大徑二尺二寸高殺其一以象四時或曰取其鎮也真靈祠二祀于門下媢竈之義也天地壇一前左南嚮禮以義起者也太山廟一前右北向時所奔走者也八仙臺一仙桃觀一華陽亭一蓮花池一宮外可

游趾者也曰方丈曰寮室曰書每曰賓所曰倉曰廚曰庫宮室之事不一皆非苟完者也

遇真宮三圖跋

宮在仙關外始入山自草店行二三十里忽兩山迤于澗口口不復可辯循山趾下窮之始得其坎然狀從其上却望若逆流于山因憶桃源小口意其中必有佳境者前數武開朗夷曠可耕之地數百畦皆宮壤也故遂爲諸道子所業所陷相通殆不異桃源今代既非秦諸道子類非避世者冠蓋相屬于道無復

昔日漁人之迷矣按宮先曰會仙舘真仙張三丰所築也真仙去今百四十年追尋遺跡于山水間無復存者行東廊下得觀所謂銅像西嚮坐戴笠内加小冠左右侍僮二枚一扇一笠徑一尺八寸中外旋攪如椒眼狀寸約二眼平布其裹襄漢間呼為斗蓬杖刻龍頭左侍者執焉扇鏤蕉葉右侍者執焉皆糜銅以成形而襲之以金蓋三物真仙平時所御者也宮中道士云故物藏之内府入東方丈得觀所謂遺像身長五六尺面方紫平頰豐顧項腴如瓠自須以上隱隱中起眉目修而銳其末微鈎而下垂髮纔二寸半納于冠半披兩耳後髮黑而疏在頷下者握之不盈把在口上者横出磔如戟紫木冠藍袍袍製甚促直領窄袖不緣獨裙飄飄然有乘風上征之意繫呂公縚芒履見踵縛兩袴脛盡露于外右足側半武覗之若短荷笠曳杖行于松下考之圖誌真仙居菴時常獨棲大樹下猛獸不近鷙鳥不攫想像其人當如野鶴冥鴻矐然物表今觀其狀貌殊不類豈所謂仙者固亦土木其形骸耶

迎恩宮一圖述

宮在石板灘舊有關王廟蓋郎襄官道也灘合山前諸小澗之水驟為一川雨甚則潰潦四出行者半陟而水大至則漂溺隨之有司以漲落不常舟楫不時具於是初作石橋成化二年州大水橋囓且絶者百數而兹橋獨完或者謂玄武實相之乃治宮于橋南崕以報神功以祈神庥宮成而諸美畢集焉清泠者日與耳遇飛泳者日與目遇天風弗作煙霾消歇則天柱紫霄諸峰劃見面目遂為勝地始來游者唯亟亟山行也過者僅立宮門外俯首一望竟去用是弗大顯宮落成于成化十七年中為殿十六楹以祀玄帝殿之左為堂十二楹六以祀啟聖六以祀真官殿之右為廟十楹以祀關羽外又為方丈為書房為寮室為倉庫之舍為庖湢之所百五十楹以居道衆太監韋貴疏其事以額請于朝賜曰迎恩觀

淨樂宮二圖述

宮在均州城北諸宮高或于山于巖下或于谷獨淨樂于市蓋邸其所封治宮焉考之圖經均古麇地也

傳稱玄帝降生于淨樂之國淨樂治麇按春秋文十一年楚子伐麇注水國近楚左氏敗麇師于防復伐麇至于錫穴應邵曰錫穴今均州鄖縣則入春秋麇固在也與傳所載不合今不可考矣麇君音舊誌作縻縻音靡糜字相近傳寫之誤也宮半于城中居民宏敞不及玉虛而壯麗過之杲其堂峩其陛豁其綺疏文其璇題階墀門廡皆石平布旛幄之末綴玉以喬宮之爲玄帝啟聖殿者也宮左紫雲亭亭之制八稜其上去梁桶重簷疊拱而璇結于項如攬囊口圓

起城中狀類喬益江行者皆見之亭下石堦石欄二級可以環而走修竹長松遍植欄外類村塢亭外舍居者爲道人李大瓢不知何許人年八十餘人問其姓字不答與之錢不受飲之酒醉則起去亦不告也杖上懸方寸木書不語二字可否諸事任首長以瓢自隨因號大瓢宮右香錢庫凡鑼楮輸于山者悉輦以入累朝所賜諸器物金鐘玉磬之屬皆藏焉又折而右爲三方丈爲齋堂爲浴堂爲賓客之所爲道子之室爲案牘之房爲蔬藥之圃宮前亭二以庋

御碑祠一以祀眞官進貢廠一歲時上物以貢則輦其役于此内臣主之宮外左爲提督之署前左爲提調之署前左爲提調之署前右爲五龍行宮出大東門望江東岸爲巨石立于山麓昂聳如馬首平如九高數十尺其上有亭曰滄浪之亭其狀酷似嚴瀨釣臺然釣臺遠于瀨非百丈不可及又不如此之可以垂綸于亭也下而左行江岍百餘武復上觀音閣閣後有小石洞廣步有半入坐雖盛夏無暑氣與夫語不甚了了相與奕其中敲子聲隱壁案間久不得出

下閣復拏舟順流行六七里抵龍山山横絕水口屹然有一夫當關之勢地理家所謂華表捍門者也山上禹王廟一玉皇閣一卧雲亭一山下三義廟一皆附于宮可游者也

蜀都雜抄

雲間陸深著　鍾人傑校閱

蜀人多姓奇今百家姓以爲出於宋朝故首以趙錢孫李尊國姓也我　朝千家姓亦以朱奉天運起文然未見有天姓者而蜀姓或有出於二家外自魏晋以來取才於門閥故姓氏尤重唐重八姓論相於此至不許與他姓爲婚姻自八姓而下凡有三百五十姓宋嘉祐中亦有千姓編焉門邵思撰姓解則分爲一百七十門至有二千五百六十八氏漢潁川水守

聊氏復有萬姓譜古姓之存於今者鮮矣按左氏之生賜姓胙土命氏以字以謚以官以邑才五者而已

峨眉山本以兩山相對如蛾眉故名字當从虫不當从山

月竹嘉定州之產每月生笋

吾郡松江本緣淞江得名其地下每有水災乃去水而作鄒吳淞江今吳江寶帶橋一路是也亦名松陵眉州有江亦名松江即蜀江分派過州城與醴泉江合

嘉靖十五年丙申春二月二十八日癸丑四更禁漏盡地震者三初震房屋有聲鷄犬皆鳴隨以天鼓自西北而南後數日得報惟建昌尤甚城廓廨宇皆傾死者數千人都司李某亦與焉

蜀都大抵雨多風少故竹樹皆修聳少陵古柏二千尺人譏其瘦長詩固有放言要之屬產與他迥異者謂栢之森森者惟蜀爲然所謂喬木如山者亦惟蜀爲然

楊柳多奇生狀類冬青亦似紫藤經冬不凋春夏之

交作紫花散落滿地省衙前有數株冬月望之榮枯各異

峨眉山周廻千里高八十里中有光怪每天晴雲湧浩若銀河其光五采如輪俗云佛見是也夜半有光熠熠來自天際者又謂之聖燈光相寺在大峨絕頂登其處遙望之西天見雪山一云有小鳥如鷦鷯鳴類人言一云自白水躡其巔六十里

峨眉古今之勝境也山中光怪若虹蜺然每見于雲日映射之偺際所謂佛光者是也予自陝入川巡撫

陝西貢都憲臣有鄰爲予言曩爲川轄時親登其上覩佛光光未發時有烏先飛過若言施主發心菩薩來到光既散復來作聲施主布施菩薩去了又拾藏山中白石大小皆六稜照耀有光采疑光怪即此石所謂也理當或然但鳥聲何爲者耶近余編修承勛懋昭爲余言嘗從楊修撰慎用修兩宿其上登絕頂亦見光具五色俯視在雲壑中其言白石與黄都憲同惟云鳥聲只三字若言佛現了其鳥類雀而稍大只有三枚別無種類三鳥飛入佛殿中嘗就僧食但

不見有長育耳佛殿自西望見三峯插天皆積雪如銀每日下峯頭則殿中然燈云此西域崑崙山豈所謂日月相掩映爲晝夜者耶夏日從北峯西下冬日從南峯惟春秋之間從中峯下不爽云西域去此尚遠恐目力難及今省城西望亦有雪山聳出晴霽時可見疊茂才三百里爾宋田錫賦詩云高高百里作一盤八十四盤青雲端豈以至高求至高耶東坡亦云峨眉山西雪千里今峨眉當省城南東三百餘里而城樓登望未及要之言八十里六十里者近是

同年安給事磐字公石作州志亦云有白石如泰山之狼牙上饒之水晶之類置之日隙則有五色光日中則無僧曰佛現者此也予近覓覩之大類水晶

嘉定高任說禽言亦云施主佛現施主請回

夾江縣之伏龜山有仙掌洞今稱紫府洞是已其山雲常五色黄色居其中亦佛光之類耶

蜀中山水稱嘉定自古名人寓居其間漢則楊子雲晉則郭景純唐則李太白宋則蘇東坡黄山谷晁公武

蜀都雜抄 八 三

咸淳間文尚忠字敦詩隱居夾江愛邑西江山之勝並大觀堂築二亭前臨翠嶺下瞰大江暇則擊鮮治具招邀地名勝相與登臨觴咏爲樂

五塊石在今萬里橋之西其一入地上疊四石俱方或云其下有一井相傳以爲海眼其南即漢昭烈陵予疑是當時作陵時所餘嘉定州之金銀岡亦有所謂五塊石

黎州安撫司内小廳東有梨樹一株高九丈圍九尺州人取其枝以接果蓋黎以梨名耶州人呼爲三藏

梨相傳為唐僧西遊擕黎杖於此日化日州治在此恐非實事古稱黎杖黎卽首蓿養之歷霜雪經一二歲木本修直生鬼面可杖取其經而堅非梨木也

嘉定州有鳥一名山和尚一名雨道士堪作對偶

大藏西域記云阿耨達池在香山之南大雪山北周八百里東南流入海者曰殑伽河西南流入海者曰縛芻河西北流入海者曰徙多河又潛流地下出積石山東北流入海者為中國之河源阿耨達華言無煩惱似指所謂星宿海者殑伽華言天堂縛芻華言

青徙多華言冷

梵文甚細如叙果有五棗杏等謂之核果梨柰等謂之膚果椰子胡桃等謂之殼果松子柏仁等謂之檜果大小豆等謂之角果核殼易解膚皮膚可啖也角華言亦稱豆角惟檜頗與按字書空外反麤糠皮謂之檜豈取義華梵不能無相通云

金王予可南云咏西瓜云一片冷裁潭底月六灣斜捲隴頭雲又在元世祖前矣

蒸淘灘淺作堰六言石刻在灌縣相傳以為秦李冰鑿離堆以利蜀時所為此恐後人所為非古詞也至於節宣水利無過此言

蜀城謂之芙蓉城傳自孟氏今城上間栽有數株兩歲著花予適閱視見之皆淺紅一色花亦瘠瘵不若吳中之爛然數色也

支机石在蜀城西南隅石牛寺之側出土而立高可五尺餘石微紫近土有一窩傍刻支机石三篆文似是唐人書跡想曾横置故刻字如之事本荒唐此石蓋出傳會然亦舊物也

天涯石在城東門內寶光寺東之側有亭覆之舊志以為在寧州衞李小旗家問之蜀人莫詳所始意亦萬里橋之類行旅之人志遠也石首鋭而微頑爾

自複姓之外有三字姓如侯莫陳費也頭吐谷渾之類四字姓則有自死獨膊井疆六斤皆夷狄之姓夫中國無衍語一言見一義夷狄多侈辭數言見一義或曰中國用文字有定形夷狄用聲音有長短

日行黃道月行月道月道交絡黃道外十三日有奇而入經黃道謂之交朔凡月之行歷二十九日五十

三分而與日相會謂之合朔
正字以一止爲文前代多諱之如齊文宣之子殷字
正道歎曰吾兒其替乎後果不終梁武陵王改元曰
天正識者以爲一年而敗此亂亡之事或出偶然考
之帝王建元自漢武始兩漢之世無有以正紀年者
至魏齊王芳改元曰正始高貴鄉公曰正元竟俱不
祥金煬王有正元正隆之號金哀宗亡國之年亦曰
正大元順帝終於至正豈盡偶然耶後世儒文亦稍
避所謂宰相須用讀書人也

李侍御鳳翔號五石其居近五塊石故云予閒成都
石筍遺跡五石指五塊石是也與少陵所賦石筍行
不俏又云五塊爲南筍天涯石爲北筍云
永嘉林石介夫婺挙泉石間作萱堂以養母客至竹
床瓦豆具酒蔌延之佳山水無不到獨不到郡縣
宋寧宗嘉定十三年與元軍士張福與其黨莫簡作
亂以紅巾爲號
予嘗欲取今之州縣推而上之以會于禹貢之命名
因以著古今離合遷改之實爲一書宋浦江倪朴文
卿嘗作輿地會元志四十卷惜當時以布衣著書力
不能傳其自叙有曰今學者大抵急於利祿而書務
於時文故不識者不肯目而識者未暇觀也其言亦
可悲矣
撫州出兩大儒前有王荆文公安石後有吳文正公
澄向使荆公無熙豐之事文正高不仕之節皆程朱
等輩人也荆公值宋祚將衰故釀禍多文正當元運
方隆故享福盛此士難以成敗論也
范文穆公成大嘗宋孝宗時廸祠知處州陛對論力

之所及者三曰日力曰國力曰天力今盡以虛文耗
之不知一時所指者何事後世讀之令人有流涕者
遼宋史表或云歐陽玄所爲最警策者是聲容盛而
武備衰論建多而成効少不若議論多而成功少差
爲渾成至齊亡而訪王蠋乃存秉節之臣楚滅而論
魯公堪矜守禮之國溫厚典雅之旨尤爲藹然一時
史官若張翥吳當號稱博洽而危素亦與焉
姚牧菴燧送暢純序稱先師賞其辭而戒之曰弓矢
爲物以待盜也使盜得之亦待其人文章固發聞士

子之利器然先有能一世之名將何以應人之見役者哉非其人而與之與非其人而拒之均罪也非周身斯世之道也其論極爲痛切牧菴嘗受業劉靜修先師必靜修今文集中無此議論

嶓嶓潛沱之義難解今蜀山連綿延亘凡居左者皆曰岷右者皆曰嶓凡水出於岷者皆曰江出於嶓者皆曰漢江別流而復合者皆曰沱漢別流而復合者皆曰潛恐屬方言爾彼岷謂之汶今汶川是也漢謂之漾或謂之沔或謂之羌今沿漢水而東有寧羌州有沔縣又東有洋縣卽古洋州也洋漾聲相近豈皆得名於漢水云

薇華陽國志云漢有二源東源出武都氐道漾山因名漾禹貢流漾爲漢是也西源出隴西嶓冢山會白水經葭萌入漢始源曰沔故曰漢沔

楠木材巨而良其枝葉亦森秀可翫成都人家庭院多植之有成行列者其枝葉若相廻避然謂之讓木文潞公詩所謂移植虞芮間者以此

成都學宮前綽楔題曰神禹鄉邦予始至視學見而疑之昔堯舜禹嗣興冀爲中州兩河之間聲教暨焉而輿地尚未拓也後千餘年而周始有江漢之化至秦盛强蜀始通焉彼所謂蠶叢魚鳧鼈靈望帝者文物未備且在衰周之世蜀之先可知也禹都在今之安邑鯀實四嶽封爲崇伯崇今之鄠縣其地遼絕何得禹生於此乎新志亦以此爲疑問之人士皆曰禹生於汶川之石紐村禹穴在焉檢舊志稱唐元和志廣柔縣有石紐村禹所生也以六月六日爲降誕云是蓋几於巫覡之談至宋計有功作禹廟碑始大書曰崇伯得有莘氏女治水行天下而禹生於此其言頗爲無據有莘氏於鯀亦不經見按莘今之陳留與崇近鯀娶當或有之鯀爲諸侯厥有封守九載弗績多在河北今諸處之鯀城是已安得治水行天下乎又安得以室家自隨荒裔之地如石紐者乎予益疑之雖有功亦曰稽諸人事理或疑然蓋疑詞也此必承元和志之誤而後說益紛紛此雖於事無所損益而蜀故不可以不辯按楊雄蜀都賦止云禹治其江左思三都所賦人物奇若相如君平文若王褒楊雄

怪若萇弘杜宇借若公孫劉璋皆列獨不及禹生耶至宋王騰不平左詞作賦致辯頗極辭鋒亦云岷山導江歷經營於禹蹟其後云鯀爲父而禹子此槩八倫之辯爾亦不言禹所生也又按華陽國志載禹治水命巴蜀以屬梁州禹娶於塗山辛壬癸甲而去生子啓呱呱啼不及視三過其門而不入室務在救時今江州之塗山是也帝禹之廟銘存焉志作於晉常璩可謂博雅矣況留意蜀之材賢然亦不云禹所生也今徒以石紐有禹穴二字證之又安之非後人所

爲耶禹穴實在今會稽窆石在焉古稱穴居衆詞也禹平水土時已爲司空恐不穴居今言穴蓋窆處非生處也古今集記則云岷山水源分二派正南入溢村至石紐過汶川則禹之所導江也由是言之石紐蓋禹蹟之始而非謂禹所生也又按塗山亦有數說江州今重慶之巴縣有山曰塗鳳陽之懷遠古鍾離也自有塗山啓母石在焉江州治水所經鍾離帝都爲近未知孰是蘓鶚又云塗山有四皆禹跡也併皆會稽與當塗云宋景濂游山記甚詳然亦不能決孔安國曰塗山國名非山也史記所載啓禹之子其母塗山氏之女又似姓氏猶今司馬氏歐陽氏之謂恐亦非國名也聊附所疑於此

嘗聞前輩云本　朝國體與前代不同者三事其一指北虜以爲不可一日忘備漢唐故事但驅出境外而已近得戶部移文開稱宣府歲用銀九十二萬五千九百餘兩大同歲用銀九十九萬二千四百六十餘兩遼東歲用銀三十九萬四千八百七十餘兩延綏歲用糧料五十二萬一千三十六石零寧夏歲用

糧料五十二萬四千二百五石草三百九十三萬九千六百餘束甘肅歲用糧料六十九萬七千六百零草五百二十萬三千八百五十四束大約歲費四百餘萬而臨時用兵不與焉

今上大工之費近得工部總計九十餘萬只大木一項四川已用九十萬尚須九十萬可足川之民力可念也

貴州金竺長官司有僧寺曰羅永菴有一僧題二詩於壁間曰風塵一夕忽南侵天命潛移四海心鳳返

丹山紅日遠龍歸滄海碧雲深紫微有象星還拱山漏無聲水自沈遥想禁城今夜月六宫猶望翠華臨閲罷楞嚴磬懶敲笑看黃屋寄團瓢南來瘴嶺千層迥北望天門萬里遥款段久忘飛鳳輦袈裟新換袞龍袍百官此日知何處惟有羣烏早晚朝人知爲建文君僧遜避厺其詩至今留菴中衛方伯正夫傳其亭漫記之以備一說

蜀都雜抄終

金山雜志

明　揚君謙撰　余之楚校

山高可五十丈中隆傍掖厥向東也右轉而南有嶺焉即深者由之其前皆沃野可耕以諸壑爲灌冴雨餘則潤流之聲淙淙不絕有溪焉山人之所鑿也亦與大渠通而天旱多涸游船或不能至

山始爲曲徑以入多雜樹藤蘿扶疎傍列欝然清勝及門有池潤水汪焉立而前眺已極平遠之懐既而行路彌曲樹益蒙密路窮池見綠波如鏡稍登則舍

彿若禪之廬皆萃是望滋遠矣陟右得長岡隆起有松有竹拾級行數十武山乃及半亦有屋甚麗憑闌可遐覽隱隱見城郭也自是而上皆荒峻殊不可即矣

山少右列一小嶺若障蔽然山由北來已數里至是將轉故結也

山故多美石巉巉高聳皆碧綠色或至十餘丈有壁立之勢其左有石焉尤偉而峭或題其上曰最勝字徑丈餘筆力奇勁翩翩動人相傳是五代隱士陸適書好事者梯而觀焉爲之剔蘚而出之今已爲山下愚民斧去前此猶有見者

一石方二丈餘平坦如砥在山半嘉木蔭覆其名曰繙經之石

石梁一自然所生也横架兩壁之脉理不連無所根蔕又非鑿琢而成堅完石也其下空洞僅通人行或有至天台國淸者曰其梁正類是山中泉最甘美掬之嗽亦芳絜有味味與常水不同又煑以茗薪投以果餚益佳雖屢啜靡厭

一泉在山壁上落下有小石池承之冬夏不竭名曰珍珠泉謂其滴之碎也釋之棲最高者汲以飲供可數人

山巔有石池常貯清泉雖大旱水弗縮釋以其奇也名之雲瀨

一池在寺門内名曰梵功而居山之下泉流所歸頗汚濁不可食魚鼈羣游焉以澣濯溉皆取是

下退居中爲碧山堂左曰演妙右曰凝寂皆軒也其前後並有松竹環遶又有流泉經於堦下匯爲小池

種蓮花其中其左轉對北嶺新作萬松堂至是松益多也
北退居在寺左啓扉幽僻有山池清樾有南軒最美近望翠巒可居守之曰望翠其後亦多美竹
中山居山之最勝者也有高樓臨長松大竹推窗清欝宜暑宜雪上有小閣尤靜美題名者多在此
上山居地益高前臨壑無餘地皆杉檜落葉布其下作闌爲護始可行下視心動信佳處有靜篤軒
清澹山居在北居上最多美竹善煮茶

山雅多靈芝之時産地上多碧色山人毎採得之弗貴也亦有蕨有苓
美竹高者至數丈其名曰毛竹並山左右皆有之三伏蔭其下無暑氣然獨宜山岡則生移之平陸則弗活其餘竹類甚多無踰此品游人多愛刻名其上趣蹟可經數年不壞久之益若蟲書古篆可觀
山右岡有大松七株皆亭亭參天可以盤桓寄詠故是勝處
山有楊梅二樹結實雖小而味比而酸甘目爲佳品歲收曝之爲茗供助
含桃五六樹在北麓花時粲爛如錦實亦甜美而多爲鳥雀偷食故尤貴之游人至數顆以供而巳
巖下有枇杷一樹巳及百年翠葉扶疎亦可愛
山之曉多白雲滃滃然彌亘巖谷類飛絮縈繞間露青巒出其上畫家所作初疑以爲幻設至是始悟其眞有之也及雲開霧散松檜若沐瀬氣之來洽人肺腑亦奇觀之甚偉者也
居山尤宜觀雨雨將至則冷風颯然爲之驅倚闌遙

望暝雲四合揚絲滿空或斜飛亂舞谷響林偃眞有瞑濛混沌之態至靜夜憑枕竹樹交戛流泉驟下與簷滴相應和有琴筑聲
曉山多綠煙起于麓輕籠淡抹其横如練而夕陽掩映紫翠萬狀尤宜霞遙映諸巒隱若金碧
山最宜月四山無人一輪在雲間下照空谷樹影參錯極可游
雪晝遐望皆銀峯玉嶂光明照徹迥有佳致及飛鳥時歸林動屑墜紛紛糝石斯時擁爐煨榾柮持茗杯

閱高士傳則山家之極致矣

泉南雜志

攜李陳懋仁著　徐仁毓校閱

泉州有晋江郡志云晋南渡時衣冠士族避地於此故文名晋江

萬安橋乃宋蔡忠惠公所造世謂洛陽橋是也落成公自爲記曰泉州萬安渡石橋始造於皇祐五年四月庚寅以嘉祐四年十二月辛未訖功累址於淵釃水爲四十七道梁空以行其長三千六百尺廣丈有五尺翼以扶欄如其長之數而兩之縻金錢一千四

百萬諸施者渡實支海去舟而徒易危以安民莫不利職其事者盧錫王寔許忠浮圖義波宗善等十有五人既成太守莆陽蔡襄爲之合樂讌飲而樂之明年秋蒙召還京道繇是出因記所作勒於岸左公自書大方尺分勒二石今在公祠益公之功在百世大矣而記僅一百五十三言可見古人不肯擅美如此又聞之父老云先時二石爲倭載去後見江間發光探之得後一石其前一石乃後人復模故前石不如後石之瑩潤打碑聲時與江濤競響也俗傳公造此橋限以濤勢不能累址乃檄江神得一醋字公云此一日酉時爲之今公記中無是說也王遵巖曰豈其駕長江之洪流馮虚以搆實其役有足駭人者昧者驚焉而言之異亦以賢者之所爲與事起利人樂其成而賴其功故托於神以美之耶又宋穉太初謂前記多三字至今傳其言也

盤光橋自洛陽橋東接鳳嶼嶼在江中央上多腴田稠民居舊有石路潮落路出行者病之宋寶祐中僧道詢募貲作石橋長四百餘丈廣一丈六尺比蔡端

明所造洛陽橋長多四百餘尺闊多一尺世知洛陽而不知盤光者葢以人重也

淳化閣帖十卷宋季南狩遺於泉州已而石刻湮地中久之時出光怪櫪馬驚怖發之即是帖也故泉人名其帖曰馬蹄真跡

衛西榕樹幹大如一間屋枝上有纚纚垂下者謂是根也其高參天枝葉蔭可二十餘丈相傳韓少卿國華爲郡誕魏公日樹杪爲吐烟靄又云榕樹千年者其上生伽楠香

德化縣白瓷即今市中傳山佛像之類是也其坏土産程寺後山中穴而伐之綆而出之碓極細滑淘去石渣飛澄數過傾石井中以漉其水乃摶埴爲器石爲洪鈞足推而轉之薄則苦竅厚則綻裂土性然也初似貴今流播多不甚重矣或謂開窑時其下多藏白甆恐傷地脉復掩之

閩之遠海近蕃處有燕名金絲者首尾似燕而甚小毛如金絲臨卵育子時羣飛近沙泥有石處啄蠶螺食有蓟海商聞之土番云蠶螺背上肉有兩肋如

楓蠶絲堅潔而白食之可補虛損已勞瘵故此燕食之肉化而肋不化并津液嘔出結爲小窩附石上久之與小雛鼓翼而飛海人依時拾之故曰燕窩也

荔枝才已龍眼始行殻黃瓤白核壯肉薄本草謂之荔枝奴信然蓋荔枝飽啖之餘不堪咀嚼如膏粱子居常醲膬一旦家落餔薄糜便不適口

甘蔗幹小而長居民磨以煮糖泛海售商其地爲稻利薄蔗利厚往往有改稻田種蔗者故稻米益乏皆仰給於浙直海販濫茲土者當設法禁之驟似不情惠後甚溥

清源山茶青翠芳馨超軼天池之上南安縣英山茶精者可亞虎丘惜所産不若清源之多也閩地氣暖桃李冬花故茶較吳中差早

紅梅百葉一花三子曰品字梅紫梗疎條非復霜皮鐵幹可偶

芙蓉有産於山者余廨後手插一枝未半載扶疎出墻名曰木芙蓉花最繁盛不下數百大如甌其色有朝紅暮白者此則粉紅一色耳

九節蘭花易植不若吳中所欽靜宇中雖若棋列亦不甚香

余廨東所植茉莉其高及檐嘗於暑夜設木榻坐其下清芬郁烈可沾鬢髮其地易生如吳中插槿也總錄曰晉書都人簪柰花即今末利花也

西施舌殻似蛤而長外色若水蚌殻內色如孔翠肉白似乳形酷肖舌濶約大指長及二寸味極鮮美無可與方舌本有數肉條如鬚然是其飲處

北方謂泥磚曰土坯晉江有介屬亦曰土坯綠殼白

尾其旁有毛
章魚清脆頗腴諸有然其形酷似病瘧小兒臂指所
切不堪寓目
龍虱如牛糞上虫似黑而薄劈殼食之小有風味
鱟魚碧血海中介魚也似蟹足十有二長六七寸漁
者醢其肉居人以其殼作水杓穆天子傳黑羊白血
以鱟况之則亦可信
蝦有長一二尺者名龍蝦肉實有味人家掏空其殼
如船燈挂佛前

鬬魚大如指長二三寸花身紅尾善鬬人家盆畜之
俗呼爲丁斑魚張世南宦遊紀云三山溪中產小魚
里中兒豢之角勝爲博戲信然
牡蠣麗石而生肉各爲房剖房取肉故曰蠣房泉無
石灰燒蠣房爲之堅白細膩經久不脫
蚌大而肥鮮美特異海物志名天臠爾雅名魁陸本
草名尨蠬子雜俎云鼎俎之味有蚌醬
鼃一名石鱗魚紫斑如纈錦生溪澗高潔處其大如
雞得亦不易厥俗兼皮食之有見餉者余令人縱之

野中左右聦聆不轉日此難得之珍味也
造白沙糖法用甘蔗汁煮黑糖烹煉成白劈鴨卵攪
之使渣滓上浮按老學庵筆記云聞人茂德言沙糖
中國本無之唐太宗時外國貢至問其使人此何物
云甘蔗汁煎用其法煎成與外國等自此中國方有
沙糖茂德乃宋勑局勘定官余郡人也
蟻有數種能螫人厨中饌案以四木桶盛水灌案脚
於中夏而夜入卧床雖帷帳周密俱所不免多至一
二升最爲寢食之害蓋蟻爲濕熱相蒸所致故居宇

須疏風放水稍亦可除白蟻尤能運土蝕木令榱易
橈
德化九仙山有瀑布泉自雲際下宋王簿柳驥詩有
天挿一泉聲漱玉地高六月夜凝霜之句
清源山在郡北三里許高數千仞未至絕巔數百武
有泉自石罅流出積於砥石凹處甘冽獨勝他泉好
事者挈瓶汲之冬夏不減其東有妙覺巖石上刻第
一山是米元章行書
南臺岫拔摩空在清源山之右臺南有砥石

出仁風門半里許爲靈山其上有磐石可坐百餘人中一圓石下不聯屬勢重萬鈞一夫撼之輒動搖不止其勢就下若將彈丸走坂然然而百夫撼之雖動不移也郡守周道光題爲碧玉毬又惠安縣有雲峯上有大石高廣四丈許又有一石上廣下削高丈餘架於其上恒有落勢併力推之不動以芥挺之輒動故名曰危石二石之異若一轍焉

高士峰在南安是唐校書郎秦系隱處有石刻高士峰三字隷書旁有才翁二字按志謂蘓才翁爲漕使嘗行部至泉題晉江棲真院壁疑此字乃蘓書也

延山在南安其上有飛瓦巖相傳昔有僧結庵其上因山伐木但患山高運瓦之難積瓦山下誑欲作法飛瓦砌屋不用工師卜日已定遠近觀者數千人僧僞傭人挑瓦上山觀者欲其速於作法爭爲搬運頃刻都盡僧笑曰吾飛瓦只如是耳或謂之智僧余曰此詭茫然亦可與語權者

金石峰屬南安上有疊石其赤痕類丹書有石刻金石峰三字

泉之山莫多於西南高絕者莫儷於船山羣峰列秀此山獨出於其上勢若一船泉人加以福字故名福船山

泉郡志云東出海門舟行二日程曰彭湖嶼在巨浸中環島三十六如排衙然昔人多僑寓其上苫茅爲廬推年大者爲長不蓄妻女耕漁爲業牧牛羊散食山谷間各剺耳爲記訟者取决於晉江縣城外貿易歲數十艘爲泉之外府後屢以倭患墟其地或云抗于縣官故墟之今鄉落屋址尚存唐施肩吾島夷行云腥臊海邊多鬼市島夷居處無鄉里黑皮年少學採珠手把生犀照鹹水即其處也今彭湖已設遊兵汛守焉

泉州市舶稅課云香之所產以占城賓達儂爲上沉香在三佛齊名藥沉真臘名香沉實則皆不及占城渤泥有梅花腦金腳腦又有水札腦登流眉有薔薇水占城賓達儂三佛齊真臘渤泥登流眉皆諸番名

泉之南三十里曰石龜峻壁上有石二丈許形酷似龜行旅望之遠近無異吾郡宋太守岳公珂所著桯

史云余外家居泉之石龜即其處也

宋進士呂造詩云閩海雲霞遶刺桐往年城郭爲誰

封鷓鴣啼困悲前事荳蔻香銷减舊容刺桐城今泉

州築城時環城皆植刺桐故號桐城

優童媚趣者不吝高價豪奢家攘而有之蟬鬢傅粉

日以爲常然皆土腔不曉所謂余常戲譯之而不存

也

泉南雜志終

武夷雜記

新都吳拭著　朱治僩閱

武夷骨山也磅薄一百二十里外山始有膚自冲佑由九曲至靈峯然後步折東北歷火焰北斗諸峯而返往復共五十里得北山之槩焉南山淺遏不逮其半而烟村雲市來往皆古德高年太古風在在可想然猶與膚山遠大王峰挿東北矣

小桃源武夷之最佳處三仰天壺蒼屏三山環抱中于開三百餘畮意目之寓具焉四望非猱臂鳶肩不

度也僅谿水出處有山口峽竇縱身兩折以入使能一丸泥封石扇則耕雲樵月何異避秦桃源然志不載遊人亦罕之噫知巳之難不獨人

虎嘯洞雖不能容五百由旬獅子莊嚴座頗可置二十蒲團蹺誦楞嚴呪也其下爲虎窟多異僧從此出妝鏡臺望玉女峰背屬猥瓅秀色白雲在上如丐士披敗絮耳

冬山雪後遊從盤閘百尺樹危枝倶定三十六青螺了了可數一片妙明空寂境中復現出蒼蘿翠竹碧水丹山夜霽時明月又來照積雪上吾謂以世間百年易此山中一日亦不爲過遂題其室曰願易

一日春雨三日泉飛乃盪舟作觀瀑遊群峰弄霽百道搖陰竄者逗者屈而連者亂而併復奔於空者斷烟續碧各盡其態啃動巖花幽香盡發忌之愈覺徐凝詩惡

武夷見自封禪書而列仙傳又云籛鏗進雉羮于堯堯封彭城故謂之彭祖茹芝飲瀑隱于是山壽及七百七十七歲有子二人曰武曰夷亦有道士爲衆所

屈服遂因以爲名又考古秦人異仙錄云始皇二年有神仙降此山曰余爲武夷君統錄羣仙受館于此史稱祀以乾魚乃漢武時事也今漢祀亭趾存焉嗣後唐宋御帖及金龍玉簡之屬乃武夷餘事

春山霽時滿鼻皆新綠香景象冲融神情倶發訪鼓樓坑十里桃花杖策獨行隨流折步猿鳥不驚春意尤閙過彭東山談避世法晚歸時花月溶溶谿山寂寂目接皆新賞心復別亦一勝事

山中採茶歌凄哀淸婉韻態悠長每一聲從雲際飄

來未常不潸然墮淚異歌未能便動如此也
武夷茶賞自蔡君模始謂其味過於北苑龍團周右文極抑之蓋緣山中不曉製焙法一味計多徇利之過也余試採少許製以松蘿法汲虎嘯巖下語兒泉烹之三德俱備帶雲石而復有甘軟氣乃分數百葉寄右文令茶吐氣復酹一杯報君模於地下耳
泉出南山者皆潔冽味短隨啜隨盡獨虎嘯語兒泉濃若停膏瀉杯中鑑毛髮味甘而博啜之有軟順意次則天柱三敲泉而茶園喊泉又可以伯仲矣餘無

可述聖水泉定是末脚
北山泉味迥別蓋兩山形似而脉不同也余携茶具共訪得三十九處其最下者亦無硬冽氣質小桃源一泉高地尺許汲不可竭謂之高泉純遠而逸致韻雙發愈啜愈入愈想愈深不可以味名也次則接筍之仙掌露而仙掌碧高泉黛碧雖處亞猶不居語兒之下譬之茶高泉岕也仙掌虎丘也語兒則松蘿帶脂粉氣矣又次則碧霄洞丹泉玄都觀寒巖泉較之仙掌猶碧之與黛耳九星巖泉陰濕色雪花泉多沙石氣人傳冲佑二龍井火食泉也
宋淳熙間山之盛莫踰武夷次則靈谷靈谷多因訪朱子者以訪山武夷則有訪山者而訪朱子矣志云清谿九曲其最狹處兩岸古木幾交舟過不覺天小今尋其說無有是處茶園朱希古年八十一語余曰三十年上兩岸古木猶然二十年間覺漸稀十年來則如是露膚脫髮矣噫是誰之愆歟可以言存可以禁止使山川千古鍾靈而不泄及物及人政莫善焉此而不爲邪堪爲者

仙船不獨一艇又不獨仙船也凡絕壁人迹不能到處往往有枯槎插石罅間以支舟車機柩之屬余頗疑上古道阻未通川壅未決人是巖居穴處時夷落所遺至若二千餘載而不壞者緣其物皆懸崖架壑只受風不受雨此理之所必然也張茂先云千年枯木根可以照怪此或有用人莫能得耳
夏曉余他山嘗寓焉獨武夷爲佳何也凡山不峻不怪而武夷峻不斷不奇而武夷斷多迹則庸多平則腐而武夷無庸腐態是以千螺萬髻含曉日皆帶金

東碧以待雲來爭顯及不相下時乃化出恒沙數五花綿毯滚白玉地上微風一過復作黃雲衰草色千螺萬髻俱是明妃青塚矣

忽有五雲挿群峰中與之爭耀一似隱屏一似玉女餘無所似更怪異動人峰上俱有宮觀林岩竹木之類急喊㳺公出定彼不信其爲雲也許久不變飛鳥驚翅群猿駭吽知亦不常有者聞海蜃常吐氣作市無非水族群動得山川瀲灔日月精華不能秘以爲正乃復泄而成異夫山之深者亦有怪鬼奇神虎豹

蛟龍蟲蛇罔象之屬海既能爾山豈不然

白雲洞口見三仰三峰與三教並蓮猶似肩立爭勝詩丈未肯降者登頂則屏息矣群峯伏地高者亦磬折如無邊身菩薩窮佛頂不得乃息心耳

風障登高雲陣眺遠然余峰巖之未登者仍十有二乃與僧符客約以中秋日始至重九止凡二十四日子瞻謂之登眺天雨日一峰更好了此公案自是𣂏藤編履日無餘暇

更衣臺見大王峰隱隱掛青漢倔賈勇先登要在得楚乃同黃冠周爾因符客携綆數百丈直登其巔晴空如滌纖雲不生三百里外延津在指顧間目極圜蒼眺賞第一而爾因復檢得古磚一角堅瑩如碧黍時物無疑也乞來作硯聊壓銅雀瓦火氣

符客常稱會真樹大十三抱及見幔亭禮斗壇二十抱者乃曰今後呼彼爲曾孫矣

仙猿徑上登鐵坂嶂懸梯如墜繩若帝釋造階延旃伽梵升天說法者下方濤吹隱隱從絕壁應來奚若容在木末喊客矣

赤霞洞隨巖高下刊嶂疊屋如燕巢之附梁而棲居層累蜂蠣之房似之頗減懸瘦露鍔之觀也女道士六七輩匿不見人余以道服請謁見其慧者

張氏無偕母隱鐘模巖蒙頭赤脚二十餘載時余登鼓子峰會彼坐拂雲石上内足于懷蕭然無事

鐵郎杜葛二寨自宋元及　國初徃徃爲山寇所據獨劉官乃禦寇寨也相傳宋劉衡與其子甫集義兵于此以衛鄉邑今諸峰凡有梯者皆亂世之安居也然恨無十畮肥壤小桃源安得不稱第一

黄道人鑿一龕于紗帽峰上僅許蒲團擁破衲獨坐耳爲記一首自題曰活死人墓旁搆厨湢十餘楹織竹爲垣戶以通出入秋花淅瀝俱不識名徘徊嗟賞不覺日暮

車錢巖僧衆作梁皇佛事十里間諸洞群真咸來供茗要齋鶉衣碧眼坐石穿蘿鶴髮黄絛各遵杖策遐想瑶臺顯定亦復如是

春見山容夏見山氣秋見山情冬見山骨

北斗峰北五里乃翁道人喬所隱廬也廬上巨石苔

垂天之雲左右桃李數百樹菓蔬茶芋悉取給于力子三人樂從其父之志焉余喜以薰豆餽之怪然一笑曾不識爲何物也

林與卿曰子居山一載于山厚矣亦有不足乎曰有三厄二惱自國朝來未辱封登故斧斤日尋剝膚削髮迄今未已而無厲禁厄一遊人勒詩題壁本光亟至鑿修身爲本四大字縣劇青山酷至于此厄二黄冠黷于探討又復嬋于指引遊人每至天遊一覽而返諸勝處多未及焉厄三濟公去山而無爲山靈留者惱一林道人稱三教先生扣之無所得惱二雖然不足者皆人也山則無不可

峰之在溪上者獨南山天柱玉女兜鍪三峰皆上摶不可竟摶上復欲巘不可廬故無鑿階造梯之事餘皆入是兩山之内則又不然非寬外峰數倍不廬焉益專奇于山而遜水亦乘除之勢然也總凡一條一万皆自取妍如入宮蛾眉誰肯讓人者及登三仰則諸峰皆南面前趨而已爲歷隊人矣

出山從建谿入芭江訪曹能始在舟七日其所得于

山者歷歷若覿也日化地遷而見歷歷者于想像筆可述乎家兄弟輩多有奇尚之好乃復錄此以寄于家一使知我所在二使知山水之聯絡相發有如此三使瞭然杖屨道故寸寸不失正如因遊之路程也然筆多不詳槩推可矣山靈豈屑求多於我

初入山時日力心神皆爲諸勝所壓若慌悅有神每不能起首久則差敵之又久則勝久甚則勝負俱釋直造于恬莫之境而後人與山莫逆而兩忘矣忘生于久愈久愈忘忘至如父子兄弟朋友時見則忘別

則思忘甚思亦甚然余與山稱忘甚矣不識作何相思窮天極地無有已時古德云學道人心要大余不能大藏須彌藏武夷必矣

武夷雜記終

海槎餘錄叙

儋耳孤懸海島非宦遊者不能涉涉必有鯨波之險瘴癘之毒黎獠之冥頑無洪爲兹守者多不能久久亦難其終也余自嘉靖龍飛承乏是郡迄於丁亥週有南安之命凡用要害土俗民風下至鳥獸虫魚奇怪之物耳目所及無不記載共幾百餘則藏之篋笥將謂他日南歸客有詢及兹郡之略即舉以對既而水陸跋踄頗多散失遂至湮滅無遺矣今懸車去郡倏有數載不敢謂久而能終但郡中事蹟班班尚能

追憶掇拾數事恍然猶在滄溟杳渺之中因懲吹簫之失用梓以傳名海槎餘錄云

海槎餘錄

吳郡顧岕著　武林何士挺閱

載酒堂即蘇長公寓儋耳遊宴之地也今有堂三楹祀公像于中元廉訪使倪琦周公隸書牌文一道列堂東隅書法甚精堂周遭有牆相去百步有塘寬百畝餘水土深淺異處蒲菰蘆葦之屬最茂密每春秋二祀例率郡僚師儒會飲堂中即漁此塘以爲樂名濁勞會亦洗闔境諸祀之勞之謂也故傳乳泉井桄榔菴茉莉軒今皆湮廢遺址尚存

波羅蜜樹類冬青而黑潤倍之榦至斗大方結實多者十數少者五六顆皆生于根榦之上狀似冬瓜外結厚皮若栗蓬多棘刺方熟時可重五六斤去外殼內肉層疊如橘囊以其甘如蜜故云

黎俗藏置酒米乾肉衣布之屬不于其家必尚一高坡之地離家百步內外以草樹略加繚繞廻護葦置其中名曰殷雖村家叢雜亦不相混間有盜之者每犯徹獲法曰遂跙痕即足跡也余初不之信因使自服而后然之

傍務花枝葉類江南檉樹花類中州芍藥而輕柔過之闘時當二三月之五色婀娜可愛

儋耳境山百倍于田土多石少雖絕頂亦可耕植黎俗四五月晴霽時必集衆斫山木大小相錯更需五七日晴洌則縱火自上而下大小焼盡成灰不但根幹無遺土下尺餘亦且熱透矣徐徐鋤轉種綿花又曰貝花又種旱稻曰山禾米粒大而香可食連收三四熟地瘦棄置之另擇地所用前法別治大槩地土産多而稅少無窮之利益在此也

蚺蛇産于山中其皮中州市爲緩樂器之用其膽爲外科治瘡瘇之珍藥然亦肝内小者爲佳此地兼産山馬其狀如鹿特大而能作聲尾更板濶與鹿稍異蚺蛇嘗捕吞之從后脚而入雖角實大二倍于鹿毒氣呵及卽時解脫初吞時亦不能轉動略向木次仰舒消盡無餘矣途人卒然相值雖持木棍亦將無施解事者執楮大蛇皮水在手一揮卽止可見物貴得其制不在操利器也

榕樹最大其陰最密幹及三人圍抱者則枝上生根綿綿垂地得土力又生枝如此數四其榦有濶至三四丈者特中通不圓實陰覆重重六月不知暑木理粗惡不堪器用

青橄欖無仁烏橄欖有仁外肉取來杵碎乾放則自有霜堆起如白鹽名曰欖醬二種俱野生當四五月盛時市人儘力取囘用支一年不似吾江南之甚珍貴也

黎俗男女週歲卽文其身自云不然則上世祖宗不認其爲子孫也身穿花厚布衣露腿赤足頭戴漆帽

傍贅尺許雉毛二莖披肩領濶可恥也男子家富者兩耳復贅盞口大銀圈十數爲富侈

花梨木雞翅木土蘇木皆産于黎山中取之必由黎人外人不識路徑不能尋取黎衆亦不相容耳又産各種香黎人不解取必外人機警而在内行商久慣者解取之嘗詢其法於此輩曰當七八月晴霽遍山尋視見大小木千百皆凋悴其中必有香凝結矣夜月揚輝探視之則香透林而起用草繋記取之大率林木凋悴以香氣觸之故耳其香美惡種數甚多一

出原木質理粗細非香自爲之種別也

深黎自婺嶺以北有一種曰遐黎其俗去黎益遠習俗又相違居常以柳瓢蔽體更間習弓矢凡父母過五十懼其老而衰也則烹食之云葬于腹中以爲得所噫天之生人有如此哉

海槎秋晚巡行昌化屬邑低海洋烟水騰沸競往觀之有二大魚遊戲水面各頭下尾上决起烟波中約長數丈餘離而復合者數四每一跳躍聲震里許余怪而詢于土人曰此番車魚也間歲一至此亦交感

生育之意耳今中州藥肆懸大魚骨如杵臼者乃其脊骨也

海鰍乃水族之極大而變異不測者梧川山界有海灣上下五百里横截海面且極其深當二月之交海鰍來此生育隱隱輕雲覆其上人咸知其有在也俟風日晴暖則有小海鰍浮水面眼未啓身赤色隨波蕩漾而來土人用舴艋裝載藤絲綵爲臂大者每三人守一莖其杪分贅逆鬚鎗頭二三支于其上遡流而往遇則並舉鎗中其身縱綵任其去向稍定時復以前法施射一二次畢則棹船並岸創置沙灘徐徐收綵此物初生眼合無所見且忍鎗疼輕漾隨波而至漸登淺處潮落閣置沙灘不能動舉家分臠其肉作煎油用亦大矣哉

馬產于海南者極小只可仵之驢騾而身稍長耳毛片不殊于中州當少剪鬃時極駿可愛然騎駛則無長力上等價可四兩尋常不出二兩

黎俗二月十月則出獵當其時各峝首會遣一二人赴官告知會但出每數十村會留壯兵一二十輩守

舍男婦齊行有司官兵及商賈並不得入入者爲之犯禁用大木枷脛及手足置之死而不顧何其愚也獵時土舍峝首爲主聚會千餘兵携網百數番帶犬幾百隻遇一高大山嶺隨遣人周遭伐木開道遇野獸通行熟路施之以網更參置弓箭熟閑之人與犬共守之擺列既成人犬齊奮吽鬧山谷應聲獸驚怖向深嶺藏伏俟其定時持鐵砲一二百犬幾百隻密向大嶺舉砲發喊縱犬捜捕山岳震動獸驚走下山無不着網中箭肉則歸于衆皮則歸于土官上者爲

麞皮次者爲鹿皮再次爲山馬皮山豬食肉而已文豹則間得之也

新場海三面山環北一面只三四里通大海洋內寬可百里餘分藏新英南灘上下二十四步漁戶環列居焉每風大時蛋船四百餘隻咸漁其中風靜始出大海可謂生事無窮之利也

海南地多燠少寒木葉冬夏常青然凋謝則寓于四時不似中州之有秋冬也天時亦然四時晴冽則穿單衣陰晦則急添單衣幾層諺曰四時皆是夏一雨便成秋又曰急脫急着勝如服藥

相思子生于海中如螺之狀而中實若石焉大比荳粒好事者藏置篋笥積歲不壞亦不轉動若置醋一盂試投其中遂移動盤旋不已亦一奇物也

檳榔產于海南惟萬崖瓊山會同樂會諸州縣爲多他處則少每親朋會合互相擎送以爲禮至于議姻不用年帖只送檳榔而已久之多以家事消長之故敗易告爭官司難于斷理以無憑執耳愚民不足論上人家亦多有溺是俗者

鸚鵡杯即海螺產于文昌海面頭淡青色身白色周遭間赤色數棱好事者用金廂飾凡頭脛足翅俱備置之几案亦異常耳

海南之田凡三等有沿山而更得泉水曰泉源田有靠江而以竹桶裝成天車不用人力日夜自車水灌田者曰近江田此二等爲上栽稻二熟又一等不得泉不靠江旱澇隨時曰遠江田止種一熟爲下等其境大槩土山多平坡一望無際咸不科稅雜植山萸綿花護利甚廣誠樂土也但其俗好鬬健訟不容人

耕耳

石蟹生于崖之榆林港港內半里許土極細膩最寒但蟹入則不能運動片時成石矣人獲之則曰石蟹相傳置之几案能明目

勞將軍廟去城東隅六十里許祀屋久廢只隙地在焉凡新官到任必先此設祭祀典不載其名爵父老相傳云此神乃馬伏波部下先鋒將方凱旋時牽馬飲于河馬忽覩水中影雙蹄奮起傷其陰而死遂爲神余任時彼中做例祀祀畢父老喜告曰任內當大

吉未逾年新守至亦似例祀衆咸驚報曰祀器無故自裂于案任内當不吉后歲餘守卒此神亦靈驗矣

莿竹大如指長逾二丈節節生枝文采士人家用植于居之周遭以代垣墻雖雞犬不能踰越陰森柔嫩綠潤如沃可愛也

江魚狀如淞江之鱸身赤色亦間有白色者産于鹹淡水交會之中士人家以其肉細膩初爲膾烹之及有味皮厚如錢此品不但勝絶海鄉雖江左鰣魚鱸鱖之味亦無以尚也

玳瑁産于海洋深處其大者不可得小者時時有之其地新官到任漁人必携一二來獻皆小者耳此物狀如龜鼈背負十二葉有文藻即玳瑁也取用時必倒懸其身用器盛滚醋潑下逐片應手而下但不老大則其皮薄不堪用耳

酸笋大如臂摘至用沸湯泡出苦水投冷井水中浸二三日取出縷如絲醋煮可食好事者携入中州成罕物京師勲戚家會酸笋湯即此品也

桄榔木類紵櫚樹樹杪挺出數枝每枝必贅青珠數條每條不下百餘顆計一樹可得青珠百餘條團圓懸掛若傘蓋然可愛也其木最重番舶用爲錨以代鐵其錘重鋒銳倖于鐵也色類花梨而多綜紋

土菓曰陽桃大如拳綠色明潤五稜並起劍脊中核如花紅子味帶酸宜於酒後咀嚼之俗多用晒乾作添案菓用

儋耳與瓊崖萬三處鼎峙爲郡因黎以十縣十一守禦所其地孤懸海島平曠可耕之地多在周遭深入則山愈廣厚黎婺嶺居其中以爲鎮自漢武迄今幾

千年外華内夷卒不可變者以創置州衛縣所必因平原廣陌故周遭近治之民漸被日深風移俗易然其中高山大嶺千層萬叠可耕之土少黎人散則不多聚則不少且水土極惡外人輕入便染瘴癘即其地險惡之勢以長黎人奔竄逃匿之習兵吏烏能制之此外華内夷之判隔非人自爲之地勢使之然也

荔枝凡幾種産于瓊山徐聞者有曰進奉子核小而肉厚味甚嘉士人摘食必以淡塩湯浸一宿則脂不粘手野生及他種味帶酸且核大而肉薄稍不及也

黎村貿易處近城則曰市場在鄉曰墟場又曰集場每三日早晚二次會集物貨四境婦女擔負接踵于路男子則不出也其地殷實之家畜妻多至四五輩每日與物本令出門貿易俟回收息或五分三分不等獲利多者爲好妻異待之此黎獠風俗之難變也

芭蕉常年開花結實有二種一曰板蕉大而味淡一曰佛手蕉小而甜俗呼爲蕉子作常品不似吾江南茂而不花花而不實也

椰子樹初栽時用鹽一二斗先置根下則易發其傍

家之周遭必植之木榦最長至斗大方結實當摘食時在五六月之交去外皮則殼實圓而黑潤肉至白水至清且甜飲之可袪暑氣今行商懸帶椰瓢是其殼也又有一種小者端圓堪作酒盞出于文昌瓊山之境他處則無也

凡深黎村男女衆多必伐長木兩頭搭屋各數間上覆以草中剖竹下横上直平鋪如樓板其下則虛焉登陟必用梯其俗呼曰欄房遇晚村中幼男女盡驅而上聽其自相諧偶若婚姻仍用講求不以此也

文昌海面當五月有失風飄至船隻不知何國人內載有金絲鸚鵡墨女金條等件地方分金坑女止將鸚鵡送縣申呈鎮巡衙門公文駁行鎮守府仍差人督責原地方畏避相率欲飄海主其事者莫之爲謀余適抵郡咸來問計余隨請原文讀之將飄來船作覆來船攻申一塞而止衆咸稱快

黎人善射好鬭積世之讐必報每會聚親朋各席地而坐飲酣顧梁上弓矢遂奮報讐之志而衆論稱焉其弓矢蓋其祖先有幾次鬭敗之恥則尅箭幾次射于梁上以記之故云飲醉鼓衆復飲相與叫號作狗吠聲輒二三晝夜自云係狗種欲使祖先知而庇之

也以次則宰羊觷肉藏散就近村落無不踴躍接受尅日起兵讐家聞之亦如此間法募兵應敵臨陣遇有州縣公差人役樂請觀戰兩家婦女亦各集本營當退食之際婦女爭出營認箭兩不拘忌其俗云男子讐只結于男子面上若及婦女則于其父母家更添讐怨矣其勝敗追奔亦各有程度不少踰之數中惟鋒鏑死者密以瘞之父母妻諱不悲泣恐敵人知

爲其不武也
翡翠生于深黎之茂林峻嶺人罕得見傳云晴霽日
中始一出陰晦竟日不出小大僅侔梁燕羽翰五色
離披可愛人必積久探視羅其巢始獲之也
儋耳孤懸海島曆書家不能備其黎村各一老習知
節候與吉凶避忌之略與曆不爽毫髮大率以六十
年已往之跡徵驗將來固亦有機巧不能測處嘗取
其本熟視字畫訛謬不可識詢其名則曰曆底記
儋耳七坊黎崗山水險惡其俗問習弓矢好戰鬭中

海槎餘錄 八

多可耕之地額糧八百餘石弘治末困于徵求土官
符蚺蛇者扇動諸黎遠邇響應得萬兵餘攻城略地
一方罹患鎮巡二司調動漢達官軍二萬員名會臨
本境分作五道擣其巢第一道首臨落窟境黎首符
那南率輕兵據險迎敵官民兵死者三千餘而分守
重臣亦與難焉其四道聞風潰回此蓋輕率無紀律
故耳勢日益猖獗縱橫四出無忌繼而請于朝命將
益兵前部方入臨高縣境賊衆適至官兵中道截出
一戰勝捷偏帥亦中流矢卒蚺蛇恃勇輕出逼奪民

女爲妾飲酒留連官軍踵其跡輕騎赴之謀渡水應
走誤投深淵騎爭逐之中箭死餘黨招撫訖嘉靖初
符蚺蛇從姪符崇仁符文龍爭立起兵讐殺因而扇
動諸黎陰助作逆余適拜官蒞其境士民咸憂危蹙
額道其故余答曰可徐撫之未幾崇仁文龍弟男相
繼率所部來見勞遣之余知二酋已獲繫獄故發問
曰崇仁文龍何不俱至衆戚然曰上司收獄正嚴余
答曰小事行將保回安生衆欣然感謝郡士民聞之
駭然曰此輩寬假即魚肉我民矣余不答既而闕獄

海槎餘錄 八

縱繫囚二百人州人咸賞我寬大之度彼黎衆見之
盡閧首祝天曰我輩兇業當散矣余隨查該崗糧俱
無追納示諭黎老各出長計轉請海道明示黎衆爭
相告乞華保其主余諭之曰事當徐徐此番先保各
從完糧次保其主何如衆曰諾已而得請從黎俱縱
回前此土官每石糧徵銀八九錢余欲收其心先申
達上司將該崗黎糧品搭見徵無徵均照京價二錢
五分徵收示各黎俱親身赴納因其來歸人人撫諭
藉其名氏編置十甲辦糧除排年外每排另立知數

協辦小甲各二名又總置總甲黎老各二名共有百餘人則掌共頭目各有所事樂于自專不顧其主矣日久寖向有司余密察識其情却將諸首惡五十餘名解至省獄二千里外相繼牢死大患潛消后落窐峝黎聞風向化亦告編版籍粮差訖州倉積存聽征粮斛准作本州官軍俸粮敷散地方平妥余后復缺事廣西竟有加俸二級恩命檄未下而已轉官南安矣千里石塘在崖州海面之七百里外相傳此石比海水特下八九尺海舶必遠避而行一墮即不能出

矣萬里長堤出其南波流甚急舟入廻溜中未有能脫者番舶久慣自能避雖風汛亦無虞又有鬼哭灘極督異舟至則波頭隻手獨足短秃鬼百十爭互爲羣來趕舟人以米飯頻頻投之即止未聞有害人者

海槎餘錄終

瀛涯勝覽

稽山馬觀記　武林何士鏕閲

占城

國在大海南南距真臘西距交趾東北際海自閩之長樂縣五虎門發舟西南行順風約十日可抵其國國東北百里許有海口曰新洲港者港岸立石塔爲標舶至是繫焉有寨曰没比奈主以二酋領卒五六十輩專戍守焉西南百里至王城曰占城名也城方有四門門有守者王乃鎖里人也尚釋教頂三山金

花玲瓏冠上衣花𦈢布若綿袖狀下縈絲絲帨巾數匝跣足跨象或乘小車駕以二黃犢其臣頂茭葦葉冠亦類王冠飾以金絲其冠有品秩上衣不過膝下亦縈絲帨王宮宏壯牖壁整潔門豎雕木獸以爲威儀民居茅茨高不踰三尺曲身出入違制者有罪衣服紫惟王白服禁服玄黃違者死男蓬頭女椎結于後肌膚俱黑上禿袖短衫下亦縈絲布皆女裝也男女俱跣行四時溫熱並無霜雪草木恒青喫檳榔不絕口如閩越俗議婚男先詣女成偶或旬日或旬有五日然後父母親黨導以鼓樂迎歸設酒筵酒則釀甕飯待熟用筒咂之賓主繞甕以次而咂咂必注水至味盡乃止文字無紙以椎羊皮及黑木皮書之刑輕則縶以藤重則劓之盜必斷其肱姦不問男女俱燎其頰極刑則銳木于舟坐以罪人順流而下至木貫出口而斃嚴示衆也年無閏月晝夜各分五十刻以鼓記之王當賀日以人膽汁沐浴將領獻人膽爲禮王即位三十年則入山茹素受戒命子姪攝國居一載則籲天自矢曰我不道當克虎狼食否則病死

期年無恙則復辟于是國人呼爲芳黎馬哈刺札極其尊稱也有號屍致魚者乃婦人也其目無瞳夜寢則頭飛入人家食小兒穢氣侵兒腹必死頭返合體如故移其體則不合而死矣其夫匿不以聞者罪及家屬境有鰐魚潭訟難明者遣詣潭直者雖往返十數而不遭害傍海山野牛甚狠逢青衣人輒觸之至死蓋亦耕牛奔入山積久而成群然也人則重其首犯之不殺不已市交易以金間亦用銀極寶愛中國青磁器暨段疋綾絹見則以金易之厥產伽南香覯

音竹降真香烏木尤勝他國伽南香惟此地有之價亦高觀音竹如藤長丈八尺許色如黑鐵每寸約二三節犀角象牙甚多犀如水牛大者八百斤體無毛黑色鱗甲皮厚蹄有三跲獨角在鼻端長者可尺五寸唯喫刺樹葉條乾木馬小于驢水牛黃牛猪羊亦產鵝鴨則罕雞大者不踰三斤果有梅橘西瓜蕉椰子蕉子其波羅蜜形如東瓜荔枝大如雞子膚黃味勝蜜核亦可炒食之蔬有東瓜黃瓜胡盧芥葱薑民務漁不務耕種米粒細顆長而雜紅厥貢犀角象牙伽南香

爪哇

古者闍婆其國有四皆無城郭初入杜板次入厮村次入蘇魯馬益次入滿者伯夷王都也王宮四面磚牆高餘三丈方三百餘里門館深嚴屋高四丈覆地以板蒙以藤花蓆跏趺而坐瓦以堅木民居茅茨類皆磚庫坐卧于内王蓬頭頂金葉冠胷縈嵌絲帨腰束錦綺曰壓腰腰佩短刀曰不剌頭跣行或跨象或乘牛民間男蓬頭女椎結上衣下帨男必腰刀無老弱貴賤貧富皆然刀必雪花色鑌鐵鑄之柄飾以金或犀象飾往往蒙鬼面倫極精巧會聚間有犯其首及爭鬬必以佩刀刃之傷死則逃踰三日則免罪當即捕獲則仍受刃官無鞭朴罪不問重輕以藤繫之必刃以死殺戮爲常不足怪也市易用中國銅錢杜板者曰賭班地名也約以千餘家主以二酋間有流寓多廣東漳州人也海渚小池水甘冽可飲號聖水傳云元將史弼高興征闍婆經月不克登崖三軍乏水渴甚二將默禱卓槍于渚泉遂湧出軍賴以濟

又東行半日至厮村曰革兒昔者故沽灘地中國人客此而成聚落遂名新村約千餘家村主廣東人也諸番船至此互市金寶番玲充溢居人多富又南水行可半日至蘇魯馬益港口淡水淺澁僅通小艇二十餘里始至蘇魯馬益曰蘇兒把牙約千餘家亦有首領間有中國人港口大州林木蔚茂長尾猴萬數聚于中一里猴俗云胡孫也老猴爲主曾掠老番婦與俱國人求嗣者必具酒殽祈于老猴猴食之餘縱群競食食盡少選猴雌雄交以此爲徵求嗣人回即

有姓不然無慮也又水行八十里至埠頭曰漳澔登岸西南陸行半日至滿者伯夷乃王都也無慮二三百家緝屋七八人皆王佐也氣候常熱如夏稻歲兩熟坐臥無榻椅飲食無匙匕啖檳榔不離口寘飯于盤澆酥之餐則嗽去椰屑向盤掬而食食既水飲待賓以檳榔人有三等西番賈胡流落而久居者服食皆雅潔一等也唐人如廣東漳泉人流寓者食用鮮華率尚回回教持齋受戒一等也顏色黝黑猱頭赤腳崇信鬼道釋云鬼國即此土人也飲食粗惡啖蛇

蟻虫蚓稍烤以火而已與犬同寢食不以爲穢也傳云昔有鬼子魔王青頰紅膚赤鬢髮與罔象交而生子百餘以人爲糧忽雷震石裂乃出一人衆異之推爲主遂領兵驅罔象鬼子而去由是人得安焉俗尚武勇歲設竹槍會始于冬十月王偕妻出觀夫妻各坐一塔車妻前夫後車高丈餘四號軒窓駕馬以行至會開場列陣相向各操竹槍勁實若鐵登場者亦携妻至妻亦操三尺捧柑格曰那刺格巳被傷斃者王遣勝者出金鈔一箇償之以嫣婦勝者即巳凡婚

姻男造女家合巹後五日迎婦歸鳴金鼓吹椰筒爲以刀盾前後甚都婦則裸而被髮跣足縈帨絲幔戴被金珠絲飾寶粧無不周備姻鄰亦以檳榔花草翼絲舟助之燕樂數日始散喪事於病華子弟請遺命或水火葬或犬腹葬昇屍至海濱縱犬飧之盡不盡拾其遺投水而後巳尤慘于水火也有寵妾者誓與主同往盛粧悲號俟焚骸火熾亦投火死之民間般富貿易用中國古錢字書無紙刻于茭葦葉類鐫但字以二十兩爲斤十六錢爲兩四姑邦爲錢每邦二

分一釐八毫七絲五忽截竹爲升升爲一姑刺益中國一升八合也斗爲捺黎藷八升中國一斗四升四合也月望番婦或二十餘或三十餘爲輩成隊月下縛臂聯行俚歌唱和遍歷宦戚豪門必投賞以錢又有展畫指畫以諭衆聽環之坐者有笑有哭殊能動人最重中國花磁暨麝花絹綺羅厥產白芝蘇綠豆蘇木金剛子白檀肉荳蔻龜筒玳瑁鸚鵡有綠紅五絲者鸚哥皆能言又有珍珠雞倒掛鳥絲鳩孔雀珍珠雀綠鳩之類白鹿白猿猴羊猪牛馬雞鴨亦有之

果有芭蕉子椰子甘蔗粗大長可二三丈石榴蓮房蜜菻郎拔若枇杷稍尖中有白肉

舊港

古號三佛齊曰浡淋邦隸爪哇東距爪哇西距滿剌加南距大山卜西北濱海船入淡港入彭家裏舍易小舟入港達其國國人多廣東漳泉人流寓此境土沃人稠地宜稼穡諺云一季種田三季收稻言收穫廣也水多地少人習水戰將領之家始得岸居民卒往往筏居繫于椿杙港通潮汐風俗語言一如爪哇

洪武間有陳祖義者廣東人也挈家逋避于此爲將橫甚摽掠過客永樂間朝命太監鄭和統海舶至有施進者亦廣人也具訴祖義于和和領卒擒之祖義伏誅乃官進仍回舊港爲將進没其女代之賞罰黜陟皆從其俗俗好賭博如把龜奕棋鬭鷄皆索錢其也市亦用中國銅錢布帛之類厥產鶴頂黄連降眞沉水香黄蠟金銀如鈒花銀器黑色間有白色成色高者白多黑少低者黑多白少爇之氣觸鼻莫禁西番鎖里人重之鶴頂鳥大于鴨毛黑頸長腦骨厚寸

餘內黄外紅俱鮮麗可愛火鷄大于鶴頸亦過長軟紅冠銳觜毛如青羊色脚長黒色爪甚利解傷人腹致死食炭雖繫之不死神鹿大如巨猪高可三尺短毛猪喙蹄亦如之三跲秖啖草木不近腥物牛羊猪犬鷄鴨蔬果之類與爪哇同

暹羅

地方千里環國皆山峭拔崎嶇地下濕土疎惡罕宜耕種氣候不常或嵐或熱自占城西南舟行七晝夜方至新門海口入港方達其國王居宮室壯麗民樓居其樓密聯檳榔片藤繫之甚固藉以藤蓆竹簟寢

處于中王乃鎖里人也白布纏首無衣腰束嵌絲帨加以錦綺壓腰跨象行或肩輿金柄傘盖茭葦葉爲之尚釋教國人皆然僧尼甚多其服類中國有菴觀持齋受戒民俗婦人多智夫聽于妻妻與中國人私寢食與同恬不怪也男白纏首衣長衣婦如之乃椎結男年二十陰必嵌珠玉及富貴者範金盛珠有聲爲美否則貧賤人也婚則僧群迎婿至女家僧取女紅貼于男額曰利市陋不可言踰三日僧暨親黨擁

檳榔綵舟送歸乃開筵作樂喪禮富貴者則灌水銀而葬民間則舁屍投海洲有金色鳥數十飛來食之有遺棄諸海曰鳥葬巳而用浮屠教齋事言語與廣東同俗澆浮習水戰常征伐鄰邦市用海𧵅一如錢價厥產紅馬肯的石次于紅鴉忽明瑩如石榴子國西北二百餘里有市鎮曰上水通南居人無慮六百家各種番貨俱有黃連香羅褐連香降真沉水亦有花梨木白豆蔻大風子血結藤結蘇木花錫象牙翠毛蘇木賤如薪色絕勝獸有白象獅貓白鼠蔬果如占城有米酒椰子酒皆燒酒也厥貢蘇木降真香

滿剌加

舊名五嶼以海有此山也東南距海西北皆岸岸連山地瘠鹵收穫殊寡故未稱國隸暹羅歲輸金五千兩否則被伐永樂七年巳丑上命太監鄭和冊爲滿剌加國賜其將領銀印冠服爲王自是不役屬暹羅王携妻子赴京謝恩修職貢上賜舶還其境有大溪貫王宮入海跨溪橋之構亭于上約二十餘楹交易者來集俗尚回回教持齋受戒王以白纒首青袖花袍躡皮履乘轎民間男帕首女撮髻于後其體微黑短衫束腰以帨風俗淳朴民舍如暹羅離榻趺坐業漁刳木爲舟泛海而漁婚喪類爪哇旁海有龜龍患其龍高四尺四足身皆鱗甲露長牙遇之則齧山出黑虎比常虎差小毛有暗花文虎有能變人形者白晝入市群行覺者禽殺之古城屍頭蠻中國舶亦至其地樁木爲栅闢四門鼓樓夜巡以鈴內設重栅有倉庫可貯貨五月中方發舶厥產黃連香烏木打麻香此香乃樹脂墮地成遇火即然國人以當燈及塗

舟水不能入明瑩者若金箔曰損都盧厮可作珥珠名水珀是巳花錫有場山曰樹沙始其皮如葛搗濾成粉可作飯渚生水草曰茭蕈長如刀狀韌堅其子類荔枝大若雞子以釀酒曰茭蕈酒亦醉人葉可作簟席果有甘蔗芭蕉子波羅蜜野荔枝之類蔬有葱薑蒜芥東瓜西瓜之屬牛羊雞鴨罕有驢馬無

啞魯

南連大山北距海西距蘇門答剌自滿剌加水行四晝夜可至有淡水港東連曠野地宜旱稻其俗小民

業耕漁風俗淳朴婚喪禮與爪哇滿剌加同市易用小綿布曰梣泥米穀牛羊鷄鴨甚豐乳酪亦多國皆回回人也厥產飛虎如猫犬長毛灰色肉翅如蝙蝠飛亦不遠有黃連香金銀香之類

蘇門答剌　那孤兒

蘇門答剌者即古須文達那國南連大山北距海東亦連山距阿魯國西距海山連二小國那孤兒黎伐是巴西洋之要會也自滿剌加西南行順風五晝夜可至先有村濱海曰答魯蠻舍舟十里可至國都無

城郭有大溪入海朝夕潮汐海口大濤船至此往往沒溺舊為那孤兒國被花面王侵伐乃出戰敗績中矢而死子弱不能復讐其妻忿而揚言曰能復此讐者我則夫之與共國事有漁翁聞之領兵敗花面王殺之國賴以安王妻德之于是改適漁翁國政聽焉永樂七年王來貢上嘉之十年遣使入其國假子率部衆弒王即漁翁也其子曰蘇幹剌領衆奔棚于峭山時復侵之欲復其讐永樂十一年太監鄭和擒之送京伏法舊王子感激修貢其地氣候朝熱如夏暮涼如秋瘴發于五六月間風俗淳厚言語和媚婚喪服用與滿剌加國同民居亦如之番船往來貨亦充物市用金錫錢金錢曰那底兒重五分交易多用錫厥產硫黃出巖穴山則不生草木土石焦黃地隘宜稻歲兩稔無大小麥依山則種椒園蔓生如中國甜菜狀花黃子白其實初青老則紅半老則采之曝乾每百斤直白金一兩有芭蕉子甘蔗吉柿波羅蜜有臭葉曰賭爾烏如中國鷄頭菱狀長八九寸有剌熱則開瓣五六臭如腐肉酥白十五片甚甘有子可炒

食甘橘四時有綠橘不酸柰久不爛酸子白俺拔如消梨稍長香烈去其皮可食蔬有葱蒜薑芥東瓜西瓜東瓜久留不敗西瓜綠皮紅子長二三尺黃牛多有乳酪羊皆黑毛雄鷄大者七八斤易煑味美異常蚕桑不省繰絲但成錦那孤王一名花面王在蘇門務答剌之西國小僅比大村人皆面故號花面秖千餘家田少稻稀有猪羊鷄鴨服用風俗語言與蘇門答剌同

黎伐

小國也南連大山北際海西距南浡里國東南遠那孤兒國居民有一二千家乃推一人為王隸蘇門荅剌國採舍一聽之言語服用與荅剌同山產野犀甚多

南浡里

國際海東距黎伐國西北距海南連大山山南際海僅千餘家皆回回人也風俗朴實王居類樓高四丈周圍板蔽亦嚴整幽絜下則無壁牧放牛羊之類民居與荅剌同市用銅錢厥產牛羊鷄鴨粟粒少蔬果

豐魚蝦降真香甚妙曰蓮花降真有犀牛西北大海中有平頂巨山半日可至曰帽山海乃西洋也曰那沒黎船皆以此山為指南山下淺水有樹乃珊瑚也大者高二三尺分枝婆娑可愛根可為珇珠器皿依山有居人二三十家人各稱王有問其為誰曰阿孤楂我益王號也問者輙以是對殊可駭笑隸浡里國自蘇門荅剌國舟行三晝夜可至

錫蘭

大海中有翠藍山山有三四高大者曰梭篤蠻自帽山東南乘東北風三日方至人皆穴居不問男女俱裸若野獸然無稻而食芋芭蕉子波羅蜜之類或魚蝦布略蔽身必生爛瘡昔佛度海至此解衣而浴土人竊之佛呪而然葢附會語也俗云赤卵塢此地是巳又西海行七八日見鶯哥嘴山又二三日至佛堂山始為錫蘭國泊舟曰別羅里濱海山麓磐石隱然足跡尚存長可二尺傳云佛足至此也其跡有泉不涸人蘸之拭面目曰佛清淨葢民俗之謬也寺有卧佛榻沉香為之飾以八寶華麗鮮伴佛牙舍利子俱

存于寺所謂涅槃其地是巳又西北陸行五十里始至王居王鎖里人也尚釋重象牛取牛糞灰遍體塗之牛則飲其乳而不食其肉死瘗之有殺者死刑或贖以牛頭金王宮民居旦必調牛糞塗地而禮佛王都大山侵雲石有巨跡深二尺長餘八尺傳云祖阿聃生人足跡即盤古也地廣人稠亞于爪哇國富饒民上裸下帨加以壓腰鬚毫皆剃留髮首布纏之遭父喪則鬚毫不剃女椎髻于後下亦縈白布隱潛飲食不令人見也膳必酥乳濱榔不絕口死者火之而

葬其骨厥産鴉忽有青紅黃三色青朱藍不昔□泥窟没藍石二種出于沙中山被水衝流下則有之海洲日映光浮乃蚌珠氣也爲池濶二三年寘蚌于池有司守之珠可淘取有稻芝麻菉豆無麥多椰子果有芭蕉于波羅蜜甘蔗瓜蔬牛羊雞鴨亦有市用金錢重一分六釐重中國麝香綺縠絲絹青磁器銅錢樟腦厥貢珠寳石

小葛蘭

東連大山餘方皆瀕海王乃鎻里人也尚浮屠尊重

象牛婚喪服用與錫蘭同自錫蘭國别那里西北海行六晝夜始至日食多酥用以和飯市用金錢重二分境土亦小國也

阿枝

東連大山餘方皆瀕海自葛蘭國海行船山西北一晝夜乃至其國王亦鎻里人首纏黃白布上無衣下繋絲帨加以絲段一疋繋之曰壓腰臣民服用稍與王同屋用椰木及葉搭綴當瓦如苫蓋然家造庫藏皆以避火盜人有五等南毘輩與王同類祝髮懸經以線乃貴族一等也回回人二等也富有財者曰哲地三等也牙儈曰華全四等也卑賤者曰木瓜五等也木瓜業漁樵習服荷禁不許服長衣濵海居居簷俾三尺違者罪之上衣不過臍途遇南毘哲地即伏而候過乃起王尚浮屠尊敬象牛建寺範金爲佛青石結座環以溝水旁穿井每旦鳴鍾鼓汲泉灌佛頂數回已乃禮之有曰濁肌者盖優婆夷之類亦娶妻自胎髪不剃不櫛以酥搽辮或十縷或七八縷垂于後牛糞灰塗體不衣而藤束腰白緑四手持大螺常

吹而行其妻秖以小布蔽羞隨夫歷人家覓錢粟氣候熱如夏無霜雪春雨即葺舍儲具逮夏連雨市陌成河比屋不能出入至七月始霽八月望後始晴至冬猶然三月又雨諺云半年有雨半年晴者是巳市用金銀錢金錢九成色曰法南計一分一釐銀錢僅如螺靨曰荅兒計四釐每十五當金錢之一婚喪各以類不等厥産胡椒往往種于圃四百斤直金錢百文銀直五兩珠以分論有米粟麻豆黍稷無麥有象馬牛羊犬貓雞無騾馬暨鵝

古俚

西洋大國也西瀕海南距柯支國北距狠奴兒國海近山遠東七百里許距坎巴夷自柯支海行可三日至距中國十萬餘里永樂五年

上命太監鄭和等賜王以誥命陞賞其將領有差皆冠帶勒石美之王尚浮屠敬象牛人有五等一回回一南毘一哲地一革全一木瓜王南毘人不食牛肉將領回回人不食猪肉昔王與回回誓互相禁食銅範佛像曰納兒佛殿以銅瓦庫傍穿井汲泉浴佛而

禮之取牛糞調水塗地及壁臣民大家晨起亦用牛糞塗地服牛糞灰囊于身每旦水調灰抹額及股謂敬佛也傳云昔有聖人曰某些行教化人人俱服從其些遠適遣弟曰撒沒黎主之弟乃縱誕鑄金犢以諭國人曰此乃聖主敬之有驗人罔不從命牛日糞金人獲其利遂信之不疑某些歸恚其弟誑惑遂毀牛弟恐于是跨象而遁國人猶望其還故敬象牛者以此國事皆央于二將領乃回回人也國人半崇回回教禮拜寺有二三十餘七日一禮至日齊沐謝事午時男女拜天于寺未刻乃散始治他事俗尚信義中國船貨至皆二將領主之遣駔儈議直言定再不易其算法祇憑手指屈伸分毫不謬市用六成金錢曰吧南重二分文二商小銀錢曰搭兒重三釐秤曰法剌二十兩爲斤當中國一斤九兩六錢升曰党憂黎當中國一升六合樂則葫蘆爲樂器紅銅絲爲絃歌樂自和協鏗鏘可聽婚喪禮各以類王老則不傳子而傳外甥無姊妹子則傳弟無弟則傳于有德者古今皆然刑無鞭笞輕則斷手足重則罰金誅戮甚

則没家夷族有罪繫之輒承服不承服則寘其手指于沸油中半餉三日後驗之爛者伏辜全者免罪免罪者將領導以鼓樂還家親戚致賀飲酒西洋布曰撦黎出于鄰邦坎巴夷之屬每疋濶四尺五寸長二丈五尺直金錢八文有色絲間花帨濶五尺長一丈三二尺直金錢百文厥産胡椒亦以園種十月熟富家則多植椰子樹千株至二三千者有之嫩者有漿可釀酒老者可作油糖或飯殼可作杯椀枝灰可煎金枝幹可構室葉可蓋屋蔬有薑芥蘿蔔胡荽葱蒜

胡蘆茄瓜東瓜們雖有小瓜如指長一寸許味美果有芭蕉子波羅蜜木鱉子樹高十餘丈綠囊如柿三四十有米無麥有鷄鴨無鵝羊高如騾灰色水牛不大黃牛則大有至三四百斤者不食其肉取其乳酥喫飲不絕口牛死則埋之畜有孔雀鳥鵝鷹鷺無餘鳥厥貢金絲寶帶金絲如髮結花綴八寶珍珠

溜山牒幹

四面濱海僅如洲渚小國也曰牒幹無城郭依山聚居西距海中有石門如城闕有八大地皆以溜名亦

通舟楫餘小溜無慮三千數所謂弱水三千者是已人皆巢居穴處不識米粟而喫魚蝦無衣祇以葉蔽前後陰舟行遇風一失入溜則水弱而沒溺故舟人謹防之牒幹國皆回回風俗淳厚動遵教門業漁好種椰樹男膚微黑白纏首下紫帨婦人短衫下亦紫帨大帨蔽面目婚喪禮遵教門行氣候常熱如夏土瘠米少無麥市用銀錢厥產降眞香椰皮結繩可貫板成舟瀝青塗之堅如鐵丁龍涎香然之香清直與銀同海叭采而鬻于暹羅葛剌用與錢同鮫魚商之可鬻于鄰國曰溜魚織絲帨甚精緻又織金帨男可縈首牛羊鷄鴨俱有

祖法兒

國瀕海依山東南皆海西北重山自古俚國西北海行十晝夜可至無城郭人皆崇回回教體幹修碩語言朴實王纏首以白細布衣青花細絲帨或織金錦袍穿靴躡履乘轎跨馬前後象駝馬隊成行共吹篳篥鎖捺民間纏首長衣靴履當禮拜日罷市半日長幼俱沐浴盛服塗容體或薔薇露或沉水香薰衣及

體又以爐然沉檀香然後行禮禮既乃散香藹街市半餉乃已婚喪遵回回教氣候常如秋無寒市用金錢重二錢徑一寸五分文以人形銅錢重四分厥產乳香乃樹脂也又有血竭蘆薈沒藥安息香蘇合油木鱉子之類以易中國紵絲磁器其米麥豆粟黍稷麻穀瓜茄牛羊馬騾猫犬鷄鴨俱有山駝鷄匾頸鷄身如鶴長三四尺腳二指毛如駝行亦如駝故喚駝鷄蛇有單峯者有雙峯者人以騎坐肉以市鬻厥貢乳香駝鷄等物

阿丹

國瀕海富饒崇回回教阿剌壁言語性情強梗悍戾有勝兵七八千馬步俱精鄰邦畏之自古俚國舟西行一月可至永樂九年詔中使賜命其國王遠迎謹甚即諭其國人就互市王頂金冠衣黃袍腰寶粧金帶屬禮拜日則易白纏頭以金錦爲頂衣白袍乘車列象而行將領等冠服有差民間男則纏頭衣撒哈剌錦繡紵絲細布等服有靴鞋婦人則長衣頂珠冠纓絡耳金廂寶環手金寶鐲釧足指亦有環絲帨金

銀器皿絕勝赤金錢曰哺嚕黎重一錢面有文紅銅錢曰哺嚕厮市易用之氣候溫和曆無閏以月出定月之大小夜見月明日又爲一月也有善推步者定某日春則花木開榮某日秋則花木彫落日月交蝕風雨潮汐無不驗者民居累石爲壁上覆以磚或土高至于四五尺市肆熟食及綺帛書籍俱如中國粒食多用酥糖蜜製味極精美厥產有米麥蔴豆蔬菜果有萬年棗松子杷欖乾葡萄核桃花紅石榴桃杏之類獸有象駝牛羊雞鴨犬貓無豬鵝羊則無角鎖

垂短毛有紫檀薔薇露薝蔔花白葡萄福鹿青花白駝雞福鹿如騾白首白眉滿體細間道青花如畫青花白駝雞如福鹿麒麟前足高九尺餘後足六尺餘項長頭昂至一丈六尺傍耳生二短肉角牛尾鹿身食粟豆餅餌獅子形類虎黃黑毛鉅首濶口尾稍黑其長如纓聲吼如雷百獸見之皆伏厥貢金廂寶帶珍珠八寶金冠鴉忽等各種寶石地角金葉表文

榜葛剌

地廣人稠財物豐碩自蘇門荅剌國海行見山并翠

藍島西北行二十里方至淛地港更小舟入五百餘里至鎖納兒港舍舟而陸西南行三十五里站至其國有城郭王宮暨大小府寺皆在城乃回回人風俗淳厚男婦皆黑色白者稀男皆祝髮白布纏身圓領長衣仍束絲帨躡皮履王及將領冠服用回回制甚潔整語言榜葛俚自成一家亦有巴兒西語者市用銀錢曰儻伽重三錢徑寸二分面有文以此權物價重輕亦有海𧵅曰考黎婚喪皆回回教氣候常熱如夏刑有笞杖徒流官有印章行移軍亦給糧管軍者

曰吧斯剌兒陰陽醫卜百工枝藝皆有衣黑白花衫縈帨以硨子貫珊瑚琥珀曰纓絡爲佩以硨子爲鐲釧繫臂善歌舞以侑酒筵有曰根肖速魯奈奈者優人也每五鼓時候于將領及富室門吹鎖捺擊鼓已乃次第其家作之至褰時詣各家必勞以酒饌錢貨其餘百戲皆有又以鐵索繫虎行市及人家則解索坐虎于庭裸而搏虎虎怒交撲仆虎數回乃已或手投入虎喉虎亦不傷之戲已仍繫之家必啖虎以肉勞其人以錢蓋虎戲以需財也曆止十二月無閏厥

產紅粟麥芝蘇豆黍稻一年二熟蔬有薑芥葱蒜瓜茄酒有椰子酒樹子酒茭蔁酒以檳榔當茶畜有駝馬騾水黃牛山縣羊鷄鴨猪鵝犬猫果有芭蕉子波羅蜜酸石榴蔗糖蜜布有數色蓽布曰卑泊濶三尺餘長五丈五七尺細膩如粉牋姜黃布曰滿者提濶四尺長五丈餘緊密堅實曰沙納巴付濶五尺長三丈如生羅即布羅也曰忻白勒搭黎濶三尺長六丈布眼踈麄即沙布也以纏頭曰沙塌兒濶二尺五寸長四丈若三棱曰驀黑驀勒濶四尺長二丈背面皆毳絨厚可五分即兜羅錦也蠶絲秪織絲嵌帨亦有絹成錦者布有白者樹皮製成膩滑光潤如鹿皮器有緑𣲖杯盤鑌鐵鎗剪

忽魯謨厮

國瀕海倚山通諸國人故國人多殷富無甚窘者有則衆濟之自古俚國西北海行可二十五日至其國國崇回回教曰五回禮拜必齋沐誠敬風俗淳厚人肌膚白皙豐偉衣冠嚴肅婚喪禮遵回回教

滇載記

新都楊慎編　武林翁立環閱

滇域未通中國之先有低牟苴者居永昌哀牢之山麓（今金齒地）有婦曰沙壹浣絮水中觸沈木若有感是生九男曰九隆族種類滋長支裔蔓衍竊據土地散居谿谷分爲九十九部其渠酋有六各號爲詔夷語謂詔爲王其一曰蒙舍詔（今蒙化府）其二曰浪施詔（今浪穹縣）其三曰鄧賧詔（今鄧川州）其四曰施浪詔（今浪穹縣蒙次和之地）其五曰摩娑詔（今麗江府）其六曰蒙巂詔（今建昌）兵埒不能相君長至漢有仁果時九隆八族之四世孫也强大居昆彌川（今白崖定西嶺）傳十七世至龍祐那當蜀漢建興三年諸葛武侯南征雍闓師次白崖川獲闓斬之封龍祐那爲酋長賜姓張氏割永昌益州地置雲南郡於白崖諸夷慕武侯之德漸去山林徙居平地建城邑務農桑諸部於是始有姓氏龍祐那之十六世孫曰張樂進求遜位于蒙氏考其時葢唐世也張氏或稱昆彌國或稱白國或稱建寧國其年系莫可推詳

蒙氏始興曰細奴羅九隆五族牟苴篤之三十六世孫也耕于巍山之麓數有神異孳收繁息部衆日盛代張氏立國號曰封民蒙氏僞稱南詔實唐貞觀三年也遷居瓏玗圖山（今蒙化）及高宗時遣子入侍朝命授細奴羅以巍州刺史死僞謚高祖又稱奇王子羅晟嗣

羅晟僭立當高宗上元元年至睿宗景雲中姚州蠻先附吐蕃御史李知古請兵擊降之築城置州縣重稅賦因誅其豪巂掠其子女爲奴婢群蠻怨怒引吐蕃攻知古殺之於是姚巂路絕晟猶奉唐正朔死僞謚世宗子晟羅皮嗣

晟羅皮之立當玄宗先天元年立孔子廟于國中死謚威成王子皮羅閣嗣

皮羅閣之立當玄宗開元十六年受唐冊封爲雲南王賜名歸義於是南詔浸强大而五詔微弱皮羅閣因仲夏二十五日祭先之期建松明爲樓以會五詔宴醉後羅閣佯下樓擊鼓舉火焚樓五詔遂滅閣賂劒南節度使求合五詔爲一朝廷許之於是盡有雲南之地因破吐蕃卒爲邊患不可復制既併五詔乃

卜太和形勝左洱水右蒼山山海之交結於子午遂築太和城自蒙舍徙居之立上下二關曰龍首曰龍尾連陷遼川永昌石鼓沙追睒龍佉睒後遣其孫鳳伽異入朝唐授鴻臚少卿妻以宗女賜樂一部南詔於是始有中國之樂死子閣羅鳳嗣

閣羅鳳之立以天寶八年故事酋長謁都督偕妻子行鳳挈家至雲南太守張乾陁皆私之復多徵求鳳怒反攻雲南殺乾陁取夷州三十二陷嶲州獲唐西瀘令鄭回拜清平官（卽共國丞相也）天寶十年夏四月庚寅

劍南節度使鮮于仲通將命致討鳳伽異及段儉魏逆戰于西洱河唐兵死者六萬人仲通僅以身免封儉魏爲清平賜名段忠國以旌之遂臣于吐蕃吐蕃封之爲東帝刻碑國門之外明叛唐非得已也僭國號曰大蒙始建年號曰贊普鐘十三年劍南留後李宓將兵擊之爲蒙氏所誘全軍沒焉唐益發兵竟不能克前後死者二十萬人南詔自是始與中國隔絕矣代宗大曆十四年死僞謚神武子鳳伽異未嗣而死孫異牟尋立僭改元贊普鐘七長壽十一

異牟尋以唐代宗大曆十四年嗣立有智數善撫衆居史城（史城今喜州也）連兵吐蕃入寇唐神策都將李晟擊破之異牟尋懼改城牟瞼苴咩（今大理）改國號曰大理自稱曰日東王僭封五嶽四瀆并立祠三皇廟春秋致祭以國界內點蒼山爲中嶽東川界江雲露松外龍山爲東嶽（在今麻勸州一名絳雲露山一名雲龍山有十二峯皆峭拔其山有共命鳥穴）銀生部日界蒙樂山爲南嶽（在今樂甸又名無量山其山千仞有一殿提在自空中來天帝娶天女處）永昌騰越界高黎共山爲西嶽（在今騰衝一名崑崙隅東臨瀘江西臨龍川左右有平川名爲穹甸草卉貫四叙不周瘴氣最惡冬雪至春方融夏

秋穹甸炎爍商賈愁死癈之諺曰冬時欲歸來高黎共上雪夏秋欲歸來無柰穹甸熱春時欲歸來囊中絕資糧）麗江界玉龍山爲北嶽（在今麗江一名雪山其山九峯雪貫四時玉立萬仞千里望之若在咫尺與蜀松州諸山相接也）以黑惠江瀾滄江路江麗江爲四瀆接點蒼之顚添洱河之水立官號曰九爽三托其地東至於銅柱鐵橋蟠桃玉榆東南至於交趾南至於驃國木落山西至於太石西北至於吐蕃北至於神川東北至於黔巫入方之地屬以入演從中國敎令都曰苴咩別都曰善闡皆中國降人爲之經畫也德宗貞元三年鄭回說以大義令復歸唐異

年尋然之會西川節度使韋皐招撫群蠻尋因求內附而猶結好吐蕃皐乃爲書遺尋叙其歸化之誠辭至吐蕃吐蕃疑之異年尋歸附之志益堅九年上表請絕吐蕃復臣於唐十年自將數萬人襲吐蕃大破之遣其弟獻圖納貢及吐蕃所頒金印請復號南詔唐以其功遣使冊之賜銀窠黃金印王北面跪受之宴使者出玄宗所賜器物指老笛工歌女曰皇帝所賜龜茲惟二人在耳使者曰南詔當深思祖考子孫勿替盡忠皇唐對曰敢不敬使者之命死僞謚孝恒

改元二見龍上元子尋閣勸嗣

尋閣勸以唐德宗貞元十五年立死子勸龍晟立僞謚孝文改元應道

勸龍晟以唐永貞元年立淫虐不道其臣嵯巓殺之而立其弟勸利晟謚曰幽改元龍興

勸利晟以唐憲宗元和元年立死僞謚靖王子晟豐祐立改元全義

晟豐祐以穆宗長慶四年立趫敢善用其下文宗太和三年西川節度使杜元頴不恤士卒有流入蠻境者蠻衣食之由是盡得蜀之虛實與其臣嵯巓遂謀入寇以蜀卒爲鄉道襲陷邛戎嶲三州引兵徑入成都取諸經籍大掠子女工技數萬人及珍貨而還南詔工技文織自是與中國埒矣豐祐乃遣使上表請罪元頴朝廷以李德裕代之德裕保障有方索南詔所掠百姓得四千人豐祐死僞謚昭成子世隆立改元二保和天啟

世隆之立以唐武宗會昌十三年初韋皐開蜀清溪道以通群蠻入貢又選子弟聚之成都教之書數以

羈縻之而軍府不時給其餼須南詔因是不肯入貢及世隆立朝廷以其名同玄宗諱不行冊禮諭令更名謝恩然後遣使會世隆寇嶲州事遂寢世隆乃僭稱皇帝懿宗咸通三年西寇安南四年寇交趾殺虜幾十五萬人留兵二萬使其將楊思縉據之谿洞夷獠皆降五年寇邕州敗還七年節度使高駢大破之復定交趾十年世隆傾國入寇陷犍爲及黎雅嘉三州十一年進攻成都不克引還僖宗乾符元年復寇西川陷黎州入寇邛崍關勝負不常二年攻雅州闖

高駢以西川遣使請和駢發兵追至大渡河殺獲甚衆擒其酋長數十人四年復寇越嶲死於景淨寺自世隆嗣立以來為邊患殆二十年中國為之虛耗而其國亦弊偽謚景莊皇帝子隆舜嗣改元建極隆舜（通鑑作法誤也南詔名皆父子相承世隆之子曰隆舜近是）之立以僖宗乾符四年性好畋獵酣宴委國事於其臣是歲請和許之又遣請和親廣明元年遣宗正少卿李龜年充使中和元年上表款附三年以宗室女妻之後內嬖失道為豎臣楊登所殺偽謚宣武子舜化真嗣改元二

貞明嵯耶

舜化真之立以唐昭宗乾寧四年改元中興上書於唐唐欲報以詔王建言小夷不足辱詔書臣在西南彼何敢犯塞從之立四年其臣鄭買嗣奪之而滅其國追謚孝哀蒙氏自細奴羅至舜化真十有三世立三百十年而為鄭氏

鄭買嗣本唐鄭回之後世為蒙氏清平唐昭宗光化五年既滅蒙氏而自立改國號曰大長和改元曰安國死偽謚德桓子旻嗣立攻蜀黎州王建發兵大破之俘斬數萬級溺死數萬人求婚於南漢漢主以會城公主妻之改元五曰始元曰天瑞景星曰安和曰貞祐曰初曆死偽謚肅文子隆亶嗣立改元天應未幾為東川節度使楊干真所殺鄭氏三傳歷年二十有六而為趙氏

趙氏名善政為封氏清平楊干真既殺滅鄭氏遂拔善政而立之後唐明宗之天成三年也改國號曰大天興立僅十月干真又奪之而為楊氏

楊氏名干真既奪趙氏而有蒙國改國號曰大義寧

改元曰尊聖貪虐無道中外咸怨通海節度使段思平與師問罪干真不能禦走死楊氏立僅二年而段氏興焉

段氏之先武威郡人有名儉魏者佐蒙氏有功賜名忠國擢清平官六傳而生思平思平生有異兆楊干真忌之使人索捕思平逃匿得奇戟于品甸波大村又得神驥於葉鏡湖（在雲南縣正南大波鋪是也）饑摘野桃剖之核膚有文曰青昔思平拆之曰青乃十二月昔為二十一日今楊氏政亂吾當以是日舉義乎遂借兵東

方黑爨松爨三十七部皆助之衆至河尾是夕思平夢人斬其首又夢玉瓶耳缺又夢鏡破懼不敢進兵其軍師董迦羅曰三夢皆吉兆也公爲大夫夫去首爲天天子兆也玉瓶去耳爲王王者兆也鏡中有影如人有敵鏡破則無影無影則無敵矣三夢皆吉兆也思平乃決明旦引兵欲渡莫知所從見江尾一婦被瓔而浣者指曰人從我江尾馬從三沙矣爾國名大理從之得濟既逐楊氏而有蒙國遂改國號曰大理改元曰文德時後晉天福二年也死僞謚太祖傳

子思英立未幾死僞謚文經武緯皇帝國人立其叔思良思良以後晉開運三年改元至治死僞謚 宗傳于思聰

思聰以後周廣順三年立改元三曰明德廣德聖德死僞謚 宗傳于素順素順於思聰未知何屬也

素順以宋太祖建隆四年立時王全斌既平蜀欲因兵威取滇以圖進於上太祖鑒唐之禍基於南詔以玉斧畫大渡河曰此外非吾有也由是雲南三百年不通中國段氏得以覞臨僰爨以長世焉素順十七年改元明正死僞謚應道皇帝傳子素英素英以宋太宗雍熙三年立改元五曰廣明明應明聖明德明治死僞謚昭明傳于素廉

素廉以宋真宗祥符二年立改元二曰明啟乾興死僞謚敬明傳于素隆

素隆以宋天禧二年立改元曰明通天聖避位爲僧死僞謚秉義傳于素貞

素貞以宋仁宗天聖四年立改元正治死僞謚聖德傳于素興

素興以宋慶曆元年立改元二聖明天明以無道國人廢之而立思廉

思廉以宋慶曆四年立皇祐中廣西儂智高掠廣州敗走大理狄青募死士使大理求之會智高已死於大理函其首至京師段氏至是始聞名於中國思廉立三十一年改元四曰保安政安政德 死僞謚世宗傳子連義

連義以宋熙寧八年立改元二曰上德廣安爲其臣楊義貞所弒楊義貞篡立自號廣安皇帝凡四年段

氏臣岳侯高智昇遣子昇太起東方兵討滅之而立
段壽輝（壽輝連義之從子）壽輝立二年改元曰上明傳於正
明
正明以宋元豐五年立改元三曰保立建安天祐避
位爲僧時國人皆歸心高氏遂奉高昇太爲主而段
氏中絶
高昇太有功段氏爲國人所立以宋哲宗之元符二
年立國改國號曰大中國改元上治臨終屬其子太
明曰段氏不振國人推我我不得已從之今其子已

長可還其故物爾後人勿效尤也太明遵其遺言求
段氏餘子正淳立之而段氏復興號曰後理國高氏
世相之賞罰政令皆由之國人稱爲高國主波斯崑
崙諸國來貢大理者皆先謁相國焉
正淳復國改元天授以高太明爲相高太連爲㭬主
遣太連朝宋求經籍得六十九家立十三年再改元
曰開明文安避位爲僧傳子正嚴死僞謚中宗
正嚴以宋徽宗大觀二年立四十年改元四曰日新
永嘉保天廣運避位爲僧傳子正興死僞謚憲宗

正興以宋高宗紹興十七年立改元四永貞大寶龍
興盛明避位爲僧傳子智興死僞謚景宗
智興以宋孝宗乾道八年立改元五曰利貞盛德嘉
會元亨安定死僞謚宣宗傳子智連
智連以宋寧宗慶元六年立改元鳳曆死僞謚享天
傳弟智祥
智祥以宋寧宗開僖元年立改元天開仁壽死僞謚
神宗傳子祥興
祥興以宋理宗嘉熙三年立改元道隆甲辰元兵攻

之高禾逆戰敗死宋遣使祭之祥興死僞謚孝義傳
子興智
興智以元憲宗元年立改元天定壬子歲元忽必烈
將兵擊之分三道進自臨洮經行山谷二千餘里浮
金沙江以革囊濟進薄大理興智及高太祥拒戰大
敗祥興奔善闡太祥就擒不屈斬于五華樓下時白
日當午忽雲起雷震世祖異之曰忠臣也遂虜興智
滅其國段氏自思平至興智二十二主歷三百五十
年

元既滅段氏而有其地得五城八府蠻郡三十有七設大理都元帥府仍錄段氏子姓世守其土赦與智封爲摩訶羅嵯管領八方典智死元季亂中原多故段氏復據之於是有十一總管出焉

一代總管曰信苴段實元中統二年入覲世祖嘉之賜璽書令總管大理善闡會川建昌永昌騰越諸郡以功累授行省參政以攻石城（今曲靖）及仁德府（今尋甸）功錫虎符爲總管

二代總管信苴段忠至元中隨元帥伐西林破會川

通善闡平休林武定緬甸之役皆有功授金齒宣慰兼掌軍民萬戶府

三代總管信苴段慶元封爲宣武將軍妻以公主入朝歸授雲南省參政

四代總管信苴段正

五代總管信苴段隆

六代總管信苴段俊

七代總管信苴段義

八代總管信苴段光時元大德中中原板蕩梁王以元宗室鎮善闡與段氏分城搆隙至大二年梁王大破光兵光將高蓬守羅那關梁王密招之不從乃賂蓬庖人刺蓬以其首獻梁王王并庖人戮之至治元年玉案山產小赤犬群吠遍野占云天狗墜地爲赤犬其下有大軍覆境又時雨鐵民舍山石皆穿人物値之多斃諺俗號曰鐵雨

九代總管信苴段功初襲爵爲蒙化知府至正十二年繼立爲總管癸卯明玉珍自楚入蜀據之分兵四掠號曰紅巾明玉珍自將紅巾三萬攻雲南梁王及

憲司官皆奔威楚諸部悉亂功謀于員外楊淵海淵海卦之吉乃進兵至呂閣敗紅巾于關灘江殺獲千計紅巾收合餘衂再戰復勝殺段氏驍酋鐵萬戶紅巾屯古田寺段氏夕潛火其寺紅巾軍亂死者什七八又追至回磴關大敗之紅巾大呼之曰待明年來復仇時功在戰間得玉珍母寄其子書云爾征南務得之不得輕還軍少糧乏我當添補楊淵海效其書跡易之曰中國兵來急爾宜早歸遂募能入紅軍營者有小卒陳惠願行玉珍得書恐國中有變又新失

利遂急收軍功追之至七星關又勝之而還紅巾旣退梁王深德段功以女阿礚妻之爲之奏授雲南平章功自是威望大著于西南梁王曲意奉之功戀戀不肯歸國其大理夫人高氏寄樂府促之歸其詞曰風捲殘雲九霄冉冉逐龍池無偶水雲一片綠寂寞倚屏幃春雨紛紛促蜀錦半牀閒鴛鴦獨自宿好語我將軍只恐樂極生悲寃鬼哭功得書乃歸旣而復往其臣楊智張希喬留之不聽旣至善闡梁人私語梁王曰段平章復來有呑金馬嚥碧雞之心矣盍早

圖之梁王始啟疑於平章密召阿礚主命之曰親莫若父母寶莫若社稷功今志不滅我不已脫無彼猶有他平章不失富貴也今付汝以孔雀膽一具乘便可毒殪之主潸然不敢受命夜寂人定私語平章曰我父忌阿奴願與阿奴西歸因出毒具示之平章曰我有功爾家我趾自蹶傷爾父尚嘗爲我裹之爾何造言至此三諫之終不聽明日邀功東寺演梵至通濟橋馬逸因令番將格殺之阿礚主聞變失聲哭曰昨瞑燭下纔講與阿奴雲南施宗施秀煙花殞身今日果然阿奴雖死奴不負信黃泉也欲自盡梁王防衛者乃萬方主愁憤作詩曰吾家住在鴈門深一片閒雲到滇海心懸明月照青天青天不語今三載欲隨明月到蒼山悞我一生路裏彩（錦被名也）吐嚕吐嚕段阿奴（吐嚕可惜也）施宗施秀同奴歹（歹不好也）雲片波潾不見人押不蘆花顏色改（押不蘆乃北方起死回生草名）肉屏獨坐細思量（肉屏駱駝背也）西山鐵立霜瀟灑（鐵立松林也）平章從官員外楊淵海亦題詩粉壁飲藥而卒詩曰半紙功名百戰身不堪今日總紅塵死生自古皆由命禍福于今豈

怨八蝴蝶夢殘滇海月杜鵑啼破點蒼春哀憐永訣雲南土錦酒休教灑淚頻梁王哀淵海之才總意欲爲已用見詩痛悼乃厚恤之令隨平章梓歸葬大理十代總管信苴段寶功之子洪武元年嗣職梁王遣矢刺平章七攻大理不克乃講和奏陞寶爲雲南左承未幾明玉珍復侵善闡梁王遣叔鐵木的罕借兵大理時寶已長答書云殺虎子而還喂其虎母分狙栗而自詐其狙公假途滅虢獻壁吞虞金印玉書乃爲釣魚之香餌繡閫淑女自設掩雉之網羅況平章

旣亡弟兄釐絶今止遺一獒一奴奴再贅華黎氏獒又可配阿盖妃如此事諾我必借大兵如其不可待金馬山換作點蒼山昆明池改作西洱河時來矣書後附以詩云烽火狼煙信不符驪山舉戲是支吾平章枉喪紅羅帳員外虛題粉壁圖鳳别岐山祥兆隱麟遊郊藪瑞光無自從界限鴻溝後成敗興衰不屬吾梁王見之恨實入骨平章女僧奴志恒不忘復仇將適建昌阿黎氏出手刺繡文旗以與寶曰我自束髮聞母稱父冤恨非男子不能報此旗所以識也今

歸夫家收合東兵飛檄西洱洟急應兵會善闡又作詩二章曰珊瑚勾我出香閨滿目潸然淚濕衣冰鑑銀臺前長大金枝玉葉下芳菲烏飛兎走頻來往桂馥梅馨不暫移惆悵同胞未忍别應知含恨點蒼低何彼穠穠花自紅歸車獨别洱江東鴻臺燕苑難經目風刺霜刀易塞胸雲舊山高連水遠月新春疊與秋重淚珠恰似通宵雨千里關河幾處逢後寶聞
高皇帝開基金陵遣其叔段眞自會川入京奉表歸款 朝廷亦以書報之見御製文集 時有妖巫女歌曰莫道君爲山海主山海笑諧諧園中花謝千萬朶别有明主來寶數日疾卒子明嗣

十一代總管信苴段明洪武十四年授以宣慰壬戌春正月天兵破善闡梁王自鴆黨屬悉俘明遣都使張元亨馳書頴川侯傅友德西平侯沐英麾下曰大理乃唐交綏之外國善闡實宋斧畫之餘邦難列營屯徒勞兵甲請依唐宋故事寬我蒙段奉正朔佩華篆比年一小貢三年一大貢友德怒栲辱其使明再上書曰漢武習戰僅置益州元祖親征秖緣善闡乞

冀班師友德答明書曰我 大明龍飛淮甸混一區宇陋漢唐之小智卑宋元之淺圖天兵所至神龍助陣天地應符汝段氏接武蒙氏運已絶於元世寬命延息以至于今我師已殲梁王報汝世仇不降何待三月傅沐二將分兵宵緣點蒼顛繞出下關之背先樹旗幟遲明段兵驚潰大軍策馬亂流而濟明遂就擒并其二子仁義至金陵
太祖聖諭曰爾父寶曾有降表朕不忍廢賜長子名歸仁授永昌衛鎮撫次子名歸義授鴈門衛鎮撫大

理悉定是夏六月元普顏篤復叛據佛光寨在鄧州東北
先不華叛據鄧州甲子正月十七日潁川侯傅友德
復自七星關回軍大理平鄧川破佛光寨因定賦法
築城隍設衛堡立學校比於中州列郡焉
逸史氏曰史稱西南夷靡莫之屬以什數滇最大元
封中以兵臨滇王舉國降然皆未有稱也及張氏受
姓後世迭若長者蒙氏鄭氏趙氏楊氏段氏高氏凡
七姓惟蒙段最久故著稱焉夷裔盜名號互起滅若
蜂蟻然不足錄也然至與中夏交綏抗陵疲我齊民

世主甘心焉以無用戕有用是可慨已漢司馬氏傳
西南夷誠有意哉余嬰罪投裔求蒙段之故於圖經
而不得也問其籍於舊家有白古通玄峰年運志其
書用僰文義兼衆教稍為刪正令其可讀其可載者
蓋盡此矣滇僰於三代為荒服漢僰剽分其方雖胡
元兵力勝之而不能守也于今列箐落而郡縣之馴
鱗介而衣裳之華風沃澤同域共貫昭代恢宇前是
孰訖傳稱神農地過日月之表幾近是哉夫分隔之
亂昔如彼大一統之治今若此干羽不警百五十年
探言其故則金匱秘文縉紳罕睹兕荒徼乎余慕宋
司馬氏作通鑑釆獲小說若河洛行年紀廣陵妖亂
志者百二十家法孔子著春秋取群書於百二十國
也因是有感遂纂蒙段事以為滇載記其諸君子祖
春秋而述二司馬氏者亦將有取於斯焉

載記終

閩部疏

吳郡王世懋著　陳王謨校閱

天下堪輿家辨者莫如福州府登行省三重樓北視諸山羅抱龍從西北稍衍處過行省小山坐其中烏石九仙二山東西峙作雙闕其外托則東山高大蔽亏日月大海在其外是謂鼓山朱元晦所書天風海濤處也西山迤邐稍卑狀若展旗曰旗山以配鼓其前則印山若屏為南案似人巧湊泊而成者然猶未覩水所經宿巳登烏石山望則大小二水歷歷在目

大江從西南蛇行方山下南臺江稍近城而行大江復從南稍折而東北南臺江水合之汪洋瀰漫東下長樂入海其山水明秀如此土人猶謂方山稍西俗名五虎迫視有猛勢以為微缺陷處然予謂即東方山而平之亦終不能作天子都何者愈顯則根愈淺愈巧則局愈小

省府之南山曰方山緜亘數十餘里形甚雄偉俗名五虎山數之正浮志言九龍鼻索之又不足

布政司在山上堂後一大樹是榕樟二樹相繆結而生鬱然干雲因為堂以嘉樹顏之余與玉叔俱有詩

福州府布政司前多甃甘泉土人初名曰第一泉第二泉每大比五魁多為泉人所占以為泉讖也改顏曰一福井二福井文理殊未愜然每放榜泉士褎然如故

行省鼓樓高絕云是越王無諸建都處也古蹟多在閩南諸郡稱越王臺者以數計而獨南平之王臺驛最顯驛以此名有越王古墓在第未知是何王耳閩王審知兄節度使潮墓在興泉間

由福之南門出至南臺江十里而遙民居不斷橋跨江中怒石踞立壓舟鱗次亦一勝處也過此山行數十里間荔枝龍眼夾道交蔭丹榴綠蕉疊斐間之令人應接不暇舟渡西峽浩渺洶湧望江勢滔滔赴海擊楫而生壯懷

去省城南八十里而近為靈濟宮即京師所奉二徐真人也本駐兵此地宮亦　勅建至今禱雨者往焉

南十餘里為大田驛其間有流泉水碓豐原美植大是沃壤

由石竹山而北至常思嶺三十餘里間皆福清縣屬特多崇岡壯岳峯骨怒立巒岫皆欲飛舞五虎一臺陡懸數十里外皆奇觀也常思嶺以南山皆南向獻此嶺北拱遂爲閩縣屬水東北流矣二縣所由界也

諸谿合流至水口以東汪洋巨浸大似浙之富陽江經芋原西峽益濶流入長樂大海潮汐上下二百里何異錢塘江而名稱不盛一統志所云南臺江亦此水別支也以南臺一鎮辱之令人稱屈

省府北井樓門出爲連江羅源道與福寧州隣多高

山大嶺行甚嵚崎連江號有人才盡此境而北科甲寥寥矣福寧北與永嘉連西與建安接瀕海多魚鹽梯航之利民富而尠知禮觀風督學二使者所不至也

閩中獨荔枝奇絕龍眼名荔枝奴眞堪作奴耳次則佛手柑橄欖皆中原所無品亞荔枝又有山果名黃彈金扣子羊桃皆異產然味苦不足登俎

柚大而麤柑橘中最下品也福延間多有之花亦奇大三月間開香氣甚郁余嘗有詩云最好南平三月景滿城微雨柚花香

橄欖在芋原上八十里間沿麓樹之蒼鬱可愛甘蔗洲獨多土人雖擔城市貨之頗不登羞

蔗有二種飴蔗節疏而短小食蔗節密而長大凡飴蔗擣之入釜徑煉爲赤糖赤糖再煉燥而成霜爲白糖白糖再煆而凝則曰冰糖美人蕉福州爲多而無蕉實泉漳間如家樹大蕉小曰芽蕉皆能實實後所而絲之是爲蕉布其實大都如吳中所生甘露第彼作瓣有露無實此

囊生纍纍可乾食耳然味甜無韻故不如美人蕉花可供玩蕉花獨盛余廨中以盛冬發一紅瓣上抽絲苗三四月間齊放簇若朱蓮經月不敗大是佳卉

閩地最少楊柳福州城中士大夫園地邊間有一兩株作長條拂地不能拱把

閩地最饒花獨杏花絕產亦一異也

陶方伯嘗言閩中海錯定虛得名丁余恠問何以曰蚶不四明蛤不揚州蟹不三吳余大以爲然蚶大而不種故不佳蛤乃車螯非蛤蜊也蟹之別種曰蟳

吾地名黃甲此名海蟳蔣多此種而蟹乃爲異狀不中食此又一種非眞蟹也歟興化數里河中有蟹形味俱似吳中而土人不之重豈日厭海錯不能別味耶

海錯出東四郡者以西施舌爲第一蠣房次之西施舌本名車蛤以美見諡出長樂澚中閩俗重歲首民間不開正戶慶節後卽相率拜墓挂紙錢一如清明迎春日多陳百戲盛亭臺之飾坐嬰兒高槊上兒皆慣習飲啖自若了無怖懼千夫百騎繞堂皇而出唱呼跳舞勞以曆書惡少輩多舞獿猊求索尤甚卽藩臬長無奈之何士女傳觀塡街塞巷自茲春事日盛尤重元宵十三日始放燈數步一立表一表輒數燈家聯戶綴燦若貫珠如是者至下弦猶不肯撤有司禁之縉紳先生不平見顏色是月也一郡之民皆若狂

端午節尤重競渡所過山溪數家之市皆懸舟以待往往毆擊至殺人成獄禁稍弛復競其俗成不能華也

興化古莆中景物亦大佳第國狹而貧耳江口瀰漫漁舟宿步始見海氣東北多良田廣陂畝直三十金其陽皆山也二十里抵瀨溪道旁多古木穹碑皆先朝大臣彭惠安輩賜葬之所令人肅然興仰止意

興化背太平山而城以壺公爲案兩山皆峭拔木蘭陂出壺公下登城北山望東南大海浮空檣帆皆見

從興化西門行可八十里至九鯉湖其地非獄以夢靈著異也飛泉九疊下滙爲湖漫漫欲過薦門百泉豈以瓌境故爲仙靈所托耶福清縣石竹山亦有九仙靈蹟其山亦宏麗在宏路驛大道傍土人祈夢者以秋往九里湖以春往石竹山石竹山是九仙離宮爲行春治所耶

仙遊縣在楓亭西五十里非祈夢九鯉湖者不入縣楓亭驛荔枝甲天下瀰山被野樹極婆娑可愛士論丹實纍纍驛甚宏壯中庭六株荔子色皆叅天

荔枝以興化府楓亭驛爲最長樂縣次之柑橘以漳州府爲冣福州次之

荔枝名以狀元香爲冣然實不如長樂勝蓋肉厚而

味甘當為種中第一第乾之不能如狀元香風味

閩地頗畜蠱其神或作小蛇毒人有不能殺者獨泉之惠安最多入十里間北不能過楓亭南不敢度洛陽橋云蔡端明為泉州日捕殺治蠱者幾盡其妖至今畏之以橋有端明祠而楓亭僊遊屬端明郎僊遊人也土人之莊事端明如此

自惠安以南山漸培塿以到海脉窮也而特多巨石林立恭累多不可名狀或臥或起恒若位置嘉木蔭之居然園林間景

洛陽橋一名萬安大江中五里石梁虹臥水上蔡端明眞神人也近南岸一山皆大石倭亂時城其上而樓之扃鑰甚固倭不能過洛陽之南晉江虎渡二橋亦稱鉅麗

吳中雖盛有石梁若令見萬安橋必吐舌亦由閩溪中嵩師不知吳楚間有萬石樓船也泉州城大於福北負洛陽江南面晉江倚泉山而城堪輿家謂為三台山八卦水故多縉紳去城東北五里一荒山累累諸墳本漏澤也而名曰官山以泉人發科第者其祖父多葬其上下利後人遂令逝者體勢如鷹

泉州城大而土曠士大夫皆散處余以六月行部人家多依原隰為園林肩輿過其下嘉瓜西垂朱槿榴耀綠柚扶搖於短垣之內丹荔點綴於碧叢之上眞令人目不暇給

泉之南北奇石尤多有名紗帽者有名馬頭者有名鼓者有名青蛇者有名蝦蟆者都如巨靈斧劈五丁負置四十里外一石龜聳坐磐石上宛若斵成遂以名鄉

昔聞長老言廣人種綿花高六七尺有四五年不易者余初未之信過泉州至同安龍溪間扶搖道傍狀若榛荊迫而視之即綿花也時方清和老幹已着瘦黃花矣然不可呼為木棉木棉花者高樹丹花若茶吐實蓬蓬吳中所謂攀桂花也楊用修具載丹鉛以為吳曰雲南露益州有之聞嶺廣尤多不知惠安志已載此樹名為攀桂花楊乃曰斑枝花與吳中攀枝花益三名一物也花品不當綿花僅堪絮褥耳

漳州羅萬戶旦在元末守漳有功為陳友定所殺其

名甚著而一統志不載今載郡志余往來見巨石道傍皆鑿羅萬戸重生父母其爲漳人愛戴如此入泉境兩巨石亦有鐫書一曰攀轅石一曰臥轍石意字俱不雅問知是俞總兵大猷駐兵處其門下人後而書之然俞亦近時名將也

漳州氣候最煖艸木皆先時華余以四月抵郡廨中盛有所植盤飣間頗不乏味祟蘭桂子茉莉薝蔔一時並開荔子蕉黃舊橘新李同案而薦紫茄蔕於陳根王瓜枯爲蘼草誠寰中之異境也

荔枝在漳泉間以四五月熟厥名火山肉薄味酸閩食之能損側生聲價

鷲窩菜竟不辯是何物漳海邊已有之葢海鷲所築啣之飛渡海中翮力倦則擲置海面浮之若杯身坐其中久之復啣以飛多爲海風吹泊山澳海人得之以貨大奇大奇

海味重於天下者稱西施舌江瑶柱泉漳間皆有之而苦不稱美其它鱗介殊狀異態多不可名而最奇者龍鰕置盤中猶蠕動長可一尺許其鬚四條長半其身目睛突出上隱起二角負介昂藏體似小龍尾後吐紅子色奪榴花眞奇種也

泉漳間燒山土爲瓦皆黃色郡人以海風能飛瓦奏請用筒瓦民居皆儼似黃屋鴟吻異狀官廨縉紳之居尤不可辯

晦方伯景熙愛談堪輿家余偶爲言武夷山盆中景耳論奇故當以分水關爲勝景熙擊節賞歎以爲知言此公自論形勝耳然實入閩一大奇也初余夜宿廣信而雨自鉛山行入車盤驛晴且二日矣忽望雲

中挂數峰尖皚皚作白色私自怪豈其有葱嶺雪山而在此地問舁夫云此車盤以東入閩界也余猶疑之登紫溪嶺則已巉巉峻絶舁夫陟巔喘呼作息而分水關正當面出其峰聳削天杪白雲濛之峰頂隱見頃刻萬狀或作茵蓆或作連環或作青螺或作金剪眞天下偉觀也後以詢老妻稚子無不稱奇矣飯車盤易舁夫冉冉徐度背挨踵接如是者十里許皆逆泉聲而上初視山巔松皆作蔚藍色已稍迫視故雪也然尚不自意爲殘雪中人稍上見民家茅舍滴

水心始異之更上則積素鱗集山坳矣山中人言使君大福祿相非度此雪擁不前且奈何分水關巡檢閩屬也遠逕頗言此山之秀能西發費相家抵關下輿回望峰尖尚在晻靄中雲氣勃勃始信前所見果身度之度不能到者此峰尖耳從此迤邐東下山勢皆如龍翔鳳舞水從雲中下墜百千丈輿逐之行琤鏦灌水間彌下彌濶是謂建溪源矣葢以一水分為二山以三山分為二省人從空中作地界何必堪輿家始稱奇也一統志以東溪為建溪大非且云合武

夷諸水更謂東溪從浙之處州來何與武夷古人所詠建溪險者即西溪也今建陽有建溪驛可證

建寧西南瓯有山曰鐵獅從溪南渡歷數招提始至其山左分為赤芝右分為雲際寺曰開元閣曰丹青雲際之上有泉曰陸羽泉之右折而上浮圖巋焉登山北望建寧城長虹跨水萬家鱗集建溪流其下作雷霆聲葢亦奥壤也

建寧行都司是元陳平章友定開府極宏麗初以鼓樓為門今移入二百步許猶朗朗可觀後圍有竹樹池沼臺亭之勝細泉溝流湍為方沼其源直從處州龍泉來抵此始入溪園多大樟皆十許人合抱一樹中空可容五六人坐槎枒下垂儼如巖洞不知為樹也

朱元晦先生祠在建寧城東北甚敞麗以　上命稱闕里其裔孫五經博士家焉青衿將有二十許人合建陽之族可得四百許人

建延之間有宋蔣定夫楊中立羅仲素李愿中朱元晦諸賢及胡康侯劉勉之蔡元定父子兄弟祠屋墳

墓本名海濱鄒魯以此若乃化比文翁文似相如常丞相之為名宦歐陽博士之為鄉先生閩東又首善地也

建寧平政橋跨大溪遠望若石亭近視始見葢施柱高甚上覆視甲橋下石林立險甚輿過其上轟轟恒若霆擊不辯人聲隆慶初溪漲橋崩復建為費鉅萬

建溪之險黯淡灘稱絕去延平五里而遙舟行者多登陸避之余性狎水凌晨直下灘苦無紆曲非長年所畏第水高數尺舟似建瓴波濤奔湧珠絲迸濺入

衣亦一奇觀也灘之上有神宇登宋人疏鑿時所建
耶
閩中諸郡邑大都依兩溪合處爲勝如延平府府之
順昌建寧府府之建陽皆然建寧府治在東西大溪
經城西而南東溪從東北來經南門而西會西溪直
下建陽縣治在西大溪環其東而交溪考亭溪諸水
西夾流經南門而東會東溪直下大都如梓人尺左
右用之耳皆會合有局勢順昌雖合流一從正東一
從來北會於城之西南微少縈抱故不如二建

自邵武之建陽非孔道也然所過六十里間是閩西
最佳麗地原隰夷衍竹樹明疇豐美饒裕邨落相望
煙火不絕夾溪面衢人家時有數百於時二月將盡
躑躅始放梨花未殘海棠金爵盡以樊圃山花野卉
多不可名眞令人應接不暇
自邵武至順昌溪人皆名爲樵水其實非也水名大
溪從光澤以西來甚遠樵水出邵武樵山下細流貫
城中入大溪耳一統志又云紫雲溪今誌亦不載
將樂溪從邵武建寧縣來東流至順昌合邵武水又

東合沙縣水經延平府城西又東合建溪而南下爲
劍津舊傳化劍處也將樂溪甚大城南三華橋長與
建寧平政橋埒溪不名故一統志失之第云孔子山
突出溪中不知竟是何水沙石水源從汀之寧化縣
經清流城下逶迤至永安沙縣始出與順昌水合水
迅灘惡爲閩中第一險處一統志所云沙源是也
邵武山多作石壁下映澄江然著無奇瓌之觀
上四郡大都山郡路皆逐溪行溪中無石子而皆巉
巖大石險惡百態故其地有怒舟而無怒馬舟多三

版薄裝延津而下才有官舟紓行矛戟間有觸立碎
而長年押習終不令敗每當惡灘一瀉目不及瞬亦
一快事也
閩西諸郡大都兩山壁立中行一水亡問巨川細流
中皆悍灘怒石撞擊澎湃其傍隙地壅爲町畝千塍
百圩僅如盤盂又行登頓山麓忽開豁見曠土漫爲
柳塘桃塢便似游子還鄉
福延之間建溪之陰爲尤溪口入可四十里有山童
如銅鐵出焉其陽有民居十餘戶舟人云山谺鑿得

鐵即渡水北鐵乃可爐經宿不遷鐵不可煅余始不然再問知果爾政自難解

閩中水碓最多然多以木櫃運輪不駛急溪中湮激爲之則佳順昌人作紙家有水碓至造舟急灘中夾以雙輪如飛舂聲在舟余戲謂此洞庭賊楊么故製耶

山田薄無糞農家燒山茅候雨至流入田中爲糞以故入春則山山皆火舟中夜望山燒爲奇陸行遇燒山皆童而黑殊乏景趣

閩中大都氣煖春花皆先時放方二月下旬已見躑躅每肩輿行山徑中喬松灌木互相掩映綠波外揚丹崖內聳鷓鴣啼晝畫眉弄舌殊不知巾車爲苦

西三郡水皆朝宗於福自長樂入海獨汀水南行入於潮陽水名從丁南位也故七郡鹺政統於福轉運而汀獨食廣鹽

汀州地大而交於旁省山川之勝多於建延自艮汀以南上杭以東險惡多瘴聞裴太僕云其屬邑永定與漳之龍巖接境處有洞奇甚意此類尚多沒蠻落中不知耳

歸化故無縣成化間割郡之寧化清流與延之將樂沙爲縣至今生聚寥落然境內雅多奇觀余所遊有獅子巖滴水巖而滴水巖爲最勝見余賦中其東接將樂則玉華洞出焉西抵清流則玉華西洞巋然道左蓋其地實靈巧所鍾也

玉華石出將樂然不產玉華洞中近益艱得滴水巖大勝宜興善權洞所不如者善權下有水洞耳玉華洞石色不如宜興張公洞而邃遝可七八里中小洞

幽巖無慮數十滴水成井溢井成河粵王各適無張公偪仄之苦故爲勝之

汀郡小巖可遊者曰霹靂巖朝斗巖蒼玉峽是宗子相徐子與故宦遊處題詠頗多朝斗巖差遠而幽餘皆近城

汀人多種李二月時田園碎白滿野時間紅桃繽紛可喜入延境絕不見李而特多梨花尤壯士殊令人寄情閩中梨稱建陽爲佳產故當不作蒸食

余始入建安見山麓間多種茶而稍高大枝幹槎枒

不類矣中產閩之知爲茶油非蔡君謨貢品也已歷汀延邵愈益彌被山谷高者可一二丈大者可拱把餘以冬華以春實榨其實爲油可鐙可膏可釜閩人大都用之然獨汀之連城爲第一閩之人能別其品

自崇安周八郡驛路三千餘里而遙路皆甃石獨漳泉間稍困剛土耳一望盤紆修潔可鏡擔夫行子屩迹不沾尺土爲工亦鉅矣若吳之白公堤杭之蘇公堤以兩公橫得名耳以數計之蓋萬壽方寸也

閩山之鉅麗者武夷九鯉湖而外邵武之七臺山漳

浦之梁山福清之黃蘗山若[illegible][illegible]也余行部所不至殊以爲恨

閩地陸行惡無若漳之汀水行惡無若永安之沙縣余皆幸舟車不及

建地皆山也而多泉不甚虞旱建溪南輸福人賴之泉漳間山薄無泉海近易洩故其地喜雨而惡旱田中多置井立石如表轆水而灌亦云艱矣每遇天旱開府以下惕惕憂恐蓋漳民饑則易動也然民皆股潮米而食不專恃本土

凡福之紬絲漳之紗絹泉之藺福延之鐵福漳之橘福興之荔枝泉漳之糖順昌之紙無日不走分水嶺及浦城小關下吳越如流水其航大海而去者尤不可計皆衣被天下所仰給它省獨湖絲耳紅不逮京口閩人貨湖絲者往往染翠紅而歸織之

閩山所產松杉而外有竹茶烏桕之饒竹可紙茶可油烏桕可燭也福州而南藍甲天下海錯飴餳實稱利筦

延平多桂亦能多韋福南西鄉桂皆四季花而反盛

於冬凡桂四季者有子詩所云桂子月中落此眞桂也江南桂八九月盛開無子此木樨也

延福以南有竹叢生逾冬柚葫慈竹類也而長刺雲大者拱把吳越慈竹過出其下

粉竹春絲爲佳紙料者美於江東白苧

建邵之間人帶豫章音長汀以南雜虞嶺之聲自福至泉缺舌彌甚南盡漳瀕不啻異域矣然閩西諸郡人皆食山自足爲舉子業不求甚工漳窮海徼其人以業文爲不貲以舶海爲恆產故文則揚葩而吐藻

幾埒三吳武則輕生而健鬬雄於東南夷無事不令人畏也

漳人既業文尤多習射民間儒童每大比歲都蝿集省下覬所謂大績遺才者不得復留以就武試又材官多能操觚伸紙作經生語故牓出五十人大半是漳人也

福州以南橋皆累亭徂以巨石壓之雖重不殺亭亦由水性不平也不然溱陽晋江詎能飛南北二虹

閩中橋梁甲天下雖山墩細澗皆以巨石梁之上施

棱棟都極壯麗初謂山間木石易辦已乃知非得已葢閩水怒而善崩故以數十重重木壓之中多設神佛像香火甚嚴亦厭鎮意也然無如泉州萬安橋蔡端明名幾與此橋不朽矣

地氣莫煖於東南若福南四郡地居東南偏飛霜所不灑故生荔枝水口離郡城稍西北僅兩程許荔枝絕種矣余以盛冬入福州芭蕉葉無凋者解中美人蕉纈紅鮮甚比出過延平已入春而蕉葉始放乃知二百里外蕉無冬葉矣然吳中蕉三月始抽莢視延

津尚遲兩月

閩之南有木焉非檜非栢厥名水杉非竹非稷厥名桄榔皆美植也

榕職木也材不中器爨不生焰至福州始多故以名墟然至漳泉間更多而鈚扶疎旁出根如流蘓下垂着幹即抱負爲一輪囷連拳好作怪狀其根盤地蟺嶒蚪臥恒畝許多根故易茂而難拔不才故寡伐而長壽其自處瘠與道合者居民植之以當堪輿之局鬱行子賴之以爲憩息之嘉庇豈所謂無用之用耶

斷腸草一枝三葉葉大如蔓食之輒死山谷中在在有之民間鬬不能勝服之令妻子扶而之怨家死焉其妻子利之亦不甚禁也怨家富而畏事厚償之去不者亦服以抵償官惡其事爲下令服草死者不給埋錢第令致斷腸草十斤於官而焚之計久而鎖然不能盡除也解此毒者首以客灌之已復灌羊血吐出可不死

鳥之異者曰白鷳鷓鴣八郡皆有之白鷳最有文彩土人不能馴每以飼餵避聞鷓鴣斑而善啼可籠畜

味美閩人爲之語曰山食鵪鴿靡海食馬鮫鯧若白鸚鵡五色鸚鵡秦吉了倒挂諸異禽皆舶海外而來偶一有之非其產也

黑羊皮能療杖創京師艱得獨閩中盛產黑羊白者曠見耳八郡歟汀不產羊每遇祭祀貴價從它郡貿之其餕餘輿隸皆棄而不食生不知有此味也

蠣房雖介屬附石乃生得海潮而活凡海濱無石山溪無潮處皆不生余過莆迎仙寨橋時潮方落兒童羣下皆就石間剔取肉去殼連石不可動或留之仍

能生其生半與石俱情在有無之間殆非蛤蚌比也後漢書蝮魚註云鰒無鱗有殼一面附石細孔雜雜或七或九即以狀蠣房何所不可南蠣北鰒故是造化介生別搆

瀕海諸郡以鱟皮代杓歲省銅千餘斤以蠣房代灰眞石灰乃以配蔞葉檳榔啖珍若食品

鱟之爲物介而中坼厥血蔚藍熟之純白尾銳而長觸之能刺斷而置地其行郭索雌常負雄觸笱而逝或得其雄雌亦就斃

由莆城東門而出此走海道也竟三十里問壺公廷其鉅麗萬玉標其僊秀黃石窮其曼衍塘下一鎮冠蓋所居陂水環迴如玦如帶眞天下勝區也弘正之間人才甲於八郡實鍾斯美嘉靖末城破於倭黃石巨家煨燼砂礫迄今未能盡復士多糊口四方人才從此衰焉二十年後休養生息當還舊觀矣從黃石東行六十里而遙爲平海衛從南行六十里而遙爲吉了巡檢司皆負海而城平海正當大洋東南二面了無障蔽登城東望日下點點一點青爲烏坵倭夷

所經行處也天清時小琉球亦隱隱所見云海風日夜吼山爲震動樹皆西靡殊令人難久居吉了多山戰艦可泊民居稍稠南日寨以收汛時託焉余行海上按視城壘殿最將士皆留信宿頗稱偉觀

莆人於海味最重鱆魚及寄生鱆魚即浙之望潮也形雖不雅而味美於烏賊寄生最奇海上枯蠃致存者寄生其中載之而行形味似蝦細視之有四足兩螯又似蟹類得之者不煩剔取曳之即出以肉不附也炒食之味亦脆美天地間何所不有

莆田青山海濱產小白石狀似杏仁而擘兩瓣腹有文如蠡向無知其異者兵人守青山於沙石中拾之歸試貯之醯碟中兩石離立相對須臾能自動兩相逆合名之曰雌雄石亦曰相思曾得四瓣試之果爾惟醯則行易他物則否竟不解所以志所不載也

海中蟳有冬春間生者蝤蛑類也而色瑪瑙斗殼作猙獰斑斕盡似虎頭土人名之曰虎蟳余以配龍蝦為的對也

蘭以建名而福興四郡尤盛民家無大小皆傳種之

然絶不生山間不知種所自來大都以玉魫為最四季開者為珍又賽蘭蔓生樹蘭木本生其香皆與蘭埒

興化城中有水從西來故而堰之立石紀小西湖三字字遒而有韻太守岳季方筆也岳以閣臣出守故能破文濾行己意然亦被蒳書彭惠安郡人也力明其無祀僅得致仕

山果中有枝葉略似鳳尾蕉者曰山龍眼結實纍纍視龍眼小而味酸山僧取以供佛

天門山躑躅莫盛於豫章僕于安仁境內紅有黃紫二色閩中不逮也然此地紅躑躅赤盛闊野有一種紫者先開多在泉石邊亦甚麗豫章所無也紅䕷蕟豫章復開一種黃者亦此地所聞有

滇茶不賓珠而色鮮好嬌於寶珠茶其大如盤瓣有重臺交覆可當芍藥莆人林大輅中丞宦彼帶一株歸今傳種家有之開時千朵艷發綠葉掩蔽大是佳者

按余記閩部而獸詳於莆以分守所駐地也故以終

焉

吳中勝記

明 華鑰著 林雲鳳校

職方氏曰古者首叙東南揚州之域其澤藪曰具區具區即太湖太湖環吳諸山而控之諸山以湖而益勝一山一勝勝相形而勝遂表於東南矣鵝湖去山百里而近予歸鵝湖之五年乙未八月丙申邀聽天山人載酒泛月湖上戊戌抵吳之行春橋橋九虹蜿蜒百步東引越城橋西跨横山之麓南逼石湖烟霏翠靄流動恍惚即此便非塵境矣橋右有亭亭右

有石湖書院宋參政范文穆公成大之歸隱也書院有文穆田園雜興六十首翰墨流麗風裁可想湖方數里深不盈仞一水北自横塘達湖之南直抵太湖曰越來溪乃勾踐鑿以進兵伐吳者又築城逼之是謂越城横山四面皆横多塢書院乃其東麓麓形如磨曰茶磨嶼下有接待寺右有坎僅架石梁頂生叢竹天光如鏤曰補陀巖巖之南塢有治平寺寺之南崛起如壇蓋郊臺也吳僭王而郊故名又南稍折而西曰楞伽山有上方寺寺有塔塔下有雙泠泉楞□

東南曰褒忠嶺褒忠西塢特起而南曰吳山嶺嶺腰有寺寺有井僧言鑿石得之宋時龜蛇怪見寺以井勝病者汲之多愈故名分水嶺又曰施水院一碑篆龜蛇記甚古記多與僧言合嶺之南曰大尖墩登而望之左田萬頃石湖平窪如掌僧指旁曲稍遠者爲百花洲田以東平漠無際一突遠見爲崑山迤北青烟如抹虞錫諸山也右邇太湖祟巒層擁僧指遠者爲尭峯此去二十里予即命輿而往過嶺三皆窄峻不暇指問及抵尭峯回顧不知所從來矣尭峯有寺

寺有吳文定公匏庵之像王文恪公守溪碑徐中丞仲山墓藏記楊儀部南峯所作僧疏予讀之始知有所謂横山十景今多廢滅景有龍潭曰碧玉沼多産異龜有寶雲井圓逕丈許記云大旱不竭旬雨則雲霧寘濛數里其中白光一渺蓋龍噓氣也至是則吳興雲間諸山隱隱四出南望湖中洞庭東西兩山如帶而近轉顧則獅山入抱而兩阜如毬此外予所欲遊者一覽具得其槩北登妙高峯直一突耳並北一墩如之横山之嶺凡十數嶺各有墩墩如之憎云片

空相傳古藏軍處豈所謂越城荒壘者歟下指多景巖葱然別塢薄暮不可去乃東向白龍洞山西雲氣微黑僧云龍作雨矣風逆不吾及也葬雨數點而止洞口巨石如屏步底有聲僧云其深莫測近塞之洞左攀磴抵觀音巖又一景矣凡此諸峯堯峯獨勝望獨遠堯峯者文恪云或傳堯時有人避水洪荒之世欲免懷襄之害理或然也南峯云此峯最高故名堯也按堯字從垚在兀上南峯近之

巳亥放舟木瀆縱步靈巖之陽遙見塔影土下怪石

叢立有塊然突者有若倚者望者蹲者偃者銳者斬絕者不可名狀者而白路起伏如蛇行達其頂頂則窿然小也其下一溪達太湖則如矢之疾而直也予呼僧道之三里抵韓蘄王墓墓旁立甃數仞石如之御書中興定國佐命元勳之碑其大勒忠武而松莽鬱翠者王之墓也僧曰此山乃吳王與西施遊地即館娃宮也怪石故有異名倚者醉羅漢也望者延勁龜也蹲者駝也偃者飛來石也銳者圓照塔也斬絕者佛日巖也塊然突者西施洞也白路以下嚮屧廊也起伏如蛇百步街也直達如矢採香徑也窿然小者琴臺也臺下有坎浣花池也有圓井吳王井也有八角井智積菩薩所鑿也僧復道之三里抵洞洞當湖口湖口兩山如顧而張太湖吞吐其中湖口之外隱焉來者洞庭東山也馴歷諸石名象寔肖佛日巖字大逕三尺懸勒萬仞殘爍斷碑猶見勑字又見魯國公天官太宰中大夫三行皆宋刻遒異可玩嚮屧諸說葢無所稽矣夫西施者苧蘿山鬻薪之女越王使善相者得之飾以羅穀教以容步習於十城臨於

都巷三年學服而獻於吳吳以亡國如僧所云固其遺臭也又上百磴宛存二井逕各丈有三尺圓者綠萍成蓋清瑩見底角者濁不生萍人多汲之小憩數酌尋登琴臺琴臺叢石平中者也二字古刻深入顯照天日文恪嘗于上下各書吳中勝蹟字表陷異刻苔蘚且蝕矣輿行山陰五里道出井井亭亭刻西涯少師記白巖太宰諸詩皆翰學衡山筆也值井有徑達白樓東閣之先壟壟勢藏容青囊經所謂乘生氣者於是乎在又三里登支硎山一名觀音山山四壘

南峯之南高樹深隱者儀部書院也其號南峯以此峯半有寺新塑觀音像其宏麗從所未覩觀音後石室故有石觀音暗中星星者石色也山之名觀音以此西迎寒泉泉汪平石刻寒泉字逕丈旁有紫霞道人處字至是天平在望層峯拔引陟峻之中石砌坦坦左瞰綠疇搖落萬頃遠岫三四如畫懸堂中右倚陡峻變態無盡高見無量壽佛字餘隱隱見佛字忽夾石嶄削而立僧曰此石門也至是奇麗益闓松益茂門徑益深右謁忠烈廟蓋范文正公先世葬地也

祠及四代尊爲太師與山同久詎偶然哉廟後天平如錦屏入座其峯皆立僧曰此萬笏朝天也登麓麓磴如綴欲墜躋百丈見懸壁刻白雲泉字乳泉一脉深汪幽亭又百丈見劍石刻龍門字危險莫加焉予仰諸顛纔什二耳又百丈見墜石亂下而若留焉又上或止之曰我昔到此見骨聞穢乃止僧曰從迷迷嶺可到其顛顛平數十畝可坐千人是謂天平又歷指高峯曰此雲谷石也此穿山洞也此飛來峯卓筆峯筆架峯小石屋大石室也又曰顛有池甚旱不竭池有魚魚安從生又曰顛峯有石兀立曰五丈峯又有巨石面圓坎如鏡當坎望之全湖在目是謂照湖鏡予笑曰予既聞而知之矣他日挾虎備寬時日猶可到也僧曰秦臺猶可到也予曰秦臺何在曰在右右之峻焉莫登路何在曰在右右之尚遠乃返又明日從鄧尉得文恪詩誦者三慕者三詩曰城西諸峯吾所嘉就中尤愛天平勝亭亭一蓋倚蒼冥儼若端人人自敬獅山奔伏象山廻支硎秦臺皆退聽橫山當面橫作屏背擁蓮花互相映林林萬石相拄撑倚

揷半天嵲不定蹲如虎豹奮攫噬騫如鵬鯨恣豪橫勇如武士力贔屭秀如處女色娟靚我來敬拜太師墳松栢陰森趨一徑忽瞻萬笏森向天直氣噴薄凛猶勁乃思范公立朝時正色危言挂邪佞茲山固合生茲人崧嶽降賢尼孕聖吳山第一稱天平宋家第一稱文正

庚子山人疾作謂予曰穹窿吾登再矣吾僕猶能涉也僕道從側麓側麓童然草不盈尺竅無人蹤飛鳥不過予竊怪之即下從廣道以返但見諸麓廻匝風

氣藹頓疑有吉焉又覺有異香微襲與他山異問諸
僕僕曰異香微襲與他山異也因思越絕書云虫鎮
穹窿山者古赤松子所取赤石脂也在古已然此其
徵歟抵舟則山人之疾且瘳矣遂並輿而登華山華
山卽天池天池在青松綠樹中夷礀廣道連陰以到
前太守胡可泉題其門曰中吳第一峯門以後鏤峯
成室連琢石佛楹牖有至正年字妙奪天巧其碧水
一澄紅蓮青荷浮映水面者天池也華山疑以蓮華
得名卽文恪所謂背擁蓮華也翼路循池而上池上

巳爲人壟矣上鏤天池字甚大睇視之隱有天池舊
字嘉定年書葢勝蹟之遺自不可滅也又石室立佛
如前者二予乃搴衣直攀其顚顧視乂之怪峯競秀
莫可指狀其右際兩石夾立上闕左則上闕而嶬左
後兀然如坐意必有品之者問諸僧僧不應乃下觀
石門石殿石笵皆刻至正年字一石平廣而中坎圓
澤僧曰此鉢盂泉也予笑曰僧乎告其細而忽其大
也何爲天平之名聞而未歷天池之勝覽而無名二
者將孰多乎尋遇諸樵樵曰上闕名天門兀坐名孩

兒石予笑曰怪哉僧也山其有乎物之有主者非夫
人所可有也然則夫人若予焉覽勝而來得勝而去
何莫非僧有也

辛丑登玄墓山玄墓古鄧尉也楊梅梅樹茶棵蓊鬱
數里入山則亭亭數松圍竟丈高四之閒有最高者
僧宿其枝今與僧俱灰矣僧寶峯請見引至祖僧萬
峯之坎吳陽左亘竺山右垂太湖圓當其抱而法華
一橫浮動水面雲影流行程南雲篆題天開圖畫得
其景矣及登佛殿景如坎而中井亦如之井畔犖佇

良乂時霽日當午而寒生足底如零露逼人襟袵欲
濕寶峯曰萬峯闢山凡十有八而得鄧尉改名登蔚
自名時蔚得登蔚之勝者三葬坎佛殿中井也而兹
山之勝於是焉窮洪武初　詔致天下高僧萬峯不
徃必致之乃坐逝因出其衣鉢及畫像自題偈曰這
箇瞎頭陀看伊直甚麼自如啞盲聾勘破佛祖過不
是心不是佛不是物是箇甚麼囫呵呵迸出眼光天
雷大默覺人皆仁現成笑道修行求佛傚囫幻書形
有相身無生無幻本來眞靈源寂默無能覩書相傳

留轉法輪予令寶峯讀之因思異端之害佛爲尤甚爲其近似而大亂眞也斯偈見之矣雖然萬峯知山得勝坐歸寂滅庶幾所謂蜕殻解者雖謂之高僧也亦宜下歷禪堂羅數衆誦佛經籤帙滿座牙錦爛然一五臺山僧主之數衆皆其所給夫五臺遠在萬里而來玄墓之深羅僧誦經良亦苦矣彼惑人者必近村市以爲之招兹惑者也而差異於惑人者也其謂之僧也亦宜晚坐虎山橋橋如行春而勝湖水左右縈繞而不見湖面周水皆田田外皆山涵虚萬頃烟

光四障前塔一錐秀出林表中埠三兩如漚而橋實聯之中橋而坐但見簫鼓歸舟駛水如箭未幾行吟繼之予偕山人遊之橋北清響隔橋如在天外月光寖明淩我座中賦詩盡興而返

壬寅探銅井銅井去光福數里越嶺乃至一谺有水尺許銅青點點浮石者是也三面皆湖環疊數嶺嶺多樹米畝直一金其人朴而訥益别一山林矣返光福寺寺燬唐宇獨存而結搆迥異碑多唐僧書書皆善有唐進士顧士彦書題石斜落而予昂復書之題

曰蒼島孤生白浪中倚天高塔勢翻空烟凝遠岫列寒翠霜染疏林墮碎紅汀沼或棲彭澤鴈樓臺深貯洞庭風六時金磬落何處偏傍葦蘆鷺釣翁宇句交輝當爲光福二絶僧言士容葬宇下施地爲寺五子官皆太守寺左祠之號爲五神而禱祈不絶近山今有顧氏二百餘家某年澗底露銅觀音雩有異靈而寺以起元至千僧今市皆其舍也故傳銅鐘千斤其靈亦異國初籍寺產歸之民寺以二異得免予觀士容詩蓋唐以前塔寺備矣及歷宇有空聲莫得其自

塔左一坎宋人題石曰墨沼蓋士容讀書處也沼畔子昂題石曰觀音泉在寺之後寺之最後即虎山橋橋北一埠偃而復起有東嶽行宮子昂題曰天齊仁智帝殿予弔古以還復坐諸橋引僧而問之光福寺前乃鄧尉之後前逼而高者百步嶺也左疊則穹窿堯峯華山天平支硎靈巖多昨所遊也右疊則笠山騎龍西磧銅井或所未至也右以北則安山安泉剳沙酉里諸山左以北則遮山青山節然無際者陽山也光福隱然中處以山則遠而近也以湖則近而遠

也以流峙則散而合亂而整崟瀰山之東也果如僧言者士容者葬垂千禩陰有尊壞亦有而不私之道歟語有之知者樂水仁者樂山彼樂焉如士容是或一道也

於乎浮圖踞名會襲有巨觀開闢以來山川秀麗自然之輝如在驅御垢也乆矣茲燬者什七八郎有寺多無僧有僧多田而役庬有所謂梵唄羌吟以潤飾其教者予探古懷賢猶耿耿焉而茲其暢矣況乎晴明見遠秋中見月西成在望而樵牧之歌互上下

融融乎天人之際也予嘗聞太湖三萬六千頃環帶三郡有七十二峯美哉區也乃以敝舟疲從日循湖之濱焉而不敢入合諸天平穹窿而愼巳恤下之道於是乎在詩不云乎好樂無荒良士瞿瞿陶唐氏之遺風也

吳中勝記卷終

田家五行

吳郡婁元禮輯　屠本畯閱

歲時占

正月

元日值立春、主民大安、有雷主禾麥皆吉有雪夏秋大旱日出時有紅霞絲貴。喜晴、天微陰東北風主大熟。諺云歲朝東北五禾大熟俗指壬癸亥子之方謂之水門。其方風來。大水。諺云歲旦西北風、大水妨農西南風米貴。東風及南風皆旱。歲時雜記

云五更將杓挿在腰信步行出門聽傷說甚言吉則吉凶則凶　風土記云服赤小豆二七粒面東虀汁下一年無疾。荊楚歲時記云平日投麻子二七粒井中辟瘟。醫書八神屠蘇飲用藥八味入絳囊隔夜挂井中或水缸平旦以酒連囊煎三五沸自幼至長面東飲之免一年瘟疫之疾　換桃符不討火不汲水不掃地　年朝把筆百事大吉

立春風色晴雨雷雪、大率與元日同、看土牛占歲事其釋色本按立春日之干支納音然田家目此占之頗驗頭黃主熟又專主菜麥大熟青春多瘟赤春旱黑春水白春多風身色主上鄉蹄色主下鄉四時占同前

東方朔以新年八日占八事休咎晴爲祥雨爲殃日一雞二犬。三豬。四羊。五馬六牛。七人。八穀是也。

秤水上旬十二日以卜十二月之水旱專取一瓶每朝取水秤重則雨多。輕則雨少。假如初一管正月。初二管二月之類。

穀日俗名上八日宜晴此夜若雨元宵如之諺云上

八夜弗見參星月半夜弗見紅燈　暈月影占水是晩立一丈竿於平地候月光纔有影即量之據其長短移於水面就橋柱或船棚等柱上痕記之梅水必到記所水鄉取影短爲吉　看參星若星在月西約丈許以下謂之參得過。以上謂之太過主大旱在月東謂之參不過主水。

上旬子日占歲事括云甲子豐年丙子旱戊子蝗虫庚子叛惟有壬子水滔滔、只在正月上旬看上旬得辛三日前主旱七日外主水餘平如得壬得辰等日

皆不甚准
上元日晴春雨少括云上元無雨多春旱清明無雨少黄梅夏至無雨三伏熱重陽無雨一冬晴天台術士張寅谷傳 探宮繭以麵作繭蒸之餡内占水旱驗各人流年休咎楊誠齋詩云小兒欲得宮早小女只求蠶事好 爆孛婁燒乾鍋以糯穀爆之曰孛婁花占稻色卜人口皆爆一把以花多斷吉巳上二事縱不甚信亦可爲田家及時之樂 祀紫姑俗謂之坑三姑娘娘以箕插筯就側婦人禱之以卜蠶桑之

事及請壽花樣以求巧若男子見之即退
十六日謂之落燈夜晴主旱又喜東南風水鄉最宜其年低田大熟
二十日謂之秋收日晴主秋成
雨水後陰多主少水高下大熟諺云正月罯坑好種田
月内雷多主人民不好 月蝕粟賤及盜賊多 虹現七月穀貴

二月

朔日值驚蟄主蝗值春分歲歉風正工米貴
初二日東作興俗謂上工日田家雇傭工之人俱此日執役之始故名上工雨主妨農 是朝見冰主旱
驚蟄前後有雷謂之發蟄 雜占云凡雷發聲初起艮主米賤震歲稔巽坤蝗虫離旱兊五金長價乾民災坎主水
初八日祠山誕辰東南風謂之上山旗主水西北風謂之下山旗主旱彼中值西北風人皆泣蓋山田畏旱故也

十二日夜宜晴可折十二夜夜雨大抵二月怕夜雨若此夜晴雖雨多亦不妨 越人陳元義云二月得十二個夜晴則一年雨晴調匀更十二夜中又雨爲水潦年歲矣
春分日占風東主麥賤歲豐西麥貴南五月先水後旱北米貴一倍前後一日内雷主歲稔
十五日爲勸農日晴和主豐風雨主歉
寒食清明前二日是必有雨甚准荊楚歲時記云冬至後一百五日必有疾風甚雨謂之寒食杜詩云寒食少天氣清明多柳花言氣候之常也

月内虹見東主秋米貴。西主蠶貴。十夜以上雨乇水
霜多主旱、虹見一云秋成見收
三月
朔日値清明主草木榮、値穀雨年豐、一云朔内多晴
大旱風雨主人災百虫生雷五穀熟
清明日喜晴、諺云簷頭挿柳青農人休望晴簷頭挿
柳焦農人好作嬌又括詳上元下
上巳即初三日聽蛙聲占水旱上晝叫上鄉熟下晝
叫下鄉熟終日叫上下齊熟諺云田鷄叫得啞低田

好稻把田鷄叫得响田内好牽櫱唐詩云田家無五
行。水旱卜蛙聲。正此謂也　諺云三月初三晴桑上
挂銀瓶三月初三雨桑葉成苔脯又云雨打石頭斑
桑葉錢價難言蠶無准葉條貴也賤也雨在石上流
桑葉好喂牛言蠶損葉無用也
黄姑浸種日、即十六日、西南風主大旱、上鄉人見此
即懸百文錢於簷下風力能動則舉家失聲相弔言
風愈急愈旱故有扐起已浸種之説其應驗緊切如
此

穀雨前一兩朝霜主大旱、是日雨則魚生、必主多雨、
二麥紅腐、不可食用、
月内有暴水謂之桃花水則多梅雨無澇亦無乾雪
不消則九日霜不降雷多歲稔虹見九月米貴
四月
朔日値立夏、主地動、値小滿主凶災、大風雨主大水、
小則小水、晴主旱、老農咸謂此日最緊要、若雨、有重
種二禾之患、
立夏日看日暈、有則主水、諺云一番暈添一番湖塘

初八日最宜密雲不雨、諺云四月初八晴料峭、高田
好張釣、四月初八晴寡寡、鮎魚倒竈下、四月初八烏
漉禿、不論上下一齊熟、　是夜雨損麥、諺云二麥不
怕神共鬼、只怕四月八夜裏雨、大抵立夏後夜雨、多、
便損麥、蓋麥花夜吐、雨多花損、故麥粒浮秕也、
十四日晴主歲稔、諺云有利無利、且看四月十四、東
南風尤妙、家富放債者專看此日、
十六日看月上早無雲紅色主大旱、遲而白色主水、
夜深上大水、有雲主草多、雲黑主有蟹、諺云有穀無

穀且看四月十六又云月上早低田收稻好月上遲高田剩者稀

二十日小分龍晴分懶龍主旱雨分健龍主水東南風分黑龍主旱正南風分赤龍主大旱西南風分黃龍主土下大旱西北風分白龍主大水東北風分青龍主小水

月内日暖夜凉主少水諺云日暖夜寒東海也乾虹見米貴

五月

朔日値芒種主六畜凶値夏至主冬米大貴大風雨主牛貴人飢來年春米貴又云天雨五朔不出一年民大飢蝗虫起諺云初一雨落井泉浮初二雨落井泉枯初三雨落連太湖又云一日値雨人食百草又云一日晴一年豐一日雨一年歉

立梅芒種日是也陰陽家云芒後逢壬立梅至後逢壬梅斷或云芒種逢壬是立黴按風土記云夏至前芒種後雨爲黃梅雨田家初插秧謂之發黃梅逢壬爲是　芒後半月内西南風諺云梅裹西南時過潭潭拼年試看但此風連吹兩日則雨立至　畏雷諺云梅裹雷低田折舍間言低田巨浸屋無用也甚驗或云聲多及震响反旱往往經試才有雷便有雨遏插秧之患大抵芒後半月謂之禁雷天又云梅裹一聲雷時中三日雨　立梅日早謂之迎梅雨一云主旱諺云雨打梅頭無水飲牛雨打梅額河底開坼一云主水諺云迎梅一寸送梅一尺雜占云此日雨卒未晴試以二日比較近年纔是無雨雖有黃梅亦不多不可不知也

重五日只宜薄陰但欲晒得蓬瘡步結切枯病也便好大晴主水雨主絲綿貴大風雨主田内無邊帶風水多也

祀五瘟宜以角黍之類五月爲惡月五日爲惡日也揭門符以辟邪老幼男女皆佩符　飲雄黃菖蒲酒亦辟瘟也

夏至月初主水諺云夏至端午前抄手種年田言田沒人閑也雨謂之淋時雨主久雨　占風南大熱西南六月水横流諺云急風急沒慢風慢沒西秋大雨西北傷北物北山水暴東北主雨米貴東八月人病

東南傷百果、○至後半月爲三時頭時三日中時五
日末時七日時雨中時主大水若末時縱雨一善括
云夏至未過水袋未破諺云時裏一日西南風准過
黃梅二日雨又云時裏西南老龍奔潭皆主旱全不
應蹺風東南必晴諺云朝西暮東風正是旱天公
末時得雷謂之送時主久晴諺云迎梅雨送時雷送
去了並弗回　諺云黃梅天日多幾番顛
喫井水會也在夏至前叫主旱諺云夏至前喫井叫
有車箇恰喫無車箇嘯

鵜鶘一名淘河鵞鶴之屬其狀異常每來必主大水
近至正庚寅五月十八日方梅水漲忽見此怪數十
自西而東衆謂沒田先兆一老農云不妨夏至前來
曰犁湖至後曰犁塗以其嘴之形狀相似湖言水深
塗言水淺今至後八日此後雨腳斷水退矣雖然疑
信不決後果天晴高下皆得成熟若此至前至後便
分禍福雨端可謂奇驗占候者慎之
大分龍即二十日占候與小分龍同
冬青花占水旱諺云黃梅雨未過冬青花未破冬青
花已開黃梅雨不來
月內夏至前田內曬死小魚主水口開即至易過閘
反是虹見麥貴有三卯宜種稻有應時之雨歷法統
宗云五月三卯種稻爲上

六月

朔日値大暑、主人多病遇田主歲多飢、風雨主米貴、
初三日雨難稿稻諺云六月初三晴山篠盡枯零六
月初三一陣雨夜夜風潮到立秋
小暑日雨名黃梅顛倒轉主水東南風及成塊白雲

起至半月舶棹風主水退兼旱無南風則無舶棹風
水卒不能退諺云舶棹風雲起旱魃精空歡喜仰面
看青天頭巾落在麻折裏東坡詩云三時已斷黃梅
雨萬里初來舶棹風正此日也
初六日晴主收乾稻、雨謂之湛轆耳雨、主有秋、　諺
云六月不熱、五穀不結、老農云三伏中稿稻天氣又
當下壅時最要晴晴則熱故也又云六月蓋夾被田
裡無張衹言凉冷則雨多雨多則水大沒田無幾矣
月令云季夏行秋令則丘隰水大禾稼不熟又云快

裹西北風臘裹船不通主冬氷堅秋稻秕又云六月無蠅新舊相登米價平

夏秋之交稿稻還水後喜雨諺云夏末秋初一剂雨賽過唐朝一囤珠言及時雨絕勝無價寶也

月内虹見主麥貴日蝕主旱有西南風生虫損稼諺云秋前生虫損一莖發一莖秋後生虫損了一莖無了一莖螟螽螣賊是也

七月

朔日值立秋與處暑主人多疾風雨人不安

立秋日天晴主萬物少得成熟小雨吉大雨主傷禾齊民要術云晴主歲稔未詳孰是 有雷損晚稻諺云秋霹靂損晚穀大抵秋後雷多晚稻少收非但忌此日 喜西南風主田禾倍收諺云三日三石四日四石 此日服赤豆七粒面西井花水下一秋無痢疾

七夕西南風為金風不要簸颺言無秕穀也星月下女子輩陳瓜果祀天孫織女謂之乞巧

中元日即十五日也薦折生日雨謂之薦折做生日主潦水稻

十六日雨名洗鉢盂雨主荒言十方寺覩每年四月十五日結夏上堂七月十五日解夏散堂此日卽雨故名下年荒必停堂也

月内月蝕應來年牛馬貴虹多主米貴又田禾不收諺曰秋前鬻鬻箇穀米下來秋後鬻鬻箇米上去

八月

朔日晴主連冬旱宜姜畧得雨宜麥一云風雨宜麥主布貴麻子貴十倍又云月以初一要晴唯此月要

雨好種麥 侵晨以瓦器於草頭收露濃磨墨頭疼者點太陽穴勞瘵者點膏肓謂之天灸

白露過火日主蝗虫難種菜 雨為苦雨稻禾霑之則白颯蔬菜霑之則味苦諺云白露日箇雨來一路苦一路又云白露前是雨白露後是鬼其時之雨片雲來便雨稻花是日吐出陰雨則收正吐之時暴雨忽來卒不能收遂致白颯之患若連朝雨反不為災不免擔閣吐秀有皮殼厚之病稼穡之難不可不察

十一日卜來年水旱侵晨或隔夜於無風浪水邊作

一準則至晚看漲主水退主旱平亦少水又主當年好種麥晴尤妙

秋分占風離方凶巽有强盜至震萬物不實穀貴艮多陰雨坎冬大寒乾人多相掠兊民安歲稔坤平酉時西方有白雲起如馬羊者是分氣主年大稔有黑雲相混雜者兼宜麻豆　要微雨或陰天最妙

諺云分了社穀米遍天下言豐稔穀米多也社了分穀米如錦墩言荒秕穀米難得也社同日並田叫屈言荒熟不同也歲時廣記云秋風在社前斗米換斗錢秋分在社後斗米換斗豆越人云社了分穀米不出村分了社穀米如苔鮓然曆家分社或前或後或同日自有定式天下水旱豐歉各處不同由此推之占者勿拘焉　喜雨諺云麥秀風搖稻秀雨澆此言將秀得雨則堂肚大穀穗長秀實之後雨則米粒圓見收數　畏旱諺云田怕秋乾人怕老窮秋熱損稻旱則必熱　怕秋水撩禾諺云雨水渰没產全收不見半

月内雨多主牛貴虹見秋米貴　諺云三卯三庚麥出坊巧言低坑言低田亦可種麥也三庚三卯麥出坊巧言只高田可收也　月大盡主水災并少菜

九月

朔日值寒露主寒温不時值霜降主多雨及來年饑荒有風雨主來年春旱夏水麻子貴十倍風自東來半日不止主米麥皆貴

重九日晴則冬至元日上元清明四日皆晴雨則皆雨又主竈荒括云重陽無雨一冬晴詳上元下　諺云九日雨米成脯又云重陽濕漉漉穰草千錢束

占風色卜來年豐歉西北風茫單口裏風凶東南風石崇口裏風吉　登高避厄　荆楚歲時記云飲茱萸酒以驅疫

月内有雷主穀貴虹見主人災霜不下主來年三月多陰寒

十月

朔日值立冬主有災異晴則一冬多晴雨則一冬多雨亦多陰寒諺云賣絮婆子看冬朝無風無雨哭號哓

立冬日西北風主來年旱天熱、晴過寒諺云立冬晴過寒弗要極柴積又主有魚　雨主無魚諺云一點雨一個模魚鴉　冬前霜多主來年旱冬後多晚禾好○其日用斗量米米若綴在斗上主來年春米陡貴甚驗、

十六日爲寒婆生日晴主冬暖此說得之崇德舉人徐伯和自江東石洞秋滿而歸傳云彼中客旅遠出專看此日若晴暖則但用隨身衣服而已不必他備言極有准也、

月内虹見主麻穀貴月蝕主魚鹽貴有雷主災疫諺云十月雷人死用耙推有霧俗呼曰沐露主來年水大仍相去二百單五日水至老農咸謂極驗或云要看霧着水面則輕離水面則重諺云十月沐露塘瀊十一月沐露塘乾

十一月

朔日值大雪與冬至皆主凶災風雨空麥西風主賊起、

冬至古語云明正晴至又諺云晴乾冬至濕漉年二說相反又云闊熱冬至冷淡年則其意可知初無相關吳人尚冬欲晴故也或云冬至雨年必晴冬至晴年必雨此說頗准　觀雲須於子時至平旦占之有准青雲北起歲熟民安赤雲旱黑雲水白雲人災黃雲大熟無雲大凶　占風南來穀貴北來歲稔東來乳母多死西來禾熟沈存中筆談云東南風謂之歲露有大毒若飢感其氣開年着瘟病又云風色多與下年夏至相對　農桑輯要云欲知來年五穀所宜是日取諸種各平量一升布囊盛之埋窖陰地後五日發取量之息多者歲所宜也、

月内雨雪多主冬春米賤有雷主春米貴冬至前米價長後必賤落則反貴諺云冬至前米價長貧兒受長養冬至前米價落貧兒轉蕭索有霧主來年旱諺云一日折過十月内三日月令云仲冬行夏令則其國乃旱氛氣冥冥雷乃發聲亦此意也晦日風雨來春水少

十二月

朔日值大寒主有虎出爲災值小寒主有祥瑞東風

半日不止主六畜大災風雨主春旱
立春在殘年主冬暖諺云兩春夾一冬無被暖烘烘
至後第三戌爲臘臘前三兩番雪謂之臘前三白
大宜菜麥諺云若要麥見三白又云臘雪是被春雪
是鬼又主來年豐稔諺云一月見三白田翁笑嚇嚇
謝靈運賦云盈尺則呈瑞於豐年又主殺蝗虫子諺
云一寸雪入土一尺一尺雪入地一丈東坡詩遺蝗
入地應千尺
二十四日吳中人家皆祀竈神俗傳竈君將朝天言

人間善惡事祀之祈來善辭語云與其媚於奧寧媚
於竈　昏時鄉人燎火于野名曰照田蚕看火色占
來年水旱白主水紅主旱猛烈主豐萎衰主歉風取
東北爲上
二十五日夜煮赤豆粥大小人口皆食之在外之人
亦留候其歸謂之口數粥亦驅瘟疫
除夜燒粃瓮爆竹看火色與田蚕同意　占風諺云
今夜東北明年大熟　秤水今夜取水秤明朝換水
秤比輕重占法同前　是夜安靜爲吉諺云除夜犬
不吠新年無疫癘相傳其夜有行瘟使者降於人間
以黃紙書天行已過揭於門額
月內有霧主來年有水風雨主來年六月七月內横
水

田家歲時占終

田家五行

吳郡婁元禮輯　居本晙閱

雜占

論日

日暈則雨諺云月暈主風日暈主雨　日脚占晴雨諺云朝又天暮又地主晴反此則雨　日沒後起青白光數道下狹上濶直起亘天此特夏秋間有之俗呼青白路主來日酷熱　日生耳主晴雨諺云南耳晴北耳雨日生雙耳斷風截雨若是長而下垂通地

則又名白日幢主久晴　日出早主雨出晏主晴老農云此時言久陰之餘夜雨連旦正當天明之際雲忽一掃而捲即光日出所以言早少刻必雨立驗言晏者日出之後雲晏開也必晴亦甚準蓋日之出入自有定刻實無早晏也愚謂但當云晴得早主雨晏開主晴不當言日出早晏也占者悟此理　日外自雲障中起主晴諺云日頭趕雲障晒殺老和尚　日沒返照主晴俗名爲日返塢一云日沒胭脂紅無雨也有風或問二候相似而所主不同何也老農云返照在日沒之前胭脂紅在日沒之後不可不知也諺云烏雲接日明朝不如今日又云日落雲沒不雨定寒又云日落雲裏走雨在半夜後已上皆主雨此言一朶烏雲漸起而日正落其中者　諺云日落烏雲半夜枵明朝晒得背皮焦此言半天元有黑雲日落雲外其雲夜必開散明必甚晴也又云今夜日沒烏雲洞明朝晒得背皮痛此言半天上雖有雲及日沒下去都無雲而見日狀如岩洞者也　已上皆主晴甚驗

論月

月暈主風何方有闕即此方風來　新月下雨諺云月如挂弓少雨多風月如偃瓦不求自下又云月偃偃水漾漾月子側水無滴　新月落北主米貴荒諺云月照後壁人食狗食　作窮者易敗果驗　月初始生前月大盡初二晚見前小盡初三晚見諺云大二小三　初五夜裏更半月初八廿三上落半夜十二夜裏天亮月十三四大明月著地十五十六正團圓十七十八正轟喧十八九坐可守二十二十一月

上一更急二十二三月上半闌殘二十四五六月上好煮粥二十七與八日月東方一齊發二十九夜略有上弦初七八九下弦二三四

論星

諺云一個星保夜晴此言兩後天陰但見一兩星此夜必晴　星光閃爍不定主有風　夏夜見星密主熱　諺云明星照爛地來朝依舊雨言久雨正當黃昏卒然雨住雲開便見滿天星斗則豈但明日有雨當夜亦未必晴

論風

夏秋之交大風及有海沙雲起俗呼謂之風潮古人名之曰颶風言其具四方之風故名颶風有此風必有霖淫大雨同作甚則拔木偃禾壞房室決堤堰其先必有如斷虹之狀者見名曰颶母航海之人見此則又名破帆風　凡風單日起單日止雙日起雙日止　諺云西南轉西北搓繩來絆屋又云半夜五更西天明拔樹枝又云日晚風和明朝再多又云惡風盡日沒又云日出三竿不急便寬大凡風日出之時必略靜謂之風讓日大抵風自日內起者必善夜起者必毒日內息者亦和夜半息者必大凍已上並言隆冬之風　諺云風急雨落人急客作又云東風急備蓑笠風急雲起愈急必雨　諺云東北風雨太公言艮方風雨卒難得晴俗名曰牛筋風雨指丑位故也　諺云行得春風有夏雨言有夏雨應時可種田也非謂水必大也經驗　諺云春風踏脚報言易轉方如人傳報不停脚也一云既吹一日南風必還一日北風報答也二說俱應　諺云西南早到晏弗動草言早有此風向晚必靜　諺云南風尾北風頭言

南風愈吹愈急北風初起便大　春南夏北有風必雨　冬天南風三兩日必有雪

論雨

諺云雨打五更日晒水坑言五更忽有雨日中必晴甚驗　晏雨不晴　雨著水面上有浮泡主卒未晴　諺云一點雨似一個釘落到明朝也不晴一點雨似一個泡落到明朝未得了　諺云天下太平夜雨日晴言不妨農也　諺云上牽晝暮牽齋下晝雨嚌

齊　諺云病人怕肚脹雨落怕天亮亦言久雨正當昏黑忽自明亮則是雨候也　雨夾雪難得晴　諺云夾雨夾雪無休無歇　諺云快雨快晴道德經云飄風不終朝驟雨不終日　凡雨喜少惡多　諺云千日晴不厭一日雨落便厭

論雲

雲行占晴雨諺云雲行東雨無踪車馬通雲行西馬濺泥水沒犁雲行南雨潺潺水漲潭雲行北雨便足好曬穀　上風雖開下風不散主雨　諺云上風皇

下風隘無蓑衣莫出外　雲若砲車形起主風起　諺云西南陣單過也落三寸言雲陣起自西南來者雨必多尋常陰天西南陣上亦雨　諺云太婆年八十八弗曾見東南陣頭發又云千歲老人不曾見東南陣頭雨沒于田言雲起自東南來者絕無雨　凡雨陣自西北起者必雲黑如潑墨又必起作眉梁陣主先大風而後雨終易晴　天河中有黑雲生謂之河作堰又謂之黑豬渡河黑雲對起一路相接亘天謂之女作橋雨下闊則又謂之合羅陣皆主大雨立至少頃必作滿天陣名通界雨言廣潤普徧也若是天陰之際或作或止忽有雨作橋則必有挂帆雨脚又是雨脚將斷之兆也不可一例而取　凡雨陣雲疾如飛或暴雨乍傾乍止其中必有神龍隱見易曰雲從龍是也　諺云旱年只怕沿江挑水年只怕北江紅一云太湖晴上文言亢旱之年望雨如望恩纔是四方遠處雲生陣起或自東引而西自西而東俗所謂排也則此雨非但今日不至必每日如之卽是久旱之兆也此吳語也故指北江為太湖若是晚霽

必兼西天但晴無雨諺云西北赤好曬麥　陰天卜晴諺云朝要頂穿暮要四脚懸又云朝看東南暮看西北　諺云魚鱗天不雨也風顛此言細細如魚鱗斑者一云老鯉斑雲障曬殺老和尚此言滿天雲大片如鱗故云老鯉往往試驗各有准　秋天雲陰若無風則無雨　冬天近晚忽有老鯉斑雲起漸合成濃陰者必無雨名曰護霜天諺云識每護霜天不識每著子一夜眠

論霞

諺云朝霞暮霞無水煎茶主旱此言久晴之霞也
諺云朝霞不出市暮霞走千里此皆言雨後乍晴之
霞暮霞若有火焰形而乾紅者非但主晴必主久旱
之兆朝霞雨後乍有定雨無疑或是晴天隔夜雖無
今朝忽有則要看顏色斷之乾紅主晴間有褐色主
雨滿天謂之霞得過主晴霞不過主雨若西方有浮
雲稍厚雨當立至

論虹

俗呼曰鱟　諺云東鱟晴西鱟雨諺云對日鱟不到
晝主雨言西鱟也若鱟下便雨還主晴

論雷

諺云未雨先雷船去步來主無雨　諺云當頭雷無
雨卯前雷有雨凡雷聲響烈者雨陣雖大而易過雷
聲殷殷然響者卒不晴　雷初發聲微和者歲內吉
猛烈者凶甲子日尤吉　雪中有雷主陰雨百日方
晴　東州人云一夜起雷三日雨言雷自夜起必連
陰

論霜

每年初下只一朝謂之孤霜主來年歉連得兩朝以
上主熟上有鋒芒者吉平者凶春多主旱

論雪

其詳在十二月下雪而不消名曰等伴主再有雪久
經日照而不消亦是來年多水之兆也

論電

夏秋之間夜晴而見遠電俗謂之熱閃在南主久晴
在北主便雨諺云南閃千年北閃眼前　北閃俗謂
建北辰閃主雨立至諺云北辰三夜無雨大怪言必
有大風雨也

論氣候

凡春宜和而反寒必多雨諺云春寒多雨水元宵前
後必有料峭之風謂之元宵風　凡春有二十四番
花信風梅花風打頭楝花風打末　二月初有水謂
之春水　二月八日張大帝生日前後必有風雨極
準俗號爲請客風送客雨正日謂之洗街雨初十謂
之洗廚雨　二月二上工故諺元河東西好使犁此
時之雨正是一犁春雨諺云水成田不成人無衣不

成入無水不成田種田不稱水田僅可種豆　立春後五戊爲社其日雖晴亦多有微雨數點謂社公不喫乾糧果驗　諺云清明斷雪穀雨斷霜言天氣之常　東作既興早起夜眠春間最爲要緊古語云一年之計在春一日之計在寅　夏四月清和天氣爲正　必作寒數日謂之麥秀寒即月令麥秋至之後

芒種後雨爲黃梅雨夏至後爲時雨此時天公陰晴易變諺云黃梅天日多幾番顛　諺云黃梅□□楚向老婆頭邊也要擔了簑衣箬帽去　夏至日最

長諺云夏至日莫與人種秧冬至日莫與人打更

夏至日九九氣候諺云一九二九扇子弗離手三九二十七冰水甜如蜜四九三十六出汗如出浴五九四十五頭帶秋葉舞六九五十四乘涼不入寺七九六十三上牀尋被單八九七十二思量蓋夾被九九八十一家家打炭墼　六月有水謂之賊水言不當有也　秋稍凉氣候之正即月令涼風至之候　八月又作新涼諺云處暑後十八盆湯　又云立秋後四十五日浴堂乾　中旬作熱謂之潮熱又名八月小春　十八日潮生日前後有水謂之橫港水　九月初有雨多謂之秋水　社日應候田園樂事並與春社同但景物異耳唐詩云楓林社日鼓茅屋午時雞　早稻嵐晚稻嵐落縵天蓼花水浴車嵐路兩

中氣前後起西北風謂之霜降信有雨謂之濕信未風光雨謂之料信雨霜降前來信前信易過善後來信了信必嚴毒此信乾濕後信必如之諺云霜降了布衲著得言已有暴寒之色　又云暴寒難忍熱難當　水到此必退古語云霜降水痕收　維時酒家

開清諺云香橙螃蟹月　季秋刈穫之忙俗諺云奪金取寶月　冬初和暖謂之十月小春又謂之驕糯穀天此時禾稼已登正是農家爲沉醉佳處詩云一年好景君須記最是橙黃橘綠時　漸見天寒日短必須夜作諺云十月無工只有梳頭喫飯工　又云河東西好使犂河射角好夜作　立冬前後起西北風謂之立冬信月內風頻作謂之十月五風信　諺云冬至前後瀉水不走　至後九九氣候諺云一九二九相喚弗出手三九廿七籬頭吹觱篥四九三十

六夜眠如鶩宿五九四十五太陽開門戶六九五十四貧兒爭意氣七九六十三布衲擔頭擔八九七十二猫狗尋陰地九九八十一犁耙一齊出　十二月謂之大禁月忽有一日稍暖即是大寒之候諺云一日赤膊三日齷齪　諺云大寒須守火無事不出門又云大寒無過丑寅大熱無過未申　諺云臘月廿四五錐刀不出土

論朔日

晴主月內晴　雨謂之交月雨主久陰雨若此□□

綿有雨反輕　風吹月建方位主米貴自建方來爲得其正萬物各得其所晴雨各得其宜

論旬中尅應

新月下有黑雲橫截主來日雨諺云初三月下有橫雲初四日裏雨傾盆　月盡無雨則來月初必有風雨諺云廿五廿六若無雨初三初四莫行船　廿五日謂之月交日　有雨主久陰　廿七日最宜晴諺云交月無過廿七晴

論甲子

諺云春雨甲子乘船入市夏雨甲子赤地千里秋雨甲子禾頭生耳冬雨甲子飛雪千里　一說甲子春雨主夏旱六十日夏雨主秋旱四十日此說益取其久陰之後必有久晴諺云半年雨落半年晴甲子遇雙日是雌甲子雖雨不妨

論壬子

春雨人無食夏雨牛無食秋雨魚無食冬雨鳥無食又云春雨壬子秧爛蚕死又云雨打六壬頭低田便罷休一云更須看甲寅日若晴拗得過不妨諺云壬

子是哥哥爭奈甲寅何若得連晴爲上不然二日內亦當以壬子日爲主　一說壬子雨丁丑晴則陰晴相半二日俱晴六十日內少雨二日俱雨主六十日內雨多近聞此說累試有驗

論甲申

諺云甲申尤自可乙酉怕殺我言申日雨尚庶幾酉上雨主久雨一云春甲申日則主米暴貴又云閩中見四時甲申日雨則　家閉糴價必踊貴也吳地宼最畏此二日雨故特以怕殺二字表其可畏之甚也

每試極準

論甲戌庚必變

諺云久雨久晴多看換甲　又云甲午旬中無燥土　又云甲雨乙拗　又云甲日雨乙日晴乙日雨直到庚　又云久晴逢戌雨久雨望庚晴　又云逢庚須變逢戌須晴又云久雨不晴且看丙丁　又云上火不落下火滴沰言丙丁日也

論鶴神

巳酉日下地東北方乙卯轉正東庚申轉東南丙寅

轉正南辛未轉西南丁丑轉正西壬午轉西北戊子轉正北癸巳上天在天上之北戊戌日轉天上之南甲辰轉天上之東巳酉復下周而復始括云纔逢癸巳上天堂巳酉還居東北方上天下地之日晴主久晴雨主久雨轉方稍輕若大旱年雖轉方天亦不作變諺云荒年無六親旱年無鶴神　巳亥庚子巳巳庚午謂之水主土多是值雨　庚申日晴甲子必晴　丁未日雨殺白風

論山

遠山之色清朗明爽主晴嵐氣昏暗主作雨　起雲主雨收雲主晴尋常不曾出雲小山忽然雲起主大雨　久雨在半山之上山水暴發一月則主山崩却非尋常之水

論地

地面濕潤甚者水珠出如流汗、主暴雨、若得西北風解散無雨、石磉水流亦然、四野鬱蒸亦然、

論水

夏初水底生苔主有暴水諺云水底起青苔卒逢大水來　水際生靛青主有風雨諺云水面生青靛天

公又作變　諺云大水無過一周時　諺云大旱不過周時雨大水無非百日晴言天道須是久晴則水方能退也故論潮者云晴乾無大汛合而言之可見水漲之易退之難也如此　凡東南風退水西北反爾此理蓋只是吳中太湖東南之常事往年初冬大西北風湖水泛起吳江人家皆俱淺水中風息復平謂之翻湖水纔是南風連吹半月十日便可退水三二尺又不還漲　水邊經行聞得水有香氣主雨水

驟至極驗或聞水腥氣亦然　河內浸成包稻種旣
沒復浮主有水

論潮

每半月逐日候潮時有詩訣云午未未申申甲寅寅卯
卯辰辰巳巳午午半月一遭輪夜潮相對起仔細與
君論　十三二十七名曰水起是爲大汛各七日
二十初五名曰下岸是爲小汛亦各七日　諺云初
一月半五時潮又云初五二十夜岸潮天亮白遙遙
又云下岸三潮登大汛　凡天道久晴雖當大汛水

亦不長諺云乾晴無大汛雨落無小汛

論草

五穀草占稻色草有五穗近本莖爲早色腰末爲晚
禾隨其穗之美惡以斷豐歉未必極驗但其草每年
根根相似　茆蕩內春初雨過菌生俗呼爲雷蕈多
則主旱無則主水　草屋久雨菌生其上朝出晴暮
出雨諺云朝出晒殺暮出濯殺　看窠草一名干戈
謂其有刺故也蘆葦之屬叢生於地夏月暴熱之時
忽自枯死主有水　諺云頭苧生子沒殺二苧二苧
生子旱殺三苧　茭草水草也村人嘗剝其小白嘗
之以卜水旱味甘甜主水已來亦未止味鹹氣主旱
已來亦已定

論花

梧桐花初生時赤色主旱白色主水　扁豆五月開
花主水　杞夏月開結主水　藕花謂之水花魁開
在夏前主水　冬青花詳見五月類　野薔薇開在
立夏前主水　麥花晝放主水　鳳仙花開在五月
主水　槐花開一遍糯米長一遍價　豐苦水旱四

等草花雜占云薺菜先生歲欲甘葶藶先生歲欲苦
藕先生歲欲雨蒺藜先生歲欲旱蓬先生歲欲荒水
藻先生歲欲惡艾先生歲欲病皆以孟春占之係江
南農事云

論木

凡竹笋透林者多有水　楊樹頭並水際根乾紅者
主水此說恐每年如此不甚應

論飛禽

諺云鵓浴風鵲浴雨八八兒洗浴斷風雨鵓鳴有還

聲者謂之呼婦主晴無還聲者謂之逐婦主雨　鵲巢低主水高主旱俗傳鵲意旣預知水則云終不使我没殺故意愈低旣愈知旱則云終不使晒殺故意愈高朝野僉載云鵲巢近地其年大水　海燕忽成羣而來主風雨諺云烏肚雨白肚風　赤老鴉含水叫雨則未晴晴亦主雨老鴉作此聲者亦然　鴉日叫早主雨多人辛苦叫晏晴多人安閑農作次第夜間聽九逍遙鳥叫卜風雨諺云一聲風二聲雨三聲四聲斷風雨　鸛鳥仰鳴則晴俯鳴則雨　鵲噪早報晴明曰乾鵲　冬寒天雀羣飛翅聲重必有雨

雪　鬼車鳥即是九頭虫夜聽其聲出入以卜晴雨自北而南謂之出窠主雨自南而北謂之歸窠主晴古詩云月黑夜深聞鬼車　喚鶵叫主晴俗謂之賣簑衣　鸕叫諺云朝鸕晴暮鸕雨　夏秋間雨陣將至忽有白鷺飛過雨竟不至名曰截雨　家鷄上宿遲主陰雨　燕巢做不乾淨主田内草多　母鷄背負鷄雛謂之鷄駝兒主雨　喚井鷄鵝並載五月下

論走獸

獺窟近水主旱登岸主水有驗　圍塍上野鼠爬池主有水必到所爬處方止　鼠咬麥苗主不見收咬稻苗亦然倒在根下主藍下米貴銜在洞口主囷頭米貴狗爬地主陰雨每眠灰堆高處亦主雨狗咬青草喫主晴　狗向河邊喫水主水退　鐵鼠其臭可惡白日銜尾成行而出主雨　猫兒喫青草主雨　絲毛狗褪毛不盡主梅水未止

論龍

龍下便雨主晴凡見黑龍下主無雨縱有亦不多白龍下雨必到水鄉諺云黑龍護世界白龍壞世界

龍下頻生旱諺云多龍多旱　龍陣雨始自何一路只多行此路無處絕無諺云龍行熟路

論魚

魚躍離水面謂之秤水主水漲高多少增水多少凡鯉鯽魚在四五月間得暴漲必散子散不盡水未止盛散水聲必定夏至前後得黃鱨魚甚散子時雨必止雖散不甚水終未定最緊　車溝内魚來攻水逆上得鮎主晴得鯉主水諺云鮎乾鯉濕又鯽魚主

水鰌魚主晴　黑鯉魚脊翼長接其尾主旱　夏初
食鯽魚脊骨有曲主水　漁者網得死鰷謂之水惡
故魚着網即死也口開主水立至易過口閉來遲水
旱不定　鰕籠中張得鱓魚主風水

論祥瑞

兩岐麥謂一稈而秀兩穗也主時年祥瑞又主其田
秋必倍收其家月必驟進又主太平之兆漢史云桑
無附枝麥岐兩穗張君爲政樂不可支　紫燕來巢
主其家益富亂燕與烏燕同類而異凡名曰舍鷀兒

又名黃腰燕子營巢却與烏燕絶不相似余所居村
巷有此燕巢者僅二家一巷之最濕潤者亦僅此二
家又凡燕巢長及大者主吉祥北向者令人家道興
旺更利田蚕也　凡六畜自來占吉凶諺云猪來貧
狗來富猫兒來開質庫　一云鷄來貧蓋鷄之得失
尋常有之何足爲異因猪鷄音相近俗傳之誤昔有
一人言其家主翁召是富室長者忽隣家走　猪入
其猪闌未遠長者取之長者故意妄言多之猪數以
攘其猪其人不敢索而去遂致廢弛富室　破碗上
下作兩截斷而齊者名曰無底碗大吉往往以上截
書古語於其中懸東壁謂祥瑞也　近者一友人云
數年前曾見上洋高仲明家有一無底碗謂其祥瑞
懸之東壁其齊如截愛若至寶不三年其家財貨大
進田連阡陌今則爲當地田戶　凡牛退齒每每凡
不得而知見若有見其齒已脱在口候而得之者大
吉利主三年内大發　猫洗面至耳主有遠親至之
喜　黃昏鷄啼主有天恩好事或有減放税糧之喜
臘月廿五日夜赤豆粥饖豥則三年大發　猫犬

生子皆雄主其家有喜事　三白大吉謂白雀巢簷
白鼠穿屋白魚入舟也　鼠咬人幞頭帽子衫領主
得財喜百日内至　半夜前作數錢聲者主招財吉
鼠狼來窟其家必長吉　犬生一子其家興旺諺
云犬生獨家富足　春初獺祭魚忽有人拾得其遺
殘者食之大吉　鵲噪簷前主有佳客至及有喜事
蛇脱殼人有見之者主大發迹　燈花不可剔去
至一更不謝明日有吉事半夜不謝主有連綿喜慶
之事或有遠親信物至諺云燈花今夜開明朝喜事

來久陰天息燈燈煤如炭紅良久不過明日喜晴諺云火留星必定晴久晴後火煤便滅主喜雨　長墩忽然門內泥土自然墳去聲起成墩者謂之長墩主其家長進余嘗記幼時曾見東郊有一村店始於賣酒營生僅以自巳忽門內泥土自然墳起店主謂其祥瑞愛護不鋤日見漸高家亦日益遂添賣香燭麩麵之類踰年愈高成墩不勝添進入口積蓄米麥乃大興販京果海錯南貨等物無所不有雖百里之外或富室或寺院咸來垂顧動以千緡每歲年及春季月

有數千緡交易長夏門亦如市四方馳名遠近自爲巨富三十年後墩漸平下家亦暗消　凡見鼠立主大吉慶　嘗聞余大父言昔中年一元旦曾於庭前溝口獨見一鼠對面拱立心雖不以爲怪亦謂頗奇因何之曰爾亦知泰來之賀耶其鼠復如揖拜之狀而去大父晚年子孫蕃衍家事從容至老康健壽享八十九歲可謂吉慶矣因以此事問前輩乃云嘗於雜書中曾見此說名曰狠恭鼠拱主大吉慶必有陰德所致而然　巳上數事初非好奇以惑衆皆以目擊耳聞實確可考之言始附卷末以備田家五行中之一事云爾

辯補拾遺凡出入遇合物及犬過橋大吉所謀皆遂錢穀豐盈

雜占終

明月編

太原王穉登撰　鄒樹勳閱

中秋馬汏沙看月記

今歲僕善病自春迨秋經三時猶不可起支離牀間骨柴然而憂不食新也秋暑灼人如炮烙客至者踵相躡而問病之若何則頷之而已然猶日出汗數斗醫師謂公良苦公之客蝟如而竟日不得休請無事我刀圭矣僕請謝客戒門者無納一切長短牘刺至輒覆之更持葳蕤鑰扃其扉然後剝啄聲屬耳益士

賴不堪思遠游以避之而會友人靖江朱君在明以尺一至曰不腆敝邑之陋無足辱車音其幸而惠然臨我則有長江之練若也秋色俄半圓輝漸盈治木蘭於黃田閘遲君矣僕報如命乃卜以八月一日丙辰操單舸而西明日抵無錫之膠山訪安氏兄弟縉卿留客齋頭出楮墨數輩淋漓作書細者如蚓麤者如老鴟傍觀嘖嘖稱好僕𧺝謂諸君嗜痂已甚則皆闃然問茂卿方客金陵桃葉小姬歌水調黯然思舊游又過其叔氏大夫樓中暑益甚頗高木清池消之不者汗成漿數杯而下田間桔槔聲達旦農家爭斗水如救頭然僕中夜爲再起明日舟中盥櫛罷主人請爲山莊之游以筍輿載客從屋後出行田間半里入莊莊在膠山麓大池數百畝蔽以芳渚蕩舟㳂洄作出作沒池盡處登岸更上數百步復一池三倍之二島峙中流鬱然相望不知何人題作金焦僕語主人此措大者當罰飲池水一斛亟詑而額無辱吾滄浪主人言月下採芙蓉波光如紫綺客何不爲三日留僕謝不能初四日抵無錫訪秦參軍子仁子仁治

即[illegible]游一堂甚小行李半之不可坐移坐廡下已而葉茂長來偕覓胡侍御王山人不可得曰與東嘉客游無間日秦方伯陳寧州皆在僕戲問客孰何而多長者之游夥不其洸洸者與少焉秦方伯來訪邀游慧山辭不往明日乃偕寧州諸君往登其舟客輿而至者王舉人景純都門舊知也其伯父觀察公開府於此僕笑語王君東嘉者子邪安得不驚座問從何方來舉其故繻知文戰而北是日初五暑甚爇黃氏之別墅環慧山而墅者臺池林館相望矣而黃氏

檀其勝酒半月未生移席舟中待之煙霏薇水夜泊南禪寺夢既醒猶聞諸君隔舫呼盧聲旦起別王君君遂東矣而養和邀游寶界山養和者復一王君也寶界是其家山治樓船載酒浮五里湖以湖中雙撓撥帆牽舟而行既至魚梁當門曰蓮花渡青葉田田花高於葉如紅粧美人立翠盤中舞臨湖者亭名混混稍上一闕為魚步去魚步而近長松八九樹雲柯龍鱗壘石高盈尺設石須彌座於松根曰松塵壇樹皆栟櫚松桂篔簹數百個檀欒蔽日如行幽谷中輿夫履層擇菽菽如驚蛇升其巔月浮出松頂如鉤松風醒酒酒頫飲不醉坐彌臺當松缺處風益甚炎歊洗如亭榭數處青靄蒼然不可辨主人一一名而示客更指前太白一峰曰此下太湖芙蓉七十二可頫而數也僕拊沾甀謂主人盍留此俟客之東乎夜宿舟中荷香着人如中酒行三十里枕席猶絪縕初六夜宿江陰黃田閘閘以楚春申君歇得名歇封吳圭田於此今不勝黍離之歎月沈霧中氣昏然問朱君木蘭俟客失期前三日歸矣詰朝買舟渡江未半有

兩龍下垂一蒼一白亭亭若車輪不見頭角黑雲乘之如墨雨微作風起歘蕩江波皆沸舟人落其帆半握手令勿驚然其面如土矣僕立舷間望雲氣鴻濛東行意梁溪間當獲甘澍盈尺是日也雷擊惠山之浮圖木碎如札江中去錫三舍耳乃寂然雷聲信百里哉朱家輿人候之江滸行未半在明出道傍擔輿握手而步曰龍戰而涉江得無戒心乎僕謝亡恙此屬蝘蜓么麼不足負吾舟相與抵掌過其家見顧朗生朗生亦慰勞僕憊極覓高枕臥松齋中聽風聲颯颸則悞以為江濤拍艦不寒而栗久之在問在行來士獻亦來明日在充在止偕來坐久暑甚脫帽裸袒就地眠扇不去手尚偃偃不勝皆別去暮訪在問初九日同在明訪士獻又訪在行在止後入城訪在充先過沈居士家門廬雅潔荳棚瓜地悉楚楚解衣坐大蔘菴几榻莞簟經函鶴樓酒鑪茶簏藥籠之屬靡一非湘筠所為斑然可玩去飲在充家持牀留宿盆荷紛敷黃者尤灼灼在明別去夜雷雨快涼明旦朝餐罷別在充復之在明所夜坐溪上月出皎然門樹

皆綠游魚唼藻撥剌不休與朗生輩銜杯甚樂十一夜過容與園園去在明家南行不一里新鑿曲池繚萍覆之取土爲壠爲臺與樓觀之址突兀陂陀薇以修篁數百秋花映竹娟娟有態月中花竹影扶疏張幕而坐坐倚四角使不礙月農歌徧野與清商相間在明指揮四顧此可亭此可廡此可重屋累甍此可左右披此可長廊與複室跨飛梁如虹蜺往來也異時諸君過我者不平原十日不歸矣僕笑主人見彈而求鴞炙皆大絕倒此園中玩月庶幾可者而恨乏

遠觀在明誇其眺臺甚以爲九江三楚在目前矣明夜力疾而登臺在快閣前可羅十胡牀四周朱欄遶之凭欄跂足僅可望隔江山耳是夜月尤朗綠煙香霧濕人衣僕語在明月不浮江觀者尋常月哉明夕爲十三碧漢澄然星光皆避月不見衆交口如此月也而齋閣窺不兒女子態乎主人獨不言而供其聲音無不預戒以一艅艎載客一載騶奴廝養渡大江中流客舟矴不動他舟揚帆入煙霧作軍中樂笳鼓競奏黃頭輩雜以棹歌疑乃伊謳長風吹聲入雲漢

或斷或續二三君單絞立而浮白望月出海門紅霞繚之如赤城其下波濤爲水銀色光射人不可睨視僕拍在明肩指此何似桃花林中水精殿衆皆擊節在明力疾飲獨豪與朗生對壘觴爵轟然酬無算頻項羽破章邯鉅鹿下在明士獻時時肉薄仰而攻之不受敵者但僕耳顧覓一巵酹嫦娥曰此曹酒人惡知清光者徒以麴糵戰波心金奏肆夏而驚水府有如天吳海若支無祈等睨而駭曰是欲燃犀我也公輩不念垂堂乎莫不竦然朗生揖客休矣捫鴟夷之

腹且枵於是諸人皆承響而回入門月方午憊甚魚貫眠屋下花影淋漓滿身在明畏暑不能眠嬲客良久乃去十四日大暑礎潤緜几沾漬不可凭雷殷殷欲雨暮更鬱蒸人望月者如渴呼酒坐松齋待之涿唐人松際露微月清光猶爲君歎其佳絕僕揶揄諸君能賦此者當以清光酬之不然須借管絃吹開耳僮子取長笛奏桓生三弄復歌宛轉音調殊絕惜餘霞五色滓穢太清不堪作纏頭錦柰何已而雲漸收月濛濛照席上都無昨宵晶熒瑠璃屏風掩夜珠差

堪解嘲夜臥枕上聞簷聲迨曉雨闌干不止諸人氣奪爲中秋扼腕或舉貝葉書稱鈇陷世界故應爾那得揚州鶴哉僕漫言此雨洗廣寒殿中塵欲令玉兎見秋毫也今夕漏下而無月者請如金谷數觴我月則觴諸君倍之矣在明甚訝客奈何孤注若此爲具於拙園酒肉相屬長廊數十楹懸燈火其中如明河斜傾珠斗錯落園中高檜成列大者兩人圍之不合離根阡陌井如稻花香氣撲樽罍客歌天田何所有歷歷見白榆未竟從者呼月出皆翹首東望明鏡爛

然飛出柳梢間光燭地如雪僕顧謂君王生語云何豈有酖人羊叔子者令童子鼓柘枝呼美人交斝罰客不能則踞而爲生結韈履舄交錯聲嘈嘈不知貴主人淋頭酩幾斛矣衆賓既去在充與僕對牀不雜卽而起曰掃孤山一片石待君僕業已許在問矣然則客一而辱主人者二乎明生云蠶則績而蟹有匡弟酒而兒佐之豈非二也乍辨色與明生在明並輿而東十五里行野田中山漸遍厥土漸高用漸狹不宜稼荳落而爲箕臥壠上短若香草吉貝數本一花

花小於常三錢不供杼軸而其里貧可知也至山下捨輿而登山巓一殿其神冕旒殿後亭名觀瀞蕭然四壁在充在問皆坐而待遠眺海門湯湯如盂諸虞山之雲近在几席狼山如聚米可掬也日已逼下舂客有饑色在充斫巨鱗噉而飽先去僕與諸君卧俟月升命輿夫持錢鎛薙草除地盡一架裟望若芝菌浮者黃雲層疊而與雲際光財一綫未踰時月瀲灧滿山矣江流遠縣若蒼玉帶圍寒潮可染稱也朱君伯仲問茲山云何而客言嶠嶁哉僕詆此一丸泥不

足封函谷奈何誇我尉陀安知漢大者問酒餘幾斗尙可拍浮至夜分僧廬饒蚊虻不可宿則皆扶而下山譙鼓盡二撾始達在明家輿夫行莽中疾如飛既至皆牛喘吐氣如蒸彼夫非人與井丹致慨於人車固其宜也僕倦游告主人欲東还泰參軍主人留客苛於陳孟公尙書期且不顧何物參軍能奪朱家客乎夜飲江雲樓竹影霏霏入破牕月光皆碎於是哉生魄矣在明言吾邑盎有李時可俠也時可名鳳勝國人通儻喜結客客曰楊維楨寂嶽嶽矣時可能折

其角與之之游維禎挾四青衣浮江過其家時可訪之舟中舟中之器黄金犀毗相半也維禎氣岸然乃時可燕客櫻桃下瑪瑙作斝紅氍毹覆之三數麗人行酒並絕代以赤玉杯盛脯白玉斗盛漿皆盈尺維禎爲色動後賞蓮花水精爲食牀空其中置金鱗翠藻食器皆南越秘色磁其豪侈如此　高皇帝下江南時乏軍興貸粟萬鍾者再猶懼不免浮家去之琉球或王扶餘如虬髯者未可知相與嘖嘖歎其骨猶香僕謂水精食牀最宜月耳柰何朱君獨亡有然文勝時可者十倍也在明謝不敏主人何敢當李君維禎過乃公公執牛耳矣僕甚慚其言十八夜士獻來相邀士獻者在明猶子其先府君官記室以計然筴起家最善僕與在明隔墻東面居雨乍霽積潦盈庭躡屐而過月太糢糊不可人士獻綱魚剝棗極甘脃而亭客咄咄阿咸哉十九日雨淙淙不堪涉江客心如懸旌晚晴燭既跋月始出似來時半輪覩月思家益甚竟夕不能寐明旦篝火治裝朗生病甚强下牀送客爲之悽然在明送僕渡中流指龍見處是日微

波鱗鱗如縠紋瞬息達江陰矣童子丞聞下買舟僕與在明入城訪黄君吉甫坐池上酌吉甫性緩不耐掃除林亭園中徑荒松菊無色顧怡然不問叔度汪汪千頃邪對之可當佩韋舟人告潮平乃別別在明士獻附舟至月城乃別乘潮泊青陽行三十里始見月漏下踰十刻矣二十一日至無錫王鴻臚乘傳從東方來介子仁附而去解維將宿新安會王山人伯穀至自金昌與原荊偕來訪邀登西來閣原荊指伯穀曰爲此君一日留不可則又指其儈曰投足下轄題此閣爾去也愈不可則又指養和而譆曰公子以麗人來坐海天閣磨隃麋一斗而進之客腸非金石能投筆而去乎僕笑而可矣明日不俟主人艤舟綠蘿菴下命舟師悉去舩牕當風寢比起午炊熟僕悞問童子此走邯鄲道哉諸君挾麗者至悶飲乎無則對以黄粱夢覺矣麗人者故太史曹公家妓曹公在時携而坐僕齋頭歌稱是十二樓中第一聲未嘗不歎侯門如海今流落人間與孟嘗門客俱散對而欷歔者半晌酒未行先索墨題西來曰爲世尊書一切榜

者嘗焚衆妙香合掌作禮而後筆可下也何得紅粉涸乃公諸君謂老居士如維摩詰天女散花生筆耳書罷諸君分曹爲探鈎負者歌而酌之大斗無得稱飲亡何公等不見曹公乎今安在生時不飲而留此如銅雀臺上妓與他人樂少年吾輩更俟河清耶既而一客負麗人唱梁州聲嬝嬝如笙簧不似從喉間出每當闋則低其聲以亞之音極凄婉不知霓裳羽衣今安在遂作廣陵散乎無也此豈其遺響與於是無不願爲麗人醉者惟恐其不貧也凡歌艷陽月掛

塔傍僕攢伯熙袂起曰夜何其而尚歌恐令彼姝者而煙出其口中邪客盡酩酊不能別舟宿南門門作啟遣奴將茂長行李來載而俱東舟中熟如甑抵家雷雨大作又三日別茂長檢詩共若干編并紀游之次第王生曰吳人所稱玩月者獨先虎丘僕爲兒時未嘗不登也比長稍厭去以爲似酒胡家耳後蕩槳橫塘石湖間而後月之佳又最後得虎山橋重湖之浸其光如連環無所不屬則大誇賞謂得月之多者莫踰此乃茲涉大江而後啞然驚矣夏蟲之不可語

水猶是夫以井窺者而可論月乎禪蓋有水月觀焉一水一月千水千月敦龍盤盂之器潢汚行潦之流梅而至於滄溟渤澥弱水流沙之浩渺無窮無非水無非月者至於無水無月而觀者止矣無水無月之觀不如無水之水與無月之月之觀之爲解也無水之水無月之月之觀不如所以無水所以無月之觀之爲解也嗟乎此不墨氏糟粕之餘乎若夫滄溟渤澥弱水流沙之水之月而僕與諸君安得坐而攬之曾謂此江之不衣帶與鄒子言九州之外復有九州信然哉

閏中秋毘陵看月記

從黃髮而問皆不識閏中秋中秋不恒閏也日者卞英廟至今而所更中秋之閏者三耳嗟夫不誠難遇矣哉蓋僕以前中秋玩月靖江矣月下問諸君閏而復月當奈何衆謂下足下望蜀巳甚寧能一歲兩中秋而月亡恙者月則人人自觀耳若而人倘安得把臂乎僕淒然感其言後八月十日周太學汝賢自爛溪來僕留之坐指壇前松樹曰今夜清光爲君矣汝

賢不許以叔氏左軍公至須其至共醉足下未晚也是夜月不甚佳明日左軍錫臣張文學鳴敎借來飭僕經會堂覓汝賢不可得僕謂左軍月漸佳而足下傴僂賓人前艮苦嫦娥不笑子哉人生能遇中秋幾何况一歲而兩因舉昔游諸君言左軍謂吾長揖二千石遂當西耳出關無復故人公能送三舍乎前驅至慧山汲新澗一石祖我何所無月何所無客而徙沾沾談二三君者已而華鴻臚存叔人來言知公之將西也請爲半日留噉尊生齋頭脫粟飦歸舟與子

偕矣僕召舟人移衾枕廚人設雞黍兩俟之明旦起視日表過午而華君不至者遂行無失左軍期乃旦日且夕華君竟不至移舟訪之其舟中人出告主人方飲杜後惠文家送雞黍於其舟而去曰吾爲而主設也索左軍舟已先發亟從間道自射瀆蹋之不得物色北來人知已出關趣舟人笮而前邪許甚駛天漸暝望見滸墅燈火相屬關法鄖受水衡錢日幾緡既滿數即楗其關日高舂而後啟非衣繡者無得夜行舟至關適閉僕搔首問童子計安在乎則皆曰如

窒而後知進掖者之不如鴈門太守賓也關外左軍舟艤而待相望如河漢然雨過浮雲盡斂月光射船牕撩人不能寐俄一關吏手鑰前趨蒼頭數輩尾之遮道而呼鴻臚來僕意爲存叔也問之果然過其舟存叔方夜飲指筵間供具曰足下遺我者非足下我不敢先僕語此鴻臚具耳僕饌茅容也而安得若此相顧大笑呀僕之行遲豈無雞鳴者出客而欲驥尾我乎則又大笑關既啟方舟而進使偵左軍舟坐客皆滿相開而過之存叔催夜發而僕有難色也曰樓

船旗鼓而虞綠林輩哉公家青氈亡足當偷兒顧者僕言有則煩君一詩以免然月如此不雨蕭蕭如博士時無勞賦江上相逢爲也更爇燭呼酒飲問已過望亭起視船頭明月光若數萬黃金蛇浮湛波中誦野棠流水之篇爲之黯黮別華君還舟宿枕上聞水聲潺潺知夜行不休曉視舟泊處已蓮梁溪鴻臚遣人留午炊謝之而去艤楫城下趨左軍卅人及僮輩鼓枻者竟夕矣目睛赤如火齊琲則皆相枕籍臥舡聲又如雷也僕坐舟中作書寄都門故人凡數尺一

既畢則呼童子起起猶垂首而鼾曰寧逢闞吏勿逢鴻臚矣不覺失聲已而錫臣舟至捲簾呼曰柰何捨我而先哉問汝賢諸君鷁首皆東張君扣慧山之程幾里雲幾重松幾樹泉幾派蘭若幾百楹有翠微之宮可憩罘罳可望月乎無也盍君尚未識慧山耳則勸左軍且勿前而爲張君游晚泊北門迎潮館下此地卽故蓮蓉湖今爲田者十九然猶巨浸蒼茫水及慧山之趾是夕十三月最明與前中秋十三夜相若錫人士好游大抵類吳門短橈輕舸夷猶綠波載嬋

娟而出者管籥之聲入雲僕顧而歎美哉邑乎微茂苑者甲天下矣左軍文學白袷而過僕舟戒無以隸從者蕩槳循山溪而入乃張君見黃阜不識云烟中樓閣誰家也僕名而語之故青烏氏言慧山如羣龍蜿蜒自天而下阜其頷珠哉張君自負堪輿善牴牾其說曰非是彼西浮者復何取西故有太保墩云而僕對兎盤照乘一而足乎登岸過黃别駕山園門而坐者鱗亞諸少年銀箏小杜而按梁州如出谷緜蠻鳥僕將闌入其中而聽平生最好聲音而不識曲如

人見柔曼徃徃稱傾城扣其孰爲毛嬙西子政復茫然謂左軍安得如周郎顧邪周君恐有覺其魚服者以扇障面而過不勝張君之蹻捷去僕且百武追而及之寺門左右士大夫園林夾道家家有叢桂花開月中香滿山殿佛衣皆清芬僕語二君此云金粟如來信然不妄山中寂然無一載酒客山僧俗如市井販夫不知月輪爲何等扣其廬無一應鐘磬生塵月正掛殿上鴟吻池光澄澄可見底左軍怪剎巍然而無佛火僕顧庭中月言此瑠璃光徧滿大千恒河沙

世界奚必一點蓮燈照白雲欲從左廡游泉上陰廊黑不可行復出天王殿折而西過華孝子祠松篁蔽月又西門榜天下第二泉元趙吳興題書法遒美入門綠池尋丈泉從石龍口中瀉聲濺濺上爲漪瀾堂舊漸圯近觀察使者東嘉公新之榱桷朱櫨燦如也又上爲泉亭操罌汲者左軍之隸映長松而立瘦影如鶴大隸等耳呵殿時虎而冠執青絲鞭十丈鳴轅轆抱甕寒雲中何減漢陰丈人張君首肯僕言濯纓濯足不均此滄浪哉二君躬而漱齒作潺湲聲曰渡

淮踰黃河飲水一石者泥半之憶茲泉若醍醐甘露一錘千金不可得然近聞黃河濟者幾百里矣自西坂而升月愈霽清光近人張君問廣寒去此路幾何僕對如長安之比日則相與歎長安遠也祠而扃者爲尊賢堂前有石甃流觴處水自若冰洞來今蓬生其中左軍腹瓠如而乏濟勝兩僮掖而下氣忡忡問汲者水幾斛有碎石浸其中否以艇如葉載之而前僕舟觴而對月命紆徐行勿亟左軍謂僕以此邑比長洲者謬甚月如今夕而生公之臺餘尺地乎艅艎

舴艋相銜而來雞鳴不得休此邦之人目在西崦而笙歌入闤闠矣僕言此乃所以勝長洲也不耆酒肉傖父塞山門安得青靄容吾輩哉十四日樓船角鳴鳴載月早發僕舟尾之行抵五牧乃同舟夜達毘陵驛左軍復置酒觴客枰中黃雀買自戚墅堰一金可致千頭噉之不及吳江者之半蓋霜降即魁然如楓落後鱸魚耳方坐船頭對月而觀察公自孟瀆來鐃吹震林木千艘咢沸流水作驚濤瀑布鳴盡二更始息明旦爲十五僕移舟入郭約左軍會吳京兆幼元家僕先至主人披衣起出雲樓館候客曰頃自秦淮歸也病暍掩關樹下聽禽言消暑耳客何自來者乃以左軍告且請設三人飧問長君善飯乎則對幸甚問鴻臚公曰丕

長陵下呼謁者千官拜起聲不休唇吻皆焦紅樓之故姬嫁沙叱利死而出出而韓生無意長條矣揖客入新齋自雲樓而北過獨倚樓文太史所署額宛然在樓東軒曰浮白左壁龕大士像梵筴禪牀如精藍旃檀煙滃然作禮而出並樓稍前而南向者爲淸玄

齋右序狹如井陘道齋所從入齋新建甚精麗曲欄低檻後爲複室廣袤如齋北扉以納凉颸前壘小山石寒花潔瓏瓏有致亭子面西曰夕陽翦茅覆之可容三人促鄒京兆言吾此齋成而不出戶者更月之望幾矣有先太僕之敝廬以蔽風雨負郭以畢伏臘陂養魚坂秫竹二頃秫一頃荳暘畦種瓜塏地宜栗棗下纍纍丘中麻芃芃也羔豚可以備蒸嘗雞黍可以宴賓客彈琴讀書以卒歲射雉釣魚以爲樂租庸以輸有司蠶桑以課主者左思記室鮑照參軍官甚

卑也而遭吏議恭組盤綬解而還縣官豐年多稼穰
穰滿家妻子幸免凍餒以其餘供踐更布裘掩骭沒
齒編甿間以終
陛下之賜幸矣暑焚如而散髮箕踞令童子爬背瘡
且不堪欲大冠如箕懷三指刺戚施公卿之前脂韋
突梯眤呢如也何翅風馬牛哉不如與子婆娑墩柱
下酹嫦娥一杯寧為雞口耳兩人皆捧腹軒渠而左
軍來訪周君秉忠亦來方解帶盤礴談京洛舊游津
津隸來促去郡大夫以幣交待舟中者久矣主人不
敢留請單舸載醇酎為君祖道供帳僕與秉忠飯龍
三人同舟西出郊望左軍舟鼓逢逢將發幼元請以
折角見并見張文學邀過舟中飲行五里旗亭乃別
左軍謝足下踰百里而送客良苦僕云此歐脫地未
出疆也公忘我籍毗陵乎笑而去問秉忠客唐膳部
玄卿所別幼元去方秉忠約二人偕來玩月雲棲無
負閏秋三五膳部起家為郎迄今庭未有王生跡也
不見者踰三年僕日老且窶荒悖亡狀為月且所羞
稱乃玄卿顧謂曾參非殺人者主臣得無為李陵游

說乎感鮑子之知不能已僕問君何家食委蛇則上
書請告待　報可耳憶與君為同門生君駒而汗赤
見者無不稱龍種僕亦自負驪黃之外君今長轡千
里而僕局促轅下俛首斜陽棧豆之羣不勝伏櫪而
悲耳然君今年政四十矣方帳下受經時君髫覆顱
去今幾三十載則僕髮安能不種種也留夜坐辭有
他約秉忠別館楊光祿家不能偕而僕與幼元銜杯
月下者甚久斗柄闌干矣是夜月不如前度十五而
此城中寂寂無一踏歌聲聞直指使者方行部人不
敢夜游游則游耳斯亦何關繡斧毗陵人故不好游
僕少居毗陵不聞月下登臨者郡中無山水城樓雉
堞僅可踟躕不則濠上乘舟往來如魚游盎中迴環
當千里矣幼元謂足下議毗陵甚不念桑與梓哉明
日秉忠借同登獨倚樓翹然遠覽城中氣佳哉鬱鬱
葱葱幼元請賦之僕云此吾土何賦仲宣賦者懷鄉
也為題六言徙倚不能下謂主人樓殊佳但欠牕中
列岫然京兆郎能畫眉成遠山安用翠黛掛欄杆乎
暮燕雲樓待月乃政得雨與索然別而登舟夜抵東

門宿十七日下春至無錫過談思永宗留坐庭中爲賞月供具坐良久月上呼美人佐酒者不至閩思重補宫得右軍不知換鵞幾群矣思永笑云此公家池上物爲余仲據之出視溪上月如霜而罕游者兩人踏月西行過泰方伯門外欲扣其扉索飲恐妨主人高眠遂罷舟中對月賦詩寄唐玄卿詩成乃就枕十八日早趨金昌欲訪華鴻臚畏其投轄不相聞而行是日北風獵獵掛帆行甚疾由望亭下長蕩而歸曰尚安得與鴻臚夜濟而俾關吏無譏我哉歸見黄六

秀才書自燕山至以前中秋十三日發兩中秋月皆以十三夜最佳不知長安此夜何如也夫中秋而閏稱難遇矣閏而皆有月無風雨之阻又皆有江山樓閣良朋把酒相燕樂也豈不誠尤難哉毘陵雖無名山川顧其人務本力穡而相起家不善狹邪遨蕩以頻頻爲氷鍔中人次骨乃仕於朝者又或謂毘陵俗好傾則僕去毘陵久其風漸變不可知抑非吾土兮金昌信美不易毘陵矣若夫中秋之閏而月月而游游而無虚夕蘇之人自夫差以來未之有攻焉而不可與毘陵道也

明月編終

丹青志序

吳中繪事自曹顧僧繇以來鬱乎雲興蕭疎秀妙將無海嶠精靈之氣偏於東土耶抑亦流風餘韻前沾後漬耶癸亥秋日臥疴齋居雨深巷寂掩扉散髮展焙所藏名畫纍纍滿壁丹鉛粉墨脊潤淋漓竹塢寸烟花林尺靄圖石疑雲寫川欲浪人鬼奪幽明之奥禽蟲儼飛蠕之色於是感名邦之多彥牆妙匠之苦心斷自吳都肇乎昭代援豪小纂傳信將來若夫四海遼乎千齡還矣編充簡積我則不暇嗚呼蠅染屏間孫郎舉手水鳴牀上唐帝驚心刺圖而隣女捧膺畫鎖而椐龍斂翼信天機之玄化非人上之所逮也

嘉靖癸亥七月病士王穉登序

丹青志目錄

目錄終

丹青志

吳　王穉登撰　朱治憪校閲

神品志一人　附三人

沈周先生　二沈處士　杜徵君

沈周先生啓南相城喬木代禪吟寫下逮僮隸並諳文墨先生繪事爲當代第一山水人物花竹禽魚悉入神品其畫自唐宋名流及勝國諸賢上下千載縱横百輩先生兼總條貫莫不攬其精微每營一障則長林巨壑小市寒墟高明委曲風趣泠然使夫覽者若雲霧生于屋中山川集于几上下視衆作真峼嶁耳山輿入郭多主慶雲菴及北寺水閣掩扉掃榻揮染不勌公卿大夫下逮緇徒賤隸酬給無間一時名士如唐寅文璧之流咸出龍門往往致于風雲之表信乎

國朝畫苑不知誰當並驅也先生父恒字恒吉伯父貞字貞吉

沈貞吉恒吉二處士並善丹青風格明秀塤箎相唉時謂趙文敏同流恒吉之畫師杜徵君

杜淵孝先生名瓊字用嘉明經博學家貧道尊貞澹醇和粹然爲丘壑之表畫亦遒麗效南唐董北苑

贊曰休矣煌煌乎沈先生之作集厥大成其諸金聲而玉振之者與二父庭聞杜公私淑其有以陶育之也夫然青出于藍矣允矣覩于海者難爲水也處士淵孝固一勺之多也

妙品志四人　附四人

宋南宮先生

宋先生克字仲温長洲南宮里人書學急就章得古人之妙尤善寫竹雖寸岡尺塹而千篁萬玉雨疊烟森蕭然無塵俗之氣

丹青志　八

唐解元

唐寅字伯虎更字子畏吳郡吳趨里人才雄氣逸花吐雲飛先輩名碩折節相下庶幾青蓮之駕無忝金龜之席矣中南京解元坐事廢逃禪學佛任達自放畫法沉鬱風骨奇峭刋落庸瑣務求濃厚連江疊巘纚纚不窮信士流之雅作繪事之妙詣也評者謂其畫遠攻李唐足任偏師近交沈周可當半席

文待詔先生　文嘉　伯仁

文先生名璧字徵明後以字行更字徵仲金昌世家奕葉簪組弱齡俊茂蜚聲公卿間好古篤修大雅君子書名雄天下畫師李唐吳仲圭翩翩入室由諸生薦爲翰林待詔未幾謝歸逍遥林谷益勤筆硯小圖大軸莫非奇致晚歲德尊行成海宇欽慕縑素山積喧溢里門寸圖纔出千臨百摹家藏市售眞贗縱横一時硯食之士沾脂浥香往往自潤然慧眼印可譬之魚目夜光不別自異也年齡大耋神明不凋斷烟殘渚篝燈夜作故得者益深保愛奉如珪璋子嘉及猶子伯仁並嗣其妙嘉竹樹扶疎伯仁巖巒鬱茂雖或未見其止足當赤幟繪林

張靈　朱生　周官

張靈字夢晉家與唐寅爲鄰兩人氣志雅合茂才相敵又俱善畫以故契深椒蘭靈畫人物冠服玄古形色清眞無卑庸之氣山水間作雖不由閒習而筆生墨勁斬然絶塵多可尚者靈生落魄簡絶禮文得錢沽酒不問生業嗲嗲然有古狂士之風爲郡諸生竟以狂廢同時有朱生周官並攻豪素官畫人物無俗韻然過爾纖弱稍不逮靈朱生樹石不減唐寅今官名猶在人間而朱遂寥寥足可弔憫

贊曰南宮翩翩俠骨水墨游戲唐畫含英咀華離續潚眼張雖瑣枝蚤折然一鱗一角要足爲珍文之蹟直能徧四海流遠東非夫所謂以人重者哉郎君猶子綽矣門風美哉芝蘭玉樹秀於階庭已乎

能品志　四人

兩夏君　太卿　中書

夏昶字仲昭崑山人由進士歷官太常卿楷書畫竹爲當時第一番胡海國兼金購求故當時有夏卿一箇竹西涼十錠金之謠即一時寶惜可知矣余見其所作竹枝烟姿雨色偃直濃疎動合矩度蓋行家也文皇甚賞其書眷顧隆渥緣此得薦其兄昺起自戎伍爲中書舍人昺字孟暘亦善書畫學高尚書蕭蕭有林壑之氣仲氏有所不逮云

周臣

周臣字舜卿吳郡人畫山水人物峽深風厚古面奇紋有蒼蒼之色一時稱爲作者若夫蕭寂之風遠澹之趣非其所諳

仇英

仇英字實父太倉人移家郡城畫師周臣而格力不逮特工臨摹粉圖黄紙落筆亂眞至於髮翠豪金絲丹縷素精麗艷逸無慚古人稍或改軸翻機不免畫蛇添足

贊曰鮫人泣珠龍騍汗血文豹變而成錢山鷄吐

而爲綬夫人無技能是蠶不績而蟹不匡也兩夏瞻依日月聲華鵲起美而未善所乏天機周之創境仇之臨移雖曰偏長要之雙美耳

逸品志　三人

劉僉憲

僉憲劉公珏字廷美長洲人寫山水林谷泉深石亂木秀雲生綿密幽媚風流藹然高者攀驎巨乞庶乎升堂特未入室耳書宗李北海詩格清逸唐中葉響迺掛冠歸田卜築秀野花木瓌瓏號小洞庭

兩陳君道復　子正

陳太學名淳字道復後名道復更字復父天才秀發下筆超異畫山水師米南宮王叔明黄子久不爲效顰學步而蕭散閒逸之趣宛然在目尤妙寫生一花半葉淡墨欹豪而疎斜歷亂偏其反而咄咄逼眞傾動羣類若夫翠辨紅蕤葩分蘂析此俗工之下技非可以語高流之逸足也出其餘作草篆幽勝可觀仲子栝飲酒縱誕有竹林之習畫雖放浪太過竟非俗流

贊曰僉憲風疎雲逸清矣遠矣大學明泉秀聳翦伐町畦所謂牝牡驪黄之外者也子正箕裘不隕惜未青氷

遺耆志　三人

黄子久　趙善長　陳惟允

黄公望字子久常熟人洪武中尚在

趙原字善長郡人畫師王右丞洪武中召對不稱賜死

陳惟允郡人爲潘左丞客有壽左丞仙山樓閣圖此其畫之精絶者也

贊曰松漠亂華中原左衽二三君子遭時不淑趙陳兩生或嬰鱗喪元或僞朝俘虜蠶絲鳥翠反爲身殃者耶黄之年躋大耋樂覩太平何其幸與

棲旅志　二人

徐先生

徐幼文先生名賁自蜀徙吳畫山水林石濯濯可愛詩名與高啓並所謂高楊張徐者也

張先生

張羽字來儀由潯陽徙居吳郡畫法米敷文好古博雅文章有聲

贊曰兩賢奕奕雖楚有材晉實用之抑亦南國河山之秀增其模寫耶

閨秀志　一氏

仇氏

仇氏英之女號杜陵内史能人物畫綽有父風

贊曰粉黛鍾靈翱翔畫苑寥乎罕矣仇媛慧心内朗窈窕之傑哉必也律之女行厥亦牝鷄之晨也

丹青志終

書畫史

華亭陳繼儒著　潘之淙校閱

董其昌云今
皇帝天藻飛翔雅好書法每携獻之鴨頭丸帖虞世
南臨樂毅論米芾文賦以自隨中書舍人趙士禎
爲言如此儒又考右軍曾書文賦褚河南亦有臨
右軍文賦趙子昂亦書文賦

王子敬五歲有書意衛夫人書大雅吟賜之韋君平
十一賦銅雀臺絕句李白大駭授以古樂府之學

子昂亭林碑其真蹟曾粘村民屋壁上王野賓買得
之以轉售項氏

楊維翰字子固自號方塘鐵崖之兄也喜讀史與維
禎攻學無寒暑抵夜以滴分爲度睡則以水沃面
筮仕郡文學初帥府檄爲慈溪校巳遷天台校其
文議論高古有氣韻可畏晚年游戲墨蘭竹不極
精妙興至即揮洒人求者無貴賤悉作特柯九思
推遜之日方塘竹云詩號光獄集攷經有稗稽錄
書畫有藝游畧

阿瑛啓遁迹與鄉曲與草木同腐今年目昏手倦老
態頓加因陪雪坡舟中數日待入城一見然風景
非前諸公散落獨與學古彥文周旋兩日不勝慨
然倘至平望毋惜枉駕辰下暑隆唯與善加調攝
不具五月三日顧阿瑛手書拜公武先生文契此
阿瑛手蹟也字如龍眼大結搆嚴緊有致平望疑
公所居今有驛其前鸎脰湖傳是張志和釣魚處

壬辰九月同董玄宰過嘉禾所見有褚摹蘭亭徐季
海少林詩顏魯公祭豪州伯父文蒙趙文敏道德

經小楷皆真墨蹟也是日余又借得王逸季虞永
興汝南公主志適到玄宰手摹之

臨池學書王右軍澄懷觀道宗少文王侯筆力能扛
鼎五百年中無此君倪瓚題王叔明岩居高士圖

黃山谷集二十八二十九卷皆言書法

李之純云舉天下之言唐畫者莫如成都之多就成
都較之莫如大聖慈寺之盛俾僧司會寺宇之數
因及繪畫總九十六院按閣殿塔廳堂房廊無慮
八千五百二十四間畫諸佛如來一千二百一十

五菩薩一萬四百八十八帝釋梵王六十八羅漢祖僧一千七百八十五天王明王大神將二百六十二佛會經驗變相一百五十八諸雕塑者不與焉

董玄宰在廣陵見司馬端明所画山水細巧之極絕似李成而画譜不載以此知古人之善于逃名

岐陽石鼓宋東都時嘗鑄金塡其刻文移置宣和殿金人入汴剔取其金而棄去之故自靖康土宇分裂之後搨本絕不易得好事者以銀一錠購其十

紙國朝既取中原乃輦至京師置國學廟門下

宋濂侍經于青宮十餘年凡所藏圖書頗獲見之中有趙魏公孟頫画豳風前書七月之詩圖繼其後皇太子覽而善之謂圖乃古帙恐其開闔之繁當中折處丹青易損壞命工裝褫作卷軸以傳悠久

石曼卿眞書大字妙天下湖州學經史閣三字石學士書

着色倪雲林始在宋光祿民倩家爲徐太常所藏

王維江干雪意卷藏王敬美家又見梁伯龍示余大青綠獅子羅漢一軸亦云右丞筆也

御製文集有授翰林編修馬沙亦黑馬哈麻敕文謂大將入胡都得秘藏之書數十百冊乃乾方先聖之書我中國無解其文者

朝雲學書頗有楷法

朝雲葬惠州棲禪寺結亭覆之榜曰六如亭東坡云

戴逵画佛像自隱帳中人有所臧否輒竊聽而隨改之積數年始就老杜有墨蹟桃花欲共楊花語自以淡墨改三字書画故不妨點竄也

文衡山先生草書千字文後画撥阮圖一小幅昔朱子朗問先生先生云以文中有稽琴阮嘯四字故也古人漫興如此

葉法善欲求李北海書碑北海爲括蒼太守不可强乃攝其魂書之北海夢中書碑竟醒而遣人追視宛如夢中今名攝魂碑

仇英倣宋人花鳥山水画冊一百幅在項希憲家亦能品也

吳季子碑或曰孔子未嘗至吳或曰吳人言子游從

孔子孔子纂札高風寄題之今觀吳子二字類小
篆有陵之墓四字類大篆或云開元殷仲恭摸搨
大曆中蕭和又刻于石楊升庵曰大小篆三代以
前通行非始于秦也
至正大德間有雪庵以楷書大字名世其臨蘭亭爲
牟大理趙孟頫所賞
石田少時畫所爲率盈尺小景至四十外始拓爲大
幅粗株大葉草草而成
余見王右丞山庄圖又雪霽捕魚圖山庄樹葉皆如

个字其雪霽枯樹圖似郭熙二卷皆無款疑宋人
臨稿也
九龍王孟端水山卷西涯題四篆字于前後以二絕
終之卷水墨長丈餘
子昂書秋興賦行書墨蹟一卷筆法全出獻之其卷
向在吾鄉王緝之所藏後有張東海跋今藏于項
希憲家
石鼓文向傳以爲宣王時刻宋馬子卿辨其爲宇文
周時所作引據傳記幾有萬言

唐人書藏秘閣者頗多唯顛張眞蹟甚鮮張有酒德
頌宋學士云曾見之
鮮于伯機草書昌黎琴操四章及秋興十一首其眞
蹟後題云爲國寶先輩書國寶書法臻妙家藏秘
蹟甚奇惡札何足以汙几案愛忘其醜長者事也
趙子美字畫出入顏魯公徐季海之間而端勁沉
着得于顏平原爲多
鮮于奉常公嘗見葉秋臺書反覆諦視至欲下拜
危太朴作隸歌一篇贈四明汪大雅備括諸碑之所

自且歷疏之亹亹千餘言不休
蔡松鶴藏李伯時西嶽降靈圖前二人騎行後三人
徒步狀若馳儼者其最後則有雲氣神人居中董
玄宰寄余金箋畫冊十幅有倣西嶽降靈筆意乃
云學張僧繇也
王齊翰陸羽煎茶圖馬和之春霄鶴唳秋空隼擧王
晉卿雪霽群鴉圖王右丞松江圖宋徽宗生翎毛
圖李營丘秋曉圖盛子昭雲深處皆項氏藏冊
余有王履居楷書阮嗣宗咏懷十七首不減古人

張即之別號樗寮完顏有國時每重購其蹟史稱即之博學有義行修潔喜書校經史皆手定善本史官書藏其名安國名孝祥仕終顯謨閣學士所謂于湖先生希伯之兄即之之伯父也其書師顏魯公嘗爲高宗所稱即之稍變而刻急遂自名家然安國僅年三十有八而即之八十餘咸淳間猶存故世稱樗寮書而于湖書鮮稱之者

虞伯生云米氏父子書最盛行舉世學其奇怪不唯江南爲然金朝亦用其法者亦有善書得名而流弊南方特盛遂有于湖之險至于即之之惡謬極

矣

成都西樓下石刻東坡法帖十卷擇其尤奇逸者爲一編號東坡書髓

文衡山寫雲山一卷奔放橫溢後題七言律草書一首其尾二句云山齋十日經過斷搨得南宮水墨圖藏項希憲家堪與白日翁三檜卷敵手

余有趙承旨卷花木竹石及漫興語共二十七小幅有一紙云長兒王眉叟謊長髮方今忘之常往來方寸間也後王弇州跋云蘓長公喜書枯木小石山谷愛書禪伯句秦少游愛書山鬼句古人風流奇譎若合一轍可想見也

張垩丰大耳圓目鬚髯如戟頂作一髻冷謙號龍陽子與劉秉忠邢奇趙子昂善無書不讀見李思訓画效之不餘月悉得其法

孫太白手蹟有詩草貽諸世揚者諸公諱偁其子彪湖公諱夏能法書古文詞與海內名公游于其孫清之所藏見之

宋人以墨絲織樓閣精于刺繡與古之所謂絲絕針絕也

張益登進士第入翰苑死土木之難初益與夏㫤同年及見陳嗣初王孟端俱喜作文寫竹後㫤見益作石渠閣賦出巳上遂不復作文益見㫤竹妙絕亦不復寫竹

盧熊嘗上䟽言州印篆文譌謬忤旨得罪熊少嘗從學楊維禎博學工文詞尤精篆籒所著有說文字原章句

吳人朱性甫存理居嘗聞人有奇書輒從以求以必得爲志或手自繕錄動盈筐篋舉經諸史小說無所不有詩精雅著野航集尤精楷法手錄前輩詩文積百餘家他所纂集有經子鉤玄吳郡獻徵錄名物寓言鐵網珊瑚野航漫錄鶴岑隨筆總數百卷

隋蕭徽撰萬字文

望秋雲神飛揚臨春風思浩蕩雖有金石之樂珪璋之深豈能彷彿之哉宋世祖敘書

頡上井中有光得一石鐵皮錮束之啓視乃右軍黃庭經董玄宰嘗以搨者示余頗異恒刻今聞藏頡上庫中

王禅卧氷處后山叢談云在沂水今凍氷至今不合然張希周見已涸無水矣

東坡草書醉翁亭記學懷素舊有石搨余始疑其僞後見濯纓亭筆記言紹興方氏藏此眞蹟爲士人白麟摹寫贋本甚衆往往得厚值

元美公屬陸叔平臨黃安道華山圖四十幅後有于鱗詩及記皆俞仲蔚書而叔平畫皴法不盡到如立粉本者余借至玄宰見之又輪借至京邸中

劉蛻文冢其文草聚而封之凡一千一百八十紙有塗者乙者有注楷者有覆背者有硃墨圈者

京師楊太和大夫家所藏晉唐以來名蹟甚佳玄宰借觀有右丞霽一幅宋徽宗御題左方筆勢飄舉眞奇物也檢宣和畫譜此爲山居圖察其圖中松針石脉無米以後人法定爲摩詰無疑向相傳爲大李將軍其拈出爲輞川者自玄宰始

崑山王安道學醫于丹溪朱彥修博極羣書爲詩文皆精詣有法畫師夏圭行筆秀勁布置茂密季遊華山作四十餘圖書紀遊詩其上安道名履

貫休嘗自夢得十五羅漢梵相尚缺一有告者曰師之相乃是也遂爲臨水圖以足之

王元章飛白竹一軸題云巳丑歲夏五月二十二日會稽王冕寫瀟洒三君子是伊親弟兄所期持大節莫負歲寒盟赤城陶君九成故家子也淳粹雅澹有出塵風韻讀書之暇每以翰墨自適余寓西

湖之東九成時來會談論竟日迭有不忍舍者其仲季皆清爽真芝蘭玉樹不下王謝家也遂題而歸之

鵲華秋色卷趙子昂爲周公謹作山頭皆著青綠全學王右丞

聖教序記僧智永集羲之書謂勑弘福寺僧懷仁非也

李龍眠書法極精山谷謂其畫之關紐透入書中

錢叔寶少孤貧迨壯始知讀書初從野亭翁遊文太史門下授以画法晚年故廬讀書其中閒有異書雖病必强起匍匐借觀手自抄寫窮日夜校勘至老不衰燒香洗硯悠然自得

文湖州竹生平僅見真蹟一幀在横冊上乃折竹也其題者二人柯九思題云湖州放筆奪造化此事世人那得知踅然何處見生氣彷彿空庭月落時金粟道人阿英題云湖州昔在陵州日日日逢人寫竹枝一段枯稍作三折分明雪後上窻時

卷終

畫說

吳　莫是龍著　　畢斯繼之閱

趙大年畫平遠絕似右丞秀潤天成真宋之士大夫畫此一派又傳之爲倪雲林雲林工緻不敵而著色蒼古勝矣今作平遠及扇頭小景一以此二人爲宗使人玩之不窮味外有味可也

畫家之妙先定烟雲變滅中米虎兒謂王維畫見之最多皆如刻畫不足學也惟以雲山爲墨戲此語雖似過正然山水中當著意生雲不可用拘染當以墨

漬出令如氣蒸冉冉欲墮乃可稱生動之韻

昔人評大年畫謂得胸中千卷書更奇古又大年以宋宗室不得遠游每朝陵回得寫胸中丘壑不行萬里路不讀萬卷書欲作畫祖其可得乎此在吾曹勉之無望于庸史矣

山之輪廓先定然後皴之今人從碎處積爲大山此最是病古人運大軸只三四大分合所以成章雖其中有細碎處甚多要之取勢爲主吾有元人論米高二家山書正先得吾意

司樹之竅只在多曲雖一枝一節無有可直者其向背俯仰全于曲中取之或曰然則諸家不有直樹乎曰樹雖直而生枝發節處必不多直也董北苑樹作勁挺之狀特曲處簡耳李營丘則千屈萬曲無復直筆矣

枯樹最不可少時于茂林中間見乃奇古茂林惟檜柏楊柳椿槐要鬱森其妙處在樹頭與四面參差一出一入一肥一瘦處古人以木炭畫圈隨圈而點點入之正爲此也

柳宋人多寫垂柳又有點葉柳垂柳不難畫只要分枝頭得勢耳點葉柳之妙在樹頭圓鋪處只以汁綠漬出又要森蕭有迎風搖颺之意其枝須半明半晦又春二月柳未垂條秋九月柳已衰颯不可混設色亦須體此意也

畫樹木各有分別如畫瀟湘圖意在荒遠滅沒即不當作大樹及近景叢木如園亭景可作楊柳梧竹及古檜青松若以園亭樹木移之山居便不稱矣若重山複嶂樹木又別當直枝直幹多用攢點彼此相藉

望之模糊鬱葱似入林有猿啼虎嗥者乃稱至如春
夏秋冬風晴雨雪又不在言也
畫家以古爲師已自上乘進此當以天地爲師毎朝
起看雲氣變幻絶近畫中山山行時見奇樹須四面
取之樹有左看不入畫而右看入畫者前後亦爾看
得熟自然傳神傳神者必以形形與心手相湊而相
忘神之所托也樹豈有不入畫者特畫史收之生綃
中茂密而不繁峭秀而不寒即是一家眷屬耳
畫之道所謂以宇宙在乎手者眼前無非生機故其

人往往多壽至如刻畫細碎爲造物役者乃能損壽
蓋無生機也黄子久沈石田文徵仲皆大耋仇英知
命趙吳興止六十餘仇與趙雖品格不同皆習者之
流非以畫爲寄以畫爲樂者也寄樂于畫自黄公望
始開此門庭耳
禪家有南北二宗唐時始分畫之南北二宗亦唐時
分也但其人非南北耳北宗則李思訓父子著色山
流傳而爲宋之趙幹趙伯駒驌以至馬夏輩南宗則
王摩詰始用渲淡一變鈎斫之法其傳爲張璪荊關

郭忠恕董巨米家父子以至元之四大家亦如六祖
之後馬駒雲門臨濟兒孫之盛而北宗微矣要之摩
詰所謂雲峰石迹迥出天機筆意縱横參乎造化者
東坡贊吳道子王維畫壁亦云吾于維也無間然知
言哉
古人云有筆有墨筆墨二字人多不曉畫豈無筆墨
哉但有輪廓而無皴法即謂之無筆有皴法而無輕
重向背明晦即謂之無墨古人云石分三面此語是
筆亦是墨可參之

余嘗謂右軍父子之書至齊梁而風流頓盡自唐初
虞褚輩一變其法乃不合而合右軍父子殆如復生
此言大不易會蓋臨摹最易神會難傳故也巨然學
北苑元章學北苑黄子久學北苑倪迂學北苑學一
北苑耳而各各不相似使俗人爲之與臨本同若
之何能傳世也
董北苑畫樹多有不作小樹者如秋山行旅是也又
有作小樹但只遠望之似樹其實憑點綴以成形者
余謂此即是米氏落茄之源委蓋小樹最要淋漓約

在簡于枝柯而繁于形影欲如文君之眉與黛色相參合則是高手也

趙大年平遠寫湖天淼茫之景極不俗然不奈多皴雖云學維而維畫正有細皴者乃于重山疊嶂有之趙未能盡其法也張伯雨題倪迂畫云無畫史縱橫習氣予家有此幀又其自題師子林圖云予此畫眞得荆關遺意非王蒙輩所能夢見也其高自標置如此又顧瀵中題迂畫云初以董源爲宗及乎晚年畫益精詣而書法漫矣蓋迂書絶工緻晚年乃失之而

聚精于畫一變古法以天眞幽淡爲宗要亦所謂漸老漸熟者若不從董北苑築基不容易到耳縱横習氣即黄子久未斷幽淡兩言則趙吳興猶遜迂翁其胸次自别也

畫平遠師趙大年重山疊嶂師江貫道皴法用董源麻皮皴及瀟湘圖點子皴樹用北苑子昂二家法石用大李將軍秋江待渡圖及郭忠恕雪景李成畫法有小幀水墨及着色青綠俱宜宗之集其大成自出機軸再四五年文沈二君不能獨步吾吳矣

余讀雲卿畫說甚得文章三昧豈第爲畫說法也

單期跋

畫說終

書塵

吳郡沈顥朗倩著　孫栿閱

表原

世但知封膜作畫不知自舜妹嫘始客曰借此神技
剏自婦人乎曰嫘嘗脫舜于瞍象之害則造化在手
堪作畫祖

分宗

禪與畫俱有南北宗分亦同時氣運復相敵也南則
王摩詰裁構淳秀出韻幽澹爲文人開山若荆關宏

璪董巨二米子久叔明松雪梅叟迂翁以至明興
沈文慧燈無盡北則李思訓風骨奇峭揮掃躁硬爲
行家建幢若趙幹伯駒伯驌馬遠夏珪以至戴文進
吳小僊張平山輩日就狐禪衣鉢塵土

定格

少陵云高簡詩人意今人刻意求簡便落倪迂不刻
意求簡欲爲倪迂不可得也
趙大年平遠逸家眼目剪伐町畦天然秀潤從輞川
叟得來然昔有評者謂得胸中千卷書更奇古則無
書可以無畫
予創作十筆圖以聞同社尚繁者芟洗日淨類林斷
渚味外取味如經所云霹靂火中清冷雲也
把之有神摸之有骨玩之有聲唐人云漫漫汗汗一
筆耕一草一木棲神靈恍疑畫中有物物中有聲此
僅爲智者道吁嘉隆而後神骨且乏况聲乎
層巒疊嶂如歌行長篇遠山跡麓如五七言絕愈簡
愈入深永庸史涉筆拙更難藏
董北苑之精神在雲間趙承旨之風韻在金閶已而

交相非非趙也董也非因襲之流弊流弊既極遂
有矯枉至習矯枉轉爲因襲共成流弊其中機棙循
遷去古愈遠自立愈羸何不尋宗覓派打成冷局非
北苑非承旨非雲間非金閶非因襲非矯枉孤蹤獨
響戛然自得

辨景

山於春如慶於夏如競於秋如病於冬如定

筆墨

筆與墨最難相遭具境而皴之清濁在筆有皴而勢

之隱現在墨

米襄陽用王洽之潑墨參以破墨積墨焦墨故融厚有味予讀天隨子傳悟飛墨法輪廓布皴之後緔背烘漫以顯氣韻沉欝令不易測題曰睛然鼓毫聮目失緔巇酣潺呼或臞所都一墨大千一點塵刧是心所現是佛所說

寒山凡夫與予論筆尖筆根即偏正鋒也一日從晉人渴筆書得畫法題曰樹格落落山骨索索溪蒙草茸雲秀其中卒筆悅頑妄窮真露古人云畫無筆跡

如書家藏鋒若騰觥大掃作山水障當是狂章筆跡不計

位置

近日畫少丘壑習得搬前換後法耳

大癡謂畫須留天地之位常法也予每畫雲煙着底危峯突出一人綴之有振衣千仞勢客訝之予曰此以絕頂爲主若兒孫諸岫可以不呈巖腳柯根可以不露令人得之楮筆之外客曰古人寫梅刪竹作過墻一枝離奇具勢若用全幹繁花枝套而無味亦此意乎予曰然

行家位置稠塞不虛情韻特減仙洞以鶩雲落靄束巒籠樹便有活機米氏謂王維畫見之最多皆如刻畫不足學惟以雲山爲墨戲雖偏鋒語亦不可無

古人有活落處殘剩處嫩率處

郭河陽云遠山無皴遠水無波遠人無目予亦云遠山有平無曲遠水有去無來遠人宜孤不宜侶

一幅中有不緊不要處特有深致

胸中有完局筆下不相應舉意不必然落楮無非是

機之離合神之去來既不在我亦不在他臨紙操筆時如曹瞞欲戰若罔欲戰頭頭取勝矣

先察君臣呼應之位或山爲君而樹輔或樹爲君而山佐然後奏管傅墨若用朽炭躊躇更易神餒氣索愈想愈劣

刷色

右丞云水墨爲上誠然然操筆時不可作水墨刷色想直至了局墨韻既足則刷色不妨

點苔

山石點苔水泉索線常法也叔明之渴苔仲圭之攢苔是二氏之一種今之學二氏以苔取肖鈍漢也古多有不用苔者恐覆山脉之巧障皴法之妙今人畫不成觀必須蕞點不免娥女添痂之誚

命題

郭熙云作畫先命題爲上品無題便不成畫此語近于膠柱譬古人作詩或有詩無題即命題不可以無題題之若題在詩先其響不之天而之人乎徐聲遠云宴坐絕詩詩將自至麾之不去得句成篇題與無

題於詩何有良工繪事有布置而寔無布置無布置而寔有布置象之所有不必意意之所有不必象理不離于異見事不關乎慧用此中一着些子便判人天何暇命題或者脫局賞心攄詞拈語固無不可自題非工不若用古用古非解不若無題題與畫互爲注脚此中小失奚啻千里

古來豪傑不得志于時則漁耶樵耶隱而不出然嘗托意于柔管有韻語無聲詩借以送日故伸毫構景無非抒出自家面目今人畫漁樵耕牧題不達此意作個穢夫傖父傴僂于釣絲成施于樵斧略無坦迶自得之致令識者絕倒

落欵

元以前多不用欵欵或隱之石隙恐書不精有傷畫局後來書繪並工附麗成觀

迂瓚字法遒逸或詩尾用跋或跋後系詩隨意成致宜宗

衡山翁行欵清整石田晚年題寫灑落每侵畫位翻多奇趣白陽輩效之

一幅中有天然候欵處失之則傷局

臨摹

臨摹古人不在對臨而在神會目意所結一塵不入似而不似不似而似不容思議

孫虔習右軍書而孫虔截然李何學工部詩而李何各別雖然彼觀劍而悟走蘉而成其爲師也非上上根不能

董源以江南眞山水爲稿本黄公望隱虞山卽寫虞山皴色俱肖且日囊筆研遇雲姿樹態臨勒不捨郎

河陽至取真雲驚湧作山勢尤稱巧賊慮知古人稿本在大塊内吾心中慧眼人自能覷着又不可擬寬程泒作滂蕩生涯也

稱性

了事漢意到筆隨潰墨掃紙便是拈花擘竹碩漢中題倪迂畫云初以董源爲宗後迂自題師子林圖云此畫得荆關遺意非王蒙輩所能夢見俱不免有前人在晚年隨意抹掃如獅子獨行脱落儔侶一日燈下作竹樹傲然自得曉起展視全不似竹迂

笑曰全不似處不容易到耳

有一畫史日間作畫夢即入畫曉復寫夢境每入神遂有蠅落屏端水鳴林上魚堪躍水龍能破垣稱性之作直擬玄化蓋緣山河大地器類羣生皆自性現其間卷舒取捨如太虛片雲寒潭雁跡而已

遇鑒

專摹一家不可與論畫專好一家不可與論鑒畫

昔人云看畫以林泉之心臨之則高以驕侈之目臨之則卑問鬥不可與賞心者同年語也予故云畫𨗇青眼神偏王論到黄金氣不靈

今見畫之簡潔高逸曰士夫畫也以爲無定詣也實詣指行家法耳不知王維李成范寛米氏父子蘇子瞻晁無咎李伯時輩皆士夫也無定詣乎行家乎

世人遇世人畫則賞解人遇解人畫則賞習相近也日計不足歲計有餘無其人故無其畫

畫塵終

畫禪

吳僧蓮儒述　柴世堯閱

釋惠覺姚曇度子也姚最云丹青之用繼父之美定其優劣循聶之流

光澤寺僧威公姚最云下筆為京洛所知

迦佛陀禪師天竺人學行精懿靈感極多初在魏魏帝重之至隋隋帝於嵩山起少林寺至今房門上有畫神即是迦佛陀之迹

曇摩拙叉天竺人善畫隋文帝時自本國來遍禮中

夏阿育王塔至成都雒縣大石寺空中見十二神形便一一貌之乃刻木為十二神形於寺塔下至今存焉

同州法明善寫貌開元中嘗在內庭畫人物

智瑰善山水鬼神氣韻洒落

金剛三藏師子國人善西域佛像運筆持重非常畫可擬

釋脩然俗姓裴氏為人恢誕强學不成一名善丹青工山水

貫休俗姓姜氏字德隱婺州蘭溪人初以詩得名後入兩川頗為王衍待遇因賜紫衣號禪月大師能畫聞為本教像唯羅漢最著其畫像多作古野之貌不類人間所傳

傳古四明人畫龍獨造乎妙弟子德饒無染皆臻其妙

楚安漢州什邡人俗姓勾氏善畫山水人物樓閣點綴甚細

智蘊河南人工畫像人物

德符善畫松柏氣韻瀟洒住汴州相國寺

令宗乃丘文播異姓弟工山水人物像天王

浙僧蘊能工雜畫善畫佛像

巨然鍾陵人善畫山水筆墨秀潤善為煙嵐氣象於峯巒嶺竇之外至於林麓之間猶作卵石松柏疎筠蔓草之類相與映發而幽溪細路屈曲縈帶竹籬茅舍斷橋危棧真若山間景趣也得董源正傳

夢休江南人喜丹青學唐希雅作花竹禽鳥盡物之態

居寧毘陵人好爲戲墨作草蟲筆力勁峻不專於形似

釋仁寓永嘉善畫松初集諸家所長而學之後夢吞數百條龍遂臻神妙

吳僧繼肇工畫山水與巨然同時體亦相類但峰巒稍薄怯也

仲仁會稽人住衡州花光山以墨暈作梅花如影然別成一家所謂寫意者也

寶覺和尚翎毛蘆鴈不俗

杭僧眞惠畫山水佛像近世佳品翎毛林木有江南氣象

惠洪覺範能畫梅竹每用皁子膠画梅於生絹扇上燈月下映之宛然影也其筆力於枝梗極遒徤

妙喜師長寫貌嘗寫御容東坡贈詩云天容玉色誰敢畫老師古寺晝閉房夢中神授心有得覺來信手筆以忘幅巾長服儼不動孤臣入門涕自滂元老侑坐鬚眉古虎臣侍立冠劍長

道臻嘉州石洞講師也能墨竹山谷贈序云道臻刻意尚存行自振於溷濁之波故以墨竹自名然臻過與可之門而不入其室也

德正信州人徐兢明叔之兄徐林楫山之弟登科爲平江教官棄而爲僧能畫山水人物種種清絕專師李伯時

道宏峨眉人姓楊受業于雲頂山相貌枯瘁善畫山水僧佛晚年似有所遇遂復冠中改號龍巖隱者其族甚富宏不復顧止寄迹旅店惟一空榻雖被襆之屬亦無有每往人家畫土神其家必富畫猫則無鼠

往往言人心事輒符合凡如厠必出郭五里外鄉人怪訝每隨而窺之既就溷則無復便利但立語再四而出後竟坐化店中八十餘成都正法院法堂有所畫高僧

法能吳僧也作五百羅漢圖少游爲之記云昔戴逵常畫佛像而自隱於帳中人有所否臧輒竊聽而隨改之積年而就意法能研思亦當若此非率然而爲之者也

智平成都清涼院僧也善畫觀音南商毛大節得其

像以歸過海一夕風浪大作闔展懇祈光相忽現如大月輪長久之間已數千里侯溥賢良載之觀音儀中今水陸院普賢閣所畫像其徒盧巳作水石至今現存

祖鑒成都僧任不動尊院師智平畫觀音今大慈超悟院佛殿有十觀音又於邛州鳳皇山畫觀音一日忽現五方圓相直閣許敏功爲作瑞像記見存

盧巳成都栢林院僧善山水有圖軸傳世今白馬院僧慧琳本仕族多蓄圖書尊尚士大夫入慈藍者以爲稅鞅之所爇香煑茗終日蕭然不知身在囂塵中也有盧巳雪障及山水二圖甚佳

覺心字虛靜嘉州夾江農家甚富少好游獵一日縱鷹犬弃妻子出家游中原作從獵圖詩孔南明崔德符見而愛之招來臨汝連住葉縣東禪及州之天寧香山三大刹兵亂還蜀邵澤民劉中遠兩侍郎復喜之請住毘盧凡十八年初作草蟲南僧稱爲心草蟲後因宣和待詔一人因事藏匿香山心得其山水訣一日千里陳澗上稱之曰虛靜師所造者道也放乎詩游戲乎畫如煙雲水月出沒太虛所謂風行水上自成文理者也陳去非稱其詩無一點僧氣

智源字子豐遂寧人傳法牛頭山雜畫尤長於人物山水嘗見看雲圖畫一高僧抱膝而坐石岸昂首竚目蕭然有出塵之姿

智永成都四天王院僧工小景長於傳模宛然亂真其印湘之匹亞歟初宇文季蒙龍圖喜其談禪欲請住院永牢辭曰智永親在未能也於是售巳所長專以爲養不免狥豪富屋肆所好今流布於世者非其本趣也嘗作瀟湘夜雨圖上邵西山西山卽題云嘗擬扁舟湘水西蓬窓剪燭數歸期偶因勝士揮毫處却憶當年夜雨時西山既咏詩問永云前輩曾有此詩否永因誦義山問歸篇西山矍然亟取詩以歸翌日乃復改與之曾擬扁舟湘水夜雨窓聽雨數歸期歸來偶對高人畫却憶當年夜雨時深恐多犯前人也

眞休漢嘉僧也山谷所與遊淸閑居士王朴之子善模搨人物如眞今見存

維真嘉禾人工傳寫

元靄蜀人太宗朝供奉工寫貌

超然不知何許人善作山水其峰巒礬頭酷似郭熙至於屋宇林石坡灘水口筆法孱弱與巨然殊不相類今人多以巨然超然連稱莫曉所謂

梵隆字茂宗號無住吳興人善白描人物山水師李伯時高宗極喜其畫每見輒品題之然氣韻筆法皆不逮龍眠

法常號牧溪喜畫龍虎猿鶴蘆鴈山水樹石人物皆

隨筆點墨而成意思簡當不費妝飾但麤惡無古法誠非雅玩

月蓬不知何許人貌古怪亦不知止宿何地畫觀音佛像羅漢天王得古人體韻其畫不妄與人人罕有之

靜賓號白雲善作異松怪石如龍騰虎踞上寫草字寺院多收

瑩玉澗西湖淨慈寺僧師惠崇畫山水

蘿窗不知名居西湖六通寺與牧溪畫意相侔子溫字仲言號日觀作水墨葡萄自成一家法人不能測又號知歸子

若芬字仲石婺州曹氏子爲上竺寺書記模寫雲山以寓意求者漸衆因謂世間宜假不宜真如錢塘八月潮西湖雪後諸峰極天下偉觀二三子當面蹉過却求玩道人數點殘墨何邪歸老家山古澗側流蒼壁間占勝作亭扁曰玉澗因以爲號又建閣對夫容峰號夫容峰主嘗自題畫竹云不是之僧親寫曉來誰報平安

仁濟字澤翁姓童氏玉澗之甥書學東坡墨竹學俞子清梅學楊補之自謂用心四十年作花圈稍圓耳山水亦得意

圓悟閩人號枯崖能詩喜作竹石

慧舟號一山変天台人居西湖長慶寺能詩作蔡竹或三二竿或百十成林不見其重復冗雜太虛江西人作竹學鄆王楷

智叶白描佛像人物

真惠善畫花果

希白白描荷花

德止號清谷工書嘗畫廬山壽真觀二壁朱文公題其上

宗師溥光字玄暉號雪庵俗姓李氏大同人特封昭文館大學士賜號玄悟大師善真行草書亦善畫山水學關同墨竹學文湖州俱成趣

頭陀溥圓字大方號如菴俗姓李氏河南人於雪菴為法弟書學雪菴山水墨竹俱學黃

海雲墨竹學樗軒

妙圓墨竹頗法度

智浩號梅軒墨竹雖少蘊藉脫洒蘭畧得自然趣

道隱字仲博號月澗俗姓李氏海鹽當湖人蘭石學趙子固墨竹宗王翠岩

允才號雪岑受業興石佛寺墨梅竹似丁子卿

時溥字君澤號雨若華亭人居奉賢鄉接待寺通經律作詩亦畫墨竹三稍五葉而已

智海居燕中喜畫墨竹學海雲禪師

明雪窓畫蘭

右古尊宿六十餘家見于王氏畫苑及夏士良圖繪寶鑑葢皆德成而後一藝之名隨之非捐本而務末也若唐之脩然禪月宋之寂音妙喜元之玉澗海雲皆僧林巨擘意其游戲繪事令人心目清涼葢無適而非說法也書之以彙題曰畫禪

畫禪終

竹派

吳僧蓮儒述　武林仲異挍閱

黃斌老不記名潼州府安泰人文湖州之妻姪也登科嘗任戎倅適山谷貶戎州與定交且通譜善畫竹山谷有詠其橫竹詩又謝斌老送墨竹十二韻云吾子學湖州師逸功已倍頗知更入神後出遂無對。

黃彝字子舟斌老之弟其名字初非彝與子舟也山谷以其尚氣故取二器以規之自後折節遂爲粹君子舉八行終朝郎郡倅山谷用贈斌老韻謝子舟爲余作風雨竹兩篇前篇云歲寒十三本與可可追配後篇云森削一山竹牝牡十三輩誰言湖州沒筆力今尚在而與可每言所作不及子舟

朝議大夫王之才妻崇郡君李氏公擇之妹也能臨松竹木石見本卽爲之卒難辨又與可每作竹以貺人一朝士張潛迂疏修謹作紆竹以贈之如是不一又作一橫絹文餘著色偃竹以貺子瞻過南昌山谷借而李臨之後數年示米元章于真州元章云非魯直自陳不能辨也作詩曰偃蹇宜如李揮毫已逼翁。衛書無遺妙。琰慧有餘工熟是宜非筆初披颯有風固藏惟謹鑰化去或難窮山谷亦有題姨母李夫人墨竹偃竹及墨竹圖歌詩載集中

張昌嗣字起之與可之外孫也筆法既有所授每作竹必乘醉大呼然後落筆不可求或強求之必詬罵而走然有愧宅相者于攢三聚五太拘拘耳

文氏湖州第三女張昌嗣之母也居鄂湖州始作黃樓障欲寄東坡未行而湖州謝世遂爲文氏奩具文氏死復歸湖州孫因此二家成訟文氏嘗手臨此圖於屋壁暮年盡以手訣傳昌嗣今昌嗣亦名世矣

楊吉老文潛甥也文潛嘗云吾甥楊吉老本不好畫竹一旦頓解便有作者風氣揮洒奮迅初不經意森然已成愜可人意其法有未具而生意超然矣無咎亦有贈文潛甥克一學與可畫竹詩克一吉老字也

程堂字公明眉人舉進士爲駕部郎中善畫墨竹宗派湖州出湖州之門者獨公明入室也好畫鳳尾竹其稍極重作回旋之勢而枝葉不失向背又登峨眉山見菩薩竹有結花於節外之枝者茸密如裘郎寫

其形于中峰乾明寺僧堂壁間儼如生也又象耳山有苦竹紫竹風竹雨竹好事者已刻之石成都笮橋觀音院亦有所畫竹且題絕句云無姓無名逼夜來院僧根問苦相猜擕燈笑指屏間竹記得當年手自栽又作圖蔬嘗見紫芬紫茄二軸奪真也

蘇軾子瞻作墨竹從地一直起至頂余問何不逐節分曰竹生時何嘗逐節生運思清拔出於文同與可自謂與文拈一瓣香以墨深爲面淡爲背自與可始也作成林竹甚精作枯木枝幹虬屈無端石皴硬亦怪怪奇奇無端如其胸中盤鬱也

趙令庇宋宗室善畫墨竹宗文同凡落筆瀟洒可愛官至衡州防禦使

劉仲懷山陰人元祐從居諸曁善畫墨竹筆法師文湖州

俞澂字子清吳興人作竹石得文蘇二公遺意清潤可愛光宗朝任大理寺少卿寶謨閣待制致仕號且軒

吳瓚延陵人畫竹師文湖州

王世英字才仲號順齋不知何許人效東坡作墨竹

虞仲文字質夫武州定遠人善畫人馬墨竹學文湖州

蔡珪字正甫丞相松之子畫墨竹學文湖州官至濰州守

李衎字仲賓號息齋道人薊丘人官至江浙行省平章政事致仕封蘇國公諡文簡善畫竹石枯槎始學王澹游後學文湖州著色者師李頗馳譽當世

李士行字遵道衎之子官至黃岩知州畫竹石得家學而妙過之尤善山水

柯九思字敬仲號丹丘生台州人官至奎章閣鑒書博士博學文喜寫墨竹師文湖州亦善墨花

喬達字達之燕人官至翰林直學士善丹青山水學李成墨竹學王庭筠後更學文同

李倜字士弘號員嶠眞逸官至集賢侍讀學士喜作墨竹宗文湖州

周堯敏字禹卿號學山海鹽當湖人畫竹宗文湖州頗有得處

姚雪心台州黃岩人畫墨竹宗文湖州
盛昭字克明揚州人竹石師文湖州
蘇大年字昌齡號兩坡真定人居揚州竹石師蘇東
坡
宗師溥光字玄暉墨竹學文湖州

竹派終

詞旨

元　陸輔之著　武林黃燦閱

夫詞亦難言矣正取近雅而又不遠俗予從樂笑翁遊深達奧旨製度所法因從其言命韶暫作詞旨語近而明法簡而要俾初學易于入室云陸輔之識

詞說

命意貴遠用字貴便造語貴新煉字貴響古人詩有翻案法詞亦然詞不用雕刻刻則傷氣務在自然周

清真之典麗姜白石之騷雅史梅溪之句法吳夢窗之字面取四家之所長去四家之所短此翁之要訣學者所謂刻鵠不成尙類鶩者也不可與俗人言可與知者道對句好可得起句好難得收拾全藉出場凡觀詞須先識古今體製雅俗脫出宿生塵腐氣然後知此語咀嚼有味靳王孫韓鑄字亦顏雅有才思嘗學詞于樂笑翁一旦與周公瑾父買舟西湖泊荷花而飲酒杯半公瑾舉似亦顏學詞之意翁指花云蓮子結成花自落詞云清空二字亦一生受用不盡指迷之妙盡在是矣學者必在心傳耳傳以心會意有悞入處然須跳出窠臼外時出新意自成一家若屋下架屋則爲人之賤僕矣

製詞須布製停匀血脉貫穿過片不可斷意如常山之蛇救首救尾沈伯時樂府指迷多有好處中間一兩段亦非詞家之語

屬對

小雨分山斷雲籠口日不伐探春烟橫山腹鴈點秋容吳叔

聲聲慢問竹平安點花番次徐淵揮柳蘇晴故溪歇雨美成清平樂虛閣籠雲小簾通月白石法曲獻仙音蟬碧勾花鴈紅攢月丁夢菴前調落葉霞飄敗窻風咽吳夢窻仝風泊波驚露零秋冷秋曉白蓮前人花匝么絃象奩雙陸陸團扇法曲獻仙音珠壁花與翠翻蓮額紫木香汗粉難融袖香新竊同上種石生雲移花帶月翁處靜齊樂天斷消沉雲空山掛雨史邦卿綺羅香畫裏移舟詩邊就夢同上齊樂天硯凍凝花香寒散霧周草窻同調繫馬橋空移舟岸易黃雙溪仝疏綺籠寒淺雲棲月丁宏寒竹深水遠臺高石出施梅川香茸沾袖粉甲留痕去

復來就船換酒隨地攀花梅出調雨爲酥催冰做水王清樓
做冷欺花將煙困柳邢鄉春雨巧剪蘭心偷粘草甲前人春雪
羅袖分香翠綃封淚陳董南池面冰膠墻腰雪老白石枕
簟邀涼琴書換日仝薄袖禁寒輕妝媚晚花翁倒葦沙
閒枯蘭洲冷方竹屋綠芰擎霜黃花招雨仝紫曲迷香
綠窗夢月李賓房暗雨敲花柔風過柳仝霜杵敲寒風
燈搖夢吳夢窗盤絲擊腕巧篆垂簪重午翠葉垂香玉容
消酒姜白石金谷移春玉壺貯煖張寄閑茶花擁石池臺約
花欄檻仝問月賒晴憑春買夜丁湖南醉墨題香閒簫
弄玉周草窗

樂笑翁奇對

隨花鶩石就泉通沼掃花游斷碧分山空簾剩月瑣寒窗
沙淨草枯水平天遠解連環接葉巢鶯平波捲絮高陽臺
晴光轉樹曉氣分嵐聲聲慢鶴響天高水流花淨壺中天
料理琴書夷猶今古真珠簾嫩竹門深移花檻小一萼紅
掃花尋逕撥葉通池仝亂雨敲春深烟帶晚瑣寒窗
簾過雨隔水呼燈懷舊游浪捲天浮山邀雲去壺中天岸
角衝波籬根受葉湖月波蕩蘭觴鄰分杏酪慶春寶雲映

山輝柳分溪影沃曲獻仙音荷衣消翠蕙帶餘香聲聲慢淺
草朝霜融泥木燕慶清朝香尋古字譜招歌聲甘州行歌
趁月喚酒延秋解語花穿花覓路傍柳尋鄰聲聲慢門當
竹逕路管臺城鬟絲濕霧扇錦翻桃因花整帽
借柳維船並同前

警句

問東彈鵲又攪碎一簾花影徐幹臣二郎神鴈足不來馬蹄
難駐門掩一庭芳景仝前盡吸西江細斟北斗萬象爲
賓客扣舷獨笑不知今夕何夕念奴嬌花影吹笙滿地

淡黃月石湖醉落魄寒光庭下水連天飛起沙鷗一片丹陽
湖西江月涼滿北窗休共軟紅說並仝燈花結片時春夢江
南天闊惟有兩行低鴈知人倚畫樓月並仝人在煥
紅濕翠趙醉林上元波底夕陽紅濕趙彥謁金門應把花卜歸
期纔簪又重數稼軒是他春帶愁來春歸何處却不解
帶將愁去翠銷香煖雲屏更那時酒醒劉龍洲燕子
不歸花有恨小院春深謝靜寄海棠影下子規聲裏立
盡黃昏洪平齋相思無處說相思笑把畫羅小扇覓春
詞徐山民南柯子妾心移得在君心方知人恨深前調驚起半

屏幽夢淡月啼鴉劉小山清平樂千樹壓西湖寒碧白石賦梅波
心蕩冷月無聲仝前人楊州慢昭君不慣胡沙遠但暗憶江
南江北仝墻頭喚酒誰問信城南詩客岑寂高樓晚
蟬報西風消息仝惜紅衣問甚時同賦三十六陂秋色仝
冷香飛上詩句仝念奴嬌一般離思兩消魂馬上黃昏樓
上黃昏劉小山一剪梅絮飛春盡天遠書沉日長人瘦花翁燭
影搖紅牡丹臨斷岸新綠生時是落紅帶愁流處記當
日門掩梨花剪燈深夜語史邦卿綺羅香春雨愁損玉人日日
畫欄獨凭仝雙飛燕恐鳳鞋挑菜歸來萬一灞橋相見仝東

風第一枝春雪自憐詩酒瘦難應接許多春色仝喜遷鶯元夕愁萬
斛爲春瘦了怕春知高竹屋金人捧露盤梅驚愁攪夢更不管
瘦郎心醉仝祝英臺近悠悠歲月天涯一分秋一分憔悴
張東澤桂枝香落葉西風吹老幾番醒醉仝露侵宿雨疎簾
淡月照人無寐仝算只藕花知我意猶把紅芳留客
仝念奴嬌春在賣花聲裏王貴英夜行船試花春雨濕晴韓蕭閒浪淘沙
貪與蕭郎眉語不如舞錯伊州劉後村清平樂賦妓何處消魂
初三夜月第四橋春羅谷椰稍春一硯梨花雨周蕭齋點絳脣薄
倖東風薄情游子薄命佳人仝柳稍春賦柳花怪別來胭脂

慵傅被東風偷在杏稍趙山懋繡衣對菱花與說相思看
誰瘦損陸云西睡鶴仙清絕影也別知心惟有月蕭結山霜天曉角梅
花開猶是十年前人不似十年前後丁寧記取兒家
碧雲隱約紅霞直下小橋流水門前一樹桃花李肩吾清
平樂又是羊車過也月明花落黃昏黃玉林清平樂宮詞連呼酒
上琴臺去秋與雲平吳夢窗甘州靈岩簾半捲帶黃花人在
小樓仝南樓不恨吹橫笛恨曉風千里關山仝高陽臺落梅
玉奴最晚嫁東風來結梨花幽夢仝清江月有梅綠陰青子
老溪橋羞見東憐嬌小並仝月落盃空無影仝齊天樂不約

舟移楊柳繫有緣人映桃花見仝倦尋芳過舊妓漸老芙蓉
猶是帶霜看仝不成又是教人恨待倩楊花去問月湖
吉花天珠簾捲上還重下怕東風吹散歌聲趙釣月風入松燕
子不來東風無語又黃昏琴心不度春雲遠斷腸難
托啼鵑夜深猶倚楊二十四欄陳西麓絳都春寄相思偏
仗柳枝待折尊前唱奈東風吹落絮飛甚等閒
半委東風半委小橋流水張寄閒睡鶴仙待晴猶未又粉蝶
兒住落花不去濕重尋香兩翅怎知人一點新愁寸
心萬里雲隱吟情閒遠仝壺中天斷雲過雨花前歌扇梅

邊酒盞（莫事山水龍吟）但良宵空有亭亭霜月作相思伴又
燕子銜來相思自道玉瘦不禁春病（湯西村二郎神）宿粉殘
香隨夢冷落花流水知天遠（倦尋芳）都將千里芳心十
年幽夢分付一聲啼鴂（祝英臺近）不妨綵筆銀箋翠樽水
自管領一庭秋色（中秋）春在欄干咫尺（李賓房壺中天寄闇明亭）
明年今夜玉尊知醉何處（仝）閒簾深掩梨花雨誰問
東陽瘦（仝探芳信和草窻）幾番鵑外斜陽闌干倚遍恨楊柳
遮愁不斷歸醉夜堂歌舞月拚廢春眠（李秋厓浪淘沙）參差
護晴窻戶（王竹可）心期暗數總寂寞當年酒籌花浦付

詞旨 六 七

春愁小樓今夜雨暗粉疎紅為誰勻注都負了燕約
鶯期更聞却柳烟花雨（張梅厓綺羅香）夢魂欲度蒼茫去怕
夢鶯還被愁遮（草窻高陽臺）休綴潘鬢影怕綠窻年少人
驚（仝柳花）花深深處柳陰陰處一片笙歌（仝少年遊）一掬春
情斜月杏花屋（王碧山醉魄落）採碎花心嗆碎淡黃雪（仝）翠
簟一池秋水半牀露半牀月（仝霜天曉角）恰是斷魂江上
柳越春深越瘦（仝謁金門）室秋燈一庭秋雨叉一聲秋雁
（仝醉蓬萊歸故山）昨宵風雨涼到木犀屛（趙元甫相思引）重見落冷
楓紅舞（白石）黃簾綠幕蕭蕭夢燈前幾換秋風（吳夢窻贈宏菴）

雁風吹裂雲痕小樓一縷斜陽影（丁夢窻水龍吟）淸陰一架
顆顆蒲萄醉花碧（仝六么令）看画船盡入西湖閒却半湖
春日（西湖）

樂笑翁警句

和雲流出空山年年淨洗花香不了（南浦春水）寫不成書
只記得相思一點（解連環孤鴈）纔放些情意早瘦了梅花
一半也知不作花看東風何事吹散（探春雪齋）見説新愁
如今也到鷗邊（西湖）醒醉一乾坤（眞珠簾）莫開簾怕見飛
花怕聽啼鵑（並仝）須待月許多都付與秋（聲聲慢）幾日不

詞旨 八

來一片蒼雲未掃（掃花遊）春風不奈垂楊柳吹却絮雲
多少（齊天樂）帶天香吹動一身秋（甘州贈桂卿）茂樹石牀因
坐久又却被淸風留住（慶宮春）恐不住低低問春（仝）不
知能聚愁多少（霜葉飛老妓）

詞眼

燕嬌鶯姹（潘元質）綠肥紅瘦（易安）寵柳嬌花（仝）籠燈燃月
（淸眞）醉雲醒月（夢窻）挑雲研雪（碧山）柳昏花暝（梅溪）翠陰香遠
（千里）玉嬌香怨（竹屋）蝶悽蜂慘（守齋）柳腴花瘦（西材）綰燕吟鶯
（仝）燕昏鶯曉（秋崖）漁烟鷗雨　翠鞏紅妬（可竹）愁胭恨粉

王笛 月約星期 爲圃言 雨今雲古 玉笛 恨烟顰雨 東澤 燕窺鶯

認梅心 愁羅恨綺 虛靜 移紅換紫 聞翁 聯詩換酒 選歌試

舞 舞勾歌引 三生春夢

單字集虛

任看正恃乍怕縱問愛奈似但料想更算況悵怏早

儘嗟憑歎方將未已應若莫念甚

兩字 缺

此本還在沈伯時樂府指迷之後古雅精妙較是

輸他一着也若新巧清麗是冊亦未可少也元跋

詞評

吳　王世貞著　曾從志校閱

詞者樂府之變也昔人謂李太白菩薩蠻憶秦娥楊用修又傳其清平樂二首以為調祖不知隋煬帝已有望江南詞蓋六朝諸君臣頌酒賡色務裁艷語默啟詞端寔為濫觴之始故詞須宛轉緜麗淺至儇俏挾春月烟花於閨幨內奏之一語之豔令人魂絕一字之工令人色飛乃為貴耳至於慷慨磊落縱橫豪爽抑亦其次不作可耳作則寧為大雅罪人勿儒冠

而胡服也

花間以小語致巧世說靡也草堂以麗字取妍六朝腧也即詞號稱詩餘然而詩人不為也何者其婉孌而近情也足以移情而奪嗜其柔靡而近俗也詩嬋緩而就之而不知其下也之詩而詞非詞也之詞而詩非詩也言其業李氏晏氏父子耆卿子野美成少游易安至矣詞之正宗也溫韋豔而促黃九精而險長公麗而壯幼安辨而奇又其次也詞之變體也詞興而樂府亡矣曲興而詞亡矣非樂府與詞之亡其調亡也

何元朗云樂府以皦逕揚厲為工詩餘以婉麗流暢為美

昔昔鹽阿鵲監阿濫堆突厥鹽疏勒鹽阿那朋之類詞名之所由起也其名不類中國者歌曲變態起自羌胡故耳然自昔昔鹽排律外餘多七言絕有其名而無其調隋煬李白調始生矣然望江南憶秦娥則以辭起調者也菩薩蠻則以辭按調者也

溫飛卿所作詞曰金荃集唐人詞有集曰蘭畹蓋皆

取其香而弱也然則雄壯者固次之矣

楊用修所載太白有清平樂二闋識者以為非太白作謂其卑淺也按太白清平樂本三絕句而已不應復有詞第所謂女伴莫話高眠六宮羅綺三千一咲皆生百媚宸游教在誰邊亦有情語余每誦之及樂天絕句云雨露由來一點恩爭能遍却及千門三千宮女如花面幾箇春來無淚痕輒低回歎息古之怨女棄才何限也

花間猶傷促碎至南唐李王父子而妙矣風乍起吹

皺一池萍水。關卿何事。與未若陛下小樓吹徹玉笙寒。此語不可聞鄰國。然是詞林本色佳話。雲破月來花弄影。郎中紅杏枝頭春意鬧。尚書意似祖述之。而句小不逮。然亦佳。

今宵酒醒何處。楊柳外曉風殘月。與秦少游酒醒處殘陽亂鴉。同一景事。而柳尤勝。

寒雅千萬點。流水遶孤村。隋煬詩也。寒雅數點。流水遶孤村。少游詞也。語雖蹈襲。然入詞尤是當家。

昔人謂銅將軍鐵着板。唱蘇學士大江東去。十八九

歲好女子。唱柳屯田楊柳外曉風殘月。為詞家三昧。然學士此詞。亦自雄壯。感慨千古。果令銅將軍於大江奏之。必能使江波鼎沸。至咏楊花水龍吟慢。又進柳妙處一塵矣。

子瞻與誰同坐。明月清風我。明月幾時有。把酒問清大。快語也。大江東去浪淘盡千古風流人物。壯語也。杏花疎影裏吹笛到天明。又高情已逐曉雲空。不與梨花同夢。爽語也。其詞濃與淡之間也。

歸來休放燭花紅。待踏馬蹄清夜月。致語也。問君能有幾多愁。却似一江春水向東流。情語也。後主直是詞手。

油壁車輕金犢肥。流蘇帳暖春雞報。非歌行麗對乎。細雨夢迴雞塞遠。小樓吹徹玉笙寒。青鳥不傳雲外信。丁香空結雨中愁。無可奈何花落去。似曾相識燕歸來。非律詩俊語乎。然是天成一段詞也。着詩不得。

斜陽只送平波遠。又春來依舊生芳草。淡語之有致者也。角聲吹落梅花月。又滿院落花春寂寂。又一鉤淡月天如水。又鞦韆外綠水橋平。又地卑山潤人靜

費鑪烟。淡語之有景者也。（景在費字）平蕪盡處是青山。行人又在青山外。又郴江幸自遶郴山。為誰流下瀟湘去。此淡語之有情者也。拚則而今已拚了。忘則怎生便忘得。又斷送一生憔悴。能消幾箇黃昏。此恒語之有情者也。咏雨點點不離楊柳外。聲聲只在芭蕉裏。此淺語之有情者也。淡語恒語淺語極不易工。囙為拈出。

美成能作景語。不能作情語。能入麗字。不能入雅字。以故價微劣於柳。然至枕痕一線紅生玉。又喚起兩

骈清炯炯。淚花落枕紅綿冷。其形容摩起之妙。真能動人。

孫夫人閒把繡絲撏。認得金針又倒拈。可謂看朱成碧矣。李易安此情無計可消除。方下眉頭。又上心頭。可謂憔悴支離矣。秦少游安排腸斷到黃昏。甫能炙得燈兒了。雨打梨花深閉門。則一二時無間矣。此非深於閨恨者不能也。易安又有寵柳驕花寒食近種種惱人天氣。寵柳驕花新麗之甚。

范希文都來此事。眉間心上。無計相廻避。類易安而小遜之。其天淡銀河垂地。語却自佳。

溫庭筠雁柱十三絃。一一春鶯語。陳無已彈到斷腸時。春山眉黛低。皆彈箏俊語也。

張子野青門引。万俟雅言江城梅花引。青玉案何字皆佳。詞內人瘦也比梅花瘦幾分。又天還知道和天也瘦。又莫道不消魂。簾捲西風人比黃花瘦。三瘦字俱妙。

隙月窺人小。又天涯一點青山小。又一夜青山老。俱妙在押字。乍雨乍晴花易老。却不在押字而在乍字。

史邦卿題燕曰差池欲住。試入舊巢相竝。還相雕梁藻井。又軟語商量不定。可謂極形容之妙。相字星相之相從俗字。

永叔極不能作麗語。乃亦有之曰隔花啼鳥喚行人。又海棠經雨臙脂透。

王元澤恨被榆錢。買斷兩眉長鬬。可謂巧而費力矣。史邦卿做雨欺花。將烟困柳。始尤甚焉。然與李漢老叫雲吹斷橫玉。謝勉仲染雲爲幌。美成暈酥砌玉。魯直鶯嘴啄花紅溜。燕尾點波綠皺。俱爲險麗。

吾愛司馬才仲燕子銜將春色去。紗窗幾陣黃梅雨。有天然之美。令鬬字者退舍。

休文夢中不識路。何以慰相思。宋人反其指而用之。重門不鎖相思夢。隨意遶天涯。各自佳。

永叔介甫俱文勝詞。詞勝詩。詩勝書。子瞻書勝詞。詞勝畫。畫勝文。文勝詩。然文等耳。餘俱非子瞻敵也。魯直書勝詞。詞勝詩。詩勝文。少游詞勝書。書勝文。文勝詩。

詞至辛稼軒而變其源實自蘇長公至劉改之諸公

極矣南宋如曾覿張掄輩應制之作志在鋪張故多雄麗稼軒輩撫時之作意存感慨故饒明爽然而穠情致語幾於盡矣

陶穀尚書使江南通秦弱蘭作風光好詞見宋人小說武有以爲曹翰者翰能作老將詩其才固有之終非武人本色沈叡達雲巢編謂陶使吳越惑倡女任社娘因作此詞任大得陶貲後用以祠仁王院落髮爲尼李唐吳越未審孰是要之近陶所爲耳

宋仁宗時老人星見柳耆卿托內侍以醉蓬萊詞進

仁宗閱首句漸亭皐葉下漸字意不擇至宸游鳳輦何處與真宗挽歌暗同慘然久之讀至太液波翻忿然曰何不言太液波澄耶擲之地罷不用此詞之不遇者也高宗在德壽宮遊聚景園偶步入一酒肆見素屏有俞國寶書風入松一詞嗟賞之誦至明日重攜殘酒來尋陌上花鈿曰未免酸氣改明日重扶殘醉仍即日予釋褐此詞之遇者也耆卿詞毋論觸諱中間不能一語形容老人星自是不佳重扶殘醉勝初語數倍乃見二主具眼

宣政間戚里子邢俊臣性滑稽喜嘲咏常出入禁中善作臨江僊詞末章必用唐律兩句爲諢以寓調笑徽皇置花石綱石之大者曰神運石大舟排聯數十尾僅能勝載既至上大喜置艮嶽萬歲山命俊臣爲臨江僊詞以高字爲韻末句云巍峩萬丈與天高物輕人意重千里送鵝毛又令賦陳朝檜以陳字爲韻檜亦高五六丈圍九尺餘枝覆地幾百步詞末云遠來猶自憶梁陳江南無好物聊贈一枝春上容之不怒也內侍梁師成位兩府甚尊顯用事以文學自尚

尤自矜爲詩因進詩上稱善顧謂俊臣曰汝可爲好詞以詠師成詩句之美且命押詩字韻俊臣口占末云欲知勤苦爲新詩吟安一箇字撚斷數莖髭上大笑師成恨之譖其漏泄禁中語責爲越州鈐轄大守王嶷聞其名置酒待之醉歸燈火蕭疎明日攜詞見師敘其寥落之狀末云捫窻摸戶入房來笙歌歸院落燈火下樓臺席間有妓秀美而肌白如玉雪頗有腋氣豐甫令乞詞末云酥胸露出白皚皚遙知不是雪爲有暗香來又有善歌舞而肥者末云只愁歌

舞罷化作彩雲飛俊臣小才亦是滑稽之雄子瞻若
在當爲絕倒
元有曲而無詞如虞趙諸公輩不免以才情屬曲而
以氣槩屬詞詞所以亡也
我明以詞名家者劉誠意伯溫穠纖有致去宋尚隔
一塵楊狀元用修好入六朝麗事似近而遠夏文愍
公謹最號雄爽比之辛稼軒覺少精思
詞評終

曲藻

吳　王世貞著　徐仁毓校閱

三百篇亡而後有騷賦騷賦難入樂而後有古樂府古樂府不入俗而後以唐絕句爲樂府絕句少宛轉而後有詞詞不快北耳而後有北曲北曲不諧南耳而後有南曲

何元朗云北人之曲以九宮統之九宮之外别有道宮高平般涉三調南人之歌亦有南九宮然南歌或多與絲竹不協豈所謂土氣偏詖鍾律不得調平者

曲者詞之變自金元入中國所用胡樂嘈雜淒緊緩急之間詞不能按乃更爲新聲以媚之而諸君如貫酸齋馬東籬王實甫關漢卿張可久喬夢符鄭德輝宮大用白仁甫輩咸富有才情兼喜聲律以故遂擅一代之長所謂宋詞元曲殆不虛也但大江以北漸染胡語時時採入而沈約四聲遂闕其一東南之士未盡顧曲之周郎逢掖之間又鈌辨撾之王應稍稍復變新體號爲南曲高拭則成遂掩前後大抵北主勁切雄麗南主清峭柔遠雖本才情務諧俚俗譬之同一師承而頓漸分教俱爲國臣而文武異科今談曲者往往合而舉之良可咲也

凡曲北字多而調促促處見筋南字少而調緩緩處見眼北則辭情多而聲情少南則辭情少而聲情多北力在絃南力在板北宜和歌南宜獨奏北氣易粗南氣易弱此吾論曲三昧語

僊呂調宜清新綿邈南呂宮宜感歎傷惋中呂宮宜高下閃賺黃鍾宮宜富貴纏綿正宮宜惆悵雄壯道

宮宜飄逸清幽大石宜風流醞藉小石宜旖旎柔媚高平宜條蕩滉漾般涉宜拾掇坑塹歇指宜急併虛歇商角宜悲傷宛轉雙調宜健捷激裊商調宜悽愴慕怨角調宜典雅沈重越調宜陶寫冷咲見雍熙樂府楚愍王序然出周德清元人也

周德清云關鄭白馬一新製作韻共守自然之音字能通天下之語字暢語俊韻促音調又云諸公已矣後學莫及蓋不悟聲分平仄字别陰陽此二言者乃作詞之膏肓用字之骨髓皆不傳之妙獨予知之屢

嘗揣其聲病於桃花扇影而得之也

虞伯生云吳楚傷於輕浮燕冀失於重濁秦隴去聲爲入梁益平聲似去河北河東取韻尤遠

作詞十法亦出德清猶刪其不切者一造語謂可作者樂府語經史語天下通語予謂經但語亦有可用不可用不可作者俗語蠻語謔語嗑語市語方語書生語譏誚語愚謂謔市譏誚亦不盡然顧用之何如耳又語病語澁語粗語嫩皆所當避二用事明事隱使隱事明使三用字生硬字太文字太俗字及襯墊字太長字皆所當避四陰陽如同一東韻也輕如東鍾松冲之類爲陰重如同戎龍窮之類爲陽與押轉點各有宜用五務頭要知某調某句某字是務頭可施俊語於上楊用修乃謂務頭是部頭可發一咲六對耦有扇面對重疊對救尾對七末句八去上九定格如僊呂南呂中呂正有子母謂字少聲多者聲多字少者

馬致遠百歲光陰放逸宏麗而不離本色押韻尤妙長句如紅塵不向門前惹綠樹偏宜屋角遮青山正補牆頭缺又如和露摘黃花帶霜烹紫蟹煮酒燒紅葉俱入妙境小語如上牀與鞋履相別大是名言結尤蹟俊可咏元人稱爲第一眞不虛也

北曲故當以西廂壓卷如曲中語雪浪拍長空天際秋雲捲竹索纜浮橋水上蒼龍偃　滋洛陽千種花潤梁園萬頃田　東風擺曳垂楊線游絲牽惹桃花片珠簾掩映芙蓉面　法鼓金鐃二月春雷響殿角鐘聲佛號半天風雨灑松梢　不近喧譁嫩綠池塘藏睡鴨自然幽雅淡黃楊柳帶棲鴉是駢儷中景語手掌兒裏奇擎心坎兒裏溫存眼皮兒上供養哭聲兒似鶯囀喬林淚珠兒似露滴花梢　繫春心情短柳絲長隔花陰人遠天涯近　香消了六朝金粉瘦減了三楚精神　玉容寂寞梨花朶胭脂淺淡櫻桃顆是口麗中情語　他做了影兒裏情郎我做了畫兒裏愛寵　拄着拐挪閑鑽懶縫合脣送暖偷寒　昨夜箇熱臉兒對面搶白今日箇冷句兒將人厮侵　半推半就又驚又愛是駢儷中諢語　落紅滿地胭脂冷夢裏成雙覺後單是早語中佳語只此

數條他傳奇不能及
元人曲如紅塵不向門前惹綠樹偏宜屋角遮青山正補牆東缺　枯藤老樹昏雅小橋流水人家古道西風瘦馬夕陽西下斷腸人在天涯景中雅語也澠中星玉盤亂洒水晶丸松稍月蒼龍捧出軒轅鏡紅葉落火龍褪甲蒼松蟠怪蟒張牙　水面雲山山上樓臺山水相連樓臺上下天地安排景中壯語也傻翁何處煉丹砂一縷白雲下客去齋餘人來茶罷歎浮生數落花楚家漢家做了漁樵話　黃蘆岸白

蘋渡口綠楊堤紅蓼灘頭雖無刎頸交頗有忘機友點秋江白鷺沙鷗傲殺人間萬戶侯不識字烟波釣叟意中爽語也十二玉欄天外倚望中原思故國感慨傷悲一片鄉心碎情中快語也咲撚花枝比較春輸與海棠三四分再偷勻一半兒胭脂一半兒粉情中冶語也參旗動斗柄挪爲多情攬下風流禍眉攢翠蛾裙拖絳羅韈冷凌波躭驚怕萬千般得受用些兒篤　側耳聽門前去馬和淚看簾外飛花　怕黃昏不覺又黃昏不銷魂怎地不銷魂新啼痕間舊啼痕斷腸人送斷腸人　春將去人未還這其間殃及殺愁眉淚眼　把團圓夢兒生喚起誰不做美呸却是你情中悄語也怨青春捱白晝怕黃昏　一聲梧葉一聲秋一點芭蕉一點愁三更歸夢三更後情中緊語也五眼鷄丹山鳴鳳兩頭蛇南陽臥龍三脚猫渭水非熊　精醃兩箇功名字醅淹千古興亡事麴理萬丈虹霓志不達時皆咲屈原非但知音便說陶潛是諢中奇語也搊殺銀箏韻不真揉癢天生鍊縱有相思淚痕索把拳頭揾諢中巧語也

元人歸隱詞沈醉東風云閒天公許我閒身結草爲標編竹爲門鹿豕成羣魚蝦作伴鷺鴨比鄰不遠游堂上有親莫居官朝裏無人黙滕休云進退休論買斷青山隔斷紅塵頗有味而佳

得勝令元人有咏指甲者宜將鬬草尋宜把花枝浸宜將繡線勻宜把金針紉宜操七絃琴宜結兩同心宜托腮邊玉宜圈鞋上金難禁得一掐通身沁知音治相思十箇針鼓爽之極又出王閣上矣非舜耕咏騷鞋可比

西廂久傳爲關漢卿撰邇來乃有以爲王實甫者謂至郵亭夢而止又云至碧雲天黃花地而止此後乃漢卿所補也初以爲好事者傳之妄及閱太和正音譜王實甫十三本以西廂爲首漢卿六十一首不載西廂則有可據第漢卿所補商調集賢賓及掛金落索裙染榴花睡損胭脂皺紐結丁香掩過芙蓉扣線脫珍珠淚濕香羅袖楊柳眉顰人比黃花瘦俊語亦不減前

今世所演習者北西廂記出王實甫馬丹陽度任風子出馬致遠范張鷄黍出宮大用拜月亭單刀會出關漢卿兩世姻緣出喬德符謊范雎出高文秀㑳梅香王粲登樓倩女離魂出鄭德輝風雪酷寒亭出楊顯之伍員吹簫莊子歎骷髏出李壽卿東坡夢辰鈎月出吳昌齡陳琳抱粧盒王允連環記敬德不伏老黃鶴樓千里獨行不著姓氏皆元人詞也

元微之鶯鶯傳謂微之通於姑之子而托名張生者有爲微之攷據中表親戚甚明且會眞詩亦戴和章而關張本辭大約可推高則成琵琶記其意欲以譏當時一士大夫而托名蔡伯喈不知其說偶閱說郛所載唐人小說牛相國僧孺之子繁與同人蔡生邂逅文字交尋同舉進士才蔡生欲以女弟適之蔡已有妻趙矣力辭不得後牛氏與趙處能卑順自將蔡仕至節度副使其姓事相同一至於此則誠何不直舉其人而顧誣蔑賢者至此耶

謂則誠元本止書館相逢又謂賞月掃松二闋爲朱教諭所補亦好奇之談非實錄也

則誠所以冠絕諸劇者不唯其琢句之工使事之美而已其體貼人情委曲必盡描寫物態彷彿如生問答之際了不見扭造所以佳耳至於腔調微有未諧譬如見鍾王跡不得其合處當精思以求詣不當執末以議本也

嘗見歌伯喈者云浪暖桃香欲化魚期逼春闈詔赴春闈郡中空有辟賢書心戀親闈難捨親闈頗疑兩下句意各重而不知其故又曰詔曰書都無輕重後得一善本其下句乃浪暖桃香欲化魚期逼春闈難捨親闈郡中空有辟賢書心戀親闈難赴春闈意既

不重而期逼與上欲化魚字應難赴與空有字應盃見作者之工。

南曲之美者無過於題柳窺青眼。而中亦有牽强處次序處題月長空萬里。可謂完麗而苦多蹈襲。人別後是元人作。不免雜以凡語。祝希哲玉盤金餅。是初學人得一二佳句耳大抵宋詞無累篇而南北曲少完璧。則以繁簡之故也。

琵琶記之下拜月亭是元人施君美撰亦佳元朗謂勝琵琶則大謬也。中間雖有一二佳曲。然無詞家大學問。一短也。既無風情。又無裨風教。二短也。歌演終場。不能使人墮淚。三短也。拜月亭之下荊釵近俗而時動人。香囊近雅而不動人。五倫全備是文莊元老大儒之作。不免腐爛

何元朗極稱鄭德輝㑳梅香倩女離魂王粲登樓以爲出西廂之上。㑳梅香雖有佳處而中多陳腐措大語。且套數出沒賓白皆剽西廂。王粲登樓事實可笑。毋亦厭常喜新之病歟。

暗想當年羅帕上把新詩寫。南北大散套。是元人作學問才情足冠諸本

周憲王者定王子也好臨摹古書帖曉音律所作雜劇凡三十餘種散曲百餘雖才情未至而音調頗諧。至今中原絃索多用之。李獻吉汴中元宵絕句云齊唱憲王新樂府金梁橋上月如霜蓋實錄也

劉瑾以擴充政務爲名諸翰林悉出補部屬郭杜王敬夫其鄉人也獨爲吏部郎不數月掌文選會瑾敗諸同知壽州敬夫有儁才。尤長於詞曲而傲睨多脫踈人或讒之李文正謂敬夫嘗譏其詩御史追論敬夫黜。其官敬夫編杜少陵游春傳奇劇罵李閣之益大恚雖館閣諸公亦謂敬夫輕薄遂不復用敬夫與康德涵俱以詞曲名一時。其秀麗雄爽康大不如也。評者以敬夫聲價不在關漢卿馬東籬下

王渼陂所爲折桂令云望東華人亂擁紫羅襴老盡英雄此是名語然上句番身跳出麒麟洞麒麟洞杜撰無出渼陂又有一詞云暗想東華五夜淸霜寒駿馬。尋思別駕。一天霜雪曉排衙。句特軒爽四押亦工而暗想尋思四字。亦不稱乃知完璧之難也。

康德涵因罷官居鄠杜葛巾野服自隱聲酒時有楊侍郎庭議者少師介夫弟以使事北上過康康故契分不薄大喜置酒至醉自彈琵琶唱新詞爲壽楊徐謂家兒居恒相念君但得一書吾爲道地史局語未畢康大怒罵若伶人我耶手琵琶擊之格胡牀迸碎楊踉蹌走免康遂入口咄咄罵子更不相見

王敬夫將塡詞以厚貲募國工杜門學按琵琶三絃習諸曲盡其技而後出之德涵於歌彈尤妙每敬夫曲成德涵爲奏之卽老樂師毋不擊節歎賞也然敬

夫作南曲且盡杯中物不飲青山暮猶以物爲護也

南音必南北音必北尤宜辨之

趙王之紅殘驛使梅楊邃庵之寂寞過花朝李空同之指冷鳳凰生陳石亭之梅花序顧未齋之單題梅皆出自王公膾炙人口然較之專門終有間也王威寧越黃鶯兒只是諢語然頗佳

韓苑洛邦奇作乃弟邦靖行狀末云恨無才如司馬子長關漢卿者以傳其行北人相尚乃爾然亦自有致

王舜耕高郵人有西樓樂府詞頗警健工與贈善調誹而淺於風人之致

谷繼宗濟南人所爲樂府微有才情尙出諸公之下

謝茂秦舊塡樂府頗以柳三變自居與予輩談詩後慚恧不出可謂不遠之復

常明卿有樓承樂府雖詞氣豪逸亦未當家

髯僊霖金陵人所爲樂府不能如陳大聲穩協而才氣過之青樓俠少推爲渠師正德末上南征嬖伶臧賢薦於上俾塡新曲絕愛幸之令提調六院事霖皇恐甚然不敢辭也後廻鑾事始解賢復薦吳中楊南峰循吉楊以高尙不出一旦易皁笠韎韐兎鶻從臺司索餞見上後應制成打虎諸曲頗云稱旨詔授官如霖楊太愧駭懇賢獲免曲今存不大佳

北調如李空同王浚川何粹夫韓苑洛何太華許少華皆有樂府而未之盡見予所知者李尙寶先芳張職方重劉侍御時達皆可觀近時馮通判惟敏獨爲深出其板眼務頭攛搶緊緩無不曲盡而才氣亦足發之止用本色過多北音太繁爲白璧微纇耳金陵

楊狀元愼才情蓋世所著有洞天玄記陶情樂府續陶情樂府流膾人口而頗不爲當家所許蓋楊本蜀人故多川調不甚諧南北本腔也摘句如費長房縮不就相思地女媧氏補不完離恨天別淚銅壺共滴愁腸蘭焰同煎和愁和悶經歲經年又傲霜雪鏡中紫髯任光陰眼前赤電仗平安頭上青天皆佳語也第它曲多剽元人樂府如嫩寒生花底風風兒踈刺刺諸闋一字不改掩爲巳有蓋楊多抄錄秘本不知久巳流傳人間矣

楊用修婦亦有才情楊久戍滇中婦寄一律云鴈飛會不到衡陽錦字何由寄永昌三春花柳妾薄命六詔風烟君斷腸曰歸曰歸愁歲暮其雨其雨怨朝陽相聞空有刀環約何日金鷄下夜郎又黃鶯兒一詞積雨釀春寒見繁花樹樹殘泥塗滿眼登臨倦江河幾灣雲山幾盤天涯極目空腸斷寄書難無情征鴈飛不到滇南楊又別和三詞俱不能勝

陳大聲金陵將家子所爲散套既多蹈襲亦淺才情然字句流麗可入絃索三弄梅花一闋頗稱作家

金白嶼鑾頗是當家爲北里所貴張有二句云石橋下水軲軲蘆花上月紛紛予頗賞之

吾吳中以南曲名者祝京兆希哲唐解元伯虎鄭山人若庸希哲能爲大套富才情而多駁雜伯虎小詞翩翩有致鄭所作玉玦記最佳它未稱是明珠記即無雙傳陸天池采所成者乃兄浚明給事助之亦未盡善張伯起紅拂記潔而俊失在輕弱梁伯龍吳越春秋滿而安間流冗長陸教諭之裘散詞有一二可觀吾嘗記其結語遮不住愁人綠草一夜滿關山又

本是箇英雄漢差排做窮秀才語亦俊爽其它未稱是

張伯起紅拂記一佳句云愛它風雪耐它寒不知爲朱希眞詞也其起句云撿盡曆頭冬又殘愛他風雪耐他寒拖條竹杖家家酒上箇籃輿處處山亦自瀟灑賀方回浣溪沙有云淡黃楊柳帶棲鴉關漢卿滇作四句云不近諠譁嫩綠池塘藏睡鴨自然幽雅淡黃楊柳帶棲鴉青出於藍無妨並美

曲藻終

曲豔品

歙　潘之恒撰　何偉然閱

語云禮失而求之野樂樂其所自生中古已亡今何以觀哉余友汪季玄間廣不慧子徒寄慨于昔而未諦審於今今之樂猶古之樂其亡者音耳其聲未始亡也余尚吳歈以其亮而潤宛而清乃若法以律之暢以導之重以由之揚袂風生垂手如玉同心齊度合乎桑林則天趣所成非由人力惟童子年其韻易露其變逾神誠能恣之以逸不繼

以惰翻然爾思亦庶乎近古矣不慧不敏願學未能就五生一寓品題以質於季玄世有求之法外者乃可語法中覺禮樂去古不遠知音者審之

國瑀枝

國瑀枝有場外之態音外之韻閨中雅度林下風流國士無雙一見心許

何處梅花遂裏吹歌餘縹緲舞餘姿渉江聊可克余
佩攀得瑀臺帶露枝

曼修容

曼修容徐步若馳安坐若危蕙情蘭性色授神飛可謂百媚横陳者矣

宛轉歌喉態轉新鶯鶯燕燕是前身已憐花底魂銷
盡謾向梁間語撩人

希疏越

希疏越傲然獨立顧影自賞敘情慷慨忽發悲吟有野鶴鶏羣之致

年少登場一座驚衆中遺盼為多情主人向夕頻留
客百尺垂楊自選鶯

元靡初

元靡初雲衢未半秋駕方升孤月凌空獨傳清嘯儻謂同歡畢輪研斷發豔於三歲矣

黃鵠高飛不可呼羽衣瀟灑髻懸珠曾棲句曲三峯
頂肯傍淮南桂樹無

掌翔風

掌翔風顏如初日曲可崩雲巫峯洛水髣髴飛越豈直作掌中玩耶

風前垂柳鬪腰低一翦青絲覆頟齊含意未申心已

醉高雲墮砌月沉西

後豔品

歙　潘之恒撰　何偉然閱

序曰乍見定情自媚者為難況草草品題不無觖望然私所屬在首舉者國以婉至慧以格高才有殊長何嫌娩美乃若色失之瑶典失之正致失之昭望失之直權變失之粉郎余實不敏於諸技何貶焉倘有當於心不妨再續矣

慧心憐

慧心憐音叶鶯鳳駸駸騂騮千人中亦見卓乎超距之士

音如環轉體如絃個是場中最少年莫怪同儕心為折縱令香老亦知憐

瑶蕚英

瑶蕚英色豔而恍氣吁以暢如縹緲仙人乍游林水而纖塵不染

美豔由來自有聲衆中識曲不知情若教藺子親操璧肯博秦庭十五城

直素如

直素如錦文自刺氷操同竪寵或弛于前魚
怨每形于別鵠無金買賦爲獻長門者接踵
悟後之歎自溢于初薦爾
澹泊無由表素心聊將貞操託孤琴相如不淺臨邛
意託諷何嘗爲賜金
正之反
正之反松筠挺秀笙簧自鳴如徒逐靡麗亦
幾失於玄賞
松聲竹韻襍笙簧箕踞長林古道旁不獨塵寰能盡

隔頓令丘壑有遺光
昭氷玉
昭氷玉美秀而潤動止含情水靜而心澄雲
過而響逸矣
一束宮縧一串珠風前美度擅吳趨排空羣玉君應
見曲罷湘靈定有無

續豔品
歙　潘之恒撰　何偉然閱
序曰二凈色中之蒜酪也詼笑關乎喜怒謔浪亦
示微權古稱施孟能近人情則二子庶幾矣
和美度
和美度身不滿五尺虹光繚繞氣已呑象壯
夫不當如是耶
解識吳儂善滑稽憨情輙語態如癡畧加粉色非眞
面便放機鋒不自持

褭無方
褭無方跳波浪子巧舌如簧脫逢吳兒尚當
掩袂
公孫渾脫舞矔瑜氣索登場爲大巫不獨喑嗚驚客
座生來膽畧與人殊

樂府指迷

西秦張玉田纂　武林朱煒閱

詞源

古之樂章樂府樂歌樂曲皆出于雅正粤自隋唐以來聲詩間爲長短句至唐人則有尊前花間集迄于崇寧立大成府命周美成諸人討論古音審之古調淪落之後少得存者由此八十四調之聲稍傳卽美成諸人後增演慢曲引近或移宮換羽爲三犯四犯之曲案月令爲之其曲遂繁且美成負一代詞名所

作詞渾厚和雅善于融化詩句于音譜又且間未有借可見其難矣作詞多效其體製失之軟媚而無所取此惟美成而然不能學也所可倣傚之詞獨一美成而已舊有刻本六十家詞可歌可誦者指不多屈中間如秦少游高竹屋姜白石史邦遠吳夢窻此數家格調不凡句法挺異俱能特立清新之意刪削靡蔓之詞自成一家各名于世作詞能取諸人之所長去其所短精加翫味像而爲之豈不能與美成輩爭雄長哉余疎陋謭才昔在先人侍側聞楊守齋毛敏仲徐南溪諸公商確音律嘗知緒餘故平生好爲詞章用工餘四十年未見其進今老矣嗟古音之寥寥慮雅詞之落落僭述管見類列于後與同志者商確之

製曲

作慢詞看是甚題目先擇曲名然後命意命意既了思其頭何如起尾如何結方後選韻而後述曲最是過變不要斷了曲意須要承上接下如姜白石詞云曲曲屏山夜涼獨自甚情緒于過變則云西窻又吟

暗雨此則曲之意不斷矣詞既成恐前後不相應或有重疊句意又恐字面麄疎卽爲脩改改畢淨一本展之几案或貼之于壁少頃再觀必有未穩處如此改之又改方成無瑕之玉急于脫稾倦事修擇豈能無病不惟不能全美抑且未欵音聲作詩猶且旬鍛日煉況其詞乎

句法

詞中句法須要平妥精粹一曲之中安能句句高妙只要相答襯副得去于好發揮筆力處極要用工不

可輕放過讀之使人擊節可也如東坡詞云似花還似非花也無人惜從教墜又云春色三分二分塵土一分流水如美成風流子云鳳幄繡幃深幾許聽得理絲簧如史邦卿春雨云臨斷岸新綠生時是落紅帶愁流處如吳夢窗登靈岩云連呼酒上琴臺去秋與雲平閏九重云簾半捲帶黄花人在小樓姜白石楊州慢云二十四橋仍在波心蕩冷月無聲此皆平易中有句法

字面

句法中有字面蓋詞中有生硬字用不得須是深加鍛鍊字字敲打得響歌誦妥溜方為本色語如賀方囘吳夢窗皆善于煉字面者多于李長吉溫庭筠詩中來字面亦詞中之起眼處不可不留意也

虛字

詞與詩不同詞之句語有兩字有三字四字至七八字者若惟疊實字讀之且不通況付雪兒乎合用虛字呼喚一字如正但之類兩字如莫是又還之類三字如更能消最無端之類此等虛字却要用之得其

所若用虛字自語自話必不質實觀者無掩卷之誚

清空

詞要清空不要質實清空則古雅峭拔質實則凝澁晦昧姜白石如野雲孤飛去留無迹吳夢窗如七寶樓臺眩人眼目拆碎下來不成片段此清空質實之說又如聲聲慢云檀欒金碧婀娜蓬萊浮雲不蘸芳洲前八字恐亦太澁如糖多令云何處合成愁離人心上秋縱芭蕉不雨也颼颼都道晚風涼天氣好明月怕登樓把前事夢中休花開烟水流燕辭歸尚淹留垂柳不縈裙帶住謾長是繫行舟此詞疎快不質實如是集中者尚有惜不多見白石如疎影暗香楊州慢一蕚紅琵琶仙探春八歸淡黃柳等曲不惟清虛且又騷雅讀之使人神觀飛越

意趣

詞以意為主要不蹈襲前人語如東坡中秋水調歌云明月幾時有把酒問青天夏夜洞仙歌云冰肌玉骨自清涼無汗王荆公金陵桂枝香云登臨送目正故國晚秋天氣初肅千里澄江如練翠峰如簇征帆

去棹斜陽裏背西風酒旗斜矗綵舟雲淡星河鷺起畫圖難足嘆往昔豪華競逐悵門外樓頭悲恨相續千古憑高對此慢嗟榮辱六朝舊事隨流水但寒烟衰草凝綠至今商女時時猶歌后庭遺曲姜白石賦梅云舊時月色是幾番照我梅邊吹笛疎影云苔枝綴玉有翠禽小小枝上同宿此數詞皆清空中有意趣無筆力者未易到

用事

詞中用事最難要緊着題融化不澁如東坡永遇樂

云燕子樓空佳人何在空鎖樓中燕用張建封事白石疎影云猶記深宮舊事那人正睡裏飛近娥綠用壽陽事又云昭君不慣胡沙遠但暗憶江南江北想珮環月下歸來化作此花幽獨用少陵詩此皆用事不爲所使

詠物

詩難于詠物詞爲尤難體認稍真則拘而不暢摹寫差遠則晦而不明要須收縱聯密用事合題一段意思全在結尾斯爲絕妙如史邦卿東風第一枝詠春雪云巧剪蘭心偷粘草甲春雨云做冷欺花將烟困柳千里偷催春暮盡日冥迷愁裏欲飛還住驚粉重蝶宿西園喜泥潤燕歸南浦最妨他佳約風流鈿車不至杜陵路沈沈江上望極還被春潮晚急難尋官渡隱約遙峰和淚謝娘眉嫵臨斷岸新綠生時是落紅帶愁流處記當日門掩梨花剪燈深夜語雙雙燕詠題云過春社了度簾幙中間去年塵冷白石齊天樂賦促織云庾節先將自吟詩瘦淒淒更聞私語露濕銅鋪苔侵石井都是曾聽伊處哀音似訴正思婦無眠

起尋機杼曲曲屏山夜涼獨自甚情緒西窻又吟暗雨爲誰頻斷續相和砧杵候館吟秋離宮吊月別有傷心無數豳歌漫與笑籬落呼燈世間兒女寫入琴絲一聲聲更苦皆全章精粹所詠瞭然在目且不留滯于物至于劉改之詠指甲詞沁園春銷薄春冰碾輕寒玉漸長漸灣見鳳鞋泥污畏人強剔沈涎香斷撥火輕翻學撫瑤琴時復剪更掬水魚鱗波底寒纖柔處試摘花香滿鏤棗成斑有時將粉淚偷彈記切玉曾交挪傳看算恩情相着搔便玉體歸期倦數劃

遍闌干每至相思沉吟處又斜倚朱扉暗齊閒風流甚把仙郎暗捉不放春閒又詠小脚云洛浦凌波爲誰微步輕塵暗生記踏花芳徑亂紅不損步苔幽砌嫩綠無痕襯玉羅慳銷金樣窄載不起盈盈一段春嬉遊倦笑教人款捻微褪些跟郤有時自度歌聲悄不覺微尖點拍頻憶金蓮移換文鴛得侶繡裀催衮舞鳳輕分慢恨深遮牽情半露時出沒風前烟縷裙知何侶侶一鈎新月淺碧籠雲此詞亦工麗但不可與前作同日語

節序

昔人詠節序不惟不多付之歌喉者類是率俗不過爲應時納佑之作所謂清明折桐花爛熳端午梅霖乍歇七夕炎光謝若律以詞家調度則皆未然豈如美成解語花詠元夕風消焰蠟露浥烘爐花市燈相射桂花流月纖雲散耿耿素娥欲下衣裳淡雅看楚女纖腰一把簫鼓喧闐人影參差滿路香飄麝　因念帝城放夜望千門如畫嬉笑游冶鈿車羅帕相逢處自有暗塵隨馬年光是也惟只見舊情懷謝清漏移飛蓋歸來從舞休歌罷史邦卿東風第一枝賦立春云草腳愁回花心夢醒鞭香拂散牛土舊歌空憶朱簾翠筆倦題綠戶畫鷄貼燕想立斷東風來處暗想一掬相思亂藏翠盤紅縷今夜覓夢池秀句明日動探花芳緒寄聲沽酒人家款約嬉遊伴侶憐他梅柳怎忍潤天街酥雨待過了一月燈期日日醉扶歸去黃鍾調喜遷鶯賦燈夕云月波凝滴碧玉壺天近了無塵隔翠眼圈花冰踪織練黃道寶光相直自憐詩酒瘦難應接許多春色最無賴隨香燭會伴狂客

蹤跡謾記約老了杜郎忍聽東風笛柳院燈疎梅廳雪在誰與細傾春碧舊情未定猶自學當年游歷怕萬一悞玉人夜寒簾隙如此妙詞甚多不獨措辭精粹又且見時節風物之感人家宴樂之詞　至如李易安永遇樂云不如向簾兒下聽人笑語此亦不自惡而以俚詞歌于坐花醉月之際似乎擊缶韶外良可嘆也

賦情

簸風弄月陶寫性情詞婉于詩蓋聲出鶯吭燕舌之

間稍近乎情可也若鄰乎鄭衞與纏令何異焉如陸
雪窗瑞鶴仙云臉霞紅印枕睡起來冠兒猶是不整
屏間麝煤冷但眉山壓翠淚珠彈粉堂深晝永燕交
飛風簾露井恨無人與說相思近日帶圍寬盡　重
有殘燈朱幌淡月疏窗那時風景陽臺路遠雲雨便
無準待歸來先指花梢教看却把心期細問因循過
了青春怎生意穩辛稼軒祝英臺近云寶釵分桃葉
渡楊柳暗南浦怕上層樓十日九風雨斷腸片片飛
紅都無人管憑誰勸啼鶯聲住　鬢邊覷試把花卜

歸期才簪又重數羅帳燈昏哽咽夢中語是他春帶
愁來春歸何處却不解帶將愁去皆景中帶情而存
騷雅故其晏酣之樂別離之愁回文題葉之思峴首
西湖之感一寓于詞若能屏去浮豔樂而不淫是亦
漢魏之遺意

離情

春草碧色春水綠波送君南浦傷如之何矧情至于
離則哀怨必至苟能調感愴于融會中斯爲得矣白
石琵琶仙云收藥來時有人似舊曲桃根桃葉歌扇
輕約飛花蛾眉正愁絕春漸遠汀洲自綠更添了幾
聲啼鴂十里揚州三生杜牧前事休說又還是宮燭
分烟奈愁裏匆匆換時節都把一襟芳思與空階榆
莢千萬縷藏鴉細柳爲玉尊起舞回雪想　西出陽
關故人初別秦少游八六子云倚危亭恨如芳草萋
萋刬盡還生念柳外青驄別後水邊紅袂分時愴然
暗驚　無端天與娉婷夜月一簾幽夢春風十里柔
情怎奈向歡娛漸隨流水素絃聲斷翠綃香減那堪
片片飛花弄晚濛濛殘雨籠晴正消凝黃鸝又啼數

聲離情當如此作全在情景交煉得言外意又如勸
君更盡一杯酒西出陽關無故人乃爲絕唱

令曲

詞之難于令曲如詩之難于絕句不過十數句一句
一字閒不得末句最當留意有有餘不盡之意乃佳
當以花間集中韋莊温飛卿爲則又如馮延巳賀方
回吳夢窗亦有妙處至若陳簡齋杏花疏影裏吹笛
到天明之句真是自然而然大抵前輩不留意于此
有一兩曲膾炙人口餘多鄰乎率易近代詞人却有

用力于此者儻以爲專門之學者亦詞家之射鵰手

雜論

詞之語句太寬則容易太工則苦澁如起頭八句相對中間八句相對却須用工着一字眼如詩眼一同若八字既工下句便合少寬庶不窒塞約莫太寬易又着一句工緻者便精粹此詞中之關鍵也

詞不可强和人韻若倡者曲韻寬平庶可賡和倘韻險又爲人所先而必欲牽强賡和則句意安能融貫未盡苦思未見有全妥灩者東坡和張質夫楊花水

龍吟起句便合讓東坡一頭地況後片愈出愈奇真是壓倒今古吾輩倘遇險韻不若祖其元韻隨意換易或易韻答之亦古人三不和之說大詞之料可以斂爲小詞小詞之料亦可以展爲大詞是必一句引爲兩三句或引他意入來捏合成章必無一唱三嘆如少游龍水吟小樓連苑橫空下窺繡轂雕鞍驟猶且不免東坡誚

近代詞如陽春白雪集如絕妙詞選亦有可觀但所取不甚精一豈若周草窗所選絕妙好詞爲精粹惜此板不存墨本亦有好事者藏之難莫難于壽詞倘盡言富貴則塵俗盡言功名則諛佞言神仙則迂闊虛誕當總此三者而爲之無俗忌之詞不失其壽可也松椿龜鶴固所不免却化字面語意新奇

近代陳西麓所作平正亦有佳者詞欲雅而正志之所之一爲物所役則失其雅正之音耆卿伯可不必論雖美成亦有所不免如爲伊淚落如最苦夢魂今宵不到伊行如天便教人霎時厮見何妨又如伊尋消問息瘦損容光如許多煩惱只爲當時一餉留情

所謂淳朴舊變如澆風矣

詩之賦梅惟和靖一聯而已世非無詩不能與之齊驅耳詞之賦梅惟白石暗香疎影二曲前無古人後無來者自立新意真爲絕唱太白云眼前有景道不得崔浩題詩在上頭誠哉言也東坡如水龍吟詠龍笛詠楊花又過秦樓洞仙歌卜算子等作皆清麗舒徐高出人表哨徧一曲隱括歸去來辭更是精妙周秦諸人所不能到辛稼軒劉改之作豪氣詞雅詞也于文章議論餘暇戲筆墨爲長短之詩句耳元遺山

極稱辛稼軒詞及觀遺山詞深于用事精于煉句風流醖藉處不減周秦如雙蓮鴈立等妙在摸寫情意立意高遠初無稼軒詞豪邁之氣豈遺山欲表而出之故耳

楊誠齋作詞五要

作詞之要有五第一要擇腔腔不韻則勿作如塞翁吟之衰颯帝臺春之不順隔浦蓮之奇煞鬬百花之無味是也

第二要擇律律不應則不美如十一月須用正宮元宵詞必用仙侶宮爲宜也

第三要韻詞按譜自古作詞能依句者少依譜用字百無一二詞若歌韻不協奚取哉或謂善歌者能融化其字則無疵殊不詳製作轉摺用或不當則失律正旁偏側凌犯他宮非復本調矣

第四要催律押韻如越調水龍吟商調二郎神皆用平入聲韻古調俱押去聲所以轉摺乖異或不詳之則乖音昧律者反稱賞之是其解熙熙而啓齒也

第五要立新意若用前人詩詞句爲之此蹈襲無足奇者須作不經人道語或翻前人意便覺出奇或祗能煉字才誦數過便無精神不可不知也須忌三重四同始爲具美

樂府指迷終

陽關三疊圖譜

錢唐田藝蘅撰　徐懋升校

送元二使安西

唐詩記事作送客詩元姓二行也其名不見于史出使安西貞觀十四年平高昌置安西大都護府顯慶三年徙龜茲都督府復治西州東接馬耆西連疏勒南隣吐蕃北拒突厥今安西城在陝西靜虜衛

王維字摩詰河東人居藍田輞川唐開元九年進

士仕至尚書右丞有文集十卷又送不蒙都安西云鳴笳瀚海曲按接陽關外送劉司直赴安西云絕域陽關道胡沙與塞塵

渭城朝雨浥輕塵客舍青青柳色新勸君更盡一杯酒西出陽關無故人

劉辰翁云更萬首絕句亦無復近此詩前古今第一矣

渭城秦咸陽孝公所都漢高帝名新城屬長安武帝名渭城唐都長安改京兆郡開元初改京兆府咸陽故城有三秦城在今陝西西安府長安縣北三十里隋城在縣東北二十里唐城在渭水北杜郵館西盖渭城因渭水而得名也渭河在府城北五十里出臨洮府渭源縣鳥鼠山西北谷東流經盩厔興平咸陽渭南至華陰界以入黃河

朝雨清晨之雨也浥潤也輕塵陌上浮埃所謂芳塵也客舍渭城邊之客館今旗亭旅邸也新一作春又柳色春一作楊柳春自漢時凡東出函關必始于霸陵故送行者于此折柳以贈別李太白詞

年年柳色霸陵傷別而霸陵橋因名銷魂橋右丞援霸陵折柳之事而致之渭城蓋唐時多事西域行役者既渡渭水以西北向而抵渭城直趨玉門陽關故以出陽關爲言也右丞又云柳條疎客舍王如張籍詩客亭門外柳折盡向南枝孟郊詩離杯有淚飲別柳無枝春眞可以銷魂矣更去聲更盡再盡也謂勸君更盡此酒他日西去出陽關之外已無故人欲求故人今日一杯之樂不可復得賈至所謂今日送君須盡醉明朝相憶路漫漫

陽關漢燉煌龍勒之關也西域傳匈奴之西烏孫之南北有大山中有河東則接漢阸以玉門陽關西則限以葱嶺使于闐記甘州西始涉磧西北五百里至宿州渡金河西百里出天門關又西百里出玉門關入吐蕃界西至沙州南十里鳴沙山又東南十里三危山其西渡都鄉河曰陽關

一統志陝西行都指揮使司玉門關在故瓜州西北一十八里而瓜州城在肅州城西五百二十六里古西戎地漢燉煌郡也陽關在廢壽昌縣西六里而壽昌縣在沙州城西南一百五十里漢龍勒縣地也玉門在龍勒之西陽關在玉門之南故名之曰陽而清波雜志乃云漢將陽與敗出此關因以爲名則是不美之號矣敗軍之將叛國之臣烏足以章紀絕徼哉

唐陽關在遼西去長安一萬里庾信詩萬里陽關路是也右丞送平判官詩不識陽關路新從定遠侯而蕭鳳使玉門關弟肅勸酒頻頻謂兄曰醉中庶分袂不悲即此

唐人送別率于渭城故岑參送楊子詩斗酒渭城邊壚頭耐醉眠而勸酒二字詩中多用之如杜子美云淚逐勸杯落愁連吹笛生黔陽信使應稀少莫惜頻頻苦勸君皆情之真而辭之切也

渙溪藁話唐人尤用意小詩其命意與所叙述初不減長篇而促爲四句意工理盡高簡頓挫所以難耳如王摩詰云西出陽關無故人故行者爲可悲而勸酒者不得不飲陽關之詞不可不作

渭城曲

陽[illegible]

右丞此詩樂府集作渭城曲

劉禹錫初貶召還又忤宰相被黜十年再召還與歌者何戡詩曰二十餘年別帝京重聞天樂不勝情舊人惟有何戡在更與慇懃唱渭城謝枋得云夢得悠舊時之客已者今無一存惟一妓獨在不勝情三字極有味按此則右丞之詩在唐時已入歌曲矣

劉伯芻居安邑里巷口有鬻餅者早過戶未嘗不聞謳歌而當壚與甚早一旦召之與語貧窘可憐因與萬錢令多其本日取餅以償之欣然持鏹而去後過

其戶則寂然不聞謳一之聲謂其逝矣及呼乃至謂
曰爾何輟歌之遽乎曰本流旣大心計轉麄不暇唱
渭城矣侍郎大笑曰吾思官徒亦然
王崇熙河送客入京詩渭城柳色已青青强駐行人
聽渭城不問使車歸路遠且從尊酒滿杯傾
劉原父長安别蔡嬌詩玳筵銀燭徹宵明白玉佳人
唱渭城更盡一杯須起舞關河秋月不勝情蓋原父
守長安時眷官妓蔡嬌所謂添酥者也召還賦此

陽關曲

右丞此詩在唐時亦名爲陽關曲
白氏長慶集云最憶陽關唱眞珠一串歌注云沈有
謳者善唱西出陽關無故人詞
歐陽永叔送沈侍制陝西都運有云知君才力多閑
暇剩聽陽關醉後聲
曾茶山送曾宏父守天台有云莫作陽關墮淚聲册
丘勝事更君聽

陽關調

秦太虛云右丞此絕句近世又歌入小秦王更名陽
關令雙調有曰小陽關又見大石調
寇平仲陽關引曰塞草煙光濶渭水波聲咽春朝雨
霽輕塵歇征鞍發指靑靑楊柳又是輕攀折動黯然
知有後會甚時節　更盡一杯酒歌一闋歎人生最
難歡聚易離别且莫辭沉醉聽唱陽關徹念故人千
里自此共明月
葉少蘊上巳懷西湖醉蓬萊云問春風何事斷送繁
紅便拚歸去牢落征途笑行人羈旅一曲陽關斷雲
殘靄做渭城朝雨欲寄離愁綠陰千囀黃鸝空語

遥想湖邊浪搖空翠絃管風高亂花飛絮曲水流觴
有山翁行處翠袖朱欄故人應也弄畫船烟浦會寫
相思尊前爲我重翻新句
王晉卿燭影搖紅云香臉輕勻黛眉巧畫宮粧淺風
流天付與精神全在嬌波轉早是縈心可慣更那堪
頻頻顧盼幾回得見見了還休爭如不見　燭影搖
紅夜來飲散春宵短當時誰解唱陽關離恨天涯遠
無奈雲收雨散凭闌干東風淚眼海棠開後燕子來
時黃昏庭院

張安國送張魏公出師木蘭花云擁貔貅萬騎驟千里鐵衣寒正玉帳連雲油幢映日飛箭天山錦城啓方面重對籌壺盡日雅歌閑休遣沙場虜騎尚餘匹馬空還　那堪更値春殘斟綠醑對朱顔正宿雨催紅和風換翠梅小香慳牙旗漸西去也望梁州故壘暮雲間休使佳人斂黛斷腸低唱陽關

王嬌紅送情人一剪梅云豆蔻稍頭春意闌風滿前山雨滿前山杜鵑啼血五更殘花不禁寒人不禁寒離合悲歡事幾般離有悲歡合有悲歡別時容易見時難怕唱陽關莫唱陽關

陽關三疊

古陽關

渭城朝雨一霎裛輕塵更洒遍客舍青青弄柔凝千縷柳色新更洒遍客舍青青千縷柳色新　休煩惱勸君更盡一杯酒人生會少自古富貴功名有定分莫遣容儀瘦損休煩惱勸君更盡一杯酒只恐怕西出陽關舊遊如夢眼前無故人秪恐怕西出陽關眼前無故人此詞不知何人所壘即東坡所聞者

陸藻侍兒美奴卜算子云送我出東門乍別長安道兩岸垂楊鎖暮烟正是秋先老　一曲古陽關莫惜金尊倒君向瀟湘我向秦魚鴈何時到

孫花翁風流子有云三疊古陽關輕寒禁淸月滿征鞍者即此呂居仁生查子云一曲渭城歌柳色饒春恨人分南浦春酒把陽關盞皆謂此也

蘇子瞻小秦王云濟南春好雪初晴行到龍山馬足輕使君莫忘霅溪女時作陽關腸斷聲

苕溪漁隱云唐初歌詞多是五言或七言詩初無長短句自中葉至五代漸變成長短句及宋朝則盡爲此體今所存者止瑞鷓鴣小秦王二闋是七言八句詩并七言絕句詩而已瑞鷓鴣尤依字易歌若小秦王必須雜以虛聲乃可歌耳

謝疊山云唐人餞別必歌陽關三疊

麓堂詩話作詩者不可以意徇辭而須以辭達意辭能達意可歌可詠則可以傳王摩詰陽關無故人之句盛唐以前所未道此辭一出一時傳誦不足至爲三疊歌之後之詠別者千言萬語殆不能

出其意之外必如是可謂之達耳

芝菴唱論凡唱曲有地所陝西唱陽關三疊黑漆弩今按大石調有曰陽關三疊正宮有黑漆弩郎學士吟鸚鵡曲也

疊者重也壘也明也積也楊雄曰古理官決罪三日得其宜乃行之故从三日从宜會意也王莽以爲三日太盛改爲三田非義也

三疊者一歌不足以盡其情故必至再而至三猶瑟之有三調笛之有三弄鼓之有漁陽三疊也

渭城朝雨浥輕塵渭城朝雨浥輕塵客舍青青柳色新勸君更盡一盃酒西出陽關無故人　第一疊

渭城朝雨浥輕塵客舍青青柳色新客舍青青柳色新勸君更盡一杯酒西出陽關無故人　第二疊

渭城朝雨浥輕塵客舍青青柳色新勸君更盡一杯酒勸君更盡一杯酒西出陽關無故人　第三疊

余謂唐人三疊之法必如此然後得其正故白居易對酒詩云相逢且莫推辭醉聽唱陽關三疊聲注云第四聲勸君更盡一杯酒是也若秋澗集所云就中儘是銷魂處不待聽歌第四聲此云第四聲乃西出陽關無故人句也

蘇子瞻曰舊傳陽關三疊然今世歌者每句再疊而已若通一首言之又是四疊皆非是或每句三唱以應三疊之說則叢然無復節奏余在密州有文勛長官以事至密自云得古本陽關其聲宛轉悽斷不類向之所聞每句皆再唱而第一句不疊乃知古本三疊蓋如此及在黄州偶讀樂天對酒詩云相逢且莫推辭醉聽唱陽關三疊聲注云第

四聲勸君更盡一杯酒以此驗之若一句再疊則此句爲第五聲今爲第四聲則第一句不疊審矣詩話雖是黄州後來所作而文勛長官以事至密所傳契勘蘇公先知密州與孔郎中交代自密徙徐今在徐州和孔詩所謂除卻膠西不解歌豈正是文勛長官所傳之聲耶

崔仲容贈歌妓云水剪雙眸霧剪衣當筵一曲媚春輝瀟湘夜色怨猶在巫峽曉雲愁不飛皓齒乍分寒玉細黛眉輕感遠山微渭城朝雨休重唱滿眼陽關

客未歸蓋唐人每疊一句即所謂重唱也今女郎崔氏云渭城朝雨休重唱則是第一句亦當疊之矣予瞻所云第一句不疊是但知有第二第三疊而不知有第一疊也故余之疊法實陽關三昧云

周美成蘇幕遮云朧雲沉新月小楊柳梢頭能有春多少試着羅裳寒尚峭簾捲青樓占得東風早 翠屏深香篆裊流水落花不管劉郎到三疊陽關聲漸杳斷雲只怕巫山曉

瞿宗吉爲倪氏賦安榮美人行云我聞此語重悲傷對景徘徊欲斷腸渭城楊柳歌三疊溢水琵琶泣數行

陽關連環三疊

連環者取其始終循環宛轉不斷之義也昔始皇遺齊襄王后玉連環曰齊多智解此環后引椎以破之謝秦使曰謹以解矣故樂府有解連環曲

渭城朝雨浥輕塵客舍青青柳色新勸君更盡一杯酒西出陽關無故人　第一疊

西出陽關無故人渭城朝雨浥輕塵勸君更盡一杯酒客舍青青柳色新　第二疊

客舍青青柳色新渭城朝雨浥輕塵勸君更盡一杯酒西出陽關無故人　第三疊

第一疊乃原唱也第二疊則首第四句第三疊則首第二句首尾相銜轆轤相續故謂之連環一名移宮陽關又名三換頭陽關况觀第三疊之什則宋人折腰體之評信乎其大謬矣

陽關四疊

渭城朝雨浥輕塵客舍青青柳色新勸君更盡一杯酒西出陽關無故人西出陽關無故人

此第四疊也唐人三疊之外獨遺此聲好事者特以補其大成耳若夫其遍則隨意唱之無定體也

延安夫人暫止樂昌館寄姊妹蝶戀花云淚揾征衣脂粉煖四疊陽關唱了千千遍人道山長山又斷蕭蕭風雨聞孤館　惜別傷離方寸亂忘了臨行酒盞深和淺若有音書憑過雁東萊不似蓬萊遠

易安居士李清照鳳凰臺上憶吹簫云香冷金猊被翻紅浪起來慵自梳頭任寶奩塵滿日上簾鉤生怕

離懷別苦多少事欲說還休新來瘦非干病酒不是悲秋　休休這回去也千萬遍陽關也則難留念武陵人遠煙鎖秦樓惟有樓前流水應念我終日凝眸凝眸處從今又添一段新愁

依依傳　又名陽關依依三疊

依依姓柳氏字倚玉楊州二十四橋人也年減橋數之零種出章臺之秀腰不堪束甚于柔條眉不假描渾如初葉娟娟可愛裊裊無雙辭翰逸羣舞歌獨步與耽淫浪志脫羈埃孰是賞心誰知税駕辛丑之歲盍簪京口綰帶石頭嬿婉及春綢繆連理信娉婷而隈璧真婀娜以含金游子將歸好逑遠別悵短亭之供帳攀垂柳以擊韁鴛醆分飛驪歌互答柳子為我歌陽關第一疊焉渭城朝雨浥輕塵客舍青青柳色新勸君更盡一杯酒西出陽關無故人田子忼慨舉白去住牽神少選和風東吹麝帶鮮香而漸歇片雲北遏鸞簫鸞韻而不流柳子再歌入破第二疊朝雨浥輕塵青青柳色新更盡一杯酒陽關無故人田子悽其以傷恍忽若失停杯脉脉凝眄惺惺歎江水以何情憐僕夫之無色柳子卒為我歌入破第三疊焉浥輕塵柳色新一杯酒無故人辭既促而易竭響復咽而愈哀句引魂搖泣隨聲淬訝喉珠之難貫痛肌玉之頓銷怨入落花望迷芳草古人墮淚之感斷腸之圖良有以也于是田子滿觴一飲勞歌一曲曰馬蹄車轍欲生塵無柰盈盈柳眼新何事陽關方拚醉江南江北未歸人柳子翠袖支頤鳳鞋按拍而賡之曰悲歌遮莫動梁塵疊破陽關恨轉新看取柳條和淚歎今宵定是夢中人柰不覺大駭儁材深樂雅思流風孳媾擊節奚酬迺復報歌曰一聲一疊一翻新君是楊州第一人醉裏莫教憔悴盡浮生何處不風塵盍欲以少慰其懷云耳踟躕既久徒御難淹斜照在山歸鴉滿樹乘醉別去何日忘之舟發丹陽神留白下孤蓬獨酌鬱抱誰開適有感于蒲東惜別之事因作車兒投東馬兒向西賦并綴以楚詞三絕云悲莫悲兮生別離車輪東去馬西馳窮途有酒無人勸忽見風前弱柳垂悲莫悲兮生別離飛花如絮雨晴時何由得似嚶嚶鳥雙擲金梭織柳絲悲莫悲兮生

別離暮春不見以秋期歸來四六峯頭月斷續簫聲聽與誰姑蘇有采蓮子者聞余歌而善之觴余永之而遂和之曰悲莫悲兮生別離伯勞東去燕西飛多情化作鶼鶼侶㵎水雲林願不違相與抵掌笑曰此眞楊州柳枝詞也至于五湖載月人則直命之爲陽關依依三疊記且語余曰輞川迭客之作議者以爲妙絕古今誠哉是言也獨三疊之旨秘而不傳或傳而不精協律者遺恨焉乃今依依特倡家婦耳調結廻風才麦詠雪悟連環之隱訣鮮織錦之玄機近與

吾子聯鑣遠俾右丞擅價謂之光分柳宿而譽掩隋堤也不亦宜乎章句學士有深慙矣而吾子作詩女史反殿倚王于末簡又豈麒麟閣畫子卿之意也哉

陽關三疊琴操

舊譜云陽關曲始于王摩詰而被之管絃或云句句三疊或云只用第三句三疊今之爲是詞者如曰青山無數白雲無數淺水蘆花無數是又一變而爲詞中三疊也

黄庭内景云太上太道玉宸君閑居蘂珠宮作七言琴心三疊舞胎

陽關貫珠三疊

序曰古之人取陽關之詩而播之絲桐已不如肉矣況舊譜出自俗手雜亂寂寥失三疊之眞終非神品也余嘗授指法于勞叟又訂正于王生頗得勾剔之奥乃于暇日披竹徑坐玄樓焚金顏撫玉振神交摩詰思到陽關欣然會心製爲此曲曰淵客調者取綃人泣珠之義所以調絃也卽本題而引之惜其遺也曰正序者存右丞之正聲也曰貫珠三疊者樂之所

謂纍纍如貫珠也每句第減二字則三五七言自成其章此又意外之妙也五三疊以紀其實四疊以盡其變亦唐人之舊也曰一串珠三疊者既分一而爲四復合四而爲一卽唐人歌喉一串珠之謂初不敢有所增損以失右丞之本旨也曲已闋而意不窮于是爲之餘弄焉而曰珠泣玉盤者旣聞流水之操必隨鮫人之淚白太傅所云大珠小珠落玉盤非知音者不能形容之至于斯也故總而命之曰陽關貫珠三疊焉是雖不足以方南風之雅音亦庶幾乎白雪

之絕響矣世有子期當爲傾耳也與

淵客調第一

元子二二爲王臣二二二當致身送子二二銜君命

西入秦馬蕭蕭車轔轔出遥遥水粼粼

第二調

度金河愁路頻望王門絕四鄰苦辛兮苦辛

第三調

至安西無交親夢長安斷音塵酸辛兮酸辛

第四調

一杯酒聊餞君一首詩聊贈君行矣二二慘神二二

去矣二二慘神二二

第五調

元二二二賢哉王臣向異域策奇勛博望兮等倫定

遠兮絕群知何年還入秦知何年還入秦

正序

渭城朝雨浥輕塵客舍青青柳色新勸君更盡一杯

酒西出陽關無故人

貫珠三疊第一

渭城朝雨浥輕塵　朝雨浥輕塵　浥輕塵　客舍

青青柳色新勸君更盡一杯酒西出陽關無故人

第二疊

渭城朝雨浥輕塵客舍青青柳色新　青青柳色新

柳色新　勸君更盡一杯酒西出陽關無故人

第三疊

渭城朝雨浥輕塵客舍青青柳色新勸君更盡一杯

酒　更盡一杯酒　一杯酒　西出陽關無故人

第四疊

渭城朝雨浥輕塵客舍青青柳色新勸君更盡一杯

酒西出陽關無故人　陽關無故人　無故人

一串珠三疊

渭城朝雨浥輕塵　朝雨浥輕塵　浥輕塵

客舍青青柳色新　青青柳色新　柳色新

勸君更盡一杯酒　更盡一杯酒　一杯酒

西出陽關無故人　陽關無故人　無故人

珠流玉盤

送元子渭水濱雨乍歇淨芳塵柳青青客館春勸君

酒莫辭頻君飲盡莫逡巡陽關外少行人嗟嗟陽關
外無故人持節歸來兮無故人〻〻〻

陽關琵琶

宋時二女子題琵琶亭詩云爺娘重利妾身輕一曲
琵琶萬里行彈到陽關齊拍手不知原是斷腸聲

琵琶亭今在九江府城西江濱卽白司馬送客湓
城聞商女琵琶淚濕青衫之所也

序曰余嘗因琵琶亭之詩而推之是四絃亦有陽關
而久矣其無傳矣往有敎坊楊氏世習此藝老大涕

陽終淪常調然亦不過半面彈也嗣後十年有金臺
齊一者獨工正面琵琶更加一絃以備五音此又大
奇盤桓西湖偏騁其技于是紬繹右丞之旨摹寫陽
關之情爰製此曲于時柳花正飛漫天作雪因名飛
花三疊卽席授齊子俾調素軫以度新腔頃刻之間
遂能神解推卻撚撥咸極其精且善歌詠臨風一抹
歷歷心聲旁水孤吟泠泠指語眞雪兒口曹綱手也
雖遊輞川而挾史鬟不嘗過焉雨歇渭城雲消巫岫
餘音在耳頻勞夢思又十餘年而楊氏之家有少女
能傳其業南人不尚四絃遂中廢閣惜乎飛花徒付
東流而已聊附之以爲譜云

陽關飛花三疊第一

渭城渭城朝雨浥輕塵客舍客舍青青柳色新勸君
勸君更盡一杯酒西出西出陽關無故人

第二疊

渭城朝雨〻〻浥輕塵客舍青青〻〻柳色新勸君
更盡〻〻一杯酒西出陽關〻〻無故人

第三疊

渭城朝雨浥輕塵〻〻〻客舍青青柳色新〻〻〻
勸君更盡一杯酒〻〻〻西出陽關無故人〻〻〻

飛花滚三疊

渭城朝雨　渭城朝雨浥輕塵　浥輕塵　客舍青
青　客舍青青柳色新　柳色新　勸君更盡　勸
君更盡一杯酒　一杯酒　西出陽關　西出陽關
無故人　無故人

絮沾泥

一疊兮酒行頻再疊兮淚沾巾三疊兮腸欲斷四疊

今推征輪客邸誰相親柳枝孤負春要知巫峽猿啼苦只聽陽關無故人

王右丞畫陽關圖

深雪偶談此摩詰送元二使安西詩也世傳陽關圖亦出摩詰之手遂成二妙

李伯時畫陽關圖

宣和畫譜李伯時畫今藏在御府如陽關圖一

思雅堂雜鈔李伯詩陽關圖傳盡離別悲流之聲薛元彭家後有題詩及書王右丞一詩及河東三鳳後

人等印

復齋漫錄送元二絕句李伯時取以爲畫謂之陽關圖余嘗以爲失按漢書陽關去長安二千五百里唐人送客出東門三十里特是渭城耳今有渭城館在焉據其所畫當謂之渭城圖可也

李公麟字伯時舒州人朱進士御史檢法居龍眠山因號龍眠居士

陽關圖歌

京兆安汾叟赴辟臨洮幕府南舒李伯時自畫陽關圖并詩以送行浮休居士爲繼其後

古人送行贈以言李君送人兼以畫自寫陽關萬里情奉送安西從辟者澄心古紙白如銀筆墨輕淸意瀟洒短亭離筵列歌舞亭下諠譁簇車馬溪邊一叟靜垂綸橋畔俄逢兩負薪掣臂蒼鷹隨獵犬聳耳鉅驢扶叟輪長安陌上多豪俠正值春風三二月分明朝雨浥輕塵客舍青青柳色新主人舉杯苦勸客道是西征無故人慇懃一曲歌未闋歌者背面沾羅巾洒闌童僕各辭親結束韜縢意氣振稚子牽衣老人

哭道上行客皆酸辛唯有溪邊釣魚叟寂寞投竿如不聞李君此畫何容易畫出魚樵有深意爲道世間離別人若個不因名與利紅蓮幕府盡奇才家近南山紫翠堆烜赫朱門當巷陌潺湲流水遶亭臺當軒怪石人稀見夾道長松手自栽靜鎖園林鶯對語客穿堂戶燕驚回試問主翁在何所近向安西幕府開歌舞教成頭已白功名未立老相催西山東國不我與造父王良安在哉已卜買田箕嶺下更看築室頹河隈憑君傳與王摩詰畫箇陶潛歸去來

蘇子瞻題陽關圖云不見何戡唱渭城舊人空數米嘉榮龍眠獨識陽關曲得古陽關意外聲

黄庭堅題陽關圖云斷腸聲裏無形影畫出無聲亦斷腸想得陽關更無語北風低草見牛羊

又云人事好乖當語離龍眠見出斷腸詩渭城柳色關何事自是離人作許悲

秋潤集題李伯時畫陽關圖云晚唐聲教限羌戎幾唱陽關慘意濃遠節每矜殷脩狀畧無離別可憐容

又云別淚重於烟柳雨離愁長似玉門程就中儘是銷魂處不待聽歌第四聲

山陰鄭嘉題陽關送別圖云漠漠楊柳花青青楊柳樹帶花折長條將送行人去灞陵匆淹留明日發沙洲沙洲連塞路望望使人愁願推雙車輪推過壽昌縣壽昌何蔚蔚邊城如眼見別曲歌且停春醪香更清一杯歌一曲曲盡兩含情含情豈無語離別心更苦懊恨別離多歡娛能幾許萬水及千山人去幾時還誰言功名好儂道不如閒

余嘗題琵琶亭陽關圖詩云楊柳青青江水清琵琶

亭下小舟横一杯未盡腸先斷何必陽關第四聲

餘杭蔣子文題陽關圖譜詩曰盡道陽關句最奇句中三疊少人知田郎自是推輪手推出前人絕妙詞

陽關三疊圖譜終

秇圃擷餘

吳郡王世懋著　陳珂孟鳴閱

詩四始之體惟頌專爲郊廟頌述功德而作其它率因觸物比類宣其性情恍惚游衍往往無定以故說詩者人自爲見若孟軻荀卿之徒及漢韓嬰劉向等或因事傅會或旁解曲引而春秋時王公大夫賦詩以昭儉汰亦各以其意爲之蓋詩之來固如此後世惟十九首猶存此意使人擊節詠歎而未能盡究指歸次則阮公詠懷亦自深於寄託潘陸而後雖爲四

言詩聯比牽合蕩然無情蓋至於今餞送投贈之作七言四韻援引故事麗以姓名象以品地而拘攣極矣豈所謂詩之極變乎故余謂十九首五言之詩經也潘陸而後四言之排律也當以質之識者

今人作詩必入故事有持清虛之說者謂盛唐詩即景造意何嘗有此是則然矣然亦一家言未盡古今之變也古詩兩漢以來曹子建出而始爲宏肆多生情態此一變也自此作者多入史語然不能入經語謝靈運出而易辭莊語無所不爲用矣剪裁之妙千古爲宗又一變也中間何庾加工沈宋增麗而變態未極七言猶以閒雅爲致杜子美出而百家稗官都作雅音馬浡牛溲咸成鬱致於是詩之變極矣子美之後而欲令人毁靚妝張空拳以當市肆萬人之觀必不能也其援引不得不日加而繁然病不在故事顧所以用之何如耳善使故事者勿爲故事所使如禪家云轉法華勿爲法華轉使事之妙在有而若無實而若虛可意悟不可言傳可力學得不可倉卒得也宋人使事最多而最不善使故詩道衰我朝越

宋繼唐正以有豪傑數輩得使事三昧耳第恐二十年後必有厭而掃除者則其濫觴末弩爲之也

作古詩先須辨體無論兩漢難至苦心模倣時隔一塵即爲建安不可墮落六朝一語爲三謝縱極排麗不可雜入唐音小詩欲作王韋長篇欲作老杜便應全用其體第不可羊質虎皮虎頭蛇尾詞曲家非當家本色雖麗語博學無用況此道乎

詩有古人所不忌而今人以爲病者摘瑕者因而酷病之將併古人無所容非也然今古寬嚴不同作詩

者既知是瑕不妨併去如太史公蔓辭累句常多班孟堅洗削殆盡非謂班勝於司馬顧在班分量宜爾今以古人詩病後人宜避者畧具數條以見其餘如有重韻者若任彥昇哭范僕射一詩三壓情字老杜排律亦時誤有重韻有重字者若沈雲卿天長地濶之三何至王摩詰尤多若暮雲空積玉靶角弓二馬俱壓在下一從歸白社不復到青門青菰臨水映白鳥向山翻青白重出此皆是失點檢處必不可借以自文也又如風雲雷雨有二聯中接用者一二三四

有八句中六見者今可以為法邪此等病盛唐常有之獨老杜最少益其詩即景後必下意也又其最隱者如雲卿嵩山石淙前聯云行漏香爐次聯云神鼎帝壺俱壓末字岑嘉州雲隨馬雨洗兵花迎蓋柳拂旌四言一法摩詰獨坐悲雙鬢白髮終難變語異意重九成宮避暑三四衣上鏡中五六林下巖前在彼正自不覺今用之能無受人揶揄至於失嚴之句摩詰嘉州特多殊不妨其美然就至美中亦覺有微缺陷如吾人不能運便自誦不流暢不為可也至於首句出韻晚唐作俑宋人濫觴尤不可學六臣註文選極鄙繆無足道乃至王導謝玄同時而拒苻堅諸如此類不少惟李善註旁引諸家句字必有援據大資博雅然亦有牽合古書而不究章旨如曹顏遠思友人詩清陽未可俟善引詩以為清陽婉兮人之眉目間也然於章法句法通未體貼其詩本言霖潦玄陰與歐陽子別旬朔而思之甚故曰褰裳以應潦也清陽未可俟猶曰河清難俟耳蓋以清陽反霖潦玄陰也其意自指日出或即青陽而誤加三點如上褰裳

誤作寒裳字耳何必泥毛詩清陽令句不可解耶又如晨風之訓為鳳而李陵晨風自從風解舉微者也半也古詩亦有別用者豈可盡泥

唐律由初而盛由盛而中由中而晚時代聲調故自必不可同然亦有初而逗盛盛而逗中中而逗晚者何則逗者變之漸也非逗故無繇變如四詩之有變風變雅便是離騷遠祖子美七言律之有拗體其猶變風變雅乎唐律之由盛而中極是盛衰之介然王維錢起實相倡酬子美全集半是大曆以後其間逗

淮實有可言聊指一二如右丞明到衡山篇嘉州函谷磻溪句隱隱錢劉盧李間矣至於大曆十才子其間豈無盛唐之句蓋聲氣猶未相隔也學者固當嚴於格調然必謂盛唐人無一語落中中唐人無一語入盛則亦固哉其言詩矣

少陵故多變態其詩有深句有雄句有老句有秀句有麗句有險句有拙句有累句後世別爲大家特高於盛唐者以其有深句雄句老句也而終不失爲盛唐者以其有秀句麗句也輕淺子弟往往有薄之者

則以其有險句拙句累句也不知其愈險愈老正是此老獨得處故不足難之獨拙累之句吾不能爲掩瑕雖然更千百世無能勝之者何要曰無露句耳其意何嘗不自高自任然其詩曰文章千古事得失寸心知曰新詩句句好應任老夫傳溫然其辭而隱然言外何嘗有所謂吾道主盟代興哉自少陵逗漏此趣而大智大力者發揮畢盡至使吠聲之徒羣肆撏剝遐哉唐音永不可復噫嘻慎之

律詩句有必不可入古者古詩字有必不可爲律者然惟多熟古詩未有能以律詩高天下者也初學輩不知苦辣往往謂五言古詩易就率爾成篇因自詫好古薄後世律不爲不知律尚不工豈能工古徒爲兩失而已詞人拈筆成律如左右逢源一遇古體竟日吟哦常恐失却本相樂府兩字到老搖手不敢輕道李西涯楊鐵崖都曾做過何嘗是來

唐人無五言古就中有酷似樂府語而不傷氣骨者得杜工部四語曰兎絲附蓬麻引蔓故不長嫁女與征夫不如棄路傍不必其調云何而直是見道者得

王右丞四語曰曾是巢許淺始知堯舜深蒼生詎有物黄屋如喬林

太白遠別離篇意最參錯難解小時誦之都不能尋意緒范得機高廷禮勉作解事語了與詩意無關細繹之始得作者意其太白晚年之作邪先是肅宗即位靈武玄宗不得已稱上皇迎歸大内又爲李輔國刼而幽之太白憂憤而作此詩因今度古將謂堯舜事亦有可疑曰堯舜禪禹罪肅宗也曰龍魚鼠虎誅輔國也故隱其辭托與英皇而以遠別離名篇風人

之體善刺欲言之無罪耳然幽囚野死則已露本相矣古來原有此種脫卸議論曹丕下壇曰舜禹之事吾知之矣太白故非創語試以此意尋次讀之自當手舞足蹈李于鱗七言律俊潔響亮余兄極推轂之海内爲詩者爭事剽竊紛紛刻鶩至使人厭余謂學于鱗不如學老杜學老杜尚不如學盛唐何者老杜結構自爲一家言盛唐散漫無宗人各自以意象聲響得之政如韓柳之文何有不從左史來者彼學而成爲韓爲柳吾却又從韓柳學便落一塵矣輕薄子

遽笑韓柳非古與夫一字一語必步趨二家者皆非也

今人作詩多從中對聯起往往得聯多而韻不協勢旣不能易韻以就我又不忍以長物棄之因就一題衍爲衆律然聯雖旁出意盡聯中而起結之意每苦無餘於是別生支節而傅會或即一意以支吾掣衿露肘浩博之士猶然架屋疊床貧儉之才獨窘所以秋興八首寥寥難繼不其然乎每每思之未得其解忽悟少陵諸作多有漫興時於篇中取題□與不□

豈非栢梁之餘材刱爲別館武昌之剩竹貯作船釘英雄欺人頗窺伎倆有識之士能無取裁

談秇者有謂七言律一句不可兩入故事一篇中不可重犯故事此病犯者故少能拈出亦見精嚴然吾以爲皆非妙悟也作詩到神情傅處隨分自佳下得不覺痕迹縱使一句兩入兩句重犯亦自無傷如太白峨眉山月歌四句入地名者五然古今目爲絕唱殊不厭重蜂腰鶴膝雙聲疊韻休文三尺法也古今犯者不少寧盡被汰邪

于鱗選唐七言絕句取王龍標秦時明月漢時關爲第一以語人多不服于鱗不止擊節秦時明月四字耳必欲壓卷還當於王翰葡萄美酒王之渙黃河遠上二詩求之

晚唐詩萎薾無足言獨七言絕句膾炙人口其妙至欲勝盛唐愚謂絕句覺妙正是晚唐未妙處其勝盛唐乃其所以不及盛唐也絕句之源出於樂府貴有風人之致其聲可歌其趣在有意無意之間使人莫可捉着盛唐惟青蓮龍標二家詣極李更自然故居

王上晚唐快心露骨便非本色議論高處逗宋詩之徑聲調卑處開大石之門

今世五尺之童纔拈聲律便能薄棄晚唐自傳初盛有稱大曆而下色便赧然然使誦其詩果爲初邪盛邪中邪晚邪大都取法固當上宗論詩亦莫輕道詩必自運而後可以辨體詩必成家而後可以言格晚唐詩人如溫庭筠之才許渾之致見豈五尺之童下直風會使然耳覽者悲其衰運可也故予謂今之作者但須眞才實學本性求情且莫理論格調

李頎七言律最響亮整肅忽於遠公遯迹詩第二句下一拗體餘七句皆平正一不合也開山二字最不古二不合也開山幽居文理不接三不合也重上一山字四不合也余謂必有誤苦思得之曰必開士也易一字而對仗流轉盡祛四失矣余兄大喜遂以書秇苑卮言余後觀郎士元詩云高僧本姓竺開士舊姓林乃元襲用頎詩益以自信

詩稱發端之妙者謝宣城而後王右丞一人而已郎士元詩起句云暮蟬不可聽落葉豈堪聞合掌可笑高仲武乃云昔人謂謝朓工於發端比之於今有慚沮矣若謂出於識戲何得入選果謂發端工乎謝宣城地下當爲撫掌大笑

崔郎中作黃鶴樓詩青蓮短氣後題鳳凰臺古今目爲勍敵識者謂前六句不能當結語深悲慷慨差足勝耳然余意更有不然無論中二聯不能及即結語亦大可辨言詩須道興比賦如日暮鄉關興而賦也浮雲蔽日比而賦也以此思之使人愁三字雖同孰爲當乎日暮鄉關烟波江上本無指著登臨者自生

愁耳故曰使人愁烟波使之愁也浮雲蔽日長安不見逐客自應愁寧須使之青蓮才情標映萬載寧以余言重輕尺有所短寸有所長竊以爲此詩不逮非一端也如有罪我者則不敢辭

常徵君贈王龍標詩有松際露微月清光猶爲君之句膾炙人口然王子安詠風詩云日落山水靜爲君起松聲則已先標此義矣二詩句雅堪作配未易優劣也

錢員外詩長信宜春句於晴雪妙極形容膾炙人口

其源得之初唐然從初竟落中唐了不與盛唐相關

何者愈巧則愈遠

杜必簡性好矜誕至欲衙官屈宋然詩自佳華於子昻實於沈宋一代作家也流芳未泯乃有杜陵啓其家風盛哉然布衣老大許身稷契屈宋又不足言矣

一日偶誦賈島桑乾絶句見謝枋得註云旅寓十年交游歡愛與故鄉無異一旦別去豈能無情渡桑乾而望并州反以爲故鄉也不覺大笑拈以問玉山程生曰詩如此解否程生曰向如此解余謂此島自思

鄉作何與并州有情其意恨久客并州遠隔故鄉今非惟不能歸反北渡桑乾還望并州又是故鄉矣并州且不得住何況得歸咸陽此島意也謝註有分毫相似否程始歎賞以爲聞所未聞不知向自聽夢中語耳

古人云秀色若可餐余謂此言惟毛嬙西施昭君太真曹植謝眺李白王維可以當之而司馬長卿夫婦各擅尤以爲難至于平原清河急難並秀飛燕合德辯生雙絶亦各擅其盛矣近世無絶代佳人詩人乃

初不乏

詩有必不能廢者雖衆體未備而獨擅一家之長如孟浩然洮洮易盡止以五言雋永千載並稱王孟我明其徐昌穀高子業乎二君詩大不同而皆巧於用短徐能以高韻勝有蟬蛻軒擧之風高能以深情勝有秋閨愁婦之態更千百年李何尚有廢興二君必無絶響所謂成一家言斷在君采稚欽之上庭實而下益無論矣

高季廸才情有餘使生弘正李何之間絶塵破的未

知鹿死誰手楊張徐故是草昧之雄勝國餘業不中與高作僕

子美而後能爲其言而眞足追配者獻吉于鱗兩家耳以五言言之獻吉以氣合于鱗以趣合夫人語趣似高於氣然須學者自詠自求誰當更合七言律獻吉求似於句而又專於骨于鱗求似於情而求勝於句然則無差乎曰噫于鱗秀

余嘗服明卿五七言律謂他人詩多於高處失穩明卿詩多於穩處藏高與于鱗作身後戰場未知鹿死

誰手
家兄讞獄三輔時五言詩刻意老杜深情老句便自
旗鼓中原所未滿者意多於景耳青州而後情景雜
出似不必盡宗矣
每一題到茫然思不相屬幾謂無措沉思久之如甁
水去窒亂絲抽緒種種縱横全集却於此時要下剪
裁乎段寧割愛勿貪多又如數萬健兒人各自爲一
營非得大將軍方畧不能整頓攝服使一軍無譁若
蘭朱炎處貼蔵榮百萬衆求之詩家誰當爲比

生平附目搖手不道長慶集如吾吳唐伯虎則尤長
慶之下乘也閩秀卿刻其悵悵擁鼻三詩余每見之
輒悢悢悲歌不已詞人云何物是情濃少年輩酷愛
情詩如此情少年那得解友人張伯起詩云而今秋
老春情薄漠漠寒江水自流袁魯望亟爲余稱之伯
起於是時年僅强立其於情故早達此道中項橐甘
羅也今伯起風流如故而魯望已數載異物悲夫
世人厭常喜新之罪夷於貴耳賤目自李何之後繼
以于鱗海內爲其家言者多遂蒙刻鶩之厭駁而一

士能爲樂府新聲倔强無識者便謂不經人道語目
曰上乘足使耆宿盡廢不知詩不惟體顧取諸情性
何如耳不惟情性之求而但以新聲取異安知今日
不經人道語不爲異日陳陳之粟乎嗚呼才難豈惟
才難識亦不易作詩道一淺字不得改道一深字又
不得其妙政在不深不淺有意無意之間
嘗謂作詩者初命一題神情不屬便有一種供給應
付之語畏難怯思即以充役故每不得佳余戲謂河
下輿隸須驅遣另換正身能破此一關沉思忽至種
種真相見矣

閩人家能佔嗶而不甚工詩　國初林鴻高廷禮唐
泰輩皆稱能詩號閩南十才子然出楊徐下遠甚無
論季廸其後氣骨崚崚差堪旗鼓中原者僅一鄭善
夫耳其詩雖多模杜猶是邊徐薛王之亞林尚書貞
恒修福志志善夫云時非天寶地靡拾遺殆無病而
呻吟云至以林釴儔汝舟相伯仲又云釴與善夫頗
爲鄉論所訾過矣閩人三百年來僅得一善夫詩即
瑕當爲掩善夫雖無奇節不至作文人無行殆非實

錄也友人陳玉叔謂數語郡中善夫之病余謂以入詩品則爲雅譚入傳記則傷厚道玉叔大以爲然林公余早年知己獨此一段不敢傳會此非特爲善夫亦爲七閩文人吐氣也

秇圃擷餘終

學古編序

干莫利器也補履者莫能用欐梁大材也窒鼠穴者莫能舉故求此道必得於此道則達於此道矣既達矣止斯可乎曰不可夏后氏治水水之道也汨使之流道使之汪山泉之衆尾閭之虚不相與達斯所謂道偶得此説因錄為學古編眞白居士吾丘衍子行序

學古編目錄

三十五舉

合用文集品目

一小篆品五則

許慎說文解字十五卷

蒼頡十五篇

徐鍇說文解字繫傳四十卷

張有復古篇二卷

又有五聲韻譜五卷

鍾鼎品二則

薛尚功欵識法帖十卷

薛尚功重廣鍾鼎篆韻七卷

三古文品一則

夏竦古文四聲五卷

四碑刻品九則

李斯嶧山碑

泰山碑

秦望山碑

李陽冰新泉銘
碧落碑
詛楚文
史籀石鼓文
崔瑗張平子碑
古印式兩冊
五附用器品九則
王楚鍾鼎篆韻七卷
無衔鍾鼎韻兩冊

石鼓音
呂大臨考古圖十卷
王球嘯臺集古錄二卷
高衍孫吾書總韻五卷
徐鉉篆
林罕字源偏旁小說三卷
葛刪正續千字文
六辯謬品六則
延陵季子十字碑

古三墳書
古文尚書
古文孝經
泉志
戴侗六書故 故或作詁
七隸書品七則
諸漢碑
婁機漢隸字源六卷
劉球碑本隸韻十卷

隸韻兩冊
洪适隸釋二十七卷
又隸續二十一卷
又隸纂十卷
石經遺字碑
佐書韻篇
八字源七辨
一曰科斗書
一曰籀文

目錄終

學古編

魯郡吾丘衍述　沈喬校閱

三十五舉

一舉曰科斗爲字之祖。象蝦蟆子形也。今人不知乃巧畫形狀。失本意矣。上古無筆墨。以竹挺點漆書竹上。竹硬漆膩。畫不能行。故頭麤尾細。似其形耳。古謂筆爲聿。蒼頡書從手持半竹。加畫爲聿。肅秦謂不律。由切音法云。

二舉曰今之文章。卽古之直言。今之篆書。卽古人平常字。歷代更變。遂見其異耳。不知上古初有筆。不過竹上束毛。便于寫畫。故篆字肥瘦均一。轉折無稜角也。後人以眞草行。或瘦或肥。以爲美茂。若筆無心。不可成體。今人以此筆作篆。難于爲古人。尤多若初學未能用時。略于燈上燒過。庶幾便手。

三舉曰學篆字必須博古。能識古器。則其款識中古字神氣敦朴。可以助人。又可知古字象形指事會意等未變之筆。皆有妙處。于說文始知有味矣。前賢篆之氣象。卽此事未嘗用力故也。若看模文終

是不及
四舉曰凡習篆說文爲根本能通說文則寫不差又
當與通釋兼看
五舉曰字有古今不同若檢說文頗覺費力當先熟
于復古編大槩得矣
六舉曰篆書多有字中包一二畫如日字目字之類
若初一字內畫不與兩頭相黏後皆如之則爲首
尾一法若或接或否各自相異爲不守法度不可
如此又圓點圓圈小篆無此法古文有之口字作

三角形不可引用學者愼勿于難寫處妄意增入
七舉曰篆法匾者最好謂之蠃（音果）匾徐鉉謂非老手
莫能到石鼓文字也
八舉曰小篆一也而各有筆法李斯方圓廓落李陽
氷圓活姿媚徐鉉如隷無垂脚字下如釵股稍大
鍇如其兄但字下如玉箸微小耳崔子玉多用隷
法似乎不精然甚有漢意李陽氷篆多非古法故
子玉也當知之
九舉曰寫成篇章文字只用小篆二徐二李隨人所

便切不可寫詞曲
十舉曰小篆俗皆喜長然不可太長長無法但以方
楷一字半爲度一字爲正體半字爲垂脚豈不美
哉脚不過三有無可奈何者當以正脚爲主餘畧
收短如幡脚可也有下無脚字如屮臼业等却以
上枝爲出如艸木之爲物正生則上出枝倒懸則
下出枝耳
十一舉曰凡寫碑匾字畫宜肥體宜方圓碑額同此
但以小篆爲正不可用雜體

十二舉曰以鼎篆古文鍇雜爲用時無跡爲上但皆
以小篆法寫自然一法此雖易求却甚難記不熟
其法未免如百家衣爲識者笑此爲逸法正用廢
此可也
十三舉曰凡囗（音圍）圈中字不可填滿但如斗井中着
一字任其下空可放垂筆方不覺大圈比諸字亦
須畧收口不可圓亦不可方只以炭墼（音擊）範子爲
度自好若日目等字須臾放小若印文中匾卩井
口字及子字上口却須畧寛使口半見空稍多字

始渾厚漢印皆如此

十四舉曰寫篆把筆只須單鈎却伸中指在下夾襯方圓平直無有不可意矣人多不得師傳只如常把筆所以字多欹斜畫亦不能直且字勢不活也若初學時當虛手心伸中指并二指于几上空畫如此不拘方可操筆此說最要緊學者審之其益甚矣

十五舉曰凡篆大字當虛腕懸筆手腕着紙便字不活相多有人不能用筆用棕櫚條及紙筒等物皆俗夫所為士大夫不可用此

十六舉曰漢篆多變古法許氏作說文救其失也

十七舉曰隸書人謂宜匾殊不知妙在不匾挑拔平硬如折刀頭方是漢隸書體括云方勁古折斬釘截鐵備矣隸法頗渙具其大畧

十八舉曰漢有摹印篆其法只是方正篆法與隸相通後人不識古印妄意盤屈且以為法大可笑也多見故家藏漢印字皆方正近乎隸書此即摹印篆也王球嘯堂集古錄所載古印正與相合凡屈曲盤回唐篆始如此今碑刻有顏魯公官誥尚書省印可攷其說

十九舉曰漢魏印章皆用白文大不過寸許朝爵印文皆鑄蓋擇日封拜可緩者也軍中印文多鑿蓋急于行令不可緩者也古無押字以印章為官職信令故如此耳自唐用朱文古法漸廢至宋南渡絶無知者故後宋印文皆大謬

二十舉曰白文印皆用漢篆平方正直字不可圓縱有斜筆亦當取巧寫過

二十一舉曰三字印右一邊一字左一邊兩字者以兩字處與為一字處相等不可兩字中斷又不可十分相接

二十二舉曰四字印若前二字交界畧有空後二字無空須當空一畫地別之字有有脚無脚故言及此不然一邊見分一邊不分非法度也

二十三舉曰軒齋等印古無此式唯唐相李泌有端居室三字印白文玉印或可照例終是白文非古法不若則從朱文

二十四舉曰朱文印用雜體篆不可大恠擇其近人情免費詞說可也

二十五舉曰白文印用崔子玉寫張平子碑上字及漢器上并碑蓋印章等字最爲第一

二十六舉曰凡姓名表字古有法式不可隨俗用雜篆及朱文

二十七舉曰白文印必逼于邊不可有空空便不古

二十八舉曰朱文印不可逼邊須當以字中空白得中處爲相去庶免印出與邊相倚無意思耳字宜

細四傍有出筆皆滯邊邊須細于字邊若一體印出時四邊虛紙昂起未免邊肥于字也非見印多不能曉此粘邊朱文建業文房之說

二十九舉曰多有人依款識字式作印此大不可蓋漢時印文不差如此三代時卻又無印學者慎此周禮雖有璽節及職金掌辨其微惡揭而璽之之說註曰印其實手執之卩音節也正面刻字如秦氏璽而不可印印則字皆反矣古人以之表信不問字反淳朴如此若戰國時蘇秦六印制度未開淮南子人間訓曰魯君召子貢授以大將軍印劉安寓言而失詞耳

三十舉曰道號唐人雖有不曾有印故不可以道號作印用也三字屋扁唐却有法

三十一舉曰凡印文中有一二字忽有自然空缺不可映帶者聽其自空古印多如此

三十二舉曰凡印僕有古人印式二冊一爲官印一爲私印具列所以實爲甚詳不若嘯堂集古錄所載只具音釋也

三十三舉曰凡名印不可妄寫或姓名相合或加印章等字或兼用印章字曰姓某印章不若只用印字最爲正也二名可迴文寫姓下着印字在右二名在左是也單名者曰姓某之印卻不可迴文寫若曰姓某私印不可印文墨只宜封書亦不可迴文寫名印內不可着氏字表德可加氏字亦當詳審之

三十四舉曰表字印止用二字此爲正式近人欲并加姓氏于其上曰某氏某若作姓某父古雖有此

稱係他人美已却不可入印人多好古不論其原不為俗亂可也漢人三字印非複姓及無印字者皆非名姓益字印不當用印字以亂名耳漢張長安字幼君有印曰張幼君（右一字左二字）唐李溫字化光有印曰李化光亦三字表德印式（幼君西漢王式弟子化光見柳文呂衡州也）

三十五舉曰諸印文下有空處懸之最佳不可妄意伸開或加屈曲務欲塡滿若寫得有道理自然不覺空也字多無空不必問此

合用文集品目

一小篆品五則

許氏說文解字十五卷（愼字叔重汝南召陵人太尉祭酒）

徐鉉校正定本有新增入字始一終亥者係正本

分韻川本乃後人所更非古人之本意

蒼頡十五篇（頡姓侯剛氏黃帝史也亦曰皇頡）卽是說文目錄五百四十字許氏分為每部之首人多不知謂已久滅此為字之本原豈得不在後人又并字目為十四卷以十五卷著序表人益不意其存矣

僕聞之師云

徐鍇說文解字繫傳四十卷（鍇字楚金廣陵人集賢學士）嘗與許氏本相參首卷上部分六書甚詳末卷辨陽冰差誤

張有復古論二卷（有字吳興人湖州有板）載古今異文字不可以為字少　又五聲韻譜五卷比常韻無差

二鍾鼎品二則

薛尚功款識法帖十卷（尚功字用敏錢塘人僉事定江軍節度判官廳事）

碑在江州蜀中亦有翻刻者字加肥

薛尚功重廣鍾鼎篆韻七卷江州使庫板一卷象形奇字一卷器用名目五卷韻

三古文品一則

夏竦古文四聲韻五卷（竦字子喬江州德安人樞密使）前有序并全銜者好別有僧翻本不可用此書板多而好看極不易得韻內所載字多云某人字集初無出處不可據信且又不與三代款識相合不若勿用然古文別無文字故前列之

四碑刻品九則

李斯嶧山碑（鄭氏曰此頌德碑也斯字通古上蔡人秦丞相）直長者爲真本橫刊者皆摹本有徐氏門人鄭文寶依真本式長刋者法度全備可近于真但攸字立人相近一直筆作兩股近李處巽于建康新刻甚謬

李斯泰山碑咸陽志曰泰山碑秦相李斯書跡妙時古爲世所重鄭文寶模刊石于長安故都國子學今在文廟石皆剝落唯二世詔一面稍見

李斯秦望山碑在會稽今無

李陽冰新泉銘（陽冰趙郡人將作少監）迺陽冰最佳者人多以舒原輿之言稱新驛記殊不知此碑勝百倍也陽冰名潮杜甫甥也後以字行因以爲名而別字少溫木玄虛海賦有云其下陽冰不治陰火潛然則知與潮又且有理人多不知因詳其說又有李騰善僞作陽冰書

碧落碑在絳州字雖多有不合法度處然布置美茂自有神氣當以唐碑觀之世傳陽冰臥看三日毁其佳者數字又言道士寫畢化鳥飛去後及字欠一筆尤爲可笑不知古文正當如此耳

一云唐韓元嘉子李訓等爲姚房氏立

詛楚文（俗云詛足文李斯篆在鳳翔府）有巫咸大沈文（音故）湫涇（音秀）駞三種辭則一迺後人假作先秦之文以先秦古器比較其篆全不相類其僞明矣篆文皇本從自世傳始皇謂與皋臭相似因去一畫不足爲病在前亦有如此者嶧山皷成等字皆與古異此碑用之及用泰權𣪍字作也蓋知見嶧山泰權而後創造者未必不欲人曰嶧山用此法

誠古也其如辨者何

史籀石鼓文（鄭氏曰在鳳翔府宣和間移置東宮周宣王太史或云柱下史）

薛尚功法帖所載字完于真本多故不更具真本在燕都舊城文廟

崔瑗張平子碑（瑗字子玉安平人濟北相碑在鄭州前後兩段）字多用隸法不合說文卻可入印篆全是漢

古印式二冊（郎漢官威儀）無印本僕自集成者後人若不得見只于嘯堂集古錄十數枚亦可爲法

五附用器品九則

王楚鍾鼎篆韻七卷楚字管衡州雲仙觀人衡州本字
少所出在薛氏前
無銜鍾鼎篆兩冊即薛舊本後重廣作七卷恐人
無別故去其銜亦間有帶銜者在
石鼓音後附詛楚文者又載周穆王吉日癸巳之
說石鼓鄭樵音不可信
呂大臨考古圖十卷大臨字與叔永興人有黑白兩樣黑字
者後爲有韻圖中欠瑞玉彘白字者博山鑪上
誤書作人手

王球嘯堂集古錄二卷球字夔玉正文共一百紙序跋
在外其間有古文印數十有一曰夏禹係漢巫
厭水災法印世俗傳有渡水佩禹字法此印乃
漢篆所以知之又一印曰孔夫音誤是孫兹二
字又有滕公墓銘鬱鬱作兩字書且妄爲剝落
狀然考之古法疊字只作二小畫附其下秦時
大夫猶只以夫字加二小畫況此疊文者乎僞
無疑矣
高衍孫五書韻總五卷衍孫字四明人此書篆隸眞行

草一字五體別體皆作小字隨體分註可備初
學者用間有差處宜自斟酌
徐鉉篆鉉廣陵人左散騎常侍二徐字蹟最多以其近世故
不條具鉉字鼎臣鍇字楚金筆法見前
林罕字源偏旁小說三卷罕字人國子博士此書言
篆與隸相通源流亦自可採但有數說與說文
悖却係陽冰變法知之足矣是字上從㠯巴上
從巳加點之類

葛剛正續千字文雖是近人然字法極好千文有
兩續本不可無之別有陳道士冒名擬本不見
好處間有碑刻惜其不多

六辯謬品六則

延陵季子十字碑在鎭江人謂孔子書文曰嗚呼
有吳延陵君子之墓按古法帖上止云於乎有
吳君子而已篆法敦古似乎可信今此碑妄增
延陵之墓四字除之外三字是漢人方篆不與
前六字合借夫子以欺後人罪莫大于此又且
因君字作季字漢器蜀郡洗字半邊正與此君

字同用此法也以季字音顯見其謬比干墓前
有漢人篆碑亦有此說葢洪氏隸釋漢隸字源
辨之甚明此不復具

三墳書此僞本大不可信言詞俗謬字法非古尚
書無也字此書有之乙戊字合丸几丈此從心
加一筆走字合辵（音悼）此隨俗作之字引鄉其餘
頗多

古文尚書係後人不知篆者以夏竦韻集成亦有
不合古處若言古今篇大文法同異姑存之言

字畫則去之

古文孝經内一篇大謬今文無之後人妄欲作古
以古文字集成者觀者當取其字

泉志聞有泉文近于道者可以廣見又有妄作三
皇幣及禹時幣不可爲信卍此字人謂萬字乃
出古錢不見此書終不知也故引入以待好事
者

戴侗六書故侗以鍾鼎文編此書不知者多以爲
好以其字字皆有不若說文與今不同者多也
形古字今雜亂無法鍾鼎偏旁不能全有御只
以小篆足之或一字兩法人多不知此[illegible]（本音衆）
加宀不過爲寰字乃音作官府之官村字從䖍
邨不從寸木今乃書此爲村引杜詩無村眺望
睒爲証甚誤學者許字解字引經漢時猶篆隸
乃得其宜今侗亦引經而不能精究經典古字
及以近世差誤等字引作正據鍚鍾鑿鋸㞙屎
等字世俗作鍾鍾鼎文各有詳註卵字解尤爲
不到此書爲一厄矣學者先觀古人字書方知

吾言之當

七隸書品七則

諸漢碑洪氏隸釋備具其說更不再言

婁機漢隸字源六卷（機字彦發嘉興人參知政事）字法最好洪
氏本有碑目在前

劉球碑本隸韻十卷外一卷紀源

隸韻兩冊麻沙本與隸韻爲一刷刊字體不好
以其冊數少乃可常用之故目此

洪适隸釋二十七卷并隸釋續二十一卷（适字景伯鄱陽）

人左僕射皆漢碑釋文隸釋續畫諸碑形及墓壁畫
像其碑多圭首或笏首上有垂虹或題處偏僻
畫則如影像狀渾黑
洪适隸纂十卷以漢碑摸臨偏旁奇古者上石
石經遺字碑會稽蓬萊閣飜本破缺磨滅不異真
古碑今無矣
佐書韻編姑蘇顏氏本字比諸隸的爲最多寫得
卻不好以上書計三十九種美惡兼舉學者皆
當知之此等事業以博爲貴數外更有文字不

欲大繁始言其字可無者僕亦自有續古篆韻
五卷疑字一卷附後未暇刊板且今學者傳寫
又有說文續釋方更删定同志能爲刻之流傳
將來亦盛德事
八字源八辯字
一曰科斗書科斗書者蒼頡觀三才之文及意度
爲之乃字之祖卽今之偏旁是也畫文像蝦蟆
子形如水虫故曰科斗
二曰籀文籀文者史籀取蒼頡形意配合爲之損
益古文或同或異加之銛利鉤殺十八篆是也史
籀所作故曰篆文
三曰小篆小篆者李斯省籀文之法同天下書者
比籀文體十存其八故小篆爲之八分小篆也
既有小篆故謂籀文爲大篆文云
四曰秦隸秦隸者程邈以文牘繁多難于用篆因
減小篆爲便用之法故不爲體勢若漢款識篆
字相近非有此法之隸也便于佐隸故曰隸書
卽是秦權秦量上刻字人多不知亦謂之篆誤

矣或謂秦未有隸此疑程邈之說故詳及之
五曰八分八分者漢隸之未有挑法者也比秦隸
則易識比漢隸則微似篆若用篆筆作漢隸字
卽得之矣八分與隸人多不分故言其法
六曰漢隸漢隸者蔡邕石經及漢人諸碑上字是
也此體最爲後出皆有挑法與秦隸同名其實
異寫法載前卷十七舉下此不再敘
七曰款識款識文者諸侯本國之文也古者諸侯
書不同文故形體各異秦有小篆始一其法近

世學者取姓識字爲用一紙之上齊楚不分人
亦莫曉其謬今分作外法故末置之不欲亂其
源流使可考其先後耳

附錄

洗印法

圖書久爲油硃所櫳者先于燈盞內浸一宿次日取
出蘸香爐內灰用硬椶刷乾洗之若硃未盡更蘸刷
以盡爲度不損印文而清麗若新凡欲洗刷先當用
繩約定以防其損此法最良

印油法

香油浸皁角于甆器內煎過放冷和熟艾成劑次加
銀硃以紅爲度入絹袋中用甆玉器盛之數日一飜
忌銅錫器若日久油乾復用煎下油滴取盛器內以
印色置其上使自沁又不可自上澆下此法不蒸不
煉久而益佳與好事者共之

世存古今圖印譜式

宣和印譜四卷

晁克一圖書譜一卷 又名集古印格

王厚之復齋印譜一卷

顏叔夏古印譜二卷

姜夔集古印譜二卷

吾衍古人印式二卷

趙孟頫印史二卷

取字法

硇砂　兎粉　白龍骨　木賊草　蜜陀僧　白
石脂　桑柴灰 各等分　人言 少許

右爲細末先濕字後滲藥末以熨斗熨之乾隨

落

摹印四妙

李陽冰曰摹印之法有四功侔造化冥受鬼神謂之
神筆書之外得微妙法謂之奇藝精于一規矩方圓
謂之工繁簡相參布置不紊謂之巧

書幼學也古以記錄而已然筆法寓焉故學者必
有師承始能名家筆銓墨旨人咸秘吝之篆籀之
學又其甚焉者元吾子行作爲此書援證圖牒据
摭金石論辨頗詳覽者如親獲指授信其能盡書

之法也往者先君得刻本于燕都藏于家笥垂五十年不佚少喜六書嘗手覩焉以日久漫漶因授于梓碑摹印者有所考据于行畸人也不必論其世傳其可傳者斯可矣

學古編卷終

古今印史

吳邑徐官著　武林翁立環閱

前輩知書法

侍郎汪公名偉字器之屬吏書刺偉字下誤從巾汪怒云偉字不從巾當從牛何爲錯寫遂手碎之吳文定公名寬字原博在朝時鄉人有浦姓者善刻圖書記而不知篆法嘗刻原博二字奉寄文定見而笑曰博字當從十不當從心因復寄還㘬吏書刺端楷足矣求其知書法者百無一二焉固不足計也若篆刻圖書記而昧於六書偏旁豈不見笑大方憶昔官與范武卿同寓星溪嘗鑒賞諸家印譜頗知其槩武卿好此尤篤經月之别輒增益數方時出與予評之某也古某也拙某也巧某也俗及制度之法一一品題之武卿深服予論嘗贈予詩有榆林結屋道人居我從論說增光彩之句因志其法於左名曰古今印史先之以吾師魏太常莊渠先生六書精蘊中璽節印章四字之義冠於前俾覽者曉然知大義之所在夫篆刻多誤皆因六書

之未明也乃叙古今書法於中末復節采李陽冰以下諸說附焉此雖無甚緊要然博雅之士亦或有取聊復存之

璽字

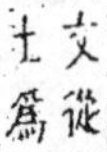 古文從爾從土爲意　 此文乃從玉

六書精蘊曰璽印章也從爾從土古之制字者取命爾守土爲意其在臣也曰君命我矣何爲代君養民也其在君也曰天命我矣何爲代天養民也秦制惟天子用璽後之人因改從玉於義何居李斯又爲之

刻曰受命于天既壽永昌天之愛民甚矣豈其獨厚於一人以位爲樂邪試觀古今心畫誰也樸誰也華誰也公誰也私

節字

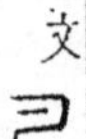 古文　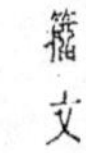 籀文　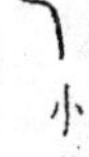 小篆

精蘊曰節限制也其爲道也損過以就中天命也其爲物也刻符以合信君命也臣毋敢自專受節於君乃得專制於外周官守邦國者用玉節都鄙用角節凡使節以金門關用璽節道路用旌節取尊君之義

故其文象秉執之形上函象節其垂象節旄飾以為文者也古之制器者以道而命名制字者象形以明道在天為節氣在君為節度在事為節儉臣之忠節婦之貞節人之骨節木之枝節皆取限制之義也節用之則建不用則藏別作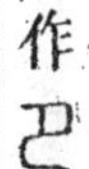象受而藏之之形配合他字兼此二文

印字

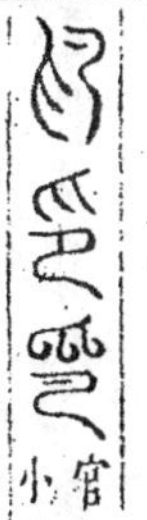官按三文諸篆書俱有之原不分大小篆今并錄出

精蘊曰印璽節也刻文以識信從象手持節立

意法守所存毅然若不可奪欲印事者先印其心公無私如天地信如四時矣嗟夫信不足有不信故為之印以防民惟簡乃嚴惟嚴乃重後世官府遂無一事可少亦無一日無事印數刓矣何以救之曰省繁文而敦樸

章字

古文石鼓文見楊用修刻本未詳其義小篆

精蘊曰章樂之一成也字意從音從十條理自始而終也章與文同文也者其輝光也章也者其節奏也皆因渾厚開之也官按因有節奏之義通用為印章之章　印章制度大學衍義補所載者茲不復論

古文大略

倉頡黃帝史也生而神靈仰觀俯察其始制字曰古文與伏羲八卦相為表裏上古無筆墨以竹挺點漆書竹簡上竹硬漆膩畫不能行故頭粗尾細象蝦蟆子形故曰科斗文又曰鳥跡書後世雖有筆墨亦擬其象而作書頭尾俱細更其名曰柳葉篆噫人心不古可以覩世變矣

籀文大畧

周宣王太史公籀損益古文為篆以其名顯故謂之籀文以其官名又謂之史書因李斯小篆與別其名曰大篆後世遂稱大篆云陶九成曰上古以漆書中古以石磨汁至後世始有墨按此籀文比古文又非科斗狀矣今世所傳石鼓文是也但屢經翻刻傳寫多失真官嘗見舊刻石鼓文方圓不同大小不一而變化靡常所謂文盛於周者此也近時楊用修刻本云李西涯所臨蘊東坡本穿鑿補綴未為盡善蓋予

昔日所見者因石刻歷歲既久火焚風剝多缺而不全乃可驗其真今太完備是可疑耳三代遺文多載於古鐘鼎上昔劉原甫收周鼎一器百字刻跡煥然所謂金石刻文與孔氏上古書相表裏字法有鳥跡自然之狀觀此乃知薛尚功所集鐘鼎文夏英公四聲韻多類此

小篆大畧

李斯又損益古文與籀文爲小篆蓋古篆多圓圈圓點小篆崇尚整齊悉破圓作方漸失古制矣今稱玉

箸篆者是也小篆雖興於秦而其傳實本於漢許叔重搜集其文爲說文其功實多顧其書所載小篆居多古文籀文十無二三雖然官嘗聞之師曰說文中字儘有好者亦有不可通者細求其義然仍倉史之舊者尚多但增損點畫移易位置少變其文而古人之心法遂隱而弗彰爲可恨耳是以吾師命官篆六書精蘊不拘拘於科斗玉箸方圓平直布置各有個道理不同乎俗而實宜於俗不泥乎古而實合乎古識者多樂玩之大抵結字有主客筆勢有逆順畫有清濁奇正體有向背動靜故天文多圓燦然一天星斗地理多方宛如大地山河人道統成參於俯仰動植玉箸施於數目其畫直科斗施於主點其畫單鳥獸動而艸木植取用於鳥跡柳葉也服食室器變動流行化裁於鐘鼎諸文也篆書之法不外乎此若刻之印章題之碑額古文第一籀文第二小篆第三後世多用小篆而遺倉史大不敬也或曰倉史古篆多遺缺小篆多完備取其便耳官嘗謂倉史遺文比小篆雖不全然倉頡篇石鼓文說文及通釋以下如六

書統六書故六書畧復古編續復古編字原正譌本義聲音文字通四聲五聲諸韻款識鐘鼎諸書嶧山碧落諸碑刻不能枚舉雖古文大小篆錯雜載焉亦不爲少也蓋物聚於所好恨不求之耳天下之大豈謂盡無也哉禮失而求諸野自古皆然矣吾師六書精蘊及官孝經古文集成皆按索諸書而得者安敢有一字杜撰哉師云倉史不足擇小篆可者以補其缺此說得之矣

隸書大略

古人紀事皆是篆書更無別字也始皇時獄訟繁劇衙石程書程邈始變篆爲隸所以便隸佐所書故曰隸書亦曰佐書後之人以其形勢言之曰蠶頭燕尾斬釘截鐵又云摧鋒劍折落點星垂皆是也王次仲又小變其法曰八分書比隸大同小異但無點畫俯仰之勢耳或曰八分者去篆二分尚有八分之意未知是否嗟夫書至此二人古法大壞後得蔡邕刊正六經文字書丹刻石於太學古書稍得顯明下此日趨簡易輕沙流蕩而無法殊不足觀矣隸書不可施於印章惟崔子玉作篆尚匾有似隸耳實非隸也隸書結體微方一一翻篆爲之既不移易位置又不減省其畫纔是書家翹楚近世如司馬溫公魏鶴山熊與可諸公以篆法寓諸隸體最爲近古此後不多見也宋儒以楷書有古意者亦曰隸書若我

朝黄學士諫從古正文其庶幾乎於乎古書謹重如人端冕佩玉危坐拱立望之而莊敬之心生焉今書如岸幘褻裘列其便安人狎而慢之若行艸則褰裳縳袴趨步而趨矣使古人復生而視今之字必將駭

眩而驚歎而人顧鮮有知其非者何邪又竊怪夫今之學者耽嗜懷素智永諸帖終歲摹擬敝精竭神猶恨其不相似而倉史古篆罔克究焉何取法乎僧而藐視聖人邪多見其不慎所擇也古人有言寶書須寶德有藏文公周易本義眞蹟百金不願易者亦此意也大抵評書者且無問其他只看寫得合道理乃是知書者若寫羣字便要見得君字當在上羊字當在下庶知尊君之義若二字並列則失之甚矣此之謂不知類又如明者日月之光也倉頡制字取日東月西合以爲意故書曰惟我文考若日月之照臨光于四海顯于西土荀子曰在天者莫明於日月武侯出師表云明並日月康節解字吟云日月爲明合數說而觀之則明字之義昭然矣或從目作明非胡舍大明而取小明邪前人雖有如此寫終是俗書不可取法也嘗見吳文定公跋褚遂良書云書家謂作眞字能寓篆隸法則高古今觀褚公所書益信蔡虛齋曰天下之字人皆知其爲聖人所制而不知實本於造化所爲精蘊後敘曰六書而明譬若航海有從指

月在天六經可無訓詁而自明也是皆知本之論夫何後世專取姿媚以悅人而不求古人之心畫而理晦而道厄矣官也憫古道之亡而用心於此亦已久矣非敢立異以違衆也特據夫理而已理之所在是之所必歸也方今古學大興當有見而好之者不待求子雲於後世也

孔子書

於乎有吳延
陵君子之墓

官按陶九成云先聖孔子采摭舊作緣飾篆文天授其靈移物垂則今傳於世者比干墓銘與季札碑是也比干墓在衞州汲縣季札墓在常州江陰縣比干墓銘開元中游武之奇耕地得銅盤有文曰左林右泉後岡前道萬世之寧茲焉是寶共十六字書史有之後之人翻爲楷書非復古篆矣尚有數字散見于鐘鼎諸書茲不復載季札碑曰於乎有吳延陵君子之墓總十字皆古書與大篆相類生動而神馮識者見之咸謂其非今世物也或曰歷代縣遠其文殘缺唐玄宗敕殷仲容摹搨其本大曆十四年潤州刺史蕭定重刊於石者吾子行亦嘗疑此故其言曰按古法書止云於乎有吳君子而已篆法敦古似乎可信今此碑增入延陵之墓四字除之字外三字是漢人方篆不與前六字合云云官謂延陵墓三字實敦古無足疑者蓋孔子之書參用倉史二文故方圓不同獨不觀孔子之言曰一貫三爲王而王字篆亦方正豈可以其體方而遂疑其非邪吾友林子孔承烈廣人也掌教江陰嘗惠我以搨本今特臨書於此俾

遐方僻壤得見孔子之心畫亦足以醒人心目原本字大尺餘今減小之者以便覽云嗟乎子閱古法書多矣若先秦古文僅見大禹碑石鼓文及此刻耳此外不多得也古人云寶書須實德德之盛孰有過於吾夫子者哉後世有得是書者其尚寶之與

原六書

古人制字極簡易惟取意勝者爲之非若後世命題作文累數百言義理可以具載就如八卦便包函許多道理故曰六書與八卦相爲表裏試舉一二明之

如仁字從二畫者上天下地也人能參贊天地則爲仁義字從善字建首其從我者以善自我出爲義若作羊字訓全無意思矣又如直心曰悳日正爲是何其親切而著明哉趙撝謙本義有六書論七篇言之頗詳茲不復論戴平甫有言曰六書者羣經諸子百氏之通釋也六書苟通由是而往天下之書不待注疏皆可讀也六書不通而以億說繆爲之注疏是贅而爲嚮者也祗益其迷注疏滋多學者滋惑是故古之學者簡而覈約而達用力省而功倍後之學者博而膚雜而不貫用力勞而功少

繆篆 繆平聲

說文敘中有曰繆篆所以摹印也繆字今人多讀作繆誤之繆去聲非是宜以理推之當讀如綢繆牖戶之繆平聲蓋言篆文屈曲填滿如綢繆也人多忽而不講篆刻往往致誤爲此故也夫篆書乃古人之心畫制作通造化實非淺易所可窺測者敢杜撰乎哉務須從古庶免識者之鄙繆字有三音本綢繆之繆從糸定意諧翏爲聲絲之纏緜重復者也凡纏緜重復多致於亂因爲繆誤之繆又爲秦繆公之繆音木及按皮日休曰秦穆公立夷吾以致晉室之亂可以謚繆爲定觀此則後世稱秦穆者非也若宋穆之穆與此不同謚法布德執義曰穆名實過爽曰繆

亥豕字

或問刊正經書者每云有魯魚亥豕之繆魯與魚字實相類固易譌也亥與豕字筆蹟迥別何云然邪殊不知古亥字作比犬豕字只省一筆實相類者亥爲純陰木歸其根制字者取象木根蟠屈之形正以見生氣伏藏也欲得其詳獨不見景字之義乎蓋景字古篆上從巳下從合二文以成字巳爲四月辰名於時爲夏乾象也亥爲十月辰名於時爲冬坤象也天地法象示人也古人體之發爲心畫後之人不得其義混用亥豕之象說者詞費矣亥豕之象象豕露牙散越之形請究古篆彼此各別

水字

水古篆作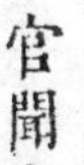官聞之師曰天地始闢融而成液有生之最先也萬物不得無以榮養而乃下之故曰上

善若水離造化未遠矣易象爲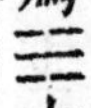古文立之象也屈曲有動意象水流行也其中象巠流左右象衆流合并而後大也予言知者樂水得無以其員活而天機相爲感乎今篆刻偏旁或省文作非篆法無此隸書有之不宜入印或又變體作只趨簡便不顧義理也於乎好古者往往翻篆以爲楷今卻翻楷以爲篆不知而作一至此邪偏旁誤字頗多舉此以例其餘詳見精藴音釋

古印

予家藏一古銅印龜鈕其篆文曰子實甚古且拙信非古人不能作意其爲漢物也嘉定一友姓潘名士英字子實因以此贈之昔劉尚書號鐵柯偶得一古印其文亦曰鐵柯往往有相同者雖然印多相同故其世與其人則不同焉夫印者所以示信傳後也善則傳不善則否知此則知所以修身矣

宋字

宋景濂氏看篆書甚博觀其所書刪古嶽瀆經可知官嘗見其眞蹟後有一小圓印文作竊怪之因舉此以問莊渠先生先生玩之良久曰吾得其義矣宋上梁也凡作室者莫重於上梁匪合衆力不能舉故其義又爲公共從音緜交覆深屋也從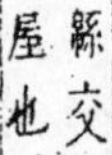象衆木交冓之形會意謂而從義從而晦周封微子於商丘以奉殷後名國爲宋以其地於天文屬太梁之次與字小異知此乃知宋字篆法精妙云

抑字

邵康僖名銳字思抑有印曰邵思抑印四字抑印二字篆作有一書生見而笑曰一圖書而用兩印字且一正一反何也殊不知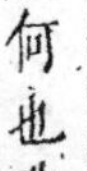正抑字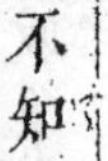乃是印字也書法有六此屬轉注故曰反印爲抑也若反可爲匠音頗不可也反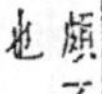古絕字從刀從絲亦作𢇍爲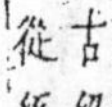古繼之類是也今楷作抑乃俗書耳官按古法字印不當用印字以亂名此特舉二字配合之妙大抵印章就如大書堂扁一須取義精二須書法古三要配合得宜予嘗登君山望大江因書四字頗寓此意

似孫字

華希相購得一舊印有〓〓二字持以問予予曰昔有高似孫嘗著子略一卷未知是斯人否〓說文從人㠯聲〓從系從子系古繫字以系於子者為孫會意希相復問似字從人之義予謂人之似是而非者不可不察也因作三似辨隸書一紙以歸之三似辨曰夫謙者有而不居之意而卑屈之可羞者則謂之諂儉者止而不過之意而鄙嗇之可恥者則謂之吝英氣者道義所發不容掩者也而客氣則用罔用壯氣質之偏而難近者也雖然英氣尚害事

而況客氣乎是數者理實相懸而迹若相似焉者故有隕節以諛人則曰吾尚謙也嗜利以廢禮則曰吾尚儉也矜己而傲物則曰英氣不可無也於乎不有以辨之則藉口聖賢之教以恣其私者曷有極哉

武卿字

范武卿出二印與予評之一作〓〓一作〓〓予曰用〓〓為勝武從戈從止戈為凶器古人好生之心觸事而發以設而不用立意故曰止戈為武若從亡則義淺一說亡一音無故諧為聲未

善〓從〓古節字從〓古奏字節訓止奏訓進取進止不踰軌度之意卿為大臣大臣道揆所出也故曰卿事之制也或從〓未當〓一音香鄉黨之鄉乃從之大抵看印章須原古人制字初意庶幾有得若泯泯觀之不知其意之所存抑末矣

縣字

〓古縣字也從系系倒首以見意後世假借為州縣字其旨深矣以近民者莫如縣令欲為令者察民間疾苦故刻之印章俾其怵目而警於心民之困於

倒懸也救之惟恐後篤吾赤誠惻怛愛民如子而民亦愛之如父母上下感應而政成矣故先儒稱上任者曰視篆不曰視印而曰視篆者有以哉有以哉

仰昂字 詩瞻卬昊天作卬

沈仰之有印作〓〓卬古仰字取敬賢立意從〓從人反身大節不可攀瞻望而企及之也仰其首則為昂因為低昂之昂古實一字也詩云顒顒卬卬正用此字趙子昂氏印文作〓采用古文也

鳳朋字

有名鳳者印作　有名朋者亦作　蓋鳳朋古同一字也按說文曰鳳飛羣鳥從以萬數故以爲朋黨字師云朋篆當作　古語兩貝爲朋鳳小篆變體作　從凡從鳥鳳豈凡鳥邪

犇麤字　波滑字附

三牛爲犇者取衝突之勢知此則犇字之義可默識矣師云麤者心不精也暴其氣也心之精者氣容必肅麤則反之何取於三鹿曰鹿壽禽也善通督脈其爲息也微人逐之急其行趨忽氣息爲之茀然故取

爲意靜專則精微動擾則麤急人心物理皆如是矣波滑二字皆從水其從皮從骨者乃諧聲非會意也

氣乞字

嘗見友人收藏一卷詩文甚富然精麤不一其中有一引首曰乾坤清氣四字氣篆作　非也小篆本作　氣爲火所化其出必炎上故象炎上之形凡求乞者必干上因借爲求乞字乞乞本同一字也後世隸楷以二字易混乃省一筆以别之而義反晦所謂乞匄者以其終日求乞爲事也所處亦卑甚矣□故有志之士不肯輕用一乞字伊川先生告范純甫曰今人動不動用个乞字亦此意也於乎假借一門推類而用其義最精　本古餼字見周禮

公私字

古無私印之稱後人往往刻曰某人私印俱作　小篆也古文作　取不圓不方之形以見意圖者天道也方者地道也天地無私故曰天圓而地方若不圓不方則非天地之公而爲私也無疑矣　字從八從　會意　猶背也背私則爲公故

象相背之形以見意

木才字

有名木者印作　篆法殊失古意按古文作　上象枝葉中象榦下象根以一字而上中下三才兼備故木亦謂之才俗混用材材古韻音災又按才古文作　象伐木于地而去其根枝邦工持尺量度取義此卽國家用賢選舉之法也是故賢才字與木才字同一義也小篆作　與古文小異

國賢字

邵二泉名寶字國賢印作圀從口象畫域
形從八從土以八荒皆在我閾爲意臤從臣以用賢
立意其從者服勞王事也小篆作國
從或或古域字亦善賢從貝貝財也以多財爲賢不
若古文國賢印有二枚國字一從土一從方愚按古
篆二文皆有之

晚字 曉字附

曾祖耕樂府君遺一小方印四字曰
皆小篆也官謂古人制字多左形右聲今見晚

字日居右而疑之後觀周伯琦六書正譌有此字注
曰日在西方也從日免聲始知其有所據又如曉字
說文從白堯日將出先透微明也故曰東方既白

達字

羅念菴名洪先字達夫有小方印二一刻羅洪先印
四字一刻達夫二字篆法古而刻亦精羅作省
文也於義無所取達作妙有至理幸與達古字
通用小羊也詩云先生如達羊最易產故從羊定意
而諧爲聲音撻與大字微異產科有達生

散正取易產意與僥幸字不同幸字從夭從屰會意
屰古逆字 又與執字偏旁小異尼輒切

象形印

昔有名爵者刻印作有名爨者刻印作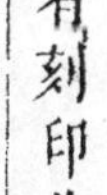皆
古篆也先考七榆府君字起鳴浙人爲鐫一小印鳴
字偏旁鳥字作開口形儼若飛鳴之狀胡可泉有鳥
鼠山人小印鳥鼠二字酷肖其形沈伯生名蘇刻印
作玩之攸然出塵是皆善於摹印者也正陽冰
所謂筆畫之外得微妙法者與

父甫字

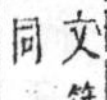古文籀文同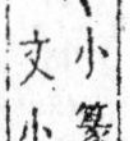小篆與古文小異父者子之天也尊無與
上制字者形難於象故指其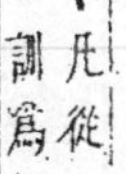凡從又者說文通訓爲手故其文象右手之形執杖使人知其尊高一家所當奉事也古韻有
二音本扶故切又斐古切借與甫同古公亶父之父
是也
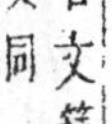古文籀文同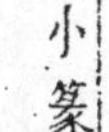小篆官嘗聞之師曰甫者男子之
美稱也人生於天地之間其無用者則固與艸木而
同朽矣惟有用者乃能自見於世故取用以定意而

諸父聲雖然其猶未若藏諸用乎用興不括可以闡衆甫矣何故甫猶近名、

𠂢氏字 𠂢音與氏同

古文籀文見六書統說文雖無𠂢先然有出字或用此文亦通

六書統曰𠂢承旨切族下所分也古者姓統族族統𠂢適出繼位之餘凡側出者皆曰𠂢故爲文從側出以見意

氏大小篆同 說文曰巴蜀山名岸脅之旁著欲落墮者曰氏氏崩聞數百里象形聲揚雄賦響若氏隤

吾師嘗發二字之義曰𠂢統宗收族者也姓也者一大統系也𠂢枝分也故以側出取義古之賜𠂢也諸侯之別子爲祖也者至其孫以王父字爲𠂢始與也者官有世功則有官族邑亦如之王朝未出封者如諸侯之制泰不師古宗法遂亡是故國無世臣家無禮俗今欲大正姓𠂢則何如曰未能也請自宗法始矣小篆借氏爲𠂢氏蜀山崩也揚子蜀人也故其言曰響若氏隤今夫山其高揷天則其結爲地盤也恒隴蜀山或峻若立壁或長如列墉而地盤多遍崩墜也固當象側山之形自上下墜爲勢竅博厚則高明積累邪

可無墨青印色

印色通用朱予嘗見宋儒簡札中間有墨者元人則有用青者攷之皆制中不恐用朱故易之耳觀此可見古人敬謹之至一舉手而不敢忘父母也

不用黃紙 此條與上文意相類恐是記之前後誤此

京中黃紙著朱書有禁蓋黃者中色天子所用臣庶用之僭也嘗見莊渠先生家居作簡

凡黃紙輒不敢用爲是故也觀此一事之小而先生畎畝不忘君之心藹然可見

屬字

吾友王昭明嘗與予論書偶及屬字昭明曰屬從尾從蜀說文蜀葵中蠶也從虫立類從勹象其身首尾形也其類行則首尾相隨有連屬意予病其說之鑿思之思之不得其義厥後解孝經古文緣文生訓至五刑之屬三千始悟此乃發其義曰屬隸也連續也從尾定意諧蜀爲聲首在上而尾在下下必屬於上

故取隸屬之義臣之屬於君子之屬於父妻之屬於夫三綱之道上下之分一定而不可易者下之事上小心翼翼因爲洞洞屬屬之屬俗書作屬從禹非詳見孝經古文集成

印章用成語

印章以名以字所以示信也如刻曰某官施之公文則可若古之關内侯是也近見湛甘泉一私章刻曰吏禮兵三部尚書予竊怪之甘泉稱古學乃亦爾邪及讀宋史乃知蘇東坡曾爲吏禮兵三部尚書蓋用

成語也文衡山庚寅生刻印曰惟庚寅吾以降此句出楚詞後輩有效之者改曰惟甲子吾以降姝爲可笑

正謙卦篆二字 冰字附

官按古篆川本作巛象水流行也唐李陽冰加一畫於中作巛乃古災字也川流而不息者也有土障塞之則爲災一者指土障塞之形二字音義各別不宜混用篆字亦誤有說見前冰古凝字陽冰之名也其義爲定爲重爲聚從仌古冰字從水取於水結成仌爲意篆當作巛今顧從川作巛非川爲流水流水不仌嘗聞之師曰性定而形自重心爲則容敬冰之道乎冰乎冰乎其未達此乎

乾字

昔有名乾者印文刻作☰此制極古六書統有云八卦文字之原其文止當用此後世假借用别字實非本文也震澤長語亦畧道此

夘酉字

兩戶爲門門開爲戼古夘字門閉爲丣古酉字夘爲

天門二月辰名萬物從此發生故象開門之形酉爲地戶八月辰名萬物從此斂藏故象閉門之形此皆象形兼會意字也干支字皆有說書此以見意云酉古酒字也故醉酗字皆從此立類

用印法

凡卑幼致書於尊長當用名印平交用字印尊長與卑幼或用道號可也反是則胥失之矣

凡寫詩文名印當在上字印當在下道號又次之蓋先有名而後有字有號故也試有宋元諸儒真蹟中

用印皆然今人多不講此或曰印有小大小印用於上大者用於下庶幾相稱此世俗之見也只論道理當何如印之大小何足云諺曰用一不用二用三不用四此取奇數也其扶陽抑陰之意乎嘗見豐存禮翻刻蘭亭記用印太多非古法也雖然其中印文卻有精者

著述姓字　見經傳纂言

古今命字不同

夏商尚忠尚質稱名而已至周而人文漸開丈夫之冠也始加之以字欲人顧名思義實有深意寓焉如孔子名丘以母禱於尼丘山而生故字仲尼伯魚名鯉爲其生時適有饋孔子魚者名與字皆本於此顏子名回按古篆回字取義於水象水屈曲旋轉之形惟淵深則若是其他則順流而已故字之以子淵曾點字子晳（家語有子字）點字從古從黑小暗也晳字從析從日大明也暗者求於明猶去尺霧而覩青天也曾子名參參字當讀如參前倚衡之參故字子輿今人讀作參商之參非是冉伯牛司馬牛皆名耕蓋牛之爲用專在於耕是之取爾端木賜字子貢韓愈字退之一則取上予下獻君臣相交之義一則取卑以自牧不敢先人之意温公字君實文公字元晦非歛華就實之謂乎司馬相如字長卿長字當讀如長上之長以藺相如爲趙之上卿故云長耳藺乃賢者既同其名復效其職也牛僧孺字思黯以汲黯字長孺黯稱忠直故名取其字字取其名也范文正名仲淹字希文以王通字仲淹私謚文中子爲一代之儒故名亦取其字字則希其謚耳乃若蘇氏二子字說皆可取法者也玩古人命字雖不同而其取義各有攸當官特舉其有關於大義者表而出之今人名理字元玉名嘉字子美不過釋文而已其視顧名思義之說果安在哉

道號

道號之稱雖起於末世然義名有取或因性急而以韋自勉或因性緩而以弦自厲有思親而號望雲有隱江湖而號散人紛然不同然皆士流則有之今也不然而胥吏之徒往往而有以號者衆也恒慮其相

同崇尚新奇有名木者號曰半林有姓管名簫者號曰四竹穿鑿亦甚矣於義何居且習以成俗而稱謂之間有不諳大義者或責其友曰我長於汝也曷不以號稱而字我邪嗟夫孔子祖也子思孫也嘗稱仲尼明道兄也伊川弟也嘗稱伯淳蓋字之者乃所以尊之也何獨取於號乎古者相語名之賤也周人尚之以字文矣末世别以號稱獨文也哉

說文

許氏說文字書之祖文公攷訂經書輒以此爲據用是引證處甚切

說文刊板不一少有嘉者僅見宋板其字形不滿寸篆刻俱精乃徐鼎臣所書其弟楚金校正者外有包氏說文仍許氏之舊而間補臆說於下未見過人處然其中采用鐘鼎諸文亦有可取者

古今書刻

自古以竹爲簡以刀爲筆故簡牘浩繁而書用大鉄其餘則金石之文如夏禹九鼎周宣石鼓之類是也至於木刻非特三代以上無之雖秦漢亦未聞唐末僅有之而未盛故宋時較正說文諸書但言唐本而不言唐刻唐版可知故葉夢得曰唐以前書籍皆寫本是也五代馮道以艱於求假木刻浸興然蘇東坡嘗云近借得漢書抄成便是貧兒暴富信斯言也木刻之盛其在宋之中葉乎官閱宋版書端楷紀倫元末　國初猶有可觀然比宋刻則有間矣嗣是而後愈盛而愈不足觀也於乎昔精而今不然者何邪蓋前所刻者皆有用之書可傳之本珍重之至宜乎其刻之精也比年以來非程文類書則士不讀而市不鬻日積月累動盈箱[illegible]越二三載則所讀者變於前所鬻者非其初矣是皆無益於用者安得求其刻之精乎昔人有云加災於木正爲此耳嗟夫士之窮年而習此者豈其所樂爲哉上以是取故下以是應也使爲人上者務於行而不鶩於詞則士必反求諸古而游心於聖賢之學矣周禮賓興將不可復舉邪

以下附錄諸家之說

摹印法

李陽冰曰摹印之法有四功侔造化冥受鬼神謂之

神筆畫之外得微妙法謂之奇藝精於一規矩方圓謂之工繁簡相參布置不紊謂之巧

印不可僞

米元章曰畫可摹書可臨而不可摹惟印不可僞作作者必異王詵刻勾德元圖書記亂印書畫予辨出元字腳遂伏其僞木印銅印自不同皆可辨

印章制度

吾子行曰三代時無印周禮雖有璽節及職金掌其媺惡揭而璽之之說註曰璽其實手執之印也正面刻字如秦氏璽而不可印印則字皆反矣古人以之表信不問字反淳朴如此若戰國時蘇秦六印制度未聞淮南子人間訓曰魯君召子貢授以大將軍印劉安寓言而失詞耳漢晉印章皆用白文大不過寸許朝爵印文皆鑄蓋擇日封拜可緩者也軍中印文多鑿急欲行令不可緩者也古無押字以印章爲官職信令故如此耳唐用朱文古法漸廢至宋南渡少知此者故後宋印文多繆白文印須用漢篆平正方直不可圓縱有斜筆亦當取巧寫過凡名印不可妄寫或姓名相合或加印章等字或兼用印章字曰姓某印章不若只用印字最爲正也二名者可回文寫姓下著印字在右二名在左是也單名者曰姓某之印郤不可回文寫名印內不可著氏字表德可加氏字宜審之表印字只用二字爲正式近人欲并姓字於其上曰某氏某若作姓某父古雖有此稱係他人美已郤不可入印人多好古不論其原不爲俗亂可也漢人三字印非複姓及無印字者印非名印蓋字印不當用印字以亂名漢張安字幼君有印曰張幼君右一字左二字唐呂温字化光有印曰呂化光此亦三字表德式道號唐人雖有不曾有印也白文印必逼於邊不可有空空便不古朱文印不可逼邊須當以字中空白得中處爲相去庶免印出與邊相倚無意思耳

官按吾子行集本多采楊王顏三家之說而附以已意厥後陶九成又采吾氏之說大抵大同小異

九疊篆

劉欽謨云我　朝凡印章每字篆疊皆九畫此正篆

元用九之義

圖書

陸文量曰古人於圖畫書籍皆有印記某人圖書今人遂以其印呼爲圖書正猶碑記碑銘本謂刻記銘於碑也今遂以碑爲文章之名莫之正矣

圖畫書籍識

都玄敬曰古人私印有曰某氏圖書或曰某氏圖書之誌蓋惟以識圖畫書籍而其他則否今人於私刻印章槩以圖書呼之可謂誤矣

進士官銜

玄敬又曰唐宋人無有書進士於官銜之上者逮元猶然獨楊維禎廉夫當元世之季書李黼榜進士至用刻之印章蓋黼死節之臣廉夫之書之者欲自附於忠節之後其意固有在也後之人乃欲效廉夫故事者則失之矣

臨書入石法

李文正公曰所刻華山歌頗有風致但少覺肥重近時刻本自長江行以後大抵皆然第二泉詩雖骨勝亦不免此此雙鉤之過也凡鉤法用筆須是裏面攙出盡墨而止再經摹刻方得恰好若徑於墨際著筆縱令極細自有纖毫積出便成粗厚又須得原字倒著案上惟視筆畫爲粗細庶不爲已意所亂

重碑額

吳文定公云或以碑額爲無用多不搨或搨字工人艱於搨而畧之不知碑無額如物無首爲完物乎

古今印史終

古奇器錄

吳　陸深著　鄒之嶧孟陽閱

開元中張說爲宰相有人惠說一珠紺色有光名曰記事珠或有闕忘之事則以手持弄此珠便覺心神開悟事無巨細渙然明曉一無所忘說祕而寶之

龜兹國進奉一枕其色如瑪瑙溫溫如玉其製作甚樸素若枕之則十洲三島四海五湖盡在夢中所見玄宗帝因名爲游仙枕後賜與楊國忠

內庫有一酒盃青色而有紋如亂絲其薄如葉於盃

足上有纈金字曰自煖盃上令取酒注之溫溫然有氣相吹如沸湯遂取於內藏

開元二年冬至交趾國進犀一株色黃如金使者請以金盤置於殿中溫溫然有煖氣襲人上問其故使者對曰此辟寒犀也頃自隋文帝時本國曾進一株直至今日上甚悅厚賜之

太白山有隱士郭休字退夫有運氣絕粒之術於山中建茅屋百餘間有白雲亭煉丹洞注易亭修真亭朝玄壇集神閣每於白雲亭與賓客看山禽野獸卽以槌擊一鐵片子其聲清響山中鳥獸聞之集于亭下呼爲喚鐵

內庫中有七寶硯鑪一所曲盡其巧每至冬寒硯凍置於鑪上硯冰自消不勞置火冬月玄宗常用之

葉法善有一鐵鏡鑒物如水每有疾病以鏡照之盡見臟腑中所滯之物後以藥療之竟至痊瘥

王元寶家有一皮扇子製作甚質每暑月燕客卽以此扇置於坐前使新水灑之則颯然風生巡酒之間客有寒色遂命撤去明皇曾命中使取視愛而不受

曰此龍皮扇子也　出天寶遺事

隱士郭休有一拄杖色如朱漆叩之則有聲每出入遇夜則此杖有光可照十步之內登危涉險未嘗失足杖之力也　出開元天寶遺事

學士蘇頲有一錦文花石鏤爲筆架嘗置於硯席間每天欲雨此石架卽津出如汗逡巡而雨頲常以此爲雨候無差

號國夫人有夜明枕設於堂中光照一室不假燈燭

岐王有一玉鞍一面每至冬月則用之雖天氣嚴寒

而此鞍在生如溫火之氣已上開元天寶遺事

東方朔得西域國玉枝以進武帝帝賜近臣年高者云病則枝汗死則枝折老聃得之七百年不汗偓佺得之三千年不折洞冥真

高祖初入咸陽宮周行府庫金玉珍寶不可勝言其尤驚異者有青玉九枝燈高七尺五寸下作盤龍以口銜燈燃則鱗甲皆動爛炳若列星盈室復鑄銅人十二枚座皆高三尺列於筵上琴筑笙竽各有所執皆點綴華采儼若生人筵下有二銅管上口高數尺

出筵後其一管空一管內有繩大如指一人吹出一人紉繩則琴筑笙竽皆作與真樂不殊有琴長六尺安十三絃二十六徽用七寶飾之銘曰璠璵之樂有玉笛長二尺三寸六孔吹之則見車馬山林隱隱相次吹息則不復見銘曰昭華之管有方鏡廣四尺高五尺九寸表裏通明人直來照之影則倒見以手捫心而照之則知病之所在腸胃五臟歷然無礙又女子有邪心則膽張心動

烽火樹積草池中有珊瑚樹高一丈二尺一本三柯上有四百六十三條是南越王趙佗所獻號為烽火樹至夜光景常然

余尚書靖慶曆中知桂州境窮僻處有林木延袤數十里每至月盈之夕輒有笛聲發于林中甚清遠土人云聞之已數十年終不詳其何怪也公遣人尋之見其聲自一大楠木中出乃伐取以為枕笛聲如期而發公甚寶惜凡數年公之季弟欲窮其怪命工解視之但見木之文理正如人月下吹笛之像雖善畫者不能及重以膠合之則不復有聲矣

古奇器錄終

硯譜

古杭沈仕輯　黄嘉惠閲

記硯石

玉硯 西京雜記天子以玉爲硯取其不氷　丹石硯

水精硯 發墨如歙　白石硯 祭州

高麗硯　紅絲石硯 紅黄相參

藴玉石硯 青州　仙石硯 浮薔山

紫金石硯 青州不發墨　素石硯

金雀石硯 淄州金雀山　黄石硯

鳳咮硯 延平出水底　洮石硯 出臨洮

青石硯 青州　唐石硯 唐州紫色石無眼

宿石硯 宿州　戎石硯 戎州武金石

絳石硯 絳州　淮石硯

淄石硯 淄州　寧石硯 寧州

宣石硯 宣州　萬石硯 萬州懸金崖

明石硯 明州　成石硯 成州栗亭

登石硯 登州石色類歙　夔石硯 夔州如墨玉發墨

㶍石硯 㶍州龍鹽山　瀘石硯 瀘州

吉石硯 吉州永福　歸石硯 歸州大沱江

銀硯　鐵硯

漢祖廟瓦硯　雒硯

銅硯　澄泥硯

漆硯　古陶硯

蚌硯　銅雀硯 瓦出銅雀臺多妙折鬬得之以爲硯

青州石末硯

硯名

龍尾　金星

羅紋　蛾眉

角浪　松紋

豆斑 並出歙之龍尾溪最者尤貴　紅絲

黑角　黄玉

褐色　鵲金黄玉石

紫金 出惠州唐彦猷作自爲天下第一賢也　滋洞石 方州

綠石 化石　魯水 南鄉

金雀石 淄州　樂石 宿州

舌瓦 相州　大沱石 歸州

角石絳州　石朱濰州

懸金崖石方州　熟鐵青州

澄泥虢州　馳基島石登州

玉堂

斧形

玉堂

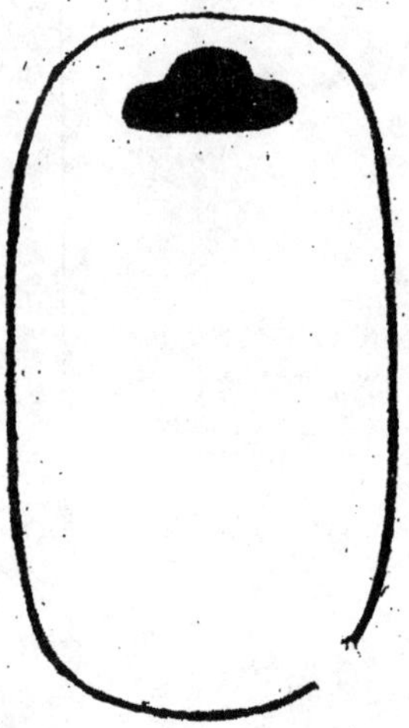

鳳池

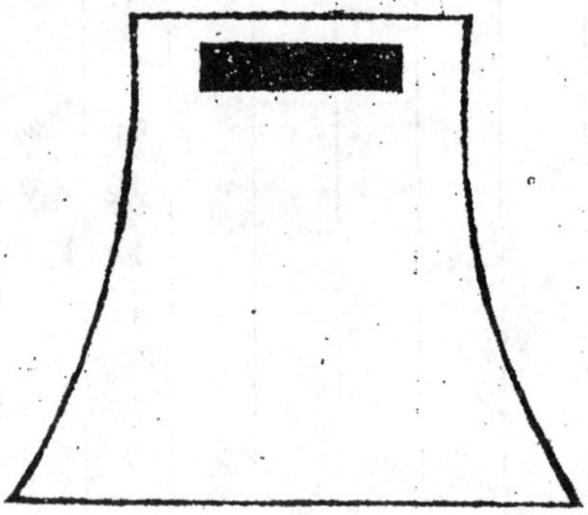

玉環

舍人

大師

内相

都堂

銘雀

方池

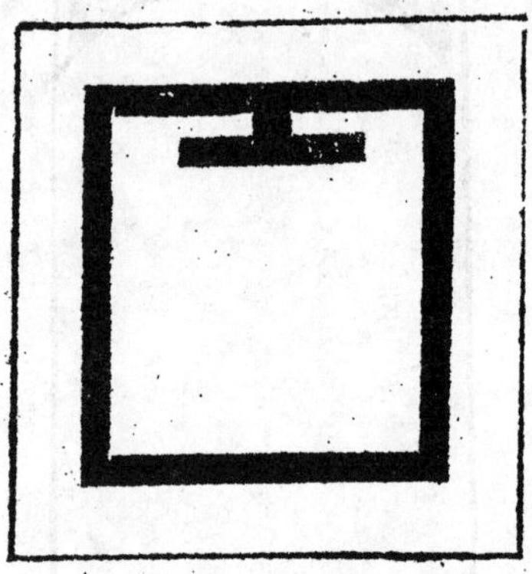

月池

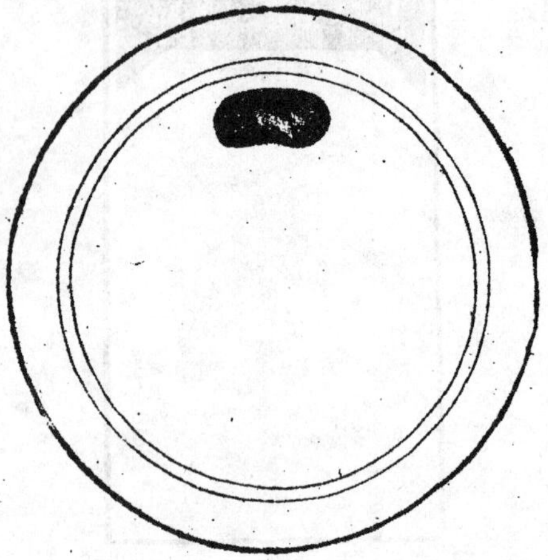

隻履

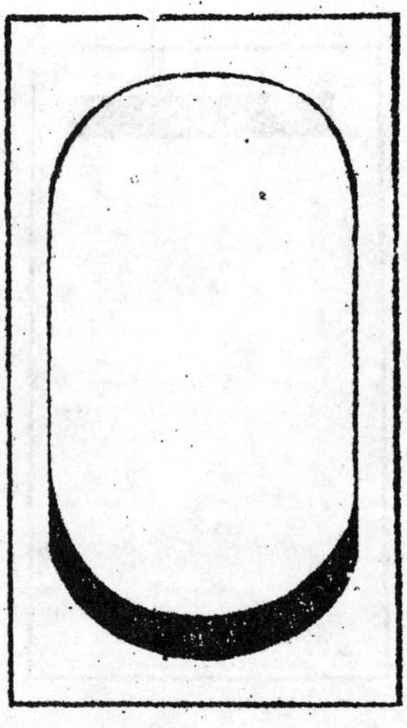

雙履

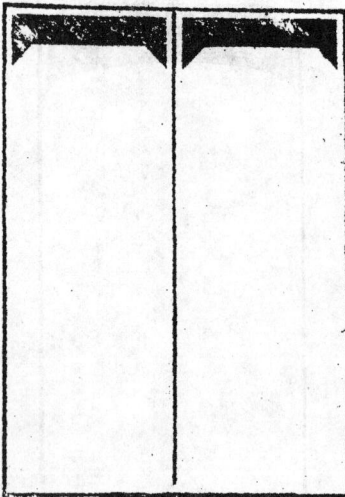

東坡

奕律　計四十條

越　王思任著　袁宏道閱

約法三章

笞　每一十贖銀五釐罪止笞五十

杖　每一十贖銀一分六十起罪至杖一百

徒　徒作慿徒之徒每一年贖銀三錢不贖侍坐一年罪止徒三年至總徒不准贖終身侍坐不許對奕

斷罪依新頒律

凡斷奕間之罪皆須具依新頒本律不得以意爲出入違者笞五十

纂注　本律乃具載本條之律也若故出故入則有心舞文矣故笞之

殺人

凡殺棋除威逼人致死者擬議定奪威逼人者杖八十其謀殺故殺鬬毆殺劫殺戲殺誤殺過失殺自盡殺造畜蠱毒殺及採生折割人俱登時殺死勿論

纂注　威逼人致死者或敵家搶換叫罵敲拍或旁人咻閧涸亂指黙則被殺者出於懣憤不得已而情有可原故當聽議定奪而威逼者仍杖八十以懲之若夫謀殺者則智出其上而安計以殺之也故殺者則力出其上而決意以殺之也鬬毆殺者則兩相格殺而殺之也劫殺者因打劫而殺之也戲殺者偶爾游兵嬲之而亦弄假成真以殺之也誤殺者彼無可殺之理我無殺彼之心原爲此塊而忽然誤殺彼塊也過失殺者在彼原不當殺而或絡補自錯官着自滿因其過失而殺之也自盡殺者非過非失明明活棋而必欲自盡以至於殺也造畜蠱毒殺者棋數子與之食因而毒殺之也採生折割者彼已生矣試投截其間而割殺其數子也以上數項非人有大力則我原不能將誰尤乎故曰登時殺死勿論也

掠

凡見已大敗輒敢擄掠圖賴人者杖一百徒三年仍坐贓一百二十貫其傲變涸局有所規避者杖

八十徒二年偶失者不坐

纂注　見敗而擄掠爲羞惡之心實有混賴之意必徒刑而又坐贓則計窮而姦杜矣若激變者出於有心躲閃或落子亂局或蔵局亂道是亦擄掠之漸也故徒僅稍減之然無心偶錯則不必坐矣

白晝搶奪

凡白晝搶奪人棋杖九十徒二年半強悔者杖七十哀悔者笞五十聽悔一次仍紀過罰一子

纂注　言白晝則燈下在其中搶奪者謂人將子未下或下子未定而遽從手中奪之以起其子也情雖強而實則弱故從輕之強悔杖七十惡其強也若哀悔者尚有塗屈之意笞之而聽悔一次所以示降又必記過罰子以責其改亦以示法律可謂寬嚴並濟矣

事發在逃

凡局已分勝負因而挾憤逃去不終者杖一百總徒四年

〔纂注〕榜掠猶聽人之揶揄在逃則不復施巳之面目況云挾憤是剛而咻耻者吾非斯人之徒與而誰與

公取竊取皆爲盜

凡公取竊取皆以盜論公取杖七十徒一年半竊取杖六十徒一年仍計賍科罰每一子加三等

〔纂注〕公取當人前而涸取之也竊取乘人背面竊取之也公取甚於竊取以加甚然耻莫耻於盜故皆三倍罰之也

威力制縛人

凡挾威力拆挐人棋而制縛之者杖一百罷局不敘恐嚇人者笞四十

〔纂注〕此與威逼不同威謂威勢力謂氣力挾者如挾貴挾尊挾長挾孱挾慣挾嬌之類拆則不止悔人之棋挐則不待人奕之定制者拘也縛者綑也是必欲以强取勝而拘細之使不得動也律惡强故杖一百雖勝不叙恐嚇人如口稱必殺之類亦亂人觀聽者并笞之

奏對不以實

凡奏對詐欺不以實告者杖一百

〔纂注〕奏對即應答也詐欺不以實告謂敵或他有應酬問着何着而故詭言以哄之也此自可耻事查出杖以一百亦痛快人心矣

詐爲瑞應

凡詐爲瑞應詐稱死亡詐喜詐悲詐驚詐乞暗邀人心者各笞五十

〔纂注〕瑞與遂同詐爲遂應原不欲應之而故爲應狀以誤其着也詐稱死亡原未必即殺而故云巳殺以懈其着也詐喜者未勝而自賀詐悲者未失而預愁詐驚者有陡然一驚之意詐乞者有無故索憐之情是數者心甚苦勞態俱鄙猥然詐僞與强竊有間故僅笞以五十也

那移出納

凡將出納之子暗中那移者杖六十隱蔽者罪同夾帶飛詭者杖八十徒二年

〔纂注〕出納之子即在局中之子也那移則非其原着矣隱蔽者或以袖遮或以手影俱係弊端故俱杖以六十至夾帶飛詭則亡而爲有東而或西弊大而爲盜矣故當杖八十徒二年也

教唆詞訟

凡教唆者杖八十把持喝令扛幇扶同者杖九十

罷局不叙願終者聽該着立案不行

〔纂注〕奕如兩家之訟文之曲直自見乃旁觀人代爲之奕何爲也教唆以言語把持喝令則以强力扛幇扶同則以串謀矣故杖有不同而罷局則一願終者聽被害之人願終也所教之着斷然不

詐僞用也

詐教誘人犯法

凡詐教誘人犯法至死者杖九十若左使殺人者杖一百

〔纂注〕詐教與左使情同而事異詐教則可信而疒疑稍驚覺則不墮其術中左使則爲彼而爲此至死亡猶不知其就裡故一杖九十而一杖百也

庸醫殺傷人

凡庸醫見人棋子有病初無故害之情不按方術強爲鍼刺因而致死者杖六十終身不許行術、

〔纂注〕庸醫乃低棋之喻不按方術即奕譜之正法雖有救人之心而甚有殺人之着杖以六十而禁其終身奕棋當自謂不寬也

術士妄言禍福

凡旁觀原無確見而恣口得失代人驚喜者笞五十

〔纂注〕得失者其口之妄也驚喜者其色之妄也勢而取厭忠而被謗何取如之當笞五十

漏洩軍情大事

凡旁觀將機密重情及緊關事務漏洩而又代爲打點者杖一百顯相告語者杖九十隱者杖八十以手足聲氣者杖七十色目者杖六十

〔纂注〕重情則係一局之利害緊關則係一着之存亡豈宜漏洩而又代爲打點是既爲之開提又爲之畫策則對局者難堪故杖一百顯相告語如云某處當補某處當棄公然無忌豈可爲訓隱者如西南風緊且管自家之類言雖含糊大要點破矣故杖八十至於手足聲氣色目之類猶有畏心故因其淺深而分杖之多寡也

同行知有謀害

凡同行知他人有謀害而輒相告戒者杖六十

〔纂注〕此條重同行二字與旁觀不同曰謀害則着中已見以其同行也故罪止於杖六十而杖止於告戒也告戒如泥一云詳慎從容之類

宮內忿爭

凡對局時兩相忿爭者各杖七十本日罷局不叙

〔纂注〕奕本雅戲而忿爭則惡道矣本日不叙所以冀兩家之悔悟而平其他日之情也

立子違法

凡下子須正大明白若翻混起倒觀望者俱以違法論笞五十

〔纂注〕翻者翻安其上而不落混者混界其中而不明起倒者既放復取而不決觀望者察言觀色而不定皆酏品也笞五十允宜矣

囑託公事

凡囑託人代謀代數者笞四十代者罪亦如之

〔纂注〕此條明顯

罵人

凡罵人者笞一十互相罵者各笞一十

〔纂注〕罵人者罵局也如云臭矢之類

搬做雜劇

凡奕時腐吟優唱手舞足蹈觀聽狂惑者俱笞五十

〔纂注〕數者不惟撓亂人心抑且佚蕩巳志故笞之

守支留難

凡奕棋久持不下令人悶待過一刻者笞一十若本當議擬未及半刻而故催促以亂之者笞二十

〔纂注〕笞久持所以劇滯曠也笞催促所以警聒鬧也

冒支

凡正着官着須一遞一着敢有乘忙冒支多着者杖八十

〔纂注〕此條明顯

得遺失物

凡數棋誤將棋道遺失者卽當白還違者笞五十

〔纂注〕如棋塊散碎或花假誤遺應當明白說還豈可隱昧此條爲數五數十而設

收留迷失子

凡數棋偶然迷失一子許收留作數不許徑起違者笞三十

〔纂注〕迷失自當留算徑起則圖倖少故笞之此條爲一子而設

公事失錯

凡因公事偶錯卽自覺舉許紀過罰二子改正其巳經應決者不許改換

〔纂注〕公事失悞豈無錯失卽刻檢舉方許罰二子改正然此爲敵人未應者言也若巳經應決則不聽其換矣是亦兩平之道

檢踏災傷

凡局中檢起死子須面同清理違者杖六十若非死子而作死子本九子而作十子者杖八十被傷人慍慚不肯看拾者杖七十

〔纂注〕面同清理則無有後言子數責實則不敢虛報律意無非所以杜爭也

事畢不放回

凡事畢不卽輸服而若留再奕者杖七十

〔纂注〕事畢即局終之謂再奕乃歪纏之情故當杖七十

謀反

凡曾經投師輸拜而忽然拒敵不肯饒服者以謀反論但列子杖一百總徒四年止係平交昔弱今强者彼此增減勿論

〔纂注〕律意止重師字如曾經學奕輸拜則雖青出於藍亦當木思其本如輒敢對壘驕抗不須與奕但列勢子即當杖一百總徒四年所以懲倍恩而正終身也若平交則彼此互饒增減勿論也

私和

凡奕棋有犯不即舉發而同罪相抵以私和者杖

八十仍盡本法

〔纂注〕同罪相抵如各擄一局各悔一着之類

禁止迎送

凡奕棋不許迎送違者笞一十

〔纂注〕迎送則心志不專爭抵有漸故笞之

上言大臣德政

凡以奕語事貴長巧爲稱頌者杖七十或隱惡退敗有所圖爲者杖一百

〔纂注〕稱頌至巧止欲取人之悅有爲詐飲則將行己之私姦一險故分别杖之

誆騙

凡棋力高出人上而故求對着減饒誆賭人財物者杖六十計饒子之力每一子加一等財物追入官若止求省力匿不盡長者笞二十棋力本低而不服饒及妄欲饒人者各杖八十

〔纂注〕原可饒而必欲對原可多而必求少誘人輕賭是爲誆騙既杖之矣而又計子加等追財物入官庶其罪乃盡也若但求省力而不盡所長雖屬詐情猶有謙意僅笞之而已至不服饒與必欲强饒人者皆不量力之妄人也故均杖之

侵占街道

凡棋子不由棋路而欲多挨一子希圖箕賴者以侵占論杖八十

〔纂注〕此條明顯

毁破物料

凡敲棋碎子或因爭奪而致傷他物者杖六十責令賠償係己者勿論

〔纂注〕此條明顯

造作不如法

凡棋局俱要開闊鮮明故不如法希圖淆人者杖

六十限三日内改造違者杖一百

〔纂注〕此條明顯

辯明冤枉

凡奕棋犯罪果出冤枉而旁人不爲辯明者杖八

〔纂注〕此條重旁人而設或主儒敵强或跡似實非俱要旁人代爲伸雪而律之委曲亦至矣

赴解金銀足色

凡奕所賭進務要足色足數如低假短少每三錢

徒一年賭飲食者亦如之

〔纂注〕此條明顯

市司評物價

凡博進不便而以他物抵償者赴市司評估不實

者杖八十强抵者同罪

〔纂注〕博進不便謂所博之貲不便也他物如書畫扇墨之類市司即旁人也不實兼低昂而言

虚出通關

凡銀物不持而徒寫欠券者杖八十受者減一等

若彼此對支者杖六十

〔纂注〕此條明顯

貢舉非其人

凡奕須其人相當若故爲貢舉而實陷害之者杖

六十

〔纂注〕貢舉即推遜之意其人即奕棋之人也若大相懸絶而必欲其奕雖未曾誑騙之而亦戲弄之矣况戲弄之久即與誑騙之心爭故曰陷害之也杖六十宜矣

化外人有犯

凡奕律頒行天下係我同志者各當遵守如化外

人聽其有犯不用此律

〔纂注〕化外人乃頑固不服而必犯此律者是夷狄也於夷狄直縱之麾之而已何足較哉

葉子譜

歙　潘之恒輯　陳紹英閱

題辭云葉子古貝葉之遺製前人削桐書柿題棋佩蘭皆取諸葉此簡策之所昉也物各有品雖小技必有可觀作葉子譜

名數品

葉子始於崑山初用水滸傳中名色爲角抵戲耳後爲馬掉扯三章六章搜一霤叉有鬬雙頭截角尊極搶結歸一種種令不盡行其法分立四門自相統轄

由空鑿至九爲錢累錢爲百累百爲萬累萬爲十萬以至萬萬萬勝千千勝百百勝錢錢數賤九而貴空殊倒置有味戲百出而不窮用數多而尚變故也至酒牌出而古意逾失用之逾淺禪爵花妓旣已不倫甚至淫媟欲嘔徒欺人輿亦惟崑爲濫觴云汪伯玉司馬富於酒德憐才士而矜窮人數錢之令爲蔣生文藻作也義舉貧而賢者與富而吝者較不啻羞稱之惟致而能散以無量數終焉顛倒豪傑俾斥宇宙可謂錢神之董狐酒魔之巫咸足爲貧兒吐氣矣歟器樸滿之喻何以尚此故首崑山而揭之

分門品 倣於崑山今馬橋猶盛行之

錢製圓而孔方取象於大反數於空故尊空沒文空者所以貯也當其無有貯之用屬波斯獻焉穴稱鬻客鬻者歡食之餘井上有李是也里人目爲枝花枝花者花未成果故自一至九咸呼爲果本枝花而得名而文錢爲最初之義其數十一葉而極於九

索以貫錢百文爲索極於一而尊於九九者數之盈十索則名貫矣故去十爲萬始焉葉凡九

萬者索之累十而得名者也極一而尊九不居其十以十者有所總也葉數亦如索

十舉成數一不必紀而二首焉以偶對百百而千千而萬示極而不孤處尊而不汰數之成也葉得十一

野史贊曰履其成無忘其空空以基之成以息之是四十張之所由作也

圖象品 模崑山製

十字門計十一葉畫形皆半身萬門倣此

尊萬萬貫 天魁星呼保義宋江貌彛　千萬 天傷星行者武松　百萬 天罪星短

命二郎阮小五鹹人首爲雙頭而自側弁呼曰百歪頭是也九十天敗星活閻羅阮小七

八十天滿星美髯公朱仝抱子雙頭七十地勇星病尉遲孫立六十天威星雙鞭呼延灼五十天孤星花和尚魯智深四十天殺星黑旋風李逵三十天暗星青面獸楊志二十地慧星一丈青扈三娘

萬字門計九葉

尊九萬貫天退星插翅虎雷橫八萬天空星急先鋒索超七萬天猛星霹靂火秦明六萬天微星九紋龍史進雙頭五萬天壽星混江龍李俊四萬天貴星小旋風柴進三萬天勇星大刀關勝二萬天英星小李廣花榮一萬天巧星浪子燕青

索子門計九葉有象省貫之索而錢圜孔方

尊九索自下蠡四貫疊二貫而銳其一八索疊二四之七索疊二者三而斜其一六索如六水雙遶五索如艮卦形四索如雙珠環三索如品字形二索如折足一索如股釵

文錢門計十一葉

尊空沒文原貌波斯進寶形標曰空一文其形全體而矬足黑靴或題爲矮腳虎以空爲尊反之也半文錢花實各半或曰一枝花或曰醬客一錢如太極自一至九以所貌大小不以次二錢如腰鼓三錢如乾卦形四錢如連環五錢如五岳真形六錢如坤卦形七錢如北斗形八錢如塊玉九錢如三疊峰

重贊曰聞賓四門所以禮賢不聞積聚而工數錢故

思稱守廩運之有神能積能散存乎其人牢不居其歉萬不履其盈萑苻之輩有若宋公明亦足爲世所程誰曰不經

刻畫品 測崑山製

凡扯張關虎俱去十門張用萬萬空湯爲雙花虎用干兵爲統轄弇州席上客衆亦存十門取九葢其權也今捜崑山舊牌而强名其刻畫者拈一爲截角二爲斜眼三爲豹牙四爲內鈌五爲雙白六爲雙箸七爲斜齒八爲外鈌九爲弦月曰鈌皆爲脣曰白屬眼曰箸屬鼻月乃如眉五官差具矣壬子除夕定

截角
一豹三張同

斜眼
二豹三張同

豹牙
三豹三張同

內鈌
四豹三張同

雙白
五豹三張同

雙箸
六豹三張同

斜齒
七豹三張同

外鈌
八豹三張同

弦月
九豹三張同

亘史云自關雙頭外有以邊圍競者標薬而掩其惱凡折角去齒扶目剜膚惟所令而相靡不以偏

長取勝惟虎中之豹最宜參之或曰五刑未備奈何以修眉代馘耳耶倘亦廣陵人諱之也

投一雷品

江鄙為豪飲頗厭煩苛人座惟投葉於俎雷鬥各射所覆執之尊屈以四門為殺推上客主盟衆環攻焉惟一反掌而勝負立見歡聲轟然飲如決雷矣

馬掉品　亦云馬掉脚謂馬四足失一則不可行訛脚為角非

馬掉以軍令行之法分四壘用崑山葉四十張各執其八而虛八為中營主將護之以紀最殿定賞罰焉

遞將以盧卜植幟於壇而三家環攻之袒左整亂曰齊袒右蔵拍而稽數以標首出者若狙張以偵四門三家者遙應而主將孤立無援軍行八出再捷為平三為勝以掉奇者奇者與亦手等不為功而餘勇者故示弱以餌之斬收全功焉大都三家務合從而主將衡之居壇之上雖尊兼毋吝留慮敵以俟得偶居壇之下雖小劣必讓毋貪嚙欲分力以窮寇主不諱顯客不嫌詐顯則易奏績而詐者有巧中故其詐也倢以惎主而客皆嘿諭不目挑不指動不聲揚不以揲示異犯此者皆下品其顯也用以礱敵不阽危不持滿不市尊不羞聰成犯此者無勝策三捷者勝一壘而五捷者亦勝一壘善軍者快三而媿五焉五斯拙矣五捷而收三壘則巧莫如之故七出者勝敗之紐逾此則棄其八有制人者人勿顧多奇功焉家有全勝者無私讓有後卻者無先雄有勁掠者無饕小以神運智以人合天以遲履泰因微而顯轉敗為功此不可以家戶曉口舌諍也悟者自得之爾

部中惟百萬譬花上國之將相也猶齊之管晏鄭之

僑肸魏之信陵雖臣而威震主矣故其賞獨專敗亦得勝亦得或倍之以勝倍也或三之以自出師而三也惟勝敗均者尚焉主將得百萬無尊無捷而勝居一矣惟四尊并而百萬無所庸其勝四之四尊而挾百萬則益而五之矣

四尊視虛葉之副各以門取尊而拍葉掩其上軍罷而稽程故有尊而不勝者矣未有百而不尊者也葉之副而當尊則兼者勝矣兼者尊之第二葉也今婁求之間或貴兼而抑尊非無將之心所不取也匹夫

而稱雄則極或有時而尊軍司馬紀錄可也勢固無兩尊矣

自先鋒賞出師之捷而十門無敵出者矣執千兵者用墨守焉先鋒不見則千兵無敵求功十隊無敵嘗者慮或爲先鋒詭得也惟執百者可以十隊徼焉徼亦不能爲豪其他路弱矣雄者輒一搏而縱奇兵此射鵰手也勝則挫其鋒矣鬬家有執先鋒以無偶而勿紀則搏之功爲懋戰者依法相進退則葉之善經矣先鋒者何百萬是也得先鋒則喜而得千兵則憎用與不用殊也

野史曰余百歲盡劣惟馬掉窺一斑焉里人目爲迂莫有捺其長者吳人嗜而尚之每席必張焉而善者王柱史章大娘頗以豪爽持勝侯生最有膽窮日夕不厭曾一勝章而余再北於柱史自此以還有肩齊無踵接者矣

葉子譜終

續葉子譜

歙潘之恒輯　嚴于鈇校閱

看虎品　一名鬬虎

亘史曰看虎者江淮間女兒角戲以雄爲最上乘葢取龍女疾獻珠刹那間轉女成男之義烈士也當困窮而不思奮非夫矣孟子曰晉人有馮婦者善搏虎虎負嵎莫之敢攖馮婦攘臂下車故余觀鬬虎而知健婦之桀也木蘭緹縈豈不慚丈夫哉

測曰鬬虎取崑山牌四十章去十門惟選千兵以領

三路其專轄者惟萬他有所不屑制也如二人角各得十三章守營者四或三人角各九章守營者三始於齊以定方揭一爲先鋒先鋒無避有進而無退進而爲順一作猿或作徼爲豹惟利是視不則委而置之獨致師焉拈之以三或四或五而分其隊序爲順純爲豹自一至九以數呼之豹極於九非雄莫能尚矣此惟百萬軍中斬上將者足當之順與豹各有制索勝錢萬勝索復以大小相制無幸焉惟千可統萬之八九而空鬬亦挾一元名曰半豹半爲豹之下而能制錢索之順與千統能制人者加賞一章此順之變者也千兵一索一錢爲天豹則豹之始犢者惟聽制於二豹矣空鬬一萬爲駁則專制天豹者也凡治此術者以銳破堅以單破衆以弱破老尚衡突而散連衡貴節制而黜偏師焉連衡以守則拙偏師以拙則覆矣數窮於一而復於九三極皆其至也君子有炳然之思大人虎變是已次舉其二以合於八則固窮之義勝也三七爲穿則劫而得所請者也千兵御空而滿索則爲駕如中軍挾左右廣以行千兵而統於一則

匹夫而有君得乎丘民而爲天子葢世之雄莫之與京矣於是遞爲九法

一曰相角爲敵敵而勝者一章一賞　三同爲豹豹而勝者一章一賞　序三爲順順而勝者一章一賞

得千統與半豹以制勝者各加賞一章無制則否

駁能制天豹者亦加賞一章

二曰五萬爲中堅賞二章有制則否

三曰八萬爲大將爲輔賞三章有制則否故萬知愼知待而後能勝也三索三萬七錢爲穿山甲賞三章

則穿窬之輩或有時而劫營也

四曰二索二萬八錢爲窮一作卭卭亦作獡賞四章嘉其志可也

五曰一索一萬九錢爲虎賞五章極而當泰者也

六曰千兵九索空湯爲獡賞六章

七曰三九之豹賞七章

八曰三路之首爲冨一作猾賞八章

九曰千兵一萬一索爲雄賞九章去其貪欲軍氣始揚所謂百戰而百勝者也

以上按法程之旨以無爽要而究其妙在八錢合二之窮九錢合一之虎七錢合三之劫空湯合九之冨千兵合一之雄獡爲三路之魁窮取三極之次故執之者有玄思焉多算勝少算不勝毋超距毋犯蹕毋守遲毋嗜小利趨則易蹶犯則易衂遲則易孤嗜小利則害大謀法之所忌也比而較之變而通之知彼知巳敵雖勁不能逃吾法矣故曰微者所以成其鉅者也弱者所以輔其强者也千者所以控其一者也易曰履虎尾不咥人記曰一夫當關萬夫莫敵又曰三軍可奪帥也匹夫不可奪志也知斯三者而虎之義盡矣嗟乎泰山之婦遠苛政而不遠虎彼固計之審矣誠不以富於窮又何難焉萬曆巳酉首春楊柔蔥頓暢然皆金陵角妓口授手習遂以臆測其微而義著化之朝在襄成樓譜成惟天豹穿山甲李寶文冬夜補於秦淮閣中者

凡曰微曰獡曰猾本方若岸更定俟再攷之又曰狠郎也其義則巳列於前矣

扯五章品此扯三張之疊出而極其變者也余從閩人郢聖僕定於虎丘

去十貫一門只存千萬共三十葉人拈六葉分爲三副副分三市每市九點第一一葉爲一市第二二葉爲一市第三三葉爲一市舊用六葉今以第三葉活用可前可後妙處正在此張如合成十點名之曰撞爲最末數除十點外以零數算若合十九只算九點每市素九三注花九四注雙花合九五注素八兩注花八三注雙花合八四注其餘以點數勝者俱一注花九打素九大九打小九九打八素九打花八花八打素八大八打小八他可類推錢門九錢打八錢一

文錢打半文錢近有去半文錢用萬萬者則以萬萬爲至尊之花以萬萬花九作五注萬萬雙花九作六注萬萬花八作四注欲取注多意耳花作一點亦可作無點千萬空文爲花（扯三張一准此例）

五一

如一文一索一萬千萬空文之類五十注花照例加

五紅

萬萬千萬空文九萬八萬九索八索九文八文俱算紅如三九雙花或二九三花俱四十注如三八雙花或二八三花五紅內有八之類俱三十注花照例加若遇眞君雙合照例另加注（四十注三十注雖難値似太重請減其半）

純五

如五張俱萬貫門或俱索門或俱錢門二十注花照例加萬萬千萬俱算在萬貫門若復遇眞君雙合照例另加注（同五在馬掉麽勿負今爲奇遇請殺其半）

大九

五張合成一九十五注花照例加若共合十九點不合此例（十五注亦殺作九注）

眞君

三市俱九是爲眞君九注花照例加花打素大打小俱照例

少君附

亘史云三九爲眞君則三三當爲少君宜六注余聞之弇州公三三之九與花九埒得四賞謝少連師目爲川九加九賞又似太過今改定以六賞爲當（若合二九亦同雙花例謝頗然之）

雙合

前三張合九或十九後三張合九或十九是爲雙合六注如花在中八注花在前後七注

對子

惟雙合有之如前三張一三五後三張亦一三五之類兩注色樣外另算千萬與空文作對若萬萬不與千萬空文作對多一注故耳

自五一五紅純五大九對子遇色樣皆折算不劈倒其餘色樣皆大打小

九合（共二十九副）

花花九　花花八　花花七　花一七　花一八
花二六　花二七　花三五　花三六　花四四
花四五　花九九　一一七　一二六　一三五
一四四　二二五　二三四　三三三　一九九
二八九　三七九　三八八　四六九　四七八
五五九　五六八　五七七　六六七入如例推

扯三張　例俱如前

爲之恒曰余戊子歲從弇州公在留都右司馬邸每日不與文酒會酒行數巡即令取牌扯三張每一人

爲主衆環而敵之或全勝或全負或勝負相參負者取大斗飲之力歉有起逃者果醉則勿追佯醉則止全勝者衆不服乃再主與衆敵咸大噪盡歡公間閙然令兩豎子扶掖而入客復與諸公子竟歡屢會而情若新其酒令之善毋以踰此

鬬天九品

敘曰鬬天九之戲汪喬孫自廣陵傳來云是吳興鬬牌法頗與看虎相似宜即廣陵人爲之然約法三章甚簡略於中亦可致思足術也去穎入於葉子亦從其類之變法爾　庚戌初伏日記

測曰天九鬬法用舊牌三十二片分爲五隊而正雜之別爲華夷界焉三六二六以黙不齊黙而夷之凡華得二十有二而夷得十華隊成三而夷惟二華何所尊尊天也故天牌居華首執者無敵雙出者賞四籌長六是已而地人和次之爲前隊次選累色牌首長五次長三長二爲中隊而聽制於前單則單制雙則雙制各以序惟單能破雙令長六不得成功者有之矣次取對色五六四六幺六幺五爲後隊而聽制於中單雙相制如前而前隊亦不得相越以制不務

勤遠也然自天牌以下無殊賞以牌計籌而已示楷無所分也夷何所尊尊九也故九居夷首執者雙出亦稱無敵賞四籌與華同三六四五是已次以點對二六三五稱八二五三四稱七幺四二三稱五各爲偶相屬爲正隊而二四幺二獨以外夷鄙之然自二九以下各相爲制如華例而六與三合亦以九稱雄焉微賞三籌合執則雖夷莫能制也喬孫第言其外而未悟以九故表出之又有總例焉名曰搶結取重

最後一出或單或雙勝者舉全功焉得賞五籌故善闘者莫不思其後也此所謂法簡而意深者耶其行陳大略如看虎法三人行各取九餘五爲營二人行各取十三餘六爲衛營衛以伏故莫得窺善兵者交智善戰者伐謀此之謂也

亘史曰吳人扯三張有花九素九之尊弇州公宴客日行之九之貴尚矣謝山子詩撫州鬪葉著有賦亦重搶結則天九已兼二義疇謂角戲末技也而可忽諸

天九華夷隊式 華隊二 夷隊二

華前隊 華中隊 華後隊 夷正隊

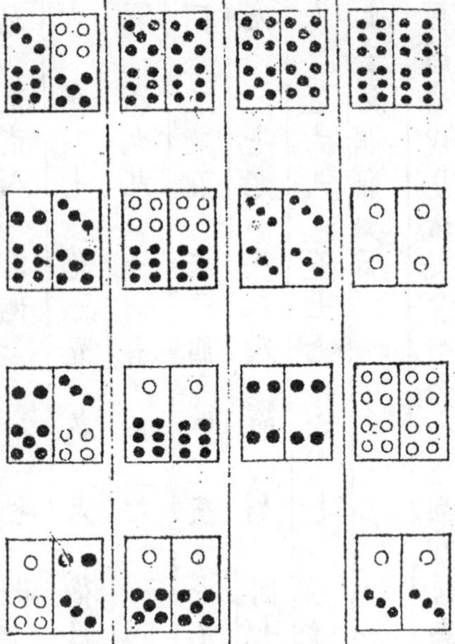

夷偏隊

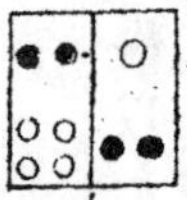

申曰自華夷之有分也不相爲制惟前三隊各以次虜於隊中又遣虜之惟夷九不得先衛慮爲華天所統此氷華生之獨斷也虎之尊千亦著此義作者想當然爾

方不其別一月自金陵歸語余曰吾得天九鬪法莫余勝矣子之偏隊稱九艮當第單行宜聽制於夷余曰然前有之今執則雖夷莫能制正謂此也

期蓮生語不其曰天九善矣牌也而列於葉何居我見必反之余曰唯唯否否期蓮所執者象也余所從者法也法行則象華矣期蓮能排之也而勿鬭乎則余亟反矣近叢睦好事家有變此牌作三十二葉政可執而行足破期蓮疑無深訝爾嗟夫今世之娛戲甚多取其變相勿問本來可也

續葉子譜終

茶疏

吳　許次紓撰　朱濟之按閱

產茶

天下名山必產靈草江南地煖故獨宜茶大江以北則稱六安然六安乃其郡名其實產霍山縣之大蜀山也茶生最多名品亦振河南山陝人皆用之南方謂其能消垢膩去積滯亦共寶愛顧彼山中不善製造就於食鐺大薪炒焙未及出釜業巳焦枯詎堪用哉兼以竹造巨笥乘熱便貯雖有緑枝紫笋輒就萎黄僅供下食奚堪品鬬江南之茶唐人首稱陽羨宋人最重建州于今貢茶兩地獨多陽羨僅有其名建茶亦非最上惟有武夷雨前最勝近日所尚者爲長興之羅岕疑即古人顧渚紫笋也介於山中謂之岕羅氏隱焉故名羅然岕故有數處今惟洞山最佳姚伯道云明月之峽厥有佳茗是名上乘要之採之以時製之盡法無不佳者其韻致淸遠滋味甘香淸肺除煩足稱仙品此自一種也若在顧渚亦有佳者人但以水口茶名之全與岕别矣若歙之松羅吳之虎丘錢塘之龍井香氣穠郁並可雁行與岕頡頏往郭次甫亟稱黄山黄山亦在歙中然去松羅遠甚往時士人皆貴天池天池產者飲之略多令人脹滿自余始下其品向多非之近來賞音者始信余言矣浙之產又曰天台之雁宕栝蒼之大盤東陽之金華紹興之日鑄皆與武夷相爲伯仲然雖有名茶當曉藏製製造不精收藏無法一行出山香味色俱减錢塘諸山產茶甚多南山盡佳北山稍劣北山勤於用糞茶雖易茁氣韻反薄往時頗稱睦之鳩坑四明之朱溪今皆不得入品武夷之外有泉州之淸源倘以好手製之亦與武夷亞匹惜多焦枯令人意盡楚之產曰寶慶滇之產曰五華此皆表表有名猶在雁茶之上其他名山所產當不止此或余未知或名未著故不及論

今古製法

古人製茶尚龍團鳳餅雜以香藥蔡君謨諸公皆精於茶理居恒鬬茶亦僅取上方珍品碾之未聞新制若漕司所進第一綱名北苑試新者乃雀舌氷芽所

造一夸之値至四十萬錢僅供數盂之啜何其貴也然冰芽先以水浸已失眞味又和以名香益奪其氣不知何以能佳不若近時製法旋摘旋焙香色俱全尤蘊眞味

採摘

清明穀雨摘茶之候也清明太早立夏太遲穀雨前後其時適中若肯再遲一二日期待其氣力完足香烈尤倍易於收藏梅時不蒸雖稍長大故是嫩枝柔葉也杭俗喜于盂中撮點故貴極細理煩散鬱未可遽非吳淞人極貴吾鄉龍井肯以重價購雨前細者狃於故常未解妙理岕中之人非夏前不摘初試摘者謂之開園採自正夏謂之春茶其地稍寒故須待夏此又不當以太遲病之往日無有於秋日摘茶者近乃有之秋七八月重摘一番謂之早春其品甚佳不嫌少薄他山射利多摘梅茶梅茶澁苦止堪作下食且傷秋摘佳產戒之

炒茶

生茶初摘香氣未透必借火力以發其香然性不耐勞炒不宜久多取入鐺則手力不勻久於鐺中過熟而香散矣甚且枯焦尚堪烹點炒茶之器最嫌新鐵鐵腥一入不復有香尤忌脂膩害甚於鐵須豫取一鐺專用炊飲無得別作他用炒茶之薪僅可樹枝不用幹葉幹則火力猛熾葉則易燄易滅鐺必磨瑩旋摘旋炒一鐺之內僅容四兩先用文火焙軟次用武火催之手加木指急急鈔轉以半熟爲度微俟香發是其候矣急用小扇鈔置被籠純綿大紙襯底燥焙積多候冷入缾收藏人力若多數鐺數籠人力卽少僅一鐺二鐺亦須四五竹籠蓋炒速而焙遲燥濕不可相混混則大減香力一葉稍焦全鐺無用然火雖忌猛尤嫌鐺冷則枝葉不柔以意消息最難最難

岕中製法

岕之茶不炒甑中蒸熟然後烘焙緣其摘遲枝葉微老炒亦不能使軟徒枯碎耳亦有一種極細炒岕采之他山炒焙以欺好奇者彼中甚愛惜茶決不忍乘嫩摘採以傷樹本余意他山所產亦稍遲採之待其長大如岕中之法蒸之似無不可但未試嘗不敢

漫作

收藏

收藏宜用磁甕大容一二十斤四圍厚箬中則貯茶須極燥極新專供此事久乃愈佳不必歲易茶須築實仍用厚箬塡緊甕口再加以箬以眞皮紙包之以苧麻緊扎壓以大新磚勿令微風得入可以接新

置頓

茶惡濕而喜燥畏寒而喜溫忌蒸鬱而喜淸凉置頓之所須在時時坐臥之處逼近人氣則常溫不寒必在板房不宜土室板房則燥土室則蒸又要透風勿置幽隱幽隱之處尤易蒸濕兼恐有失點檢其閣庋之方宜磚底數層四圍磚砌形若火爐愈大愈善勿近土牆頓甕其上隨時取竈下火灰候冷簇於甕傍半尺以外仍隨時取灰火簇之令裹灰常燥一以避風一以避濕却忌火氣入甕則能黄茶世人多用竹器貯茶雖復多用箬護然箬性峭勁不甚伏帖最難緊實能無滲罅風濕易侵多故無益也且不堪地爐中頓萬萬不可人有以竹器盛茶置被籠中用火即黄除火即潤忌之忌之

取用

茶之所忌上條備矣然則陰雨之日豈宜擅開如欲取用必候天氣晴明融和高朗然後開缶庶無風侵先用熱水濯手麻帨拭燥缶口内箬別置燥處另取小罌貯所取茶量日幾何以十日爲限去茶盈寸則以寸箬補之仍須碎剪茶日漸少箬日漸多此其節也焙燥築實包扎如前

包裹

茶性畏紙紙於水中成受水氣多也紙裹一夕隨府作氣盡矣雖火中焙出少頃即潤鴈宕諸山首坐此病每以紙帖寄遠安得復佳

日用頓置

日用所須貯小罌中箬包苧扎亦勿見風宜即置之案頭勿頓巾箱書簏尤忌與食器同處並香藥則染香藥海味則染海味其他以類而推不過一夕黄矣變矣

擇水

精茗蘊香借水而發無水不可與論茶也古人品水以金山中冷爲第一泉第二或曰廬山康王谷第一廬山余未之到金山頂上井亦恐非中冷古泉陵谷變遷已當湮沒不然何其瀉薄不堪酌也今時品水必首惠泉甘鮮膏腴致足貴也往三渡黃河始憂其濁舟人以法澄過飲而甘之尤宜煑茶不下惠泉黃河之水來自天上濁者土色也澄之既淨香味自發余嘗言有名山則有佳茶茲又言有名山則有佳泉相提而論恐非臆說余所經行吾兩浙兩都齊魯楚

粵豫章滇黔皆嘗稍涉其山川味其水泉發源長遠而潭沚澄澈者水必甘美即江湖溪澗之水遇澄潭大澤味咸甘冽唯波濤湍急瀑布飛泉或舟楫多處則苦濁不堪蓋云傷勞豈其恒性凡春夏水長則減秋冬水落則美

貯水

甘泉旋汲用之斯良丙舍在城夫豈易得理宜多汲貯大甕中但忌新器爲其火氣未退易於敗水亦易生蟲久用則善最嫌他用水性忌木松杉爲甚木桶貯水其害滋甚挈缾爲佳耳貯水甕口厚箬泥固用時旋開泉水不易以梅雨水代之

舀水

舀水必用磁甌輕輕出甕緩傾銚中勿令淋漓甕內致敗水味切須記之

煑水器

金乃水母錫備柔剛味不鹹澁作銚最良銚中必穿其心令透火氣沸速則鮮嫩風逸沸遲則老熟昏鈍兼有湯氣愼之愼之茶滋于水水藉乎器湯成于火

四者相須缺一則廢

火候

火必以堅木炭爲上然木性未盡尚有餘烟烟氣入湯湯必無用故先燒令紅去其烟焰兼取性力猛熾水乃易沸既紅之後乃授水器仍急扇之愈速愈妙毋令停手停過之湯寧棄而再烹

烹點

未曾汲水先備茶具必潔必燥開口以待蓋或仰放或置磁盂勿竟覆之案上漆氣食氣皆能敗茶先握

□手中俟湯既入壺隨手投茶湯以蓋覆定三呼吸時次滿傾盂內重投壺內用以動盪香韻兼色不沉滯更三呼吸頃以定其浮薄然後瀉以供客則乳嫩清滑馥郁鼻端病可令起疲可令爽吟壇發其逸思談席滌其玄衿

秤量

茶注宜小不宜甚大小則香氣氤氳大則易於散漫大約及半升是爲適可獨自斟酌愈小愈佳容水半升者量茶五分其餘以是增減

湯候

水一入銚便須急煮候有松聲即去蓋以消息其老嫩蟹眼之後水有微濤是爲當時大濤鼎沸旋至無聲是爲過時過則湯老而香散決不堪用

甌注

茶甌古取定窯兔毛花者亦鬬碾茶用之宜耳其在今日純白爲佳兼貴於小定窯最貴不易得矣宣成嘉靖俱有名窯近日做造間亦可用次用真正回青必揀圓整勿用啙窳茶注以不受他氣者爲良故首銀次錫上品真錫力大不減慎勿雜以黑鉛雖可清水却能奪味其次戶外有油磁壺亦可必如柴汝宣成之類然後爲佳然滚水驟澆舊磁易裂可惜也近日饒州所造極不堪用往時龔春茶壺近日時彬所製大爲時人寶惜蓋皆以粗砂製之正取砂無土氣耳隨手造作頗極精工顧燒時必須火力極足方可出窯然火候少過壺又多碎壞者以是益加貴重火力不到者如以生砂注水土氣滿鼻不中用也較之錫器尚減三分砂性微滲又不用油香不竄發易冷易餿僅堪供玩耳其餘細砂及造自他匠手者質惡製劣尤有土氣絕能敗味勿用勿用

盪滌

湯銚甌注最宜燥潔每日晨興必以沸湯蕩滌用極熟黃麻巾帨向內拭乾以竹編架覆而庋之燥處烹時隨意取用修事既畢湯銚拭去餘瀝仍覆原處每注茶甫盡隨以竹筋盡去殘葉以需次用甌中殘瀋必傾去之以俟再斟如或存之奪香敗味人必一盃毋勞傳遞再巡之後清水滌之爲佳

飲啜

一壺之茶只堪再巡初巡鮮美再則甘醇三巡意欲盡矣余嘗與馮開之戲論茶候以初巡爲停停嫋嫋十三餘再巡爲碧玉破瓜年三巡以來綠葉成陰矣開之大以爲然所以茶注欲小小則再巡已終寧使餘芬剩馥尚留葉中猶堪飯後供啜嗽之用未遂棄之可也若巨器屢巡滿中瀉飲待停少溫或求濃苦何異農匠作勞但需消渴何論品賞何知風味乎

論客

賓朋雜沓止堪交鍾觥籌乍會泛交僅須常品酢惟素心同調彼此暢適清言雄辯脫略形骸始可呼童篝火水點湯量客多少爲役之煩簡三人以下止爇一爐如五六人便當兩鼎爐一童湯方調適若還兼作恐有參差客多姑且罷火不妨中茶投果出自內局

茶所

小齋之外別置茶寮高燥明爽勿令閉塞壁邊列置兩爐爐以小雪洞覆之止開一面用省灰塵騰散寮前置一几以頓茶注茶盂爲臨時供具別置一几以頓他器傍列一架巾帨懸之見用之時卽置房中斟酌之後旋加以蓋毋受塵汙使損水力炭宜遠置勿令近爐尤宜多辦宿乾易熾爐少去壁灰宜頻掃總之以慎火防爇此爲最急

洗茶

岕茶摘自山麓山多浮砂隨雨輒下卽着於葉中烹時不洗去沙土最能敗茶必先盥手令潔次用半沸水扇揚稍和洗之水不沸則水氣不盡反能敗茶毋得過勞以損其力沙土既去急於手中擠令極乾另以深口磁合貯之抖散待用洗必躬親非可攝代凡湯之冷熱茶之燥濕緩急之節頓置之宜以意消息他人未必解事

童子

煎茶燒香總是清事不妨躬自執勞然對客談諧豈能親蒞宜敎兩童司之器必晨滌手令時盥爪可淨剔火宜常宿量宜飲之時爲舉火之候又當先白主人然後修事酌過數行亦宜少輟果餌間供別進濃

壽不妨中品充之蓋食飲相須不可偏廢甘醲雜陳又誰能鑒賞也舉酒命觴理宜停罷或鼻中出火耳後生風亦宜以甘露澆之各取大盂撮點雨前細玉正自不俗

飲時

心手閒適　披咏疲倦　意緒棼亂　聽歌品曲
歌罷曲終　杜門避事　鼓琴看書　夜深共語
明窻淨几　洞房阿閣　賓主款狎　佳客小姬
訪友初歸　風日晴和　輕陰微雨　小橋畫舫
茂林修竹　課花責鳥　荷亭避暑　小院焚香
酒闌人散　兒輩齋館　清幽寺觀　名泉怪石

宜輟

作事　觀劇　發書柬　大雨雪
長筵大席　繙閱卷帙　人事忙迫　及與上宜飲時相反事

不宜用

惡水　敝器　銅匙　銅銚
木桶　柴薪　麩炭　粗童
惡婢　不潔巾帨　各色果實香藥

不宜近

陰室　厨房　市喧　小兒啼
野性人　童奴相鬨　酷熱齋舍

良友

清風明月　紙帳楮衾　竹牀石枕　名花琪樹

出遊

士人登山臨水必命壺觴乃茗椀薰爐置而不問是徒游於豪舉未託素交也余欲特製游裝備諸器具精茗名香同行異室茶罌一注二銚一小甌四洗一磁合一銅爐一小面洗一巾副之附以香奩小爐香囊匕筯以爲半肩薄甕貯水三十斤爲半肩足矣

權宜

出遊遠地茶不可少恐地產不佳而人鮮好事不得不隨身自將瓦器重難又不得不寄貯竹筥茶甫出甕焙之竹器晒乾以箬厚貼實茶其中所到之處即先焙新好瓦缾出茶焙燥貯之缾中雖風味不無少減而氣力味尚存若舟航出入及非車馬修途仍用

瓦缶毋得但利輕齎致損靈質

虎林水

杭兩山之水以虎跑泉爲上芳冽甘腴極可貴重佳者乃在香積厨中上泉故有土氣人不能辨其次若龍井珍珠錫杖韜光幽淙靈峰皆有佳泉堪供汲煮及諸山溪澗澄流併可斟酌獨水樂一洞跌蕩過勞味遂漓薄玉泉往時頗佳近以紙局壞之矣

宜節

茶宜常飲不宜多飲常飲則心肺清凉煩鬱頓釋多飲則微傷脾腎或泄或寒蓋脾土原潤腎又水鄉宜燥宜溫多或非利也古人飲水飲湯後人始易以茶即飲湯之意但令色香味備意已獨至何必過多反失清冽乎且茶葉過多亦損脾腎與過飲同病俗人知戒多飲而不知愼多費余故備論之

辯訛

古人論茶必首蒙頂蒙頂山蜀雅州山也往常產今不復有即有之彼中夷人專之不復出山蜀中尚不得何能至中原江南也今人囊盛如石耳來自山東者乃蒙陰山石苔全無茶氣但微甜耳妄謂南山茶茶必木生石衣得爲茶乎

考本

茶不移本植必子生古人結婚必以茶爲禮取其不移植子之意也今人猶名其禮曰下茶南中夷人定親必不可無但有多寡禮失而求諸野今求之夷矣

余少居無事頗有鴻漸之僻又桑苧翁所至必以筆牀茶竈自隨而友人有同好者數謂余宜有論著以備一家貽之好事故次而論之倘有同心尚箴余之闕葺而補之用告成書甚所望也

次紓再識

岕茶牋

北海馮可賓著　汪汝謙按閲

一序岕名

環長興境產茶者曰羅嶰曰白巖曰烏瞻曰青東曰顧渚曰篠浦不可指數獨羅嶰最勝環嶰境十里而遙爲嶰者亦不可指數嶰而曰岕兩山之介也羅氏居之在小秦王廟後所以稱廟後羅岕也洞山之岕南面陽光朝旭夕暉雲滃霧浡所以味迥别也

一論採茶

雨前則精神未足夏後則梗葉大粗然茶以細嫩爲妙須當交夏時看風日晴和月露初收親自監採入籃如烈日之下又防籃内鬱蒸須傘蓋至舍速傾淨籩薄攤細揀枯枝病葉蛸絲青牛之類一一剔去方爲精潔也

一論蒸茶

蒸茶須看葉之老嫩定蒸之遲速以皮梗碎而色帶赤爲度若太熟則失鮮其鍋内湯須頻換新水蓋熟湯能奪茶味也

一論焙茶

茶焙每年一修修時襍以濕土便有土氣先將乾柴隔宿薰燒令焙内外乾透先用粗茶入焙次日然後以上品焙之焙上之簾又不可用新竹恐惹竹氣又須勻攤不可厚薄如焙中用炭有烟者急剔去又宜輕搖大扇使火氣旋轉竹簾上下更換若火太烈恐粘焦氣太緩色澤不佳不易簾又恐乾濕不勻須要看到茶葉梗骨處俱已乾透方可并作一簾或兩簾疊在焙中最高處過一夜仍將焙中炭火留數莖於灰燼中微烘之至明早可收藏矣

一論藏茶

新淨磁罈週迴用乾箬葉密砌將茶漸漸裝進搖實不可用手指上覆乾箬數層又以火炙乾炭鋪罈口紮固又以火煉候冷新方磚壓罈口上如潮濕宜藏高樓炎熱則置涼處陰雨不宜開罈近有以夾口錫器貯茶者更燥更密蓋磁罈猶有微罅透風不如錫者堅固也

一辨真贋

茶雖均出於岕有如蘭花香而味甘過霉歷秋開罈烹之其香愈烈味若新沃以湯色尚白者真洞山也若他嶰初時亦有香味至秋香氣索然便覺與真品相去天壤又一種有香而味澁者又一種色淡黃而微香者又一種色青而毫無香味者又一種極細嫩而香濁味苦者皆非道地品茶者辨色聞香更時察味百不失一矣

一論烹茶

先以上品泉水滌烹器務鮮務潔次以熱水滌茶葉水不可太滾滾則一滌無餘味矣以竹筋夾茶于滌器中反復滌蕩去塵土黃葉老梗淨以手搦乾置滌器內蓋定少刻開視色青香烈急取沸水潑之夏則先貯水而後入茶冬則先貯茶而後入水

一品泉水

錫山惠泉武林虎跑泉上矣顧渚金沙泉德清半月泉長興光竹潭皆可

一論茶具

茶壺窑器爲上錫次之茶杯汝官哥定如未可多得則適意者爲佳耳

或問茶壺畢竟宜大宜小

茶壺以小爲貴每一客壺一把任其自斟自飲方爲得趣何也壺小則香不渙散味不耽閣況茶中香味不先不後只有一時太早則未足太遲則已過的見得恰好一瀉而盡化而裁之存乎其人施于他茶亦無不可

茶宜

無事　佳客　幽坐　吟咏　揮翰

倘佯　睡起　宿酲　清供　精舍

會心　賞鑒　文僮

茶忌

不如法　惡具　主客不韻　冠裳苛禮

葷肴雜陳　忙冗　壁間案頭多惡趣

岕茶牋終

觴政

楚　袁宏道撰　潘之恒校

余飲不能一蕉葉每聞罏聲輒踴躍遇酒客與留連飲不竟夜不休非久相狎者不知余之無酒腸也社中近饒飲徒而觴容不習大覺鹵莽夫提衡糟丘而酒憲不修是亦令長之責也今採古科之簡正者附以新條名曰觴政凡爲飲客者各收一帙亦醉鄉之甲令也荷葉山樵識

一之吏

凡飲以一人爲明府主斟酌之宜酒儒爲驥官謂冷也酒猛爲苛政謂熱也以一人爲錄事以糾坐人須擇有飲材者材有三謂善令知音大戶也

二之徒

酒徒之選十有二欵于詞而不佞者柔于氣而不靡者無物爲令而不涉重者令行而四座踴躍飛動者聞令即解不再問者善雅謔者持曲爵不分愬者當盃不議酒者飛斝騰觚而儀不忒者寧酣沉而不傾潑者分題能賦者不勝盃杓而長夜興勃勃者

三之容

飲喜宜節飲勞宜靜飲倦宜詼飲禮法宜瀟灑飲亂宜繩約飲新知宜閒雅眞率飲雜糅客宜逡巡卻退

四之宜

凡醉有所宜醉花宜晝襲其光也醉雪宜夜消其潔也醉得意宜唱導其和也醉將離宜擊鉢壯其神也醉文人宜謹節奏章程畏其侮也醉俊人宜加觥盂旗幟助其烈也醉樓宜暑資其清也醉水宜秋泛其爽也一云醉月宜樓醉暑宜舟醉山宜幽醉佳人宜

微酡醉文人宜妙令無苛酌醉豪客宜揮觥發浩歌醉知音宜吳兒清喉檀板

五之遇

飲有五合有十乖涼月好風快雨時雪一合也花開釀熟二合也偶爾欲飲三合也小飲成狂四合也初鬱後暢談機乍利五合也日炙風燥一乖也神情索莫二乖也特地排當飲戶不稱三乖也賓主牽率四乖也草草應付如恐不竟五乖也强顏爲歡六乖也華履板揖諛言往復七乖也刻期登臨濃陰惡雨八

乖也飲塲遠緩迫暮思歸九乖也客佳而有他期妓譴而有別促酒醇而易炙美而冷十乖也

六之候

歡之候十有三得其時一也賓主久間二也酒醇而主嚴三也非觥罍不謳四也不能令有耻五也方飲不重膳六也不動筵七也錄事貌毅而法峻八也明府不受請謁九也廢賣律十也廢替律十一也不恃酒十二也歌兒酒奴解人意十三也不歡之候十有六主人吝一也賓輕主二也鋪陳雜而不叙三也室

暗燈暈四也樂澁而妓驕五也議朝除家政六也迭謔七也興居紛紜八也附耳囁嚅九也蔑章程十也醉嘮嘈十一也坐馳十二也平頭盜甕及偃蹇十三也客子奴囂不法十四也夜深逃席十五也狂花病葉十六也飲流以目睚者爲狂花目睡者爲病葉其他歡賞害焉例當叱出害馬者語言下俚面貌麄浮之類

七之戰

戸飲者角觥兕氣飲者角六博局戲趣飲者角譚鋒才飲者角詩賦樂府神飲者角盡累是曰酒戰經云百戰而勝不如不戰無累之謂也

八之祭

凡飲必祭所始禮也今祀宣父曰酒聖夫無量不及亂觴之祖也是爲飲宗四配曰阮嗣宗陶彭澤王無功邵堯夫十哲曰鄭文淵徐景山嵇叔夜劉伯倫向子期阮仲容謝幼輿孟萬年周伯仁阮宣子而山巨源胡母彥國畢茂世張季鷹何次道李元忠賀知章李太白以下祀兩廡至若儀狄杜康劉白墮焦革輩

皆以醞法得名無關飲徒姑祠之門垣以旌釀客亦猶校宮之有土主梵宇之有伽藍也

九之典刑

曹參蔣琬飲國者也陸賈陳遵飲達者也張師亮寇平仲飲豪者也王元達何承裕飲儁者也蔡中郎飲而文鄭康成飲而儒淳于髡飲而俳廣野君飲而辯孔北海飲而肆醉顛法常禪飲者也孔元張志和仙飲者也楊子雲管公明玄飲者也白香山之飲適蘇子美之飲憤陳暄之飲騃顏光祿之飲矜荆卿灌夫

之飲怒信陵東阿之飲悲諸公皆非飲派直以興寄所托一往摽譽觸類廣之皆歡場之宗工飲家之繩尺也

十之掌故

凡六經語孟所言飲式皆酒經也其下則汝陽王甘露經酒譜王績酒經劉炫酒孝經貞元飲畧竇子野酒譜朱翼中酒經李保績北山酒經胡氏醉鄉小畧皇甫崧醉鄉日月侯白酒律諸飲流所著記傳賦誦等爲内典蒙莊離騷史漢南北史古今逸史世說顔

氏家訓陶靖節李杜白香山蘇玉局陸放翁諸集爲外典詩餘則柳舍人辛稼軒等樂府則董解元王實甫馬東籬高則誠等傳奇則水滸傳金瓶梅等爲逸典不熟此典者保面甕腸非飲徒也

十一之刑書

色驕者墨色媚者劓伺顚氣者宫語含機穎者械沉思如負者鬼薪梗令者決遁狂率出頭者慓嬰（罪人冠）怨儀者共艾畢謹未闌乞去者菲對屨（皆罪人衣）罵坐三等青城旦舂故沙門島浮托酒狂以雪使爲高又驅其黨效尤者大辟

十二之品第

凡酒以色清味冽爲聖色如金而醇苦爲賢色墨味酸醨者爲愚以糯釀醉人者爲君子以臘釀醉人者爲中人以巷醪燒酒醉人者爲小人

十三之杯杓

古玉及古窰器上犀瑪瑙次近代上好瓷又次黄白金巨羅下螺形銳底數曲者最下

十四之飲儲

下酒物色謂之飲儲一清品如鮮蛤糟蚶酒蟹之類二異品如熊白西施乳之類三膩品如羔羊子鵞炙之類四果品如松子杏仁之類五蔬品如鮮筍早韭之類

以上二款聊具色目下邑貧士安從辦此政使瓦盆蔬具亦何損其高致也

十五之飲飾

棐几明牕時花嘉木冬幕夏蔭繡裙藤席

十六之歡具

楸枰高低壺觥籌骰子古鬪崑山紙牌羯鼓冶童女侍史鷓鴣沉茶具（以俟湧者）吳箋宋硯佳墨（以俟詩賦者）石公見酒琖輒醉乃欲以白衣領醉鄉乎夫披堅執銳非將不武而將將者不然留侯狀貌如女子未可謂非萬人敵也石公曉暢飲略深入酒解糟丘伯業不得不與吾黨共推之丘坦跋

附贖刑

有青州從事以袁中郎先生觴政寄余余喜其嚴簡而正飲輒與俱間出示客客弗省也曰歡場勝地安用司空城旦書乎夫妄呼擊柱隆準公且厭苦之乃法酒逡巡遂至莫敢仰視彼客如公業者幾人烏在觴之可以無政也顧中郎以抹世鑄刑書持法頗峻余謂肉刑廢久矣蓋冠草纓履屝艾韠又如塗美木戢終無食理政以觴名而功令不稟於康狄奚其為政哉昔穆天子作贖刑準乎世輕世重之意今二三知己酣暢樾杓之間而以刑為政則虛也以贖為刑則實也請以呂刑之意附中郎之律而行假五齊以寄三章之約俾奉憲者不疑於徙木而骫法者不玩於蒲鞭雖使白衣尸糟丘盟可矣例成示客客皆曰善遂附之末簡

十七之贖刑

墨之贖伯雅一囚飲

劓之贖蠡一鼓而牛飲

宮之贖侳一與三觴對飲

械之牘青衣行酒
鬼薪之牘長跽備壽坐客
決遞之牘予斗酒生彘肩
僬僥之牘覲劍仍作一聲驢鳴
艾畢覲宫去驪鼓缶而歌
菲屨之牘行炙爵賜餘瀝
三等覲械仍自浮大白二
城旦舂覲鬼薪須明府予自新錄事報可乃得還坐
涉門島決遞仍自唱挽歌

大辟之牘浮以蹗夷竟席不齒
石約法十三條耳綱目不疎吞舟是漏引經合例存乎其人然中郎之律如是余不欲多之温温恭人等而勿失刑措不用可也戊申長至書于獨歎齋中　瑯琊周京野王補撰張秋閱定

中郎酒評

劉元定如雨後鳴泉一往可觀若其易竟陶孝若如俊鷹獵兔擊搏有時方子公如游魚呷浪喋喋終日丘長孺如吳牛齧草不大利快容受頗多胡仲修如徐孃風情追念其盛時劉元質如蜀後主思鄉非其本情袁平子如五陵少年說劍未識戰場龍君超如德山未遇龍潭時自着勝地袁小修如狄青破崑崙關以奇服衆

丁未夏日與方子公諸友飲月張園以飲戶相角因爲評

瓶史

瓶花引

夫幽人韻士屏絕聲色其嗜好不得不鍾于山水花竹夫山水花竹者名之所不在奔競之所不至也天下之人棲止于囂崖利藪目眯塵沙心疲計算欲有之而有所不暇故幽人韻士得以乘間而踞爲一日之有夫幽人韻士者處于不爭之地而以一切讓天下之人者也惟夫山水花竹欲以讓人而人未必樂受故居之也安而踞之也無禍嗟夫此隱者之事決裂丈夫之所爲余生平企羨而不可必得者也幸而

身居隱見之間世間可趨可爭者既不到余遂欲欹笠高巖濯纓流水又爲卑官所絆僅有栽花種竹一事可以自樂而邸居湫隘遷徙無常不得已乃以膽瓶貯花隨時插換京師人家所有名卉一旦遂爲余案頭物無扞剔澆頓之苦而有味賞之樂取者不貪遇者不爭是可述也噫此甓特快心事也無狃以爲常而忘山水之大樂石公記之凡瓶中所有品目條列于後與諸好事而貧者共焉

瓶史

楚　袁宏道撰　丘坦長孺閲

一花目

燕京天氣嚴寒，南中名花多不至。即有至者，率爲巨璫大畹所有，儒生寒士無因得發其慕，不得不取其近而易致者。夫取花如取友，山林奇逸之士，族迷于鹿豕，身蔽于豐草，吾雖欲友之而不可得。是故通邑大都之間，時流所共標共目，而指爲雋士者，吾亦欲友之，取其近而易致也。余于諸花取其近而易致者：入春爲梅，爲海棠；夏爲牡丹，爲芍藥，爲安石榴；秋爲木樨，爲蓮、菊；冬爲蠟梅。一室之内，荀香何粉，迭爲賓客。取之雖近，終不敢濫及凡卉，就使乏花，寧貯竹柏數枝以充之。雖無老成人，尚有典刑，豈可使市井庸兒溷入賢社，貽皇甫氏充隱之嗤哉。

二品第

漢宫三千，趙姊第一；邢伊同幸，望而泣下。故知色之絕者，蛾眉未免俛首；物之尤者，出乎其類。將使傾城與衆姬同輦，吉士與凡才並駕，誰之罪哉？梅以重葉綠蕚、玉蝶、百葉緗梅爲上；海棠以西府、紫綿爲上；牡丹以黄樓子、綠蝴蝶、西瓜穰、大紅、舞青猊爲上；芍藥以冠羣芳、御衣黄、寶裝成爲上；榴花深紅重臺爲上；蓮花碧臺錦邊爲上；木樨毬子、早黄爲上；菊以諸色鶴翎、西施、剪絨爲上；蠟梅磬口香爲上。諸花皆名品，寒士齋中理不得悉致，而余獨叙此四種者，要以判斷羣菲，不得使常閏豔質雜諸奇卉之間耳。夫一字之褒，榮于華衮。今以蕊宫之董狐，定華林之春秋，安得不嚴且慎哉！孔子曰：「其義則某竊取之矣。」

三品具

養花瓶亦須精良。譬如玉環、飛燕，不可置之茅茨；又如嵇、阮、賀、李，不可請之酒食店中。嘗見江南人家所藏舊觚，青翠入骨，砂斑垤起，可謂花之金屋。其次官、哥、象、定等窑，細媚滋潤，皆花神之精舍也。大抵齋瓶宜矮而小，銅器如花觚、銅觶、尊罍、方漢壺、素温壺、匾壺，窑器如紙槌、鵞頸、茄袋、花尊、花囊、蓍草、蒲槌，皆須形製短小者，方入清供。不然，與家堂香火何異，雖舊亦俗也。然花形自有大小，如牡丹、芍藥、蓮花，形質既大不在此限嘗聞古銅器入土年久受土氣深用以養花花色鮮明如枝頭開速而謝遲就瓶結實陶器亦然故知瓶之寶古者非獨以玩然寒酸之士無從致此但得宣成等窰磁瓶各一二枚亦可爲乞兒暴富也冬花宜用錫管北地天寒凍水能裂銅不獨磁也水中投硫黄數錢亦得

四擇水

京師西山碧雲寺水裂帛湖水龍王堂水皆可用一入高梁橋便爲濁品凡瓶水須經風日者其他如桑園水滿井水沙窩水王媽媽井水味雖甘養花多不茂苦水尤忌以味特鹹未若多貯梅水爲佳貯水之法初入甕時以燒熱煤土一塊投之經年不壞不獨養花亦可烹茶

五宜稱

插花不可太繁亦不可太瘦多不過二種三種高低密如畫苑布置方妙置瓶忌兩對忌一律忌成行列忌以繩束縛夫花之所謂整齊者正以參差不倫意態天然如子瞻之文隨意斷續青蓮之詩不拘對偶此眞整齊也若夫枝葉相當紅白相配此省曹墀下樹墓門華表也惡得爲整齊哉

六屏俗

室中天然几一藤牀一几宜闊厚宜細滑凡本地邊欄漆卓描金螺鈿牀及彩花瓶架之類皆置不用

七花祟

花下不宜焚香猶茶中不宜置果也夫茶有眞味非甘苦也花有眞香非煙燎也味奪香損俗子之過且香氣燥烈一被其毒旋卽枯萎故香爲花之劍刃棒香合香尤不可用以中有麝臍故也昔韓熙載謂木犀宜龍腦酴醾宜沉水蘭宜四絶含笑宜麝薝蔔宜檀此無異筍中夾肉官庖排當所爲非雅士事也至若燭氣煤烟皆能殺花速宜屏去謂之花祟不亦宜哉

八洗沐

京師風霾時作空窻淨几之上每一吹號飛埃寸餘瓶君之困辱此爲最劇故花須經日一沐夫南威青琴不膏粉不櫛澤不可以爲姣今以殘芳垢面穢膚

無刻飾之工而任塵土之質枯萎立至吾何以觀之哉夫花有喜怒寤寐曉夕浴花者得其候乃爲膏沐澹雲薄日夕陽佳月花之曉也狂號連雨烈焰濃寒花之夕也脣檀烘日媚體藏風花之喜也暈酣神斂烟色迷離花之愁也欹枝困檻如不勝風花之夢也嫣然流盼光華溢目花之醒也曉則空庭大厦昏則曲房奥室愁則屏氣危坐喜則讙呼調笑夢則垂簾下帷醒則分膏理澤所以悅其性情時其起居也浴曉者上也浴寐者次也浴喜者下也若夫浴夜浴愁直花刑耳又何取焉浴之之法用泉甘而清者細微澆注如微雨解醒清露潤甲不可以手觸花及指尖折剔亦不可付之庸奴猥婢浴梅宜隱士浴海棠宜韻致客浴牡丹芍藥宜靚裝妙女浴榴宜艶色婢浴木樨宜清慧兒浴蓮宜道流浴菊宜好古而奇者浴蠟梅宜清瘦僧然寒花性不耐浴當以輕綃護之標格既稱神彩自發花之性命可延寧獨滋其光潤也哉

九使令

花之有使令猶中宫之有嬪御閨房之有妾媵也夫山花草卉妖艷實多弄烟惹雨亦是使令可少哉梅花以迎春瑞香山茶爲婢海棠以蘋婆林檎丁香爲婢牡丹以玫瑰薔薇木香爲婢芍藥以罌粟蜀葵爲婢石榴以紫薇大紅千葉木槿爲婢蓮花以山礬玉簪爲婢木犀以芙蓉爲婢菊以黄白山茶秋海棠爲婢蠟梅以水仙爲婢諸婢姿態各盛一時濃淡雅俗亦有品評水仙神骨清絶織女之梁玉清也山茶鮮妍瑞香芬烈玫瑰旖旎芙蓉明艷石氏之翔風羊家之浄琬也林檎蘋婆姿媚可人潘生之解愁也罌粟蜀葵妍于籬落司空圖之鸞臺也山礬潔而逸有林下氣魚玄機之綠翹也黄白茶韻勝其姿郭冠軍之春風也丁香瘦玉簪寒秋海棠嬌然有酸態鄭康成崔秀才之侍兒也其他不能一一比像要之皆有名于世柔佞纖巧頤氣有餘何至出子瞻榴花樂天秋草下哉

十好事

嵇康之鍛也武子之馬也陸羽之茶也米顛之石也

倪雲林之潔也皆以癖而寄其磊塊儁逸之氣者也余觀世上語言無味面目可憎之人皆無癖之人耳若眞有所癖將沉湎酣溺性命死生以之何暇及錢奴宦賈之事古之負花癖者聞人談一異花雖深谷峻嶺不憚蹶躄而從之至於濃寒盛暑皮膚皴鱗汙垢如泥皆所不知一花將萼則移枕攜襆睡臥其下以觀花之由微至盛至落至于萎地而後去或千株萬本以窮其變或單枝數房以極其趣或臭葉而知花之大小或見根而辨色之紅白是之謂眞愛花是之謂眞好事也若夫石公之養花聊以破閒居孤寂之苦非眞能好之也夫使其眞好之已爲桃花洞口人矣尚復爲人間塵土之官哉

十一清賞

茗賞者上也譚賞者次也酒賞者下也若夫內酒越茶及一切庸穢凡俗之語此花神之深惡痛斥者寧閉口枯坐勿遭花惱可也夫賞花有地有時不得其時而漫然命客皆爲唐突寒花宜初雪宜雪霽宜新月宜煖房溫花宜晴日宜輕寒宜華堂暑月宜雨後宜快風宜佳木蔭宜竹下宜水閣涼花宜爽月宜夕陽宜空階宜苔徑宜古藤巉石邊若不論風日不擇佳地神氣散緩了不相屬此與妓舍酒館中花何異哉

十二監戒

宋張功甫梅品語極有致余讀而賞之擬作數條揭于瓶花齋中花快意凡十四條明窻淨室古鼎宋硯松濤溪聲主人好事能詩門僧解烹茶薊州人送酒座客工畫花卉盛開快心友臨門手抄藝花書夜深爐鳴妻妾校花故實花折辱凡二十三條主人頻拜客俗子闌入蟠枝庸僧談禪窻下狗鬭蓮子衚衕歌童弋陽腔醜女折戴論升遷强作憐愛應酬詩債未了盛開家人催算帳檢韻府押字破書狼籍福建牙人吳中贗畫鼠矢蝸涎僮僕偃蹇令初行酒盡與酒館爲鄰案上有黃金白雪中原紫氣等詩燕俗尤競玩賞每一花開緋幙雲集以余觀之辱花者多悅花者少虛心檢點吾輩亦時有犯者特書一過座右以自監戒焉

花寄缾中與吾曹相對旣不見摧于老雨甚風又不受侮于鈍漢麄婢可以駐顏色保令終豈古之瓶隱者歟郁伯承曰如此則羅虬花九錫亦覺非禮之禮不如石公之愛花以德也請存之掃花頭陀繼儒跋

瓶史終

缾花譜

吳　張謙德著　武林仲震閱

夢蝶齋徒曰幽棲逸事缾花特難解解之者億不得一厭昔金潤鄰年述譜余亦稚齡作是數語其間孰是孰非何去何從解者自有定評不贅焉乙未中秋前二日書

品缾

凡插貯花先須擇缾春冬用銅秋夏用磁因乎時也堂厦宜大書室宜小因乎地也貴磁銅賤金銀尚清雅也忌有環忌成對像神祠也只欲小而足欲厚取其安穩而不泄氣也

大都缾寧瘦毋過壯寧小毋過大極高者不可過一尺得六七寸四五寸缾插貯佳若太小則養花又不能久

銅器之可用插花者曰尊曰罍曰觚曰壺古人原用貯酒今取以插花極似合宜

古銅缾鉢入土年久受土氣深以之養花花色鮮明如枝頭開速而謝遲或謝則就缾結實若水秀傳世古則爾陶器入土千年亦然

古無磁缾皆以銅爲之至唐始尚窰器厥後有柴汝官哥定龍泉均州章生烏泥宣成等窰而品類多矣尚古莫如銅器窰則柴汝最貴而世絕無之官哥宣定爲當今第一珍品而龍泉均州章生烏泥成化等缾亦以次見重矣

瓷器以各式古壺膽缾尊觚一枝缾爲書室中妙品次則小蓍草缾紙搥缾圓素缾鵞頸壁缾亦可供插花之用餘如闇花茄袋葫蘆樣細口匾肚瘦足藥罈等缾俱不入清供

古銅壺龍泉均州缾有極大高三二尺者別無可用冬日投以硫黄斫大枝梅花插供亦得

品花

花經九命升降吾家先哲（君諱翊）所製可謂縮萬象於筆端實幻景于片楮矣今譜缾花例當列品錄其入供者得數十種亦以九品九命次第之

一品九命

蘭　牡丹　梅　蠟梅　各色細葉菊

氷仙　滇茶　瑞香　菖陽

二品八命

蕙　酴醾　西府海棠　寶珠茉莉

黄白山茶　巖桂　白菱　松枝

含笑　茶花

三品七命

芍藥　各色千葉桃　蓮　丁香

蜀茶　竹

四品六命

山礬　夜合　賽蘭　薔薇

秋海棠　錦葵　杏　辛夷

各色千葉榴　佛桑　梨

五品五命

玫瑰　薝蔔　紫薇　金萱

忘憂　豆蔲

六品四命

玉蘭　迎春　芙蓉　素馨

柳芽　茶梅

七品三命

金雀　躑躅　枸杞　金鳳

千葉李　枳殻　杜鵑

八品二命

千葉戎葵　玉簪　鷄冠　洛陽

林禽　秋葵

九品一命

剪春羅　剪秋羅　高良姜　石菊

牽牛　木瓜　淡竹葉

折枝

折取花枝須得家園鄰圃侵晨帶露擇其半開者折供則香色數日不減若日高露晞折得者不特香不全色不鮮且一兩日即萎落矣

凡折花須擇枝或上葺下瘦或左高右低右高左低或兩蟠臺接偃亞偏曲或挺露一幹中出上簇下蕃鋪蓋飲几取俯仰高下疎密斜正各具意態全得畫家折枝花景象方有天趣若直枝蓬頭花朶不入清供

花不論草木皆可供缾中插貯第摘取有二法取柔枝也宜手摘取勁榦也宜剪卻惜花人亦須識得揉折勁枝尚易取巧獨草花最難摘取非熟翫名人寫生畫跡似難脫俗

插貯

折得花枝急須插入小口缾中緊緊塞之勿泄其氣則數日可玩

大率插花須要花與缾稱令花稍高于缾假如缾高一尺花出缾口一尺三四寸缾高六七寸花出缾口八九寸乃佳忌太高太高缾易仆忌太低太低雅趣失

小缾插花宜瘦巧不宜繁雜若止插一枝須擇枝柯奇古屈曲斜褭者欲插二種須分高下合插儼若一枝天生者或兩枝彼此各向先湊簇像生用麻絲縛定插之

缾花雖忌繁冗尤忌花瘦于缾須折斜欹花枝鋪撒小缾左右乃爲得體也

缾中插花止可一種兩種稍過多便冗雜可厭獨秋花不論也

滋養

凡花滋雨露以生故缾中養花宜用天水亦取雨露之意更有宜蜂蜜者宜沸湯者淸賞之士貴隨材而造就焉

滋養第一雨水宜多蓄聽用不得已則用淸淨江湖水井水味鹹養花不茂勿用

插花之水類有小毒須旦旦換之花乃可久若兩三日不換花輒零落

缾花每至夜間宜擇無風處露之可觀數日此天與人參之術也

事宜

梅花初折宜火燒折處固滲以泥牡丹初折宜燈燃折處待軟乃歇薝蔔花初折宜搥碎其根擦鹽少許荷花初折宜亂髮纏根取泥封竅海棠初折薄荷嫩葉包根入水除此數種可任意折插不必拘泥牡丹花宜蜜養蜜仍不壞竹枝戎葵金鳳芙蓉用沸湯插枝葉乃不萎

花忌

缾花之忌大槩有六一者井水揷貯二者久不換水三者油手拈弄四者猫鼠傷殘五者香烟燈煤燻觸六者密室閉藏不沾風露有一於此俱爲瓶花之病

護缾

冬間別無嘉卉僅有水仙蠟梅梅花數種而已此時極宜敞口古尊罍揷貯須用錫作替管盛水可免破裂之患若欲用小磁缾揷貯必投以硫黃少許日置南窻下令近日色夜置臥榻傍俾近人氣亦可不凍

一法用淡肉汁去浮油入缾揷花則花悉開而缾略無損

缾花有宜沸湯者須以尋常缾貯湯揷之緊塞其口候既冷方以佳缾盛雨水易却庶不損缾若即用佳缾貯沸湯必傷珍重之器矣戒之

缾花譜終

藝花譜

古杭高濂著　武林仲震閲

甌蘭花

三種惟杭城有之花如建蘭香甚一枝一花有紫花黃心有白花黃心者紫若胭脂白如羊脂花甚可愛出法華山採其原墩者種背陰處可活開花紫白者名蓀葉較蘭稍闊

迎春花

春首開花故名每於放花時移栽土肥則茂燒牲水

灌之則花蕃二月中旬分種

山礬花

生杭之西山三月着花細小而繁香馥甚遠故俗名七里香

笑靨花

花細如豆一條千花望之若堆雪然無子可種根窠叢生茂者數十條

蝴蝶花

草花儼若蝶狀色黃上有赤色細點瀾葉秋時分種

金莖花

金莖花如蛺蝶風過花如飛舞搖蕩婦人採之爲飾諺曰不戴金莖花不得入僊家

映山紅

本名山躑躅花類杜鵑稍大單瓣色淺若生滿山頂其年豐稔人競採之

鹿葱花

花儼蛺蝶三大圓瓣而三小尖瓣色葱藕色中心白地紅黃細點搖風弄影丰韻可人

萬苣花

俗名金盞花也色金黃細瓣攢簇肖盞當春初即開獨先諸花

金雀花

春初開黃花甚可愛儼狀飛雀且可采以滚湯着鹽焯過作茶供一品

薔薇花

有大紅粉紅二色喜屏結肥不可多恐生莠虫以煎銀店中爐灰撒之則虫盡斃正月初剪枝長尺餘扦

種

寶相花

花較薔薇朶大而千瓣塞心有大紅粉色二種

十姊妹

花小而一蓓十花故名其色自一蓓中分紅紫白淡紫四色或云色因開久而變有七朶一蓓者名七姊妹云

金沙羅

似薔薇而花單瓣色更紅艷奪目

黃薔薇

色蜜花大亦奇種也剪條扦種近廣於昔態嬌韻雅薔薇上品

金鉢盂

似沙羅而花小夾瓣如甌紅鮮可觀

間間紅

花似薔薇色紅瓣短葉差小於薇

羊躑躅

生諸山中花大如杯盞類萱色黃羊食生疾若痴

郁李花

有粉紅雪白二色俱千葉花甚可觀如紙剪簇成者子可入藥

玫瑰花

出燕中色黃花稍小於紫玫瑰種紫玫瑰多不久者緣人溺澆之即斃種以分根則茂本肥多悴黃亦如之紫者乾可作囊以糖霜同搗收藏謂之玫瑰醬各用俱可

麗春花

罌粟類也其花單瓣瓣常飛舞儼如蝶翅扇動亦草花中之妙品也

錦帶花

花間蓓蘂可愛形如小鈴色粉紅而嬌植之屏籬可折供玩

木香花

花開四月木香之種有三其最紫心白花香馥清潤高朶萬條望若香雪其青心白木香黃木香二種皆不及也亦以剪條插種不甚多活以條扱入土中一

毀塵泥伺月餘根長自本生枝外剪斷移栽可活

棣棠花

花若金黃一葉一蕋生甚延曼春深與薔薇同開可助一色

紫丁香花

木本花如細小丁香而瓣柔色紫蓓蕾而生接種俱可自是一種非瑞香別名

野薔薇花

色有雪白粉紅二種採花并茶蘼病痁食即愈

荼蘼花

大朶色白千瓣而香枝根多刺詩云開到荼蘼花事盡爲當春盡時開耳外有蜜色一種

纏絲花

花葉儼似玫瑰而色淺紫無香枝生 釘時至煮繭花盡開放亦以根分

結香花

花色鵝黃較瑞香稍長花開無葉花謝葉生枝極柔軟多以蟠結上盆

枳殼花

花細而香聞之破鬱結籬傍種之實可入藥

紅蕉花

種自東粵來者名美人蕉其花開若蓮而色紅若丹中心一朶曉生甘露其甜如蜜即常芭蕉亦開黃花至曉瓣中甘露如飴食之止渴

海桐花

花細白如丁香而嗅味甚惡遠觀可也

金錢花

出自外國梁時外國進花朶如錢亭亭可愛昔魚弘以此賭賽謂得花勝得錢可爲好之極矣

史君子花

花如海棠柔條可愛夏開一簇葩艷輕盈作架植之蔓延若錦

杜鵑花

有蜀中者佳謂之川鵑花內十數層色紅甚出四明者花可二三層色淡

凌霄花

蔓生花黃用以蟠綉大石似亦可觀花能墮胎

吉祥草花

吉祥草易生不拘水土中石上俱可種惟得水爲佳用以伴孤石靈芝清甚花紫蓓生然不易發如家居種之有花似云吉祥

眞珠蘭

眞珠蘭色紫蓓蕊如珠花開成穗其香甚穠以之蒸牙香棒香名曰蘭香者非此不可廣中極盛携至南方則不花矣

月季花

俗名月月紅凡花開後即去其蒂勿令長大則花隨發無已

秋牡丹

草本遍地延蔓葉肖牡丹花開淺紫黃心根生分種

練樹花

苦練發花如海棠一蓓數朶滿樹可觀

挂蘭

產浙之溫台山中巖壑深處懸根而生女人取之以竹爲絡挂之樹底不土而生花微黃肖蘭而細不可缺水時當取下水中浸濕又挂亦奇種也

淡竹花

花開二瓣色最青翠鄉人用綿收之貨作畫燈青色并砂綠等用

金燈花

花開一簇五朶金燈色紅銀燈色白皆蒲生分種

紫羅襴

草本色紫翠如蛾苃花秋深分本栽種四月發花可愛

四季花

花小葉細色白午開子落自三月開至九月其枝葉搗汁可治跌扑

剪秋羅

花有五種春夏秋冬羅以時名也春夏二羅色黃紅不佳獨秋冬紅深色美亦在春時分種喜肥則茂又一種色金黃美甚

含笑花

產廣東其花如蘭形色俱肖花開不滿若含笑然隨即凋落余初得自廣中僅高二尺許今作拱把之樹矣且不懼冬

罌粟花

花有千瓣五色虞美人瓣短而嬌滿園春夾瓣飛動春以子種

夾竹桃

花如桃葉如竹故名然惡濕而畏寒十月初宜置向陽處放之喜肥不可缺壅

玉簪花

春初移種肥土中則茂其花瓣拖麵入少糖霜煎食香清味淡可入清供紫者花小葉上黃綠間道喜水分種盆石栽之可玩

指甲花

生杭之諸山中花小如蜜色而香甚用山土移上盆中亦可供玩

梔子花

有三種有大花者結山梔甚賤有千葉者有福建矮樹梔子可愛高不盈尺

慈菰花

水中種之每窠花挺一枝上開數十朶色香俱無惟根至秋冬取食甚佳

鼓子花

花開如拳不放頂幔如缸鼓式色微藍可觀又可入藥

孩兒菊

花小而紫不甚美觀但其嫩頭挼軟置之髮中衣帶香可辟汗作氣

紫花兒

遍地叢生花紫可愛柔枝嫩葉摘可作蔬春時子種

夜合花

紅紋香淡者名百合蜜色而香濃日開夜合者名夜合分二種根可食一年一起去其最大者供食小者用肥土排之則春發如故

番山丹

有二種一名番山丹花大如碗瓣俱捲轉高可四五

尺一種花如殊砂本止盈尺茂者一榦兩三花朵更可觀也亦須每年八九月分種方盛

石竹花

石竹二種單瓣者名石竹千瓣者名洛陽花二種俱有雅趣亦須每年起根分種則茂

紅萱花

花開一穗十蕋蕚葉下垂色妍桃杏其葉瘦如蘆赤可觀也

戎葵 即蜀葵

出自西蜀其種類似不可曉地肥善灌花有五六十種奇態而色有紅紫白墨紫深淺桃紅茄紫雜色相間五月繁華莫過於此

紅麥

麥種花妙如剪子大於麥數倍色紅可愛

錢葵 即錦茄花

花葉如葵稍矮而叢生花大如錢止有粉間深紅一色開亦耐久

萱花

有三種單瓣者可食千瓣者食之殺人惟色如蜜者香清葉嫩可充高齋清供又可作蔬食之不可不多種也

山丹

花如朱紅外有黃色有白色花者二種稱奇亦在春時分種

蓼花

花開蓓蕾而細長二寸枝枝下垂色粉紅可觀惟水邊更多故俗名水紅花也花葉用以煎汁洗脚瘋癢良

金鳳花

金鳳花有重瓣單瓣紅白粉紅紫色淺紫如藍有白瓣上生紅點凝血俗名洒金六色

十樣錦

十樣錦枝頭亂葉有紅紫黃綠四色故名其雁來紅以雁來而色嬌紅老少年至秋深脚葉深紫而頂紅少年老頂黃而葉綠

鷄冠花

鷄冠有掃箒鷄冠有扇面鷄冠有紫白同蔕名二色鷄冠

金銀蓮

湖中甚多園林盆泥畜水種之但取二色重臺者可愛

纒枝牡丹

柔枝倚附而生花有牡丹態度甚小纒縛小屏花開爛然亦有雅趣

槿花

籬槿花之最惡者也其種外有千瓣白槿大如觴杯有大紅粉紅千瓣遠望可觀卽南海朱槿那提槿也且插種甚易

水木樨

花色如蜜香與木樨同味但草本耳亦在二月分種

秋葵花

色蜜心紫秋花朝暮傾陽此葵是也秋盡收子移種

白菱花

木本花如千瓣菱花葉同梔子一枝一花葉托花朵七八月開色白如玉可愛亦接種也

茗花

卽食茶之花色月白而黄心清香隱然瓶之高齋可爲清供佳品且蕋在枝條無不開遍

茶梅花

開十一月中正諸花凋謝之候花如鵝眼錢而色粉紅心黄開且耐久望之雅素無此則子月虛度矣

番椒

叢生白花子儼秃笔頭味辣色紅甚可觀子種

水仙花

有二種單瓣者名水仙千瓣者名玉玲瓏又以單瓣者名金盞銀臺因花性好水故名水仙單者葉短而香可愛用以盆種上几

瑞香花

有紫花名紫丁香有粉紅者名瑞香有白瑞香有綠葉黄邊者名金邊瑞香惟紫花葉厚者香甚

雪下紅

一種藤本生子顆珠大若芡實色紅如日累累下垂

積雪盈顆似更有致故名

野葡萄

生諸山中子細如小豆色紫倍藥而生狀若葡萄蟠之高樹懸挂可觀

錦荔枝

草本藤蔓種盆結縛成蓋生菓若荔枝少大色金紅肉甜可食

青珊瑚

產廣中結實如珊瑚鈎色青翠可玩

藝花譜終

藝菊

姑蘇黄省曾 著　張遂辰閲

一之貯土

凡藝菊擇肥地一方冬至之後以純糞瀼之候凍而乾取其土之浮鬆者置之場地之上再糞之收水之後乃收之於室中春分之後出而曬之日數次翻之去其蟲蟻及其草梗草梗不去則蒸而腐焉是生紅蟲生土蠶生蚯蚓爲菊之害土淨矣乃善藏之以待登盆之需登盆也俱用此土又以待加盆之需菊之登于盆也或遇三日以上之雨土實而根露則以土加而覆之一則蔽日之曝不枯其根一則收雨之澤不爛其根

二之留種

冬初而菊殘也一衰即并英葉而去其上莖其幹留五六寸焉或附於盆或出於盆理之圃之陽鬆土之內臘之月必濃糞澆之以就菊之性而耐於寒故土糞多則煖而不氷可以壯菊本可以禦隆寒可以潤澤而不至於枯燥

三之分秧

春分之後是分菊秧根多鬚而土中之莖黄白色者謂之老鬚少而純白者謂之嫩老可分嫩不可分分之於新鋤之鬆地不宜太肥肥則籠菊頭而不能長揆天之陰可分有日分之則枯乾而難活種之其宿土也盡去否則恐有蟲子之害旣秧於土矣以越席架而覆之毋令經日經月則難醒毎日晨灌之晚灌之天之陰不可傷於水秧心發芽矣可去其覆席先用半糞之水復用肥水灌之葉上不可以沾糞沾之則葉枯用河之水則純河之水用井之水則純井之水不可雜焉

四之登盆

立夏之候菊苗成矣可五六寸許是爲上盆之期將上盆也數日不可以澆灌使苗受勞而堅老則在盆可以耐日其起秧苗也掘根之土必廣而大少則露根而傷其本用臘前所瀼之土壅之其灌也視陰晴而爲增損使土壯而入根服盆而生葉則用肥水灌之久雨加臘土以浥之其種也根深則不耐水淺不

耐日隨土而稍深何也菊之根其生也句上故常覆土爲加

五之理緝

菊之尺許矣是宜理緝欲長也則去其旁枝欲短也則去其正枝花之孕視其種之大小而存之大者四五蘂焉次者七八蘂焉又次十餘蘂焉小者二十餘蘂焉惟甘菊寒菊獨梗而有千花不可去也

六之護養

菊稍長也竹而縛之毋令風之得搖雨之久也宜出水瓮內亦然菊傍之多蟻也則以鼈甲置於傍蟻必集焉移之遠所夏至之前後有蟲焉黑色而硬殼其名曰菊虎晴暖而飛出不出於巳午未之三時宜候而除之菊之爲菊虎所傷也傷之處仍手微摘之穢去其牙蟲毒可以免秋後之生蟲如虎之多也必多栽易壯盛之菊於圃之周菊有香焉蟻上而蠹之則生蟲蟲長而蟻又食之則菊龍頭而不長其蟲之狀如白虱以棕線作帚而刷之扇以承之揮之於遠所秋後而不見蟲也宜認蟲跡是乃象幹之蟲其色與幹無殊也生於葉底上半月在於葉根之上幹下半月在於葉根之下幹或破幹取之以紙撚縛之常以水而潤其紙條花乃無恙或用鐵線磨爲邪鋒之小刀上半月於蛀眼向上而搜蟲下半月在蛀眼向下而搜蟲有菊牛焉沿之則萎種臺葱則可以辟麻雀愛取菊之葉而爲巢取之則萎四之月雀乃爲巢時宜慎也

蘭譜

古杭高濂著　錢敬臣校閱

敘蘭容質第一

陳夢良　色紫每幹十二萼花頭極大爲衆花之冠至若朝暉微照曉露暗濕則灼然騰秀亭然露奇斂肩傍幹團圓四向婉媚嬌綽竚立凝思如不勝情花三片尾如帶微青葉三尺頗覺弱黯然而綠背雖似劒脊至尾稜則軟薄斜撒粒許帶緇最爲難種故人希得其眞

吳蘭　色深紫有十五萼幹紫英紅得所養則岐而生至有二十萼花頭差大色映人目如翔鸞翥鳳千態萬狀葉則高大剛毅勁節蒼然可愛

潘花　色深紫有十五萼幹紫圓匝齊整疎密得宜疎不露幹密不簇枝綽約作態窈窕遲姿眞所謂艷中之艷花中之花也視之愈久愈見精神使人不能捨去花中近心所色如吳紫艷麗過於衆花葉則差小於吳峭眞雄健衆莫能及其色特深

僊霞　乃潘氏西山於僊霞嶺得之故更以爲名

趙十四　色紫有十五萼初萌甚紅開時若晚霞燦日色更晶明葉深紅者合於沙土則勁直肥聳超出羣品亦云趙師博蓋其名也

何蘭　紫色中紅有十四萼花頭倒壓亦不甚綠

品外之奇

金稜邊　色深紫有十二萼出於長泰陳家色如吳花片則差小幹亦如之葉亦勁健所可貴者葉自尖處分二邊各一線許直下至葉中處色映日如金線其家寶之猶未廣也

白蘭甲

濟老　色白有十二萼標致不凡如淡粧西子素裳縞衣不染一塵葉似施花更能高一二寸得所養則岐而生亦號一線紅

竈山　有十五萼色碧玉花枝開體肩條美顒顒昂昂雅特閑麗眞蘭中之魁品也每生並蔕花幹最碧葉綠而瘦薄開生子蔕如苦生菜葉相似俗呼爲綠衣郎

黃殿講　號爲碧玉幹西施花色微黃有十五萼合

并幹而生計二十五蕚或迸於根美則美矣毋根一
萎葉朶朶不起細葉最綠肥厚花頭似開不開幹雖
高而實瘦葉雖勁而實柔亦花中之上品也
李通判　色白十五蕚峭特雅淡追風浥露如泣如
訴人愛之或類鄭花則減一頭地位
葉大施　花鈞春最長眞花中之上品惜乎不甚勁
直
惠知客　色白有十五蕚賦質清癯團簇齊整或向
背嬌柔瘦潤花英淡紫片尾凝黃葉雖綠茂細而觀
之但疏柔弱
馬大同　色碧而綠有十二蕚花頭微大間有向上
者中多紅暈葉則高聳蒼然肥厚花幹勁直及其葉
之半亦名五暈絲上品之下
鄭少舉　色白有十四蕚瑩然孤潔極爲可愛葉則
修長而瘦散亂所謂蓬頭少舉也亦有數種只是花
有多少葉有軟硬之別白花中能生者無出於此其
花之資質可愛爲百花之魁芷者
黃八兄　色白有十二蕚善於抽幹頗似鄭花惜乎

幹弱不能支持葉綠而直
周染花　色白十二蕚與鄭花無異但幹短弱耳
夕陽紅　花八蕚花片凝尖色則凝紅如夕陽返照
觀堂主　花白有七蕚花聚如簇葉不甚高可供婦
女時妝
名弟　色白有五六蕚花似鄭葉最柔軟如新長葉
則舊葉隨換人多不種
弱脚　只是獨頭蘭色綠花大如鷹爪一幹一花高
二三寸葉瘦長二三尺入臘方花薰馥可愛而香有
餘
魚鮀蘭　十二蕚花片澄澈宛如魚魫采而沉之水
中無影可指葉頗勁綠此白蘭之奇品也

品蘭高下第二

余嘗謂天下凡幾山川而支派源委於人迹所不至
之地其間山砌石罅斜谷幽竇又不知其幾何多邁
古之脩竹喬之危木雲烟覆護溪澗盤旋萬蘿蔽道
陽暉不燭冷然泉聲磊乎萬狀崑圯之異則所產之
多人賤之蔑如也倏然輕采於樵牧之手而見駭然

識者從而得之則必攜持登高岡涉長途欣然不憚其勞中心之所好者不能以集凝而置之也其地近城百里淺小去處亦有數品可取何必求諸深山窮谷毎論及此往往啓識者雖有不避之誚毋乃地迥而氣殊葉萎而花羸或不能得培植之三昧者耶是故花有深紫有淺紫有深紅有淺紅與夫黃白綠碧魚魫金稜邊等品是必各因其地氣之所種而然意亦隨其本質而產之耶抑其皇穹儲精景星慶雲隨光遇物而流形者也噫萬物之殊亦天地造化施生之功豈予可得而輕議哉切嘗私合品第而數之以謂花有多寡葉有強弱此固其因所賦而然也苟惟人力不到則多者從而寡之弱者又從而弱之使夫人何以知蘭之高下其不誤人者幾希鳴呼蘭不能則有淡然之性在況人均一心心均一見眼力所至非可誣也故紫花以陳夢良爲甲吳潘爲上品中品則趙十使何蘭大張青蒲統領陳八斜淳監糧下品則許景初石門紅小張青蕭仲和何首座林仲孔莊觀成外則金稜邊爲紫花奇品之冠也白花則濟老竈山施花李通判惠知客馬大同爲上品所謂鄭少舉黃八兄周染爲次下品夕陽紅雲嶠朱花觀堂主青蒲名弟弱脚王小娘者也趙花又爲品外之奇

天下養愛第三

天不言而四時行百物生者何蓋歲分四時生六氣合四時而言之則二十四氣以成其歲功故凡穹壤者皆物也不以草木之微昆虫之細而必欲各遂其性者則在乎人因以氣候而生全之者也被動植者非其恩乎及草木者非其人乎斧斤以時入山林數罟不入汚池又非其能全之者乎夫春爲青帝回馭陽氣風和日暖蟄雷一震而土脉融暢萬類萌生其氣則有不可得而掩者是以聖人之仁則順天地以養萬物必欲使萬物得遂其本性而後已故爲臺太高則衝陽太低則隱風前宜面南後宜背北蓋欲通南薰而障北吹也地不必曠曠則有日亦不可狹狹則蔽氣右宜近林左宜近野欲引東日而蔽西陽夏遇炎烈則蔭之冬逢沍寒則曝之下沙欲疏疏則連雨不能淫上沙欲濡濡則酷日不能燥至於插引葉

之架平護根之沙防蚯蚓之傷禁螻蟻之穴去其莠艸除其絲網助其新篦剪其敗葉此則愛養之法也其餘一切窠虫族類皆能蠹害並可除之所以封植灌溉之法詳載于後

堅性封植第四

草木之生長亦猶人焉何則人亦天地之物耳間居暇日優游逸預飲善得宜以蘭而言之且一盆盈滿自非六七載莫能至此皆由夫愛養之念不替灌溉之功愈久故根與壤合然後森鬱雄健敷暢繁麗其

葉葱有得於自然而然者合焉欲分而拆之是裂其根荄易其沙土況或灌溉之失時愛養之乖宜又何異於人之饑飽則燥濕于之邪氣乘間入其榮衛則不免侵損所謂向之寒暑適宜肥瘦得時者此豈一朝一夕之所能仍舊者也故必於寒露之後立冬以前而分之葢取萬物得歸根之時而其葉則蒼根則老故也或者於此時分一盆吳蘭杏其盆之端正則不忍擊碎因剔出而根已傷暨三年培植尤至囷培于今深以爲戒欲分其蘭而須用碎其盆務在輕手擊之亦須緩緩解拆其交互之根勿使有拔斷之失然後逐篦蘂取出積年腐蘆頭只存三季者每三篦作一盆盆底先用沙土塡之卽以三篦蘂互相枕藉使新篦在外作三方向却隨其花之好肥瘦沙土從而種之盆面則以少許瘦沙覆之以新汲水一勺以定其根更有收沙曬之法此乃又分蘭之至要者尚預於未分前半月取土篩去瓦礫之類曝令乾燥或欲適肥則宜於淤泥沙可用使糞夾和曬之俟乾或復濕如此十度視其極燥更須篩過隨意用蓋沙乃

久年流聚雜居陰濕之地而蘭之驟爾分折失性假以陽物助之則來年蘂篦自長爾與舊葉比肩此其効也夫苟不知收曬之宜用彼積拚之沙或榫披曝必至羸弱而黃葉者有之篦之不發者有之積有日月不知體察其失愈甚俟其已覺方始滌根易沙加意調護冀其能復不亦後乎抑又知其果能復焉如其稍可全活有幾何時後而獲遂木質邪故爲深奈惜之因併爲之言曰與其於既損之根而欲復全生意寧若於未分之前而必欲全其生意豈不省力哉

灌溉得宜第五

夫蘭自沙土出者各有品類然亦因其土地之宜而生長之故地有肥瘦或沙黃土赤而春有居山之巔山之岡或近水或附石各宜而産之要在度其本性何如爾不可不謂其無肥瘦也苟性不能別曰何者當肥何者當瘦强出已見混而肥之則好膏腴者因得所養之法花則轉而繁葉則雄而健所謂好瘦者不因肥而腐敗吾未之信也一陽生于子荄甲潛萌我則注而灌溉之使蘊諸中者稍獲强壯迨夫萌芽

迸沙高未及寸許從便灌之則戢然而卓簪暨南薰之時長養萬物又從而漬潤之則修然而高鬱然而蒼若者精於感遇者也七八月之交驕陽方熾根葉失水欲老而黃此時當以濯魚肉水或穢腐水澆之過時之外合用之物隨宜澆注使之暢茂亦以防秋風肅殺之患故其葉弱拳拳然抽至出冬至而極夫人分蘭之次年不發花者蓋恐泄其氣則葉不長爾凡善於養花切須愛其葉葉聳則不慮其花不發也

吾杭山中多蘭每春秋挑藤束一市爲香因輯諸

種蘭訣

武林李奎著　　邵國錡校閱

分種法

分種蘭蕙須至九月節氣方可分栽十月時候花已胎朶不可分種若見雪霜大寒猶不可分栽否必損花

栽花法

花盆先以麄碗或麄碟覆之於盆底次用桴炭鋪一層了然後却用肥泥薄鋪炭上栽之摻泥擁根如法栽時不可以手捺實否則根不舒暢葉不長發花亦不繁茂矣乾濕依時用水澆灌

安頓澆灌法

春二三月無霜雪安放花盆在露天四面皆得澆水日曬不妨逢十分大雨恐墜其葉則以小繩束起如連三四日須移避暑通風處四月至八月須用疎密得所篾籃擁護容見日氣最要通風

梅天忽逢大雨須移花盆向背日處若逢大雨過又逢日晒盆内熱水則溢害葉亦損根花開時若枝上花蕊多候開次有本開一兩蕊頭便可剪去若留開盡則奪了來年花信

九月看花乾處用水澆灌則不可濕而又怕濕或用肥水培灌一兩番不妨冬十月十一月十二月及正月不澆不妨最怕霜雪須用篛籃擁護安頓朝陽有日照處南窓簷下極美花盆畢竟兩三月一番旋轉取其日晒均勻則開時四面皆有花若晒一面則一處有之

澆水法

用河水或池塘水或積留雨水最佳其次用溪澗水切不可用井水大抵井水性陰恐致凍損澆時須於田畔勻灌不可從上澆下恐壞其葉也四月若有梅雨不必澆若無雨澆五月至須是早起五更日未出時澆一番至晚黄昏澆一番又須看花乾濕則不必澆十分澆恐爛根

種花肥泥法

栽蘭用泥不管四時收蕨菜草待枯於空地鋪放以山泥薄覆草上復再鋪草於泥上又將泥覆如此相

間三四次則發火煨之却用糞入前土稍乾又以糞澆入如此又數次安放閒處聽栽時用或用拾舊草鞋積浸水糞中日久拌黃泥燒過又用大糞燒於空地儘令雨擲日照兩三月過收起聽栽亦佳

去除蟣蝨法

肥水澆花必有蟣蝨在葉底恐壞葉則損花如生此虫即研大蒜和水以白筆蘸拂洗葉上乾淨其虫自無

雜法

盆下有竅不可着泥地安頓恐蚯蚓從孔中潛入損傷花根蟻穴亦忌猶須防之

盆須架起底令風從底入以得透氣爲佳又免蚯蚓螻虫之患

蘭之壯者有二三十蕚弱者只有五六蕚或種時無肥泥故也必須及時換泥如法栽過以獲茂盛耳

欲分植須交過九月節氣始可如遲至十月中又非其節也分時須度其根之易分不可不察其交互甚者橫擗折之非惟分種不盛抑亦斷送其天年也

尋常盆面併實則用竹片挑剔泥鬆又不可擦損了根

葉紫紅恐因受霜打以致耳急須移向南簷背霜雪處安頓則仍復自消

葉黃惟用苦茶澆之最忌春雪一點着葉則一葉斃矣可將雞鵞燖湯用缸盛貯待其作臭去毛澆之或以皮屑浸水或以洗魚腥水澆之絕妙

培蘭四戒

春不出宜避春之風雪夏不日避炎日之銷爍秋不乾宜常澆之冬不濕宜藏之地中不當見水成冰

種蘭訣終

種樹書

吳郡俞宗本輯　屠本畯閲

正月　九焦在辰　天火在子
地火在巳

元旦鷄鳴以火照桑果無蟲、辰日將斧駁斫樹則結子不落、此月栽樹爲上時、以甎石放李樹岐枝多結子、凡栽果上半月栽者多結子、南風火日不可栽、下茄瓜天蘿子薏苡仁諸般花草扦楊柳木香長春佛見笑薔薇石榴梔子種松桑榆柳棗葱葵韭麻椒牛蒡子竹宜初二日種樹木宜上旬、木綿花苦蕒山藥冬瓜接諸般花果宜三十日、移諸般花果樹已上凡種時並忌南風火日　壠瓜地、移桑樹高樹白桑宜山岡地土墻邊籬畔種之五月收桑椹以水淘取畧淨後或畦種之至冬間燒去稍明年分開再種一年後可移若是矮短青桑宜水鄉田土水畔種於正二月用木鈎攀枝着地以土壓之明年正月便可截斷種每年兩次用糞或蚕沙添肥土宜常鋤去草根動浮根樹下宜種蔬菜依時修則葉茂削去樹底小者死枝條開根用糞木培壅與十

二月同此月上旬不修理則葉生遲而薄、種葦取爛穀禾截斷理於水地圍草蓋常以米泔澆之則生宜用丁開日采、鋤云麥宜用此月、過此則失時秧芋用巳熟過糞灰審排就生芽　栽葱韭薤大蒜曬乾疎行審排用鷄糞蓋　修果木去低小亂枝條勿令分力

二月　九焦在丑　天火在卯
地火在午

此月丙申埋諸般樹條則活　下麻子山藥　扦芙蓉石榴木槿　種槐茶莧薤木瓜桐樹決明百合胡麻子黃精竹茄瓜枸杞萱草蒼朮鳳仙芭蕉地栗萵苣茨菇生菜芋宜雨後葫芭王瓜冬瓜　分葡　下蘿蔔　烏頭豌豆茸蕨茱萸　移玉簪石菊山茶山丹桃李梅棗柑柿諸般花木俱忌南風火日　舒葡萄上架　解樹上裹縛　種椒候椒十分熟揀大者陰乾收子不要手捻包裹地內來年此月初種或當時種濕潤地內以破草薦蓋上用泥宜常潤候生出芽去薦棚逐枝分開以次年多種所厄屑麻餅糞灰歆斜種之二年換嫩條方結實蛇來喫椒宜種白芷

或以髮纏樹根種生菜亦得　種茶宜斜坡陰地走水處用糠與焦土種每一圈用六七十粒土厚一寸出時不要耘草用米泔水井尿糞常澆或蠶沙壅之三年後採取　壓桑條濕土壓者條爛燥土壓之易生根　月內三卯有則宜豆無則宜早禾

三月　九焦在戌　地火在未　天火在午

種菜豆早豆山藥王瓜早芝麻匏瓠胡蘆梔子地黃藍青絲瓜甜瓜　匾豆　芋　紫蘇　黃獨荸薺木棉麻子菱　移椒茄秧芍藥百合剪金芰白枸杞蒲

梔子帶花移則活梅雨宜扦接梅杏下豇豆　收薺菜花月內三卯有則宜豆無則宜麥禾

四月　九焦在木　地火在申　天火在酉

此月伐木不蛀　下芝麻　種夏蘿蔔耘菜椒菘大豆紫蘇晚王瓜葵連莢豆白莧　枇杷　荷根　蘇

五月　九焦在卯　地火在酉　天火在子

扦梔子茶蘼木香　收蘿蔔子蠶豆葱子

下夏菘菜　種晚大豆菖蒲晚　豆香菜桃杏梅核

種竹　斬桑　收菜子大蒜紅花槐花小麥藍青蒼耳鷺粟蘿蔔子苧麻收蚕種　浸蚕種　月內三卯有則宜大小豆無則宜種早豆

六月　九焦在子　地火在戌　天火在卯

種小蒜冬葱胡蘆早蘿蔔　晚越瓜　油麻　夏菘菜　收椒紫蘇斫苧麻　澆茸蔗柑橘橙　鋤竹園地苧麻地

七月　九焦在酉　地火在亥　天火在午

種小蒜葱蒿菜蘿蔔赤豆薑蔓菁早菜　蕎麥胡蘿蔔菠菜　收藏椒紫蘇瓜芙蓉葉

八月　九焦在午　地火在子　天火在酉

種大蒜鷺粟寒豆生菜苦蕒苧麻諸般菜葱子大麥牡丹芍藥韭子麗春紅花椒諸色菜子　移早梅木犀橙橘枇杷木香　分牡丹芍藥根并諸色花窠

鋤竹園地

九月　九焦在寅　地火在丑　天火在卯

種椒茱萸地黃蠶豆栟蒜芥菜藏矮黃菜　移山茶臘梅雜果木

十月　九焦在亥　地火在寅　天火在卯

種大小豆春菜生菜蘿蔔諸色菜　接花果　壓桑條澆灌花木　收茶子山藥子桑葉芋頭冬瓜

十一月　九焦在申　地火在卯　天火在午

種小麥油菜萵苣桑蘿蔔種　移松柏檜接木夾籬澆菜伐竹木收藏　窖芙蓉條

十二月　九焦在巳　地火在辰　天火在酉

種菊松花樹桑大麥　扦柳　壓桑條壓果樹　添桑土　墩牡丹皮　浴蚕種

種樹方

凡種五穀用成收滿平定日為佳小豆忌卯稻麻忌辰禾忌丙黍忌丑秫忌寅未小麥忌戌大麥忌子大豆忌申凡九穀不避忌日種之多傷敗　種諸豆子油麻大麻等若不及時去草必為草所蠹耗雖結實亦不多諺云麻耘地豆耗花麻須初生時耘豆雖開花亦可耘　種菉豆地宜瘦　臘日種麥及豆來年必熟麥麥苗盛時須使人縱牧於其間□□令稍實則其收倍多麥屬陽故宜乾原稻屬陰故宜水澤小麥不過冬大麥不過年　麥最宜雪諺云冬無雪麥不結　種麥之法土欲細溝欲深耙欲輕撒欲勻晒麥之法宜烈日之中乘熱而收仍用蒼耳葉或麻葉碎雜其中則免化蛾

桑

穀樹上接桑其葉肥大桑上接梨脆美而甘撒子種桑不若壓條而分根莖　雞脚桑葉花而薄得繭薄而絲少　白桑葉大如掌而厚得繭厚而堅絲每倍常桑葉生黃衣而皺者號曰金桑非特蚕不食而木亦將稿矣　先椹而後葉者葉必少　浙間植桑斬

其葉而植之謂之稼桑却以螺殼覆其頂恐梅雨侵損其皮故也二年即盛　常以三月三日雨卜桑葉之貴賤諺云雨打石頭徧桑葉三錢片或曰四日尤甚杭州人云三日尚可四日殺我言四日雨尤貴養蚕法收取種繭必取居簇中者近上則絲薄近下則子不生按五行書曰欲知蚕善惡常三月三日天陰而無日不雨蚕大善蚕繭腰小者雄蛾大者雌蛾鷄鴨卵圓者雄尖雌　午日不得鋤桑園　有柘蚕食柘而早繭　葉濕不可飼蚕雨中採至必拭令

乾恐有傷也

竹

冬至前後各半月不可種植蓋天地閉塞而成冬種之必死　種時斬去梢仍爲架扶之使根不搖易活又法三兩竿作一本移蓋其根自相持則尤易活也或云不須斬梢只作兩重架尤妙　種竹處當積土令稍高於傍地二三尺則雨潦不侵振錢唐人謂之竹脚　竹有花輒稿死結實如稗謂之竹米一竿如此則久之滿林皆然其治法於初米時擇一竿稍大

者截去近根三尺許通其節以糞之則止　竹林中有樹切勿去之蓋竹爲樹枝所礙雖風雪不復敧斜筀竹根多穿害堦切惟聚皂莢刺埋土中障之根則不過栽油麻萁尤妙　凡種竹正二月劚取西南根於東北角種其鞭自然行西南蓋竹性向西南行也諺云東家種竹西家種地若得死猫埋其下其竹尤盛種竹有醉日即五月十三日也齊民要術謂之竹醉日岳州風土記謂之龍生日移竹栽宜用此日或陰雨土虛則鞭行明年笋莖交出　種竹以五月十三日爲上是日遇雨尤佳或曰不必五月但每月二十日皆可又一云正月一日二月二日三月三日皆可種無不活者每月倣此　種竹若用鋤頭打實土則笋生遲　種竹不去條則林外向陽者三二年間便有大竹諺云栽竹無時雨過便移多留宿土切記南枝如要不間年不出笋用本命日於正月一日二月二日也　種竹不拘四時凡遇雨皆可若遇火日及西南風則不可花木亦然移時須是根塚大維以草繩仍向背不致其舊爲佳　大率種竹須向北蓋

根無不向南也仍須土鬆厚種不用增土於窠株之上乃佳苕溪忘懷錄之法尤妙種竹須將竹母斬去只留四五尺仍斜植之又云種竹須闊掘溝用壟糠和泥抱根然後用淨土傳其上或鋪少大麥於其中令竹根着麥上以土蓋之其根易行　志林云竹有雌雄雌者多笋故種竹半擇雌者物不逃於陰陽可不信歟凡欲識雌雄當自根上第一枝觀之雙枝是雌即出笋若獨枝者是雄　種竹法擇大竹就根上去三四寸許截斷之去其上不用只以竹根栽處打

通節實以硫黃末顛倒種之第一年生一竹隨即去之次年亦去之至第三年生竹其大如所種者　種竹用舊茅茨夾土則竹根尋地脉而生竹有六十年數便生花　竹以三伏内及臘月砍者不蛀　竹留三去四蓋三年留四年者伐去　月菴種竹法先鋤其地深三尺濶一尺五寸將馬糞乾者和細泥并土填一尺高令人於其上踏熟或無馬糞以礱糠代之夏月令稀冬月令稠然後種竹須三四莖作一叢者淺栽爲佳上多用河泥盆之斫去竹稍裴深地廣宜

種筆竹亭檻間宜種筋竹至次年八月方可去篠竹

禁中種竹一二年間無不茂盛園子云初無他術只有八字疎密種淺種深種謂三四地方種一棵欲其地虛行鞭密種謂種雖疎每窠却種四五竿欲其根密淺種謂其種時不甚深深種謂種時雖淺却用河泥壅之　宋子京種竹詩云除地墻陰植翠筠疎枝茂葉與時新賴逢醉日元無損政是得全於醉人種植家云五月十三日號竹醉日栽之無不茂盛又云用辰日山谷所謂根雖辰日劚笋看上番成又曰宜用臘日杜少陵詩東林竹影薄臘月更宜栽然臘月之說大謬見石林錄話　竹之滋澤春發於枝葉夏藏於幹冬歸於根如冬伐竹經日一裂自首至尾不得全盛夏伐之最佳但於林有損夏伐竹則根色而鞭皆爛然要好林非盛夏伐之不可七八月尚可自此滋澤歸根而不中用矣如要竹不蛀取五月以前仍用血忌日但此用和前竹不生皆根爛秋分後春分前皆可移竹木　竹與菊根皆長向上添泥覆之爲佳又七月間移竹無不活者

木

凡木皆有雌雄雄者多不實可鑿作方寸穴取雌木填之乃實凡木檮麻餅雜糞灰壅之則枝葉茂　冬青樹凋瘁以猪糞壅之則茂一說猪溺灌之　凡木旱晚以水沃其上以唧筒唧水其上　移樹木用穀調泥漿水於根下日沃水無不活者　插杉枝用驚蟄前後五日斬新枝鋤開根入枝下泥杵緊視天陰則插插了遇雨十分無雨即有分數　草木羊食者不長　栽松時去松中大根唯留四傍鬚根則無不

倔淼一年之計種之以竹十年之計種之以水　凡
移樹不要傷根鬚須濶埰不可去土恐傷根諺云移
樹無時莫教樹知　松必用春後社前帶土栽培百
株百活舍此時決無生理也　春分後勿種松秋分
後方宜種不獨爲然　種松法大槩與竹同只要根
實不令動搖自然活今移樹者以小牌記取南枝不
若先鑿窟沃水澆泥方栽築令實不可踏仍多以木
扶之恐風搖動其顛則根搖雖尺許之木亦不活根
不搖雖大可活更莖上無使枝葉繁則不招風　種

一切樹大枝向南栽亦向南　凡樹要移當三年一
樹得拙而枯然未可一槩論若以桂爲丁在下釘則
枯在上礎則茂　順插爲柳倒插爲楊　木自南而
北多枯寒而不枯只於臘月去根旁土麥穰厚覆之
然火深培如故則不過一二年皆結實若歲用此法
則南北不殊猶人炷艾耳　種木無時戴毛虫於根
下皮以甘草末擦之亦佳　種水揚須先用木椿釘
穴方入楊庶不損皮易長臘月二十四日種楊樹不
生蟲　斫松樹五更初斫倒便削去皮則無白蟻猶

須擇血忌日以斧敲之云今日血忌則白蟻自出
黃梔子候其大時摘青者晒收至黃熟則消化水矣
元日天未明將火把於園中白樹上從頭用水燎
過可免百蟲食葉之患　貧婆樹冬花夏子　種桑
取椹子水淘淨晒乾熟耕地畦種種柳取青嫩枝條
如臂大長六七尺燒下二三寸埋二尺以上　種青
桐九月收子二三月作畦種之治畦下水

花

花木旺於春旺於秋　凡接牡丹須令人看親之如

一接活者逐歲有花如初接不活削去再接只當年
有花牡丹花上穴如針孔乃蟲所藏處花工謂之氣
倉以大針點硫黃末針之蟲乃死或以百部草塞之
牡丹千葉者蜀人號爲京花謂洛陽種也單葉者只
號爲川花又曰山丹又曰山花　菜園中間種牡丹
芍藥最茂　牡丹芍藥不可置木𣚥中不耐久須要
避風處　海棠花欲其鮮而盛於冬至日早以糖水
澆根下　立春若是子日於茄根上接牡丹花不出
一月即爛熳　初春掘藕節藕頭着泥中種之當年

着花　以蓮葯投靛瓮中經年移種發碧花　種蓮
須先以羊糞壅地於立夏前雨三日種當年便着花
又法用五月二十日移深種蓮柄長者以竹杖揷之
無不活者　種藕以酒糟塗之則盛　月桂花葉常
若蟲食者以魚腥水澆之乃止　李贊皇花木記云
凡草木以海爲名者悉從海外來如海棠之類是也
　瑞香花惡濕日不得頻沃以水宜用小便可殺蚯
蚓或從花脚澆之則葉綠又用梳頭垢膩根上有月
色即覆之　雞糞壅茉莉則盛壅百合則甚滋生

用燖猪湯澆茉莉素馨花則肥　催花法用馬糞浸
水前一日澆之三四日方開者次日盡開　木犀接
石榴開花必紅　花木接者移種須令接頭在土外
　灌溉花木各自不同木樨當用猪糞瑞香當用燖
猪湯葡萄當用米泔水肉汁尤妙花木有不宜用糞
穢者甚多尤宜審問用之非其宜立槁　園圃中四
旁宜種決明草蛇不敢入　凡接花木雖已接活內
有脂力未全包生接頭處切要愛護如梅雨浸其皮
必不活　濯洗布衣灰汁澆瑞香必能去蚯蚓且肥

花以瑞香根甜灰汁則蚯蚓不食而衣垢又自肥也
　芙蓉未開隔夜以靛水調紙蘸花蕊上以紙裹蕊
口花開成碧色花五色皆可染　黃白二菊各披去
一邊皮用麻皮扎合其花半黃白　棘能辟霜花果
以棘園中即茂　罌粟九月九日及中秋夜種之花
必大子必滿　凡種花木須冬至後立春前所直接
有鶴膝如大拇指者長二尺許扎于芋魁中搖令寬
調泥漿細切生忌一束攪於泥中以細土覆之勿令
實當有花次年結實　牡丹着蕊如彈子大時試檢

十朵中必有三兩朵不實者去之庶不奪他花力
凡種好花木其旁須種葱薤之類庶麝香觸也　種
花藥處栽數株蒜遇麝香則不損　種蘭蕙忌洒水
　凡種花欲得花多須用肥土秋冬間壅根春來着
花自然盛以猪糞和土令發熱爲肥土木犀葉有齒
如鋸其紋亦麁澀者乃香有一等葉光澤者殊無香
也又有一等花極白者亦無香蘭亦如之　冬間花
瓶多凍破以爐灰置瓶中則不凍或用硫黃置瓶內
亦得　芍藥牡丹摘下燒其柄揷瓶中後用其柄以

蛛封之尤妙　苦楝樹上接梅花則成墨梅　海棠候花謝結子剪去來年花盛無葉　凡花木有直根一條謂之命根趂小栽時便盤了或以磚石承之勿令生下則他日易移　凡花皆宜春種惟牡丹宜秋社前後種接　種水仙詩訣云六月不在土七月不在房栽向東籬下花開朶朶香　張約齋種花法注云春分和氣盡接不得夏至陽氣盛種不得立春正月中旬宜接櫻桃木樨徘徊黃薔薇正月下旬宜接桃梅杏李半支紅臘梅梨棗栗柿楊柳紫薔薇二月上旬可接紫笑綿橙匾橘巳上種接並於十二月間沃以糞壤兩至春時花果自然結實立秋後可接林檎川海棠黃海棠寒球轉身紅覩家棠梨葉海棠南海棠以上接法並要時將頭與木身皮對皮骨對骨用麻皮緊紮纏上用箬葉寬覆之如萌出相長即撤去箬葉無有不盛也

果

栗採時要得披殘明年其枝葉茲茂　桃樹接李枝則紅而甘　柿樹接桃枝則爲金桃　李樹接桃枝則爲桃李　桃實自乾不落者名桃梟　南方柑橘雖多然亦畏霜不甚收惟洞庭霜雖多無所損橘最佳歲收不耗正謂此焉以死鼠浸溺缸內候鼠浮取埋橘樹根下次年必盛涅槃經云如橘得鼠其果子多　柑樹爲蟲所食取蟻窠於其上則蟲自去　桃李銀杏栽帶子向上個個生向下者少　葡萄欲其肉實當栽於棗樹之旁於春鑽棗樹上作竅子引葡萄枝入竅中透出至二三年其枝既長大塞滿樹竅便可斫去葡萄根託棗根以生便得肉實如棗北地皆如此法種　銀杏樹有雌雄雄者有三稜雌者有二稜合二者種之或在池邊能結子而茂葢臨池照影亦生也　果樹有蠹出者以芫花納孔中即或納百部葉　鑿果樹納少鍾乳粉則子多且美又樹老以鍾乳末和泥於根上揭去皮抹之復茂　凡接矮果及花用好黃泥晒乾篩過以小便浸之又晒乾篩過再浸之凡十餘度以泥封樹皮用竹筒破兩半封裹之則根立生次年斷其皮截根栽之　桑上接梅梅則不酸　桑上接梨則脆而甘　果實異常者根

下必有毒蛇切不可食　果木有蟲蠹處以杉木削小丁塞之其蟲立死　生人髮挂樹上烏不敢食其實　凡種樹宜在望前在望後少實　接樹須取向南隔下者接之則着子多　花果樹如曾經孝子及孕婦手折則數年不着花或不甚結子　果子先被人盜喫一枚飛禽便來喫　凡果木未全熟時摘若熟了即抽過筋脉來歲必不盛　果實凡經數次接者核小但其核不可種耳　河陰石榴名三十八者其中只有三十八粒子　橄欖將熟以竹釘釘之或納少許鹽於皮下其實盡落　甜瓜生者以鰲魚骨插頂上則蒂落而易熟　柿子接及三次則全無核　桃樹過春以刀疎斫之則穰出而不蛀　桃實大繁則多墜以刀橫斫其幹數下乃止社日令人舂桃樹下則結實牢凡果不牢者宜社日舂其根　三月上旬斫取果木好直枝如大拇指大長五寸許納芋魁中種之或大蔓菁根亦可用勝種核者種核三四年乃如此大耳　桃李蛀者以煮猪頭汁冷澆之即不蛀　桃者五行之精制百鬼謂之仙木　凡果實初熟用雙手摘則年年生果見麝香熏則花不結子　種茸蔴必用猪毛和土長梅樹接桃則脆桃樹接杏則大　桃熟時墻面暖處寬深爲坑收濕牛糞納坑中收好桃核十數枚尖頭向上坑中糞土蓋厚一尺深春芽生和土移種之　果樹生小青蟲虰蜻蛉挂樹自無　凡樹木當元日日未出時以斧斑駁椎折棗李等樹謂之嫁樹　種石榴取直枝如脚指大斬一尺長八九條共爲一科燒二頭二寸作坑深一尺條中徑一尺豎枝坑畔圍布令勻置枯骨姜石於枝間下土令實一重骨石一重土出枝頭一寸水澆即生又以骨石置枝間即茂杏熟時合肉納糞中至春既生則移栽實地既移不得便移　移大梅樹去其枝梢大其根盤沃以溝泥無不活者　生龍眼沸湯內淖過食之不動脾　柿子尚生煞之即熟　凡果須候肉爛和核種之否則不類其種　柑橘橙等於根棘上接者易活　林檎蛀以鐵線尋竅內鑽刺用百部杉木釘塞之如生毛蟲以魚腥水潑根活埋蚕蛾於地下

菜

茄子開花時取葉布過路以灰圍之結子加倍謂之嫁茄 種香菜常以洗魚水澆之則香而茂 種茄子時初見根處擘開納硫一星以泥培之結子倍多其大如盞味甘而益人 菠薐過月朔乃生今月初一二間種於二十七八間種者皆過來月初一乃生驗之信然菠薐國菜 生菜種之不拘時纔盡即下種亦便出諺云生菜不離園以不時而出也 香菜與土龍胎不得用糞澆澆則不香只以溝泥水米泔汁澆之佳 茭白根逐年移動生者不灰 枸杞可以插種 種枸杞法秋冬間收子於水盆中挼取曝乾春熟地作畦畦中去五寸土勾作壟壟中縛草稕如臂長與壟等即以泥塗草稕上以枸杞子布於泥上以細土蓋令遍又以爛牛糞一重又以土一重令畦平待苗出水澆堪喫便剪 冬瓜正月晦日傷牆匾種之圓三寸深五寸着糞種之 種韭之畦欲深下水和糞初歲惟一剪每剪即加糞惟深其畦爲容糞也 茄着五葉因雨栽之 種蘿蔔宜沙壖地

五月犁五六遍六月六日種鋤不厭多稠即少種 種芋根欲深斸其葉以覆其上旱則澆之有草鋤之

種樹書終

學圃雜疏目錄

花疏

吳　王世懋著　武林仲震閲

南中梅都於臘月前便開吾地稍遲紅梅最先發元日有開者此花故當首植性多蟲易敗宜時去之閩中有深淺二種可致其淺者次則杭之玉牒本地之綠蕚爲佳曾於京師許千戸家見盆中一綠蕚玉牒梅梅之極品不知種在何處當詢而覓之于賁園中一綠蕚梅偃蓋婆娑下可坐數十人今特作高樓賞之子孫當加意培壅若野梅可置竹林水際鶴頂梅種園中取菓不足登几案也

迎春花雖草本最先點綴春色亦不可廢余一盆景結屈老幹天然得之嘉定唐少谷人以爲寶

一莖一花者曰蘭宜興山中特多南京杭州俱有雖不足貴香自可愛宜多種盆中令人絕重建蘭卻只是蕙見古人畫蘭殊不爾虎丘戈生曾致一盆葉稀而長稍粗於興蘭出數莖正春初開花特大於常蘭香亦倍之經月不凋酷似馬遠所畫戈云得之他方今尚活時花廣求此種以備春蘭之絕品

玉蘭早於辛夷故宋人名以迎春今廣中尚仍此名千幹萬蕊不葉而花當其盛時可稱玉樹樹有極大者籠盖一庭然樹大則花漸小不可不知余童時猶見人珍重今不然矣

吾地山茶重寶珠有一種花大而心繁者以蜀茶稱然其色類殷紅嘗聞人言滇中絕勝余官莆中見士大夫家皆種蜀茶花數千朶色鮮紅作密瓣其大如盆云種自林中丞蜀中得來性特畏寒又不喜盆栽余得一株長七八尺舁歸植澹圃中作屋幂於隆冬

花疏

春時拆去蓋多輒擿却僅留二三花更大絕為余兄所賞後當過枝廣傳其種亦花中寶也

海棠品類甚多曰垂絲曰西府曰棠梨曰木瓜曰貼梗就中西府最佳而西府之名紫綿者尤佳以其色重而瓣多也此花特盛於南都余所見徐氏西園樹皆參天花時至不見葉西園木瓜尤異定是土產所宜耳垂絲以櫻桃木接開久甚可厭第最先花與玉蘭同時植之傍掩蔽不可廢也貼梗草本郡城中種之極高大當訪求種法以備一種紫綿宋小說茗溪漁隱叢話備載之

杏花無奇多種成林則佳城中朱氏園中百株偃仰水傍余嘗携榼賞之今當於廣圃荒池別置一林

桃花種最多若金桃蜜桃灰桃之類多植圃中取果其可供玩者莫如碧桃人面桃二種緋桃之韻即不種亦可也壽星桃矮而花能結大桃亦奇可玩桃殊不中食

余性雅愛梨花之類而微恨其氣不可嗅吾地酷少此種溶溶院落何可無此君終當致之

花疏

紫荊郁李綉球皆非奇卉然是點綴春光者亦是難廢下至金雀錦帶棣棠剪春羅雖瑣瑣彌甚園中安可無一繡球亦無足取初見閩人來賣一花云是紅繡球倭國中來者余後至建寧見縉紳家庭中花簇紅球儼如剪綵名曰山丹乃知是閩卉也此種亦堪置庭中

牡丹本出中州江陰人能以芍藥根接之今遂繁滋百種幻出余澹圃中絕盛遂冠一州其中如絲蝴蝶大紅獅頭舞青猊尺素最難得開南都牡丹讓江陰

獨西瓜瓤爲絶品余亦致之矣後當於中州購得黄樓子一生便無餘憾人言牡丹性瘦不喜糞又言夏時宜頻澆水亦殊不然余圃中亦用糞乃佳又中州土燥故宜澆水吾地濕安可頻澆大都此物宜於沙土耳南都人言分牡丹種時須直其根屈之則死深其坑以竹虛插培土後拔去之此種法宜知

余以牡丹天香國色而不能無綠雲易散之恨因復剏一亭周遭悉種芍藥名其亭曰續芳芍藥本出楊州故南都極佳一種蓮香白初淡紅後純白香獨如

蓮花故以名其性尤喜糞予課僮溉之其大反勝於南都即元馭所愛也其他如墨紫硃砂紅之類皆妙甚已致數種歸開時客皆蟻集眞堪續芳矣

玫瑰非奇卉也然色媚而香甚旖旎可食可佩園林中宜多種又有紅黄刺梅二種絶似玫瑰而無香色瓣勝之黄者出京師蔓花五色薔薇俱可種而黄薔薇爲最貴易蕃亦易敗余圃中特盛木香惟紫心小白者爲佳圃中亦有架宋人絶重荼蘼香今竟不知何物疑即是白木香耳今所謂荼蘼白而不香定非宋人所珍也

花之紅者杜鵑葉細花小色鮮瓣密者曰石岩皆結數重臺自浙而至頗難畜餘干安仁間徧山如火即山躑躅也吾地以無貴耳渥丹草種也有散丹有捲丹然詩人稱之最爲近古宜畜芍藥之後罌粟花最繁華其物能變加意灌植妍好千態曾有作黄色綠色者遠視佳甚近頗不堪聞其粟可爲腐澁精物也又有一種小者曰虞美人又名滿園春千葉者佳

蜀葵五色千葉者佳性亦能變黑者如墨藍者如靛

大都罌粟類也廣庭中籬落下無所不宜

萱草忘憂其花堪食又有一種小而純黄者曰金萱甚香而可食尤宜植於石畔石竹雖野花厚培之能作重臺異態他如夜落金錢鳳仙花之類俱籬落間物也

草花多種最惡者虎斑百合蛺蝶花金絲芋園亭間決不可植故不如高良姜白蛺蝶尤堪入畫偶種一兩株亦得百合中名麝香者人謂即夜合花根甜可食宜多種圃中間取佳者爲盆供宜與中山最多人

取其根餽客香不如家園所種蔓陀羅花香狀畧同食能令人發狂

夾竹桃與五色佛桑俱是嶺南北來貨夾竹桃花不甚佳而堪久藏佛桑即謹護必無存者茉莉花百中一二可活然終不能盛花大抵只宜供一歲之翫佛桑間買一二株茉莉三五株花事過即爲朽株矣木槿賤物也然有大紅千葉者有白千葉者二種可亞佛桑宜覓種之

建蘭盛於五月其物畏風畏寒畏鼠畏蚓畏蟻其根

甜爲蟻所逐養者常以水奩隔不令得緣入余作一屋於竹林南外施兩重草席坎地令稍深貯蘭於其上無風有好日開門與之所畜二三十盆無不盛花者其種亦多玉魫爲第一白幹而花上出者是也次四季次金邊名曰蘭其實皆蕙也閩產爲佳贛州蘭蘗不長勁價當減半

石榴本在外國來者然獨京師爲勝中貴盆中有植幹數十年高不盈三尺而垂實纍纍至目者皮子之紅白一隨其花花而不實者曰餅子深紅淡紅三種皆山亭之珍也吾地不宜盆中移歸不二年壞矣本地餅子紅榴稍佳而樹大非几案前物單葉有黃白淺深紅四種存以標異可也

素馨出閩黃者不甚香亦閒攜至吾地白者香勝於茉莉即彼中亦未之見閩中又有樹蘭賽蘭二種（賽蘭一名珍珠蘭即廣人以爲蘭香者）亦曾移植吾地多不能生

紫薇有四種紅紫淡紅白紫郤是正色閩花物物勝蘇杭獨紫薇作淡紅色最醜本野花種也白薇近來有之亦異可耳殊無足貴臭梧桐者吾地野生花色

淡人無植之者淮揚間成大樹花微者縉紳家植之中庭或云後庭花也獨閩中此花紅鮮異常能開百日亦名百日紅花作長鬚亦與吾地臭梧桐不同園林中植之灼灼出矮牆上至生深澗中清泉白石斐臺奪目每欲携子歸種種未得後當問閩人取種求嘉人謂之丁香花

蓮花種最多唯蘇州府學前種葉如傘蓋莖長丈許花大而紅結房曰百子蓮此最宜種大池中舊又見黃白二種黃名佳郤微淡黃耳千葉白蓮亦未爲奇

有一種碧臺蓮大佳花白而瓣上恒滴一翠點房之上復抽綠葉似花非花余嘗種之摘取瓶中以爲西方品近於南都李鴻臚所復得一種曰錦邊蓮蒂綠花白作蕊時綠苞已微界一線紅矣開時千葉每葉俱以胭脂染邊真奇種也余將以配碧臺蓮甃二池對種亦可置大缸中爲無前之翫若所謂並頭品字四面觀音名愈奇愈不足觀切勿種

山礬一名海桐樹婆娑可觀花碎白而香宋人灰其葉造黝紫色今人不知也以山谷詩遂得兄梅幸矣

柑橘花皆清芬而香櫞花尤酷烈甚於山礬結實大而香山亭前及廳事兩墀皆可植

梔子佛經名薝蔔單瓣者六出其子可入藥入染重瓣者花大而白差可觀香氣殊不雅以佛所重存之

凌霄花蔓生纏奇石老樹作花可觀然聞能墮胎娠人不可採大都與春時紫藤皆園林中不可少者

玉簪一名白鶴花宜蘇種紫者名紫鶴無香可刈也

剪秋羅色正紅聲價稍重於剪春羅然官盛夏已開

又秋葵雞冠老少年秋海棠皆點綴秋容草花之佳者雞冠須矮腳者種磚石砌中其狀有掌片毬子纓絡其色有紫黃白無所不可老少年別種有秋黃十樣錦須雜植之真如錦織成矣就中秋海棠尤嬌好宜于幽砌北窗下種之傍以古拙一峯菖蒲翠筠草皆其益友也

木樨吾地爲盛天香無比然須種早黃毬子二種不惟早黃七月中開毬子花密爲勝即香亦馥郁異常丹桂香減矣以色稍存之餘皆勿植又有一種四季開花而結實者此真桂也閩中最多常以春中盛開

吾地亦間有之宜植以備一種

芙蓉特宜水際種類不同先後開故當雜植之大紅最貴最先開次淺紅常種也白最後開有曰三醉者一日間凡三換色亦奇客言曾見有黃者果爾當購之芙蓉入江西俱成大樹人從樓上觀吾地如泰荊狀故須三年一斫卻

菊至江陰上海吾州而變態極矣有長丈許者有大如盆者有作異色二色者而皆名粗種其最貴乃各色剪絨各色撞各色西施各色狼牙乃謂之細種種

之最難須得地得人燥濕以時蟲蠹日去花須少而大葉須客而鮮不爾便非上乘元馭閣老尤愛種菊京師有一種大紅曰麻葉紅曰相袍紅元馭爲翰林時特命囊之馬首歸今吾地尚有此種然開不能大佳想亦地氣使然菊中有黄白報君知最先開甘菊可作湯寒菊可入冬皆賤種也而皆不可廢又有一種五九月開亦異種也

秋花多可人獨秋牡丹爲下品宜勿種

黄山茶白山茶紅白茶梅皆九月開二山茶花大而多韻亦茶中之貴品楊妃山茶稍後與白菱同時開楊妃是淡紅殊不能佳爲是冬初花當具一種耳白菱花純白而雅且開久而繁人云來自閩中余在閩問之乃無此種始在豫章得之定是嶺南花也花至季冬始盡性亦畏寒花後宜藏室中

蠟梅是寒花絕品人言臘時開故以臘名非也爲色正似黄蠟耳出自河南者曰罄口香色形皆第一松江名荷花者次之本地狗纓下矣得罄口荷花可廢何况狗纓

凡花重臺者爲貴水仙以單瓣者爲貴出嘉定短葉高花最佳種也宜置瓶中其物得水則不枯故曰水仙稱其名矣前接蠟梅後迎江梅真歲寒友也

花之四季開者蘭桂而外有月桂長春菊（即金盞花）月桂閩種爲佳

芭蕉惟福州美人蕉最可愛歷冬春不凋常吐朱蓮如簇吾地種之能生然不花無益也又有一種名金蓮寶相不知所從來葉尖小如美人蕉種之三四歲或七八歲始一花南都戶部五顯廟各有一株同時作花觀者雲集其花作黄紅色而瓣大於蓮故以名至有圖之者然余童時見伯父山園有此種不甚異也此卻可種以待開時賞之若甘露則無種蕉之老者輒生在泉漳閩則爲蕉實耳

吾地人最重虎刺杭州者不佳不如本山其物最喜陰難種然吾所愛者天竹纍纍朱實扶搖綠葉上雪中視之尤佳余所在種之虎刺之下呈珊瑚盆中可種水珊瑚最易生亂植竹林中亦佳蔓生者曰雪裏珊瑚不足植也

菖蒲以九節爲寶以虎鬚爲美江西種爲貴本性極愛陰清明後則剪之冬則以鋼覆之不惟明目兼助幽人之致余嘗過武當山靑羊澗見幽勝處輒生泉石上真有仙氣宜多畜之

福州有鐵蕉贛州有鳳尾蕉似同類而稍異狀然好以鐵爲糞將枯釘其根則復生亦異物也云能辟火園林中存一二株亦可翠筠草極陰處種之色翠甚可愛尤宜與秋海棠作伴

木則天目松栝子松千頭柏纓絡柏金線柳皆佳品也次則丹楓石楠梧桐黃楊西河柳烏絨樹北人謂之馬纓花皆可植於水次果則櫻桃李枇杷橘栗葡萄皆可種也以供盤飣予所錄次者在花故草木之類從畧竹是吾家子猷所好園中自當日有其種類當別有記

花疏終

果疏

吳　王世懋著　武林仲巽閱

百果中櫻桃最先熟卽古所謂含桃也吾地有尖圓大小二種俗呼小而尖者爲櫻珠旣吾土所宜又萬顆丹的掩蔭綠葉可翫澹圃中首當多植

梅種殊多旣花之後青而如荳可食者曰消梅脆梅綠蔕梅消梅最佳以其入口卽消也熟而可食者曰鶴頂梅且霜梅梅醬梅供一歲之咀嚼園林中不可少

杏花江南雖多實味太不如北其樹易成實易結林中摘食可佳枇杷出東洞庭大自種者小然卻有風味獨核者佳盎它果須接乃生獨此果直種之亦能生也

楊梅須山土吾地沙土非宜種之亦能生但小耳樹極婆娑可愛今當種澹圃高岡上與山礬相覆蔭

李種亦殊多北土盤山麝香紅妙甚江南絕無然亦有一種極大而紅者味可亞之亦有王黃青翠嘉慶子俱稱佳品吾圃中僅有粉李一種餘當致之

桃有金桃銀桃水蜜桃灰桃匾桃澹圃中已備金蜜二種皆佳品也

梨如哀家梨金華紫花梨不可見也今北之秋白梨南之宣州梨皆吾地所不能及也聞西洞庭有一種佳者將熟時以箬就樹包之味不下宣州當覓此種植之亦一快也

花紅一名林禽即古來禽也郡城中多植之覓利味苦非佳而特可觀北土之蘋婆即此種之變也吾地素無近亦有移植之者載北土以來亦能花能果形味俱減然猶是奇物王相公及啟儂園俱有之二種雖貴賤難易迥別吾圃中各植三兩株足矣來禽種雖易然與桃性俱多蟲而易敗種者苦於剔蟲若桃則數年一易可耳

核桃北果而宜山種吾地絕少然亦可種

葡萄雖稱涼州江南種亦自佳有紫水晶二種宜於水邊設架一年可生纍垂可翫不但以供飣餖也

吾地棗不能佳第擇其紅色者種一株以當摘鮮亦得

安石榴繇如京師致之南方多死即生多化爲叢狀不若求富陽種種之須實大子綻即不甘亦足供翫

柿種多吾地特宜若海門柿鏇柿無核火珠柿皆甘冷可食宜植墻隙

柑橘產於洞庭然終不如浙溫之乳柑閩漳之朱橘有一種紅而大者云傳種自閩而香味徑庭矣余家東海上又不如洞庭之宜橘乃土產蜒花甜蜜橘二種卻不啻勝之金橘牛乳者易生而品下圓者甘香然亦家園種者佳第橘性畏寒值冬霜雪稍盛輒死植地須北蕃多竹霜時以草裹之又虞春枝不發記兒時種橘不然豈地氣有變也

香櫞花香實大雖酸澀齒以爲湯則大佳置實盤中盈室俱香實佳品也閩中乃無之而以佛手柑名近聞洞庭人亦有種而生者吾圃中尤不易植也

榘山果也植之平地亦生懸殼如蠒亦堪備一種佳實

銀杏樹有大合抱而不實人言樹有雌雄閒亦有法治之則生樹長大秋冬葉純黃間楓林中相錯如繡

此植圃中岡上即不實可也
栝子松俗名剔牙松歲久亦生實雖小亦甘香可食南京徐氏西園一株是元時物秀色參天目中第一
山東有文官果花亦可觀形味稍似馬金囊醴部精膳司亦有一株不知可移植吾地否若無花果不獨京師即吾地種輒生但惡不足為園林重耳

瓜蔬疏

吳　王世懋著　武林仲升閱

西瓜古無稱云金王征西域得之洪皓自燕中携歸然瓜中第一美味而種徧天下不應晚出異方之物乃爾吾地以蔣福柵橋二處為絕品然家園中所種色青白而作枕樣者便佳不必蔣柵也
甜瓜以香而小者為第一作黃綠二色豈即邵平所種五色子母瓜耶今涼州塞外作乾條遺遠人味極甘嘗是此種若南瓜雖有奇狀殊色僅堪煮食酷無意味而更與羊食忌是可廢

王瓜出燕京者最佳其地人種之火室中逼生花葉二月初即結小實中官取以上供唐人詩云二月中旬已進瓜不足為奇矣又一種秋生者亦佳吾土俱宜園中二三月間食入夏枯矣
瓜之不堪生啖而堪醬食者曰菜瓜圓者如甜瓜長者如王瓜皆一類也以甜醬漬之為蔬中佳味
天下結實大者無若冬瓜味雖不甚佳而性溫可食
絲瓜北種為佳以細長而嫩者為美性寒無毒有云

多食之能痿陽北人時啜之殊不爾然用其蔕可治小兒痘汁滴瓶中能消痰火其涼可知矣

吾地有名錦荔枝者外作五色蜂窠之狀内子如鱉蟲人甚惡之不知閩廣人以爲至寶去實用其皮肉煮肉味殊苦廣人亦爲涼多子京師種摘而自供食往在泉州見城中遍地植之名曰苦瓜形稍長子此種耳

匏子瓜類也大而扁者可食小而長作細腰者可瓢種類頗多偶得佳者不啻珍品瓠子匏類也形稍長鋭上豐下味似勝之唐鄭珣瑜所謂亦去毛爛黃熟拘折須此物也

韭最獲利且宜吾地冬盡春初韭黃真佳味但吾奉道不食耳

芥多種以春不老爲第一北京爲上南京次之吾地不逮也芥之有根者想即蔓青京師大而脆爲蔬中佳味携子歸種之城北而能生尚小已竟如之然移植他所輒不如初謂是北種北入閩則其地偏生然蔓青菜云是諸葛武矦所種是也

古人食菜必曰葵王右丞清齋折露葵是也乃今菜品竟無稱葵不知何菜當之又所重曰秋末晚菘亦竟無定說即爾雅翼亦難憑也大都今之冬菜如郡城箭桿菜之類皆可稱菘箭桿雖佳然終不敵燕地黃芽菜可名菜中神品其種亦可傳但彼中經冰霜以邀廬覆之葉脆色改黃而後成此郤不宜耳

甕菜空中而味脆獨南京有之可以種盆中携歸取食入地則不生

魏文貞公好食芹世以比曾晳之羊棗然今南北兩京芹皆長數尺而味絕佳何必文貞始嗜蓋芹本水際野値而獨兩京種之老圃故佳想取植之亦得爾耳

萵苣絕盛於京口鹹食脆美即旋摘烹之亦佳

菠菜北名赤根菜之凡品然可與荳腐並烹故園中不廢若君達菜俗名甜菜者菜斯爲下矣

蘿蔔須長而白如雪甜而消如梨者乃稱絕品南北兩京多圓而大赤色雖佳味殊不敵也

胡蘿蔔儕常熟爲佳然酷非余所須若胡荽味苦無

當而在五葷之内不植吾圃中可也

葱蒜薤與韭雖俱五葷而爲人所常用薤性稍平江浙多有之吾地少亦可不種

薯蕷本山中野植與黄獨同類故名山藥然獨保定懷慶諸處爲佳閩浙多作紅色而味不甘糯吾地種美惡在兩種間亦不可廢

芋古名蹲鴟吾土最佳有水旱紫白二種旱者不可食此地若種之得法有十斤者

香芋落花生產嘉定落花生尤甘皆易生物可種也

甘露子如耳環醬食之脆美亦别方之產吾地可種

莧有紅白二種素食者便之肉食者忌與鼈共食一種野生及馬齒莧俱堪食

百草中可食者最多薺菜、枸杞苗、五加芽草中之美味。菊苗亦佳。大抵摘野蔬入饌尤覺趣耳

藜蒿多生江岸九江諸處採賣至以數百石船載之遠貨吾地亦自不乏

芡一名雞頭果中之美味而最補益人然獨杭州多而佳京師產者形如刺蝟而有粳糯糯而大者味勝杭產吾地俱不宜然勤種之鮮摘亦勝

菱即芰也而多種有紅有綠有深水有淺水有角有腰而產於郡城者曰哥窰蕩產於崐山者曰婁縣皆佳甚須其種種之

茭白以秋生吳中一種春生曰呂公茭以非時爲美初出時煮食甜軟據爾雅翼曰苽即菰蔣之類曰菰首者即今之茭白也又有黑縷如黑點者名烏鬱今茭中有之余所種僅秋生者耳然菰實有米而今茭白未聞有之或者野茭乃生米也

茨菰古曰鳧茨種淺水中夏月開白花秋冬取根食味亞於香芋

荸薺方言曰地栗亦種淺水吳中最盛遠貨京師爲珍品色紅嫩而甘者爲上

蓮房之大者名百子蓮藕則白蓮單瓣者乃生高郵寶應第一吳中亦佳吾土僅供蔬耳

蓴以張陸所誇遂爲吳中口實然實不佳且非池塘間物也

蒲筍蘆筍皆佳味而蒲筍尤佳吾地人乃不知取食

耳然種蒲者多問取之若不成笋豈其種别邪

蔬疏終

雜疏　八

野蔌品

古杭高濂輯　屠本畯校閲

黃香萱

夏時採花洗淨用湯焯拌料可食入瓶素品如豆腐之類極佳凡欲食此野菜品者須要采洗潔淨仍看菜背心科小蟲不令誤食先辦料頭每醋一大酒鍾入甘草末三分白糖霜二錢蘇油半盞和起作拌菜料頭或加搗薑些少又是一製凡花菜采來洗淨滚湯焯起速入水漂一時然後取起榨乾拌料供食其色青翠不變如生且又脆嫩不爛更多風味家菜亦如此法他若炙煿作齏不在此製

甘菊苗

甘菊花春夏生苗嫩頭采來湯焯如前法食之以甘草水和山藥粉拖苗油煠其香美佳甚

枸杞頭

枸杞子嫩葉及苗頭采取如上食法可用以煮粥更妙四時惟冬食子

菱科

夏秋采之去葉去根惟留梗上圓科如上法熟食亦佳糟食更美野菜中第一品也

蓴菜

四月采之滚水一焯落水漂用以薑醋食之亦可作肉羹亦可

野莧菜

夏采熟食拌料炒食俱可比家莧更美

野白薺

四時采嫩者生熟可食

野蘿蔔

菜似蘿蔔可採根苗熟食

蔞蒿

春初採心苗入茶最香葉可熟食夏秋莖可作齏

黃蓮頭

即藥中黃蓮采頭鹽醃晒乾入茶最佳或熟食亦美

水芹菜

春月采取滚水焯過薑醋麻油拌食香甚或湯内加鹽焯過晒乾或就入茶供亦妙

茉莉葉

茉莉花嫩葉采洗淨同豆腐燒食絕品

鵝脚花

採單瓣者可食千瓣者傷人湯焯加鹽拌料亦可燒食如入瓜虀炒食俱可春時食苗

金荳兒

採荳湯焯可供茶料香美甘口

金雀花

春初採花鹽湯焯可充茶料拌料亦可供饌

紫花兒

花葉皆可食

香春菜

採根肥大者去皮削令乾淨早入糟午間食之

紅花子

採子淘去浮者碓內搗碎入湯泡汁更搗更煎汁鍋內沸入醋點住絹挹之似肥肉入素食極精

金雀花

春初開形狀金雀朵朵可摘用湯焯作茶供或以糖霜油醋拌之可作菜甚清

寒豆芽

用寒豆淘淨將蒲包趁濕包裹春冬置炕傍近火處夏秋不必日以水噴之芽出去殼洗淨湯焯入茶供芽長作菜食

黃豆芽

大黃豆如上法待其出芽些少許取起淘去殼洗淨煮熟加以香蕈橙絲木耳佛手柑絲拌勻多著麻油糖霜入醋拌供

蘑菇

採取曬乾生食作羹美不可言素食中之佳品也

竹菇

此更鮮美熟食無不可者

金蓮花

夏採蕊梗浮水面湯焯薑醋油拌食之

天茄兒

鹽焯供茶薑醋拌供饌

看麥娘

隨麥生隴上春采熟食

狗脚跡

生霜降時葉如狗脚採以熟食

斜蒿

三四月生小者全科可用大者摘嫩頭湯中焯過晒乾食時再用湯泡料拌食之

眼子菜

六七月採生水澤中青葉紫背莖柔滑細長數尺採以湯焯熟食

地踏菜

一名地耳春夏中生雨中雨後採用薑醋熟食日出即沒而乾枝

窩螺薺

正二月採之熟食

馬齒莧

初夏採沸湯焯過晒乾冬用旋食

馬蘭頭

二三月叢生熟食又可作虀

茵陳蒿即青蒿兒

春時采之和麵作餅炊食

雁兒腸

二月生如豆芽菜熟食生亦可食

野茭白菜

初夏生水澤傍即茭芽兒熟食

倒灌薺

採之熟食亦可作虀

苦麻薹

二月採用葉搗和麵作餅食之

黄花兒

正二月採熟食

野荸薺

四時採生熟可食

野菉荳

葉莖似菉荳而小生野田多藤蔓生熟皆可食

油灼灼

生水邊葉光澤生熟皆可食又可醃作乾菜蒸食

板蕎蕎

正二月採之炊食三四月不可食矣

碎米薺

三月採止可作虀

天藕兒

根如藕而小炊熟作藕菜拌料食之葉不可食

蚕豆苗

二月采爲茹麻油炒下鹽醬煮之。少加薑葱。

蒼耳菜

採□嫩葉洗焯以薑鹽苦酒拌食去風濕子可雜米粉
爲糗

芙蓉花

採花去心蒂滚湯泡一二次同豆腐少加胡椒紅白
可愛

葵菜 比蜀葵叢短而葉大性溫

採葉與作菜羹同法食

丹桂花

採花洒以甘草水和米舂粉作糕淸香滿頰

蒿苣菜

采取去葉去皮寸切以滚湯泡之加薑油糖醋拌之

牛蒡子

十月採根洗淨煮毋太甚取起捶碎匾壓乾以鹽醬
蘿薑椒熟油諸料拌浸一二日收起焙乾如肉脯味

槐角葉

采嫩葉細淨者搗爲汁和麪作淘以醯醬爲熟虀食

椿樹根

秋前採根搗篩和麪作小麪塊淸水煮服

百合根

採根擗晒乾和麪作湯餅蒸食甚益氣血

括蔞根

深掘大根削皮至白寸切水浸一日一換至五七日
後收起搗爲漿末以絹濾其細漿粉候乾爲粉和粳
米爲粥加以乳酪食之甚補

凋菰米

凋菰卽今胡粽也曝乾礱洗造飯香不可言

錦帶花

采花作羹采脆可食

菖蒲

石菖蒲白术煮爲末每一斤用山藥三斤煉蜜水和入麪内作餅蒸食

李子

取大李子剝去核用白梅甘草泡滚湯焯之以白糖和松子欖仁研末填入甑上蒸熟食之

山芋頭

采芋爲片用榧子煮過去苦杏仁爲末少加醬水或鹽和麪將芋片拖煎食之

東風薺 即薺菜也

採薺一二升洗淨入淘米三合水三升生薑一芽頭搥碎同入釜中和勻上澆麻油一蜆殼再不可動以火煮之動則生油氣也不着一些醋鹽若知此味海陸八珎皆可厭也

玉簪花

採半開蕋分作二片或四片拖麪煎食若少加鹽白糖入麵調勻拖之味甚香美

梔子花

採半開花礬水焯過入細茐絲大小茴香花椒紅麯黄米飯研爛同鹽拌勻醃壓半日食之用礬焯過用蜜煎之其味亦美

木菌

用朽桑木樟木楠木截成一尺長段臘月掃爛葉擇肥陰地和木埋於深畦如種菜法春月用米泔水澆灌不時菌出逐日灌以三次即大如拳采同素菜炒食作脯俱美木上生者且不傷人

藤花

采花洗淨鹽湯洒拌勻入甑蒸熟晒乾可作食餡子美甚暈用亦佳

江薺

生臈月生熟皆可食花時勿食但可作虀

商陸

採苗莖洗淨熟蒸食加鹽料紫色者味佳

牛膝

采苗如剪韭法可食

湖藕
採生者截作寸塊湯焯鹽醃去水菱油少許薑橘絲
大小茴香黄米飯研爛細拌荷葉包壓隔宿食之
防風
採苗可作菜食湯焯料拌極去瘋
芭蕉
蕉有二種根粘者爲糯蕉可食取根切作手大片子
灰汁煮令熟去灰汁又以清水煮易以二次令灰味
盡取壓乾以鹽醬大小茴香花胡椒乾薑熟油研拌

蕉根入缸鉢中醃一二日取出少焙略敲令軟食之
全似肥肉
水菜
狀似白菜。七八月間生田頭水岸叢聚色青湯焯醬
煮可食。
蓮房
取嫩去皮子并蒂入灰煮又以清水煮去灰味同蕉
脯法焙乾石壓令匾作片食之
苦益菜　即胡麻

取嫩葉作羹。大甘脆滑
松花蕋
采去赤皮。取嫩白者蜜漬之。略燒。令蜜熟。勿太熟。極
香脆美。
白芷
采嫩根蜜漬糟藏皆可食。
防風芽
采芽如胭脂色者。如常菜料拌食之。
天門冬芽

川芎芽　水藻芽　牛膝芽　菊花芽　荇菜芽
同上拌料熟食
水苔
春初採嫩者淘擇令極淨更洗去沙石虫子以石壓
乾入鹽油花椒切韭菜同拌入瓶再加醋薑食之甚
美又可油炒加鹽醬亦善
蒲蘆芽
採嫩芽切斷以湯焯布裹壓乾加料如前作鮓妙甚
鳳仙花梗

採頭芽湯焯少加鹽晒乾可留年餘以芝麻拌供新
者可入茶最宜炒麪觔食佳爊豆腐素菜無一不可

蓬蒿

采嫩頭二三月中方盛取來洗淨加鹽少醃和粉作
餅油煠香美可食

灰莧菜

采成科熟食煎炒俱可比家莧更美

桑菌　柳菌

俱可食採以同素品爊食

鵞腸草

采可焯熟拌料食之

鷄腸草

同上食

綿絮頭

色白生田埂上採洗淨搗如綿同粉麪作餅食

蕎麥葉

八九月採初出嫩葉熟食

梔子花

採花洗淨水漂去腥用麪入糖鹽作糊花拖油煠食
右余所選者與王西樓遠甚皆人所知可食者方
敢錄存非王所擇有所爲而然也高濂跋

野蔌品終

稻品

姑蘇黄省曾著　張遂辰閲

稻之粒其白如霜其性宜水說文謂之稌沛國謂之稬以黏者謂之糯亦謂之秫以不黏者謂之秔亦謂之稉故氾勝之云三月而種秔四月而種秫然皆謂之稻魯論之食夫稻稉也月令之秫稻糯也糯無芒稉有芒稉之小者謂之秈秈之熟也早故曰早稻稉之熟也晩故曰晩稻京口大稻謂之稉小稻謂之秈

其粒細長而白味甘而香九月而熟是謂稻之上品

曰箭子

其粒大而芒紅皮赤五月而種九月而熟謂之紅蓮

其粒小而色白四月而種六月而熟謂之六十日稻又遲者謂之八十日稻又遲者謂之百日赤而毘陵小稻之種亦有六十秈八十日秈百日秈之品而皆自占城來寔賴水旱而成實作飯則差硬宋氏使占城珍實易之以給於民者在太平六十日秈謂之拖犂歸有赤紅秈有百日秈俱白稃而無芒或七月或八月而熟其味白淡而紅甘在閩無芒而粒細有六十日可穫者有百日可穫者皆曰占城稻

其粒尖色紅而性硬四月而種七月而熟曰金城稻是惟高仰之所種松江謂之赤米乃穀之下品四明次於占城其殆所謂百日赤歟

其粒長而色班五月而種九月而熟松江謂之勝紅蓮性硬而皮茎俱白謂之穲稏稻

其粒大色白稃軟而有芒謂之雪裏揀

其粒白無芒而稃矮五月而種九月而熟謂之師姑秔湖州錄云言其無芒也四月謂之矮白

其粒赤而稃芒白五月初而種八月而熟謂之早白稻松江謂之小白四明謂之細白九月而熟謂之晩白又謂蘆花白松江謂之大白

其三月而種六月而熟謂之麥爭場

其再蒔而晩熟者謂之烏口稻在松江色黒而耐水與寒又謂之冷水結是爲稻之下品

其已刈而根復發苗再實者謂之再熟稻亦謂之再撩

其粒白而大四月而種八月而熟謂之中秋稻在松

江八月望而熟者謂之早中秋又謂之閃西風
其粒白而穀紫五月而種九月而熟謂之紫芒稻
其秀最易謂之下馬看又謂之三朝齊湖州錄云言
其齊熟也
其在松江粒小而性柔有紅芒白芒之等七月而熟
曰香秔其粒小色斑以三五十粒入 米數升炊之
芬芳馨美者謂之香子又謂之香䆉
其在湖州一穗而三百餘粒者謂之三穗子
其粒長而釀酒倍多者謂之金釵糯

其色白而性軟五月而種十月而熟曰羊脂糯
其芒長而穀多白斑五月而種九月而熟謂之臙脂
糯太平謂之硃砂糯
其白蹬五月而種十月而熟謂之虎皮糯太平又云
厚稃紅黑斑而芒
其粒最長白稃而有芒四月而種七月而熟謂之趕
陳糯太平謂之趕不着亦謂之秈糯
其粒大而色白四月而種九月而熟謂之矮糯亦謂
之矮兒糯

其稃黃而芒赤已熟而稈微青布宜良田四月而種
九月而熟謂之青稈糯
其粒大而色白芒長而熟最早其色易變而釀酒最
佳謂之蘆黃糯湖州謂之泥裏變言其不待日之曬
也
其粒圓白而稃黃大暑可刈其色難變不宜於釀酒
謂之秋風糯可以代粳而輸租又謂之瞞官糯松江
謂之冷粒糯
其不耐風水四月而種八月而熟謂之小娘糯譬閨

女然也
其在湖州色烏而香者謂之烏香糯其稈挺而佳者
謂之鐵梗糯芒如馬鬃而色赤者謂之赤馬鬃糯

稻品終

蠶經

姑蘇黄省曾著　張遂辰閲

一之藝桑

有地桑出於南潯有條桑出于杭之臨平其鬻之時以正月之上中旬其鬻之地以北新關内之江將橋埠也擔而至陳于梁之左右午而散大者株以二釐其長八尺

其種也耨地而糞之截其枝謂之嫁留近本之餘尺餘許深埋之出土上寸焉培而高之以泄水墨其瘢或覆以螺殼或塗以蠟而瀝青油煎封之是防梅雨之所侵糞其周圍使其根四達若直灌其本則鬱而死未活也不可灌水灌以和水之糞二年而盛

其在土也月一鋤焉或二起翻也必尺許灌以純糞遍沃于桑之地使及其根之引者不摘葉也三年則其發茂禁損其枝之奮者桑之下厭草不留則茂午日不可以鋤蠶之時其摘也必潔淨遂剪焉南潯之剪價以七分必於交湊之處空其幹焉則來年條滋而葉厚歲歲剪條則盛禁原蠶之飼飼則來年枝纖而葉薄其占桑葉之貴賤也以正月之上旬木在一日也則爲蠶食一葉爲甚貴木在九日也則爲蠶食九葉爲甚賤又以三月之三日有雨則貴四日尤貴諺曰三日尤可四日殺我陰而不雨則蠶大善其壅也以糞以蠶沙以稻草之灰以溝池之泥以肥土其初蓺之壅也以水藻以綿花之子壅其本則茂而易發初春而修也去其枝之枯者樹之低小者敵其根而糞泥壅之不然則葉遲而薄凡擇桑之本也皺皮者其葉必小而薄白皮而節疏芽大者爲柿葉之桑其葉必

大而厚是堅薾而多絲高而白者宜山岡之地或牆隅而蘺畔五月也收桑椹而水淘少曬焉畦而種之至冬而焚其梢及明年而分種之短而青者宜水鄉之地正二月也木鉤攀之土壓朞年而截之移而種之歲糞也二其壓也濕土則條爛焦土則根生撒子而種不若條而壓其爲桑之害也有桑牛尋其穴桐油抹之則死或以蒲毋草草之狀也如竹葉其桑葉之葉癩也亦以草汁而沃之桑之下可以蓺蔬其蓺桑之園不可以蓺楊蓺之多楊甲之蟲是食桑皮而

子化其中焉二月而接也有揷接有劈接有壓接有搭接有換接穀而接桑也其葉肥大桑而接梨也則脆美桑而接楊梅也則不酸勿用雞腳之桑其葉薄是薄繭而少絲其葉之生黃衣而皺者木將就槁名曰金桑蠶則不食先椹而後葉者其葉必少有穉蠶焉是食柘而早繭其青桑無子而葉不甚厚者是宜初蠶望海之桑種之術與白桑同是皆臘月開塘而加糞卽壅之以土泥或二或三六七月之閒乃去其蟲開塘加糞壅土宜遲柴藤之桑其種爲大是不用

劈其葉厚大尤早種之也宜邇于竈屋不必開塘而糞壅惟幼稚之時待冬而糞或二或三以臘月爲佳

二之宮宇

蠶之性喜靜而惡喧故宜靜室喜煖而惡濕故宜版室室靜可以辟人聲之喧關室密可以辟南風之吹襲室版可辟地氣之蒸鬱

三之器具

其切桑之刀宜濶而利其方筐之制縱八尺廣六尺其圓箔之造在盤門張公之橋價以十五文有火箱

蠶之自蟻而三眠用之

四之種連

其在簇也擇繭之尖細堅小者腰小者雄也圓慢厚者腰大者雌也相兼而收以簇中爲佳近上則絲薄近下則子不生其蛾之生也取其同時者擇而對焉自辰而亥乃拆厥氣乃全其放子也必覆而暗之見光則其子遊散其爲連也必桑皮之紙出於南潯母蛾之覆也四五日厥氣乃固沃之以絲之湯則子不落其子之如環如堆者棄之貫之以桑皮忌麻苧之線懸

之於涼處忌煙熏日炙之所至端午也以蒲以艾以柳和井水而浸少時焉去其尿以懸其留蠶十斤也可以得三眠之蠶四十斤焉至臘之十二浸之於鹽之滷至二十四出焉則利於繰絲或曰臘之八日以桑柴之灰或草之灰淋之汁以蠶連浸焉一日而出繼以雪之水浸之懸而乾之或懸桑木之上以冒雨雪三宿而收之則耐養二月十二浴焉清明之曉則綿紙裹之藏於廚之內俟桑之芽如茶匙之大則綿絮裹之幕也覆以所服之煖衣晨也覆以所蓋之煖

祓既出也溫以火未出也禁以火焙其浚也用桑條之灰濕其連而後摻之捐而浸之於滷中卽鹽化之水有分兩恐其浮也以磁器壓之其至二十四出也用河水滌去其灰或置之匾中而沃而後涼之掛之則至春也者生否者陰不至於費葉至二月十二浴也以菜之花野菜之花韭之花桃之花白豆之花揉之中而浴之蛾之放子也一夜而止否則生蟻也不齊

五之育飼

其蠶之自蟻而三眠也俱用切葉其替擡也用糠籠之灰糝焉則蠶體快而無疾或布網而擡替其飼火蠶也必勤葉盡卽飼毋使饑呑火氣而病其替蠶也食半而替則功省而蠶不勞其三眠之起也斤分於一筐一筐之蠶可以得繭八斤爲絲一車而十六兩其蟻之初出也以薔薇之葉焙燥搡碎之糝之蟻上聞香而集之於上乃以鵞翎拂下其曆火也炭之團爇之而灰以還之兎以覆之溫溫然而已綿被以隔之而後置之於被之上焉若熾焉或饑焉則傷於火其長也焦黃不食而死勿食水葉食則放白水而死雨中之所採也必拭而乾之或風戾之

六之登簇

簇以稻之草爲之殺疏之必潔則不牽絲乃握而束之厚籍以所殺疏之草殼可以禦地濕可以承墜蠶乃以握許登之勿覆以紙至次之日少以稻之稈糝焉以屬其作繭之未成者勿用菜之箕善絣擾而薄繭七日而摘半月而蛾生（交五月節梅風吹之則生）凡蠶室之青也爲考之候其在簇而有雷則以退紙覆之以護其畏

七之擇繭

長而瑩白者細絲之蠒大而晦色青葱者粗絲之蠒皆棒去其蒙戎之衣其內潰而漬濕者謂之陰蠒及薄而雜者綿之蠒可爲粗絲不可以經日經月則絲爛而難抽不可以焚香焚香則蛆穴而難抽大者謂之磨工

八之繰拍

其繰之不可及也淹而甕之泥之（每大缸用鹽四兩荷葉包之於缸甕）

之口又塞實荷葉至七日而蛾死泥之也仍數視之有少鏬則蛾生凡拈絲綿之線一分銀是拈一兩其爲綿也蛾口爲最上岸次之黃繭又次也繭衣者爲最下蛾口者出蛾之繭也上岸者繰湯無緒撈而出者也繭衣繭外之蒙戎蠶初作繭而營者也

九之戒宜

不可以受油鑊之氣不可以受煤氣不可以焚香亦不可以佩香零陵香亦在所忌否則焦黃而死不可以入生人否則遊走而不安箔蠶室不可以食薑豎

蠶豆養之人後高爲善以筐計凡二十筐庸金一兩看繅絲之人南潯爲善以日計每日庸金四分一車也六分其上簇也而無火則繅之也必不浮蠶婦之手不可以擷苦蕒手有苦蕒之氣令蠶青爛食之者亦不可以入蠶之室

蠶經終

養魚經

姑蘇黃省曾著　張遂辰閱

一之種

古法俱求懷子鯉魚納之池中但自涵育所以養鯉者鯉不相食易長而貴也或在取近江湖藪澤陂湖水際之土數舟布底則二年之內土中自有大魚宿子得水即生也

今之俗惟購魚秧其秧也濾人洗大江乘潮而布網取之者初也如針鋒然乃飼之以雞鴨之卵黃或大麥之麩屑或炒大豆之末稍大則鬻魚池養之家閩

錄云仲春取子於江曰魚苗畜於小池稍長入藿塘曰藿鰱可尺許徙之廣池飼以草九月乃取

有難長之秧曰䱡鮍其首黃色曰螺師青以其食螺師也故名爾雅翼曰鱒魚食螺蚌是也其口尖鼻年而鼻竅始通不得通則死長至尺許乃易大

惟鱓魚爲良其口濶而缩首似鯉而身圓謂之草魚食草而易長爾雅翼曰鯇魚食草

曰鰱乃魚之貴者白露左右始可納之池中或前一月或後一月皆不育漁人攜於舟若煎炙油氣觸之則目皆瞎京口錄云巨首細鱗池塘中多畜之

鯔魚松之人於潮泥地鑿仲春潮水中捕盈寸者養之秋而盈尺腹背皆腴爲池魚之最是食泥與百藥無忌京口錄云頭扁而骨軟閩志云目赤而身圓口小而鱗黑吳王論魚以鯔爲上也其魚至冬能牽被而自藏

二之法

凡鑿池養魚必以二有三善焉可以蓄水鬻時可去

大而存小可以解泄（此池泄可入彼池）

不可以漚麻一日即泄

魚遭鴿糞則泄以圊糞解之

魚之自糞多而返復食之則泄亦以圊糞解之池不宜太深深則水寒而難長

魚食雞鴨卵之黃則中寒而不子故魚秧皆不子

魚之行遊晝夜不息有洲島環轉則易長

池之傍樹以芭蕉則露滴而可以解泄樹楝木則落子池中可以飽魚樹葡萄架子于上可以免鳥糞種

芙蓉岸周可以辟水獺
魚食楊花則病亦以糞解之食蟋蟀嫩草食稗子
池之正北浚宜特深魚必聚焉則三面有日而易長
飼之草亦宜此方一日而兩番須有定時魚小時草
必細飼至冬則不食
凡魚嚼子必沿水痕雖乾涸十年遇水即生其長甚
易其嚼子也以五月鯉魚以五月下惟銀魚鱠殘魚
嚼子於冰冰解三日乃生也
飼魚之草不可捺水草恐有黑魚鮎魚等子在草上

是能食魚黑魚者鱧魚也夜則仰首而戴斗鮎魚者
鰋魚也即鯷魚也大首方口背青黑而無鱗是多涎
池中不可着碱水石灰能令魚洸
陶朱公曰以六畝地爲池池中有九洲則周遶無窮
自謂江湖也求懷子鯉魚三赤者二十頭牡鯉魚三
赤者四頭以二月上庚日内池中令水無聲魚必住
至四月納一神守六月納二神守八月納三神守神
守者鼈也納之則魚不飛去至來年二月可得一赤
者一萬五千三赤者四萬五千二赤者萬枚直五千

可得榆莢一年二十五萬又明年一赤者十萬二赤
者五萬三赤者五萬四赤者四萬留二赤者二千爲
種餘可得榆莢五百一十五萬候至明年不可勝計
也九洲八谷谷上立水二赤谷中立水六赤凡池之
藪相傳一夜生七子太密則餘皆鬱死必去其半乃
佳

三之江海諸品

江海之產有鱘鰉之魚其長丈餘鼻端有肉骨四分
身之一兩頰之肉謂之鹿頭可以爲鮓京口錄云是

兩種鱘肉之色白鰉肉之色黃廣州謂之鱘龍之魚
云類龍而無角
有鱸魚四腮巨口而細鱗非江海之產則三腮金谷
園記曰秋仲由海而入江可以作鱠京口錄有二種
曰脆鱸曰爛鱸閩志曰身有黑文
有鰣魚腹下之骨如鋸可勒故名出與石首同時海
人以冰養之而鬻于諸郡謂之冰鮮
有鯧魚身扁而頭銳細鱗而軟骨出于海
有石首之魚其色如金俗名黃魚楝花而來秋而化

鳧炙穀子曰石首鯼也首有小石故名海族志云其
初出水也龍鳴夜視則有光鹽醃爲鯗則曰白鯗閩
謂之金鱗又謂之黃瓜
有白魚避暑錄云太湖之白魚冠天下梅後十有五
日入時白魚最盛謂之時裏白
有鯿魚縮項穹脊而細鱗闊腹其味腴其色青白卽
魴魚也古稱漢水槎頭之鯿吳之太湖亦甚佳矣
有銀魚其形纖細明瑩如銀太湖之人多鱐以鬻焉
長者不過三寸

有鰣魚盛於四月鮮白如銀其味甘美多骨而速腐
廣州謂之三黧之魚閩志曰大者長數尺春末有之
有鱠殘之魚狀如銀魚而大冬月帶子者謂之挨冰
嘯
有鱭魚狹薄而首大長者盈尺其形如刀俗呼爲刀
鱭初春而出于湖爾雅曰鮤鱴刀注今之鱭魚也亦
呼爲刀魚說文鱭魚而不食鮊魚也
有鮚子魚其生也帶子
有鱤魚巨口而細鱗肉味鮮美背黑有斑本草云鯯

仙人劉憑常食石桂魚今此魚鄉之人猶有桂之呼
焉其殆是歟
有鯽魚卽鮒魚也此魚旅行鯽者相卽鮒者相附也
至冬而味美
有鰕虎之魚類土附而腮紅若虎善食蝦俗謂之新
婦之魚
有土附之魚似黑鯉而短小附土而行不似他魚浮
水故名京口錄首大而身小謂之吐鮫
有鱨魚其色黃又謂之黃頰

有針口之魚首戴針芒身長五六寸土人多取爲鱐
有河豚之魚出於江海有大毒能殺人無頰無鱗與
口目能開闔能作聲是鱗中之毒品也凡烹調也腹
之子目之精脊之血必盡棄之涓二皮肉肝之有斑
眼之赤肝之獨包鉗之一異俱不可食凡洗宜極淨
煮宜極熟治之不中度不熟則毒于人中其毒者水
調槐花末或龍腦水或至寶丹或橄欖子皆可解也
反諸荆芥等風藥服風藥而食之者卽死物類相感
志以荆芥煮其子候如炎大易荆芥再煮至復小乃

可食蘇文定公轍嘗記吳人丁騭食河豚而死以爲世戒楊禮部家僮三人入肆共食河豚皆即死江南推稱江陰烹調者爲最良予在金陵毛鴻臚饗予出之曰乃江陰某官所遺也予曰江陰之人倘不中度將何如豈可信也某不敢以不貲之軀試可謝之物毛公即命撤去此品決不可食倘遇他氏宴會餽此亦必禁謝不食乃爲珍玉其身者斑魚似河豚而小食者雖無恙然亦是其種類并絕之可也

經終

獸經

吳　黃省曾撰　歙王之傑閱

麒牡麐牝

爾雅曰麐麕身牛尾一角漢京房易傳曰馬蹄有五彩腹下黃高丈二吳陸機草木鳥獸魚蟲疏曰黃色圓蹄角端有肉音中鐘吕行中規矩遊必擇地詳而後處不履生蟲不踐生草不羣居不侶行不入陷阱不罹羅網王者至仁則出

亦曰瑞獸

牡鳴曰逝聖牝鳴曰歸和春鳴曰扶助夏鳴曰養綏尚書中候握河紀云帝軒題象麒麟在囿孝經援神契曰德至鳥獸則麒麟臻唐傳云堯時麒麟在郊藪春秋感精符曰王者不刳胎不剖卵則出於郊漢董仲舒春秋繁露曰恩及羽蟲則麒麟至鶡冠子曰麟者玄枵之精也德能致之其精必至

毛族之君長也

大戴禮記曰毛蟲三百六十而麟爲之長王隱晉書曰太始元年白麟見羣獸皆從

騶虞義獸

山海經曰林氏國有珍獸大若虎五彩畢具尾長於身名曰騶虞乘之日行千里漢許愼說文曰食自死之肉名曰騶虞草木鳥獸魚蟲疏曰騶虞白虎黑文不食生物不履生草應信而至者也蓋白虎西方毛蟲故云義獸孫柔之瑞應圖記曰王者不暴虐及行葦則見孝經援神契曰德至鳥獸白虎見河圖括地象曰令誉野中有玉虎晨鳴雷聲

聖人感期之典

羔羊跪乳

說文曰羔羊子也春秋繁露曰羔飲其母必跪類知禮者公羊傳何休注云乳必跪而受之

羱羊善鬭

爾雅曰羱如羊郭璞注曰羱羊似吳羊而大角角椭出西方晉吕忱字林曰野羊大角者也宋陸佃埤雅曰善鬭至死廣志曰羱羊角重於肉

羚羊防患

爾雅曰麢大羊郭璞注曰似羊而大角圓銳好在

崖間陶隱居云角甚多節感應圖纘唐陳藏器本草拾遺曰羚羊角有神夜宿以角掛樹不着地蓋防患也字說云鹿比其類環其角外向以自防麢獨捿其角木上是所謂麢

夷羊不祥

急就篇顏氏注曰羝羊未卒歲也一曰夷羊重百觔者爲羝王應麟補注曰夷羊怪獸殷之衰夷羊在牧

馬之良者曰駒駼曰驥

字林云駒駼北狄良馬也一曰野馬史記曰匈奴奇畜則駒駼瑞應圖記曰幽隱之獸有明王在位則至穆天子傳曰野馬走五百里說文解字曰驥千里馬也囬鶻傳曰唐時東骨利幹國産良馬曰中馳數百里太宗時來獻帝取其異者號十驥

蹄趼曰騉

爾雅曰騉蹄趼善陞甗郭璞注曰騉蹄如趼而健上山秦時有騉蹄苑

小領曰盜驪

邢昺爾雅疏曰駿馬小頸名曰盜驪穆天子傳曰天子命駕八駿之乘右服盜驪而左綠耳

青曰騏

急就篇顏氏注曰青驪之馬文如棊也說文解字曰文如博棊尸子曰馬有秀騏

赤曰騮

說文解字曰赤馬黑毛尾也荀子曰驊騮騏驥纖離綠耳古之良馬也

紫曰紫鷰

獸經

葛洪西京雜記曰文帝自代還有良馬九匹故曰紫鷰騮尸子曰我得民而治則馬有紫鷰蘭池

白曰白義

穆天子傳曰天子八駿三曰白義王粲漢末英雄記曰公孫瓚常乘白馬又揀白馬數十疋選射之士號爲白義從以爲左右翼胡甚畏之

非龍曰龍

周禮曰馬八尺以上爲龍月令曰駕蒼龍尚書中候曰龍馬赤文綠色

非魚曰魚

爾雅曰二目白魚郭璞注曰似魚目也詩曰有驔魚

迴毛在膺曰宜乘。

邢昺爾雅疏曰迴旋也膺胸也旋毛在胸者名宜乘漢樊光爾雅注曰俗呼之官府馬李伯樂相馬法旋毛在腹下如乳者千里馬

在肘後曰減陽。在幹曰茀方。背曰闕廣。

邢昺爾雅疏曰此別馬旋毛所在之名也幹脅

馬火畜也其蹄圓。其疾臥起先前足牛土畜也其蹄坼。其疾立。臥先前足

造化權輿云夫乾爲馬坤爲牛乾陽物也馬故蹄圓坤陰物也牛故蹄坼陽病則陰勝故馬疾則臥陰病則陽勝故牛疾則立馬陽物故起先前足臥先後足牛陰物故起先後足臥先前足

虓獅子也無角而喜走

司馬彪續漢書曰章和元年安息國獻獅子形似麟而無角後漢順帝紀陽嘉二年疏勒國獻獅子封牛漢劉珍東觀漢記曰疏勒王盤遣使文時詣闕獻獅子似虎正黃有顛耏尾端茸毛大如斗張華博物志曰魏武伐頓冐得獅子還至四十里鷄犬皆無鳴吠

亦曰狻麑

爾雅曰狻麑如虦貓食虎豹郭璞注曰即獅子也穆天子傳曰狻麑日走五百里

亦曰白澤

說文曰一名白澤瑞應圖記曰黃帝巡於東海白澤出能言語賢君德及幽遠則出

虎於䖘也無角而善卜

說文曰虎山獸之君也楚謂之於䖘能晝地卜食狐剛子感應類從譜曰虎行以爪坼地觀奇耦而行

亦曰李耳。

漢楊雄絕代語釋別國方言曰虎陳魏宋楚之間謂之李父江淮南楚之間謂之李耳注曰虎食物値耳即止以觸其諱故也

亦曰伯都。

方言曰自關東西或謂之伯都

黃黑曰蜼。

爾雅曰蜼卬鼻而長尾郭璞注曰蜼似獮猴而大黃黑色尾長數尺似獺尾末有岐鼻露向上雨即自縣於樹以尾塞鼻或以兩指江東人亦取養之爲物捷健

蒼白曰貊

廣志曰貊色蒼白其皮温煖南中八郡志曰貊大

如驢狀似熊多力食鐵所觸物無不拉

獬豸任法

漢東方朔神異經曰獬豸忠直見人鬭則觸不直聞人論則咋不正一名任法獸

嬾婦惡織

異物志云昔有婦嬾織姑檛之死爲此獸其膏以照讀書績紡則暗若宴會歌舞則明

麐麔短脰

邢昺爾雅疏曰脰項也麐麔之獸皆短項

威夷長脊

爾雅曰威夷長脊而泥邢昺爾雅疏曰威夷之獸長脊而劣弱少力也

豺祭以獸其陳也方秋獵候也

爾雅曰豺狗足説文曰狼屬狗聲邢昺爾雅疏曰貪殘之獸月令曰季秋之月豺祭獸戮禽又曰是月也天子乃教於田獵埤雅曰豺獺之祭皆四面陳之而獺圓布豺方布

獺祭以魚其陳也圓春漁候也

埤雅曰獺獸西方白虎之屬似狐而小青黑色膚如伏翼水居食魚說文曰猵屬月令云孟春之月獺祭魚然後虞人入澤梁本草圖經云江湖間多有之北土人亦馴養以爲㺚魏張揖廣雅曰一名水狗然有兩種有獱獺形大頭如馬身似蝙蝠淮南子曰養池魚者不畜獱獺

麈統其類

獸似鹿而大名苑曰鹿之大者曰麈羣鹿隨之皆視麈所往麈尾所轉爲準

果然號其類。

僞唐徐鉉吳錄曰九眞晉浦縣有獸名果然猨狖類也色青赤有文居樹上吳萬震南州異物志曰交州以南有果然獸其名自呼身如猨犬而唐李肇國史補曰楊州人取一果然而數十果然可得蓋果然不忍傷其類聚族而啼雖殺之不去也此禽獸狀而人心薄俗有不如者果然大類猩猩

狐惡其類。鬼所乘也。一名玄丘校尉。千年變淫婦

埤雅曰狐性疑則不可以合類故字從孤省也說

文曰狐妖獸鬼所乘也海錄碎事曰玄丘校尉狐也郭氏玄中記曰千歲之狐爲淫婦百歲之狐爲美女名山記曰狐者先古之淫婦也其名曰紫化而爲狐故其性多自稱阿紫干寶搜神記曰狐媚人自稱阿紫唐段成式酉陽雜俎曰野狐名紫夜擊尾出火將爲怪必戴髑髏拜北斗不墜則化爲人矣

鹿愛其類。仙所乘也。一名鉅鹿侯。千年變蒼白。

爾雅曰鹿牡麚牝麀其子麛鳥獸草木魚蟲疏曰鹿欲食皆鳴相召志不忘也埤雅曰鹿愛其類出於天性舊說鹿者仙獸嘗自能樂性從其雲泉至六十年必懷於角下角有班痕紫色如點行或有涎出於口不復能急走也葛洪神仙傳曰魯女生者餌朮絶穀入華山後故人逢女生乘白鹿從玉女數十人海錄碎事曰鉅鹿侯鹿也抱朴壽千歲滿五百歲則色白劉向列仙傳曰鹿一千年爲蒼鹿又百年化爲白鹿又五百年化爲玄鹿

熊子路也。自樹而投地

說文云熊似豕山居冬蟄春出祖冲之述異記曰東土呼熊爲子路劉敬叔異苑曰以物擊樹云子路可起於是便下不呼則不動也詩義疏曰熊能攀緣上高樹見人則顛倒投地而下

猶犬子也。自地而升樹。

爾雅曰猶如麂善登木說文云隴西謂犬子爲猶貜屬也海錄碎事曰聞人聲乃豫升木如此上下故稱猶豫

狒狒人面而善笑

爾雅曰狒狒如人被髮迅走食人郭璞注曰梟羊也山海經曰梟羊在北朐之西其狀人面長脣有毛反踵見人笑亦笑左手操管

猩猩人面而善啼。

爾雅曰猩猩小而好啼山海經曰人面豕身能言語郭璞注曰今交趾封谿縣出狀如貛㹠聲似小兒啼蜀志曰音作小兒啼聲既能人語又知人名酈道元水經注曰猩猩形若狗而人面頭顏端正善與人言音聲妙麗如婦人對語聞之無不酸楚

南中志曰土人執還內牢中人欲取者到牢邊語云猩猩可自推肥者出之既擇肥竟相對而泣

文文善呼。

山海經曰放皋之山有獸焉其狀如蜂枝尾而反舌善呼其名曰文文

雙雙善行。

山海經曰南海之外赤水之西流沙之東有三青獸相并名曰雙雙

羊羒牂也亦曰羭羖

爾雅曰羊牡羒牝牂夏羊牡羭牝羖郭璞注曰羒吳羊白羝夏羊黑羖羭羭黑羝也歸藏曰兩壺兩羭

亦曰髯鬚主簿其聲芊芊非隹草不悅

崔豹古今注曰羊一名髯鬚主簿說文解字曰芊芊鳴也從羊象聲氣上出其性嗜草

豬豭豵也亦曰豨豯

方言曰豬北燕朝鮮之間謂之豭關東西或謂之豵或謂之豕南楚謂之豨其子或謂之豚或謂之

豯吳揚之間謂之豬子

亦曰長喙參軍其聲嚘嚘非人便不珍。

古今注曰豬一名長喙參軍漢趙岐三輔決錄曰馬氏兄弟五人共竹客舍養豬賣豚故民謂之曰苑中三公鉅下二卿五門嚘嚘但聞做聲符子曰朔人獻燕昭王以大豕曰養奚若使曰豕也非大圊不居非人便不珍今年百二十矣人謂豕仙

豹廉獸也廉而有文

豹一名程列子曰程生馬古詩云餓狼食不足餓

豹食有餘言狠貪豹廉有所程度而食埤雅曰豹花如錢黑而小於虎文豹有赤白玄數種草木鳥獸魚蟲疏曰尾赤而文黑謂之赤豹毛白而文黑謂之白豹爾雅曰豹白豹郭璞注曰似熊小頭痺脚黑白駁山海經云幽都之山有玄虎玄豹

狠貪獸也貪而有靈

說文曰狠似犬銳頭而白頰埤雅云狠青色作聲諸竅皆沸里語曰狠卜食將遠逐食必先倒立以卜所向故今獵師遇狠輙喜蓋狠之所向獸之所

在也其靈智若此故古之造式者不用槐癭棗瘤而以狠牙為枉取其靈智也

麝父劚香

爾雅曰麝父麕足字林云小鹿有香其足似麞故曰麕足陶隱居云麝夏月食蟲蛇多至塞則香滿入春急痛自以爪劚出之著屎溺中覆之皆有常本草圖經曰趙蹄公雜說云西北之麝噬虺而食栢故其香結東南山谿有松而無栢故麝不結也

舍利吐金

文選東京賦注云舍利獸名性吐金故名舍利

麞性喜山

埤雅曰麞性喜山抱朴子曰山中未日稱赤吏者麞也說文曰麞麕也爾雅曰麕牡麌牝麜其子麆

麋性喜澤

埤雅曰鹿林獸也麋澤獸也又曰麋性喜澤博物志曰麋掘澤草而食其場成泥名曰蝯民隨此蝯種稻其收百倍爾雅曰麋牡麔牝麎其子麇

駝智而安

漢書月氏注曰槖駝脊上若封土然晉陸翽鄴中記曰脊如馬鞍博物志曰燉煌西渡流沙往外國千里餘中無水時有伏流處人不能知槖駝知水脉過其處輙停不行以足踏地人於所踏處掘之則得水後周四夷傳曰流沙四百里夏日多熱風其風欲至唯老駝知之即預鳴而聚之埋其口於沙中是謂智而安

朝鈍而獘

爾雅曰彙毛刺邢昺疏曰彙即蝟也其毛如針埤

雅曰蝟狀似鼠性極獰鈍物小犯近則毛刺攢起
如矢見鵲便仰腹受啄其矢毅斕淮南子曰鵲天
中蝟此理之不可推也是謂鈍而斃

貉愚而全

字林曰貉似貍善睡然其營窟與貛皆為曲穴以
避雨暘亦以防患淮南子曰貛貉為曲穴

狙巧而危

廣雅曰猴一名狙一名王孫一名胡孫莊子曰吳
王浮於江登於狙之山衆狙見之恂然棄而走有

一狙焉委蛇攫搔見巧乎王王射之敏給搏矢王
命相者趨射之狙死王顧其友顏不疑曰狙之伐
巧恃其便以傲予以至此極也吳筠玄猿賦曰狙
伐巧而招射

蒼兕覆舟

爾雅曰兕似牛說文曰兕如野牛青毛其皮堅厚
可制鎧漢王充論衡曰太師尚父為周司馬將師
伐紂到孟津之上杖鉞把旄號其衆曰蒼兕水中
之獸也善覆人舟因神以化欲令急渡

黃熊拔木。

爾雅曰羆如熊黃白文郭璞注曰長頭高脚猛憨
多力能拔樹木

黑犀駭雞。

爾雅曰犀似豕郭璞注曰形似水牛豬頭大腹痺
脚脚有三蹄黑色三角在頂額鼻上鼻上者食角
也劉恂嶺表錄異曰犀有三角一在額上為兕犀
一在鼻上為胡帽犀牯犀亦有二角皆為毛犀而
今人多傳一角之說韓詩外傳曰太公使南宮适

至義渠得駭雞犀抱朴子曰通天犀有白理如線
者以盛米置羣鷄中有鷄欲往啄米至輒驚却故
南人名為駭鷄犀也

玉面息鼠。

廣雅曰貍一種面白而似牛故名玉面又名牛尾
人家捕蓄之鼠皆帖伏不復出穴矣

獨一鳴而損絕影。

感應類從譜曰獨一叫而猿散盡獨猿類也似猿
而大食猿俗謂之獨猿其一鳴猿皆騰木拔林振

動俾慄而避匿之矣

猿三鳴而人下淚

說文曰猨蠝屬或黃或黑春秋繁露猨似猴大黑色長前臂郭仲產荊州記曰巴東三峽猨長鳴至三聲聞者莫不垂淚宜都山川記曰峽中猨至清諸山名傳其響泠泠不絕行者歌之曰巴東三峽猨鳴悲猨鳴三聲淚沾衣

烏龍喜雪

干寶搜神記曰張然犬名烏龍埤雅曰犬喜雪讒云雪落狗喜

丈人喜月

抱朴子曰山中卯日稱丈人者兔也古今注曰兔口有缺論衡曰生子從口中出埤雅曰吐而生子兎春秋運斗樞曰玉衡星散而爲兎魏兎券典畧曰兎者明月之精博物志曰兎望月而孕

風獸兆風

山海經曰凡山有獸焉其狀如彘黃身白尾名曰聞獜見則天下大風易曰風從虎

火獸兆火

山海經曰鮮山有獸焉其狀如貘大赤喙赤目白尾見則其邑有火名曰移卽

水獸兆水

山海經曰空桑之山有獸焉其狀如牛而虎文其音如欽名曰軨軨見則天下大水

旱獸兆旱

山海經曰拒山有獸焉其狀如豚其音如狗吠其名曰貍力見則其邑多土功

山丈夜求金繒山姑求脂粉

海錄雜事曰嶺南皆有一足反踵手足皆三指雄曰山丈雌曰山姑夜扣人門雄求金繒雌求脂粉

象之膽春前左而夏前右

說文曰象長鼻牙南越之大獸三歲一乳異物志曰象身倍數牛而用不如豕鼻長六七尺大如臂其所食物皆以鼻取之沈褱遠南越志曰象牙長丈餘脫其牙則深藏之削木代之可得圖經曰象有十二種肉配十二辰屬惟鼻是其肉又膽不明

肝脐則在諸肉間淳化中上苑一馴象斃太宗命
取膽不獲使問徐鉉鉉曰當在前左足既而剖足
果得又問其故鉉曰象膽隨四時今其斃在春故
知在是也
貓之睛午則竪而暮則圓
酉陽雜俎曰貓目睛旦暮圓及午竪斂如線其鼻
端常冷唯夏至一日煖一名蒙貴一名烏圓
在子其鳴也在子
酉陽雜俎曰在子者鼈身人首炙之以藿則鳴曰

在子
孟極其名曰孟極
山海經曰石者之山有獸焉其狀如豹而文題白
身名曰孟極是善伏其名自呼
窮奇之音獋狗
山海經曰邽山其上有獸焉其狀如牛蝟毛名曰
窮奇其音如獋狗
諸懷之音鳴鴈
山海經曰北嶽之山有獸焉其狀如牛而四角人
目彘耳其名曰諸懷音如鳴鴈
辣辣一目
山海經曰泰戲之山有獸焉其狀如羊一角一目
目在耳後其名曰辣辣
從從六足
山海經曰栒狀之山有獸焉其狀如犬六足其名
曰從從
蟨則比肩
爾雅曰西方有比肩獸焉與邛邛岠虛比爲邛邛

岠虛齧甘草即有難邛邛岠虛負而走其名曰蟨呂
覽曰蟨鼠前而兎後趨則頓走則顛
䍺則無口
山海經曰洵山有獸焉其狀如羊而無口不可殺
也其名曰䍺郭璞注曰稟氣自然
風狸長眉
酉陽雜俎曰南山有獸名風狸如狙眉長好羞見
人至低頭無人至乃於草中尋摸忽得一草莖折
之長尺許窺樹上有鳥集指之隨指而墮因取而

食之

足訾文臂

山海經曰蔓聯之山有獸焉狀其禺而有鬣牛尾

文臂馬蹄見人則鳴名曰足訾

驢父馬毋曰驘

崔豹古今注曰驢爲牡馬爲牝則生驘

馬父驢母曰駃騠

說文曰駃騠馬父驢母也

山都見人則走

異物志曰廬陵人山之間有山都似人躶身見人

便走自有男女長四五尺

犰狳見人則眠

山海經曰餘峩之山有獸焉其狀如菟而鳥喙蛇

尾見人則眠名曰犰狳郭璞傳云佯死也

遇畏則畏

獸各遇其所畏則畏如貍畏虎畏熊之類

遇食則食

獸各遇其所食則食之如豹食豺豺食蝟之類

有所制　有所醉

如蝟制虎猫食薄荷則醉虎食狗則醉之類

有角者膏無角者脂肉食者悍草食者愚

酉陽雜俎曰食草者多力愚如牛馬之屬食肉者

勇敢而悍如虎狼之屬

萃三曰羣偶二曰友

小雅吉日篇曰或羣或友用語曰獸三爲羣故二曰

友友親於羣在數宜少

生子曰産嗇草曰薦

說文曰人及鳥生子曰乳獸曰産獸之何食草爲

薦子者神人以薦獻遺黃帝帝曰何食何處曰食

薦

土處曰穴本處曰寓

穴處如熊類爾雅釋獸以闕洩以上爲寓屬邢昺

爾雅疏曰寓寄也言此上獸屬多寄寓木上故題

云寓屬

色隨五行

蒼龍之屬木行赤豹之屬火行黃熊之屬土行白

虎之屬金行黑豬之屬水行

毛應四氣

春則毛盛夏則毛希少而革易秋則更生而整理冬則生而毛細毛以自温焉

或變化或各歷年歲

如熊五百歲能化爲狐狸兎五百歲色變白狼三百歲善變人形之類

異種殊形同歸地理

獸之種類不齊形狀各殊然獸皆行地之物同易日

北爲地類

虎苑序

嘉靖癸丑王子甥於吳郡陸氏陸氏墓在花山竹塢塢深多亂泉怪石虎渡太湖來踞塢中食人不去又數月聞擒虎過陸丈門外人皆擁門觀王子出稍後虎已去從觀者問虎文甚奇王子歎恨不及見虎他日游山間尋擒虎處又觀虎磨牙槍槍皮如削心異之山人競來譚虎王子憶古書中及人間所聞虎事往往酬答之客好事者命牘燒記又趣王子梓王子謂虎猛獸談者色變不當梓客曰奚害夫六經聖人之文皆談虎談虎奚害王子遂因類成篇分爲十四德政美循良也孝感厲天親也貞符奏瑞也占候驗術也戴義崇報德也殛暴明帝罰也威猛示雄武也靈怪載妖凶也豢擾存貽害之旨搏射垂傷勇之戒紀神攝以表仙釋之蹤紀人化以抑獸行之慝紀旁喻以徵風譬之規紀禨志以廣見聞之博篇成系贊其下客謂太簡王子曰不然譬諸飲食梁肉取飽若夫山豆海俎指多染卽厭矣于是請客命篇客謂曰虎苑云太原王穉登序

虎苑目錄

虎苑目錄終

虎苑卷上

太原王穉登著　徐仁毓校閲

德政第一

宋均爲九江太守郡多虎患前太守常募設檻穽而猶多殘害均到郡下記屬縣曰江淮之有虎猶河北之有雞豚今爲民害咎在殘吏而勞厘張捕非憂恤之本也其務退奸貪進忠善可一去檻穽除削課制後虎相與東渡江

劉昆爲弘農太守虎皆負子渡河詔問行何德政致

是對曰偶然耳帝曰此長者之言也

童恢爲不其令戶人嘗爲虎害廼設阱捕之生獲二虎恢呪曰天生萬物惟人爲貴虎狼當食六畜而殘暴于人王法殺人者死傷人抵罪若虎殺人者俛首不然號呼一虎閉目如懼狀卽時殺之一虎奮躍而去

魏世祖時有獻虎者問虎何食曰食肉詔曰下民饜糟糠何忍以肉飼虎命虎賁射殺之

劉陵爲長沙安成長先時多虎百姓患之皆徙他壁陵之官修德政踰月虎皆出境百姓復還

法雄爲南郡太守郡濱帶江沔雲夢藪澤多虎暴前守賞募張捕乃更爲害雄下記曰虎狼在山林猶人居城市古者至化之代猛獸不擾皆由仁及飛走太守雖不德敢忘斯義記到其毀壞檻穽不得妄捕是後虎害遂息

王子香爲荆州刺史有德政卒於支江有三白虎宿衛其側垂首不動及喪去踰州境忽不見共樹碑文號曰支江白虎也

國朝于梓人楚產洪武中進士有異術歷官知登州有訴其親傷于虎者梓人命卒賫牒山中方憒而虎至帖耳隨行觀者如堵秃伏庭下梓人數其罪百笞之許其改過叱之出虎遂循故道而去

慈谿張昺成化間爲鉛山令虎食寡婦子訟于張張令去五日來廼齋戒爲文祭城隍神約五日內必驅虎伏辜不然廟當毀後五日天未明夢神告虎來張挾矢升堂二虎伏庭中不動張曰爾食吾民罪當死二虎有不傷人者出一虎出一伏如故張善射用□

三中其首命卒亂鞭殺之召婦人歸其虎禺字仲明
御史大夫楷之子所至有政聲
牟俸廉察江西夢虎身被三矢而登舟遂驚寤以告
僚佐僉事胡某見牟性行謀謂曰得無獄冤耶牟艴
然罷先是牟斷吉安女子殺夫獄有疑女許嫁貧士
親迎時盜殺貧士塗中士之父疑婦家嫌其貧而殺
之訟于牟牟怒不察因案女姦而謀殺其夫論死胡
逮問女姦夫無所得使媪驗其女又處子問士與誰
交密云同舍生周彪胡沈思曰虎三矢登舟彪也因
檄彪修志既至召彪密室引其手曰牟公廉知若事
欲論極典吾憐若材止牟公第吐實當相援耳彪錯
愕卽跪陳聞女艷故謀殺貧士圖妻女胡錄其辭白
牟遂出其女而論彪死焉
讚曰奕奕循吏仁孚異類負子挾羣涉波以去穆
矣弘農猗歟九江二君爲政竹簡生香

孝感第二

楊香楊豐女也隨父田間刈稻豐爲虎所噬香年才
十四身無寸兵遂搤虎頸虎犇逸得免太守孟肇之

□其事詔旌門閭
區寶居父喪鄰人格虎虎趨入其廬卽以簑覆之鄰
人問寶寶曰虎豈可藏耶人遂去虎後送禽獸助寶
祭祀
景定間郢州村民一姊一弟偕樵常日姊樵歸爨弟
樵齋薪養母一日負薪歸虎逐弟登木爪其裾姊挐
虎尾呼曰虎食我無食弟弟死母誰養虎回視置之
而去
成都章惠仲與妹壻丘生偕赴試出峽舟覆丘死焉
章登第調并研主簿還及峽聞弟死舍舟乘馬疾行
過萬州日黑馬仆墜厓下虎來銜章髮章謂虎曰汝
靈物當聽吾語吾母八十生子二人女一人往年妹
壻死于江今年弟死于室獨吾一身存將竊升斗祿
養母汝食我柰母老何虎聞遽捨之天明章攀木而
上迺得歸章赴官母卒未幾亦卒乃知一念之善脫
於虎口爲母故也
朱泰家貧養母百里鬻薪親極滋味戴星伐木虎負
之去朱厲聲曰食我不惜母無托耳虎棄泰于地安

秦竟不死里人以爲孝感釀金遺之目爲虎殘

贊曰天親遘凶赴難如歸踴躍捍衛當者披靡髯鬣非懦爪牙非威鬼神祐之共濟阽危

貞符第三

騶虞白虎黑文不食生物不踐生草不履生蟲虎壽千歲五百歲者色白

樞星散而爲虎

虎窟山相傳燕齊南太守胡諳于此山掘得白虎因名焉

虎丘初名海涌吳王闔閭葬其下發卒六十萬人治之葬三日白虎蹲其上因名

魏文帝將受禪郡國奏白虎二十七見

周永昌中涪州多虎有獸似虎而絕大逐一虎噬殺之錄奏檢瑞應圖曰酋耳也不食生物遇虎則殺之

贊曰白虎金精縞質玄章西方之宿匪禍伊祥聖人受歷寶圖皇皇䝞謂於菟騏驎鳳凰

占候第四

虎奮衝破又能畫地卜食兵法曰將開牙門常背建向破其以此歟

虎行以爪坼地卜食觀奇偶而行今人畫地卜者曰虎卜

虎交而月暈

虎嘯則風生

南山久旱以長繩繫虎頭骨投潭中有龍處水掣不定俄頃雲起雨亦隨降

虎威如乙字形長一寸在脇傍皮内尾端亦有之佩之臨官主無官人所媢嫉

晉武帝母李太后簡文時執役宮中簡文無子令善相者相諸宮人相者指后當生貴子而有虎厄帝幸之生武帝及會稽王道子既爲太后服相者之驗而怪虎害無謂且生未識虎乃令工圖形戲擊之便患手腫而崩

班超微時相者謂燕頷虎頭當爲萬里侯已而果然

沈僧照嘗校獵中道而還左右問何故答曰國家有邊事須還處分問何以知曰向聞南山虎嘯俄而使至

讚曰交維暈月嘯迺生風天文協應譬彼雲龍手萌后禍頭兆矦封靈占歷歷符節攸同

戴義第五

郭文舉與虎探去鯁虎送鹿報

長興郎媼山行遇虎銜入深谷虎蹲媼前不食媼曰莫有刺欲去否虎舉足示媼見爪下竹刺拔去之騰躍數四銜媼至舊所不相傷夜置一鹿于門而去

李吏家湖濱蠶月出條桑幼孫守室虎渡湖餒甚入室見孫不食登豕牢食豕去吏歸尋豕甚怪夜聞牢

中虎嘯及豕鳴天明視之豕故在而大過前豕蓋虎銜來報之也

讚曰蠢爾毛蟲懷德惟深黔首謂何下石甘心黃雀玉環靈蛇寶珠中山之狼于爾何誅

殛暴第六

義興某人攜妻徙歷陽附一舟長年悅其妻欲圖之方艤舟紿其人曰吾此地多相識酉若妻舟中吾與若先登陸同行至山下被毆死長年即還舟劫其妻曰而夫死于虎而無若當與吾偶妻哭謂尋得遺骨

國從汝長年不得已漫挈之往途間遇虎徑攫長年而去婦見虎謂夫果死慟哭於途人問得其故云適自邑中來見人惣爲舟人毆死復甦豈爾夫耶婦詣挈之果其夫更生云

乾道中江西水災豐城農夫挈其母及妻子就食他所過小溪密語妻曰穀貴艱食豈能俱生我襁兒先渡母老不能來可弃之婦不忍披姑以行足陷泥淖方取履見白金爛然在水中拾得之語姑曰本爲貧徙今幸天賜可歸矣登岸視其夫不見見戲沙上問

之云被黑牛銜入林中入林視之流血丹地已爲虎食矣

大德中荆南九人山行避雨入土洞中虎來踞洞口視眈眈八人密議排一人愚者出啖虎虎當去虎得人銜置他所坐如故須臾洞崩八人死愚者竟生

義興陳氏婦盤而孀居家鄰木客客悅其姿莫能犯乘夜登垣昇木寘其庭詰旦指爲竊訟于官婦事玄壇神素虔慟告神夢神曰令吾虎報爾佹未幾客貨侶山中伐木黑虎躍出叢竹噬客去衆喪魄久之□

讚曰暴夫茹柔傷彜叛倫神實禍淫匪虎噬人天討有嚴帝命有虔斧鉞奚事元凶殲焉

威猛第七

虎類能識人氣行至百步輒伏而嗥聲震山谷須臾奮躍搏人

虎骨甚異雖只尺淺草能身伏不露及虓然作聲則巍然大矣

虎中有真虎真虎不可射其見射於斐旻者非真虎也

虎不食小兒兒癡不懼虎故不得食弃不食醉人必俟其醒始食非俟其醒俟其懼也

虎饑亦啖菓實不特獸也凡食人男子自勢婦人自乳惟不食婦人之陰

虎不行曲路過之者引至曲路即可避去

虎食犬則醉犬乃虎之酒也

虎搏兎先於四圍遺溺兎不能出坐受其搏

虎爲獸長亦曰山君

虎豹之駒雖未成文已有食牛之氣

讚曰高山大壑窟宅深藏藜藿不採狐兎潛亡武臣洗洗龍旂鳥章妖氛清明萬國來王

靈怪第八

鬬伯比淫于䢵女生子文爲䢵夫人使弃諸夢中虎乳之䢵子田見之遂使收之楚人謂乳穀謂虎於菟故命曰鬬穀於菟

虎殺人能令屍起自解衣此倀鬼所爲也

開元中韋知微爲蕭山令縣多山魈變幻爲害前後官吏多被其禍知微至究其窟宅烈火焚之邑中寂

然一日有客稱蘭陵蕭慥來訪知微談鋒捷麗辨敏無雙知微甚加顧重客出懷中小合有獮猴大才如栗謂知微曰此猴雖出峽所得宛轉可玩輒當相贈知微奇之誇示于内猴忽騰躍化爲猛虎兵仗無施闔門遭噬孑遺無有矣

周象好獵爲汾陽令夢乳虎相逼驚寤得疾僧海寧過其門謂郗父曰此有妖氣當爲禳之象聞召僧僧仗劍禹步誦呪入門直至寢所遶牀數匝叱之忽聞牀下虎吼家人奔駭象不覺投牀下死僧命水噀之

須史如故

長慶中處士馬拯馬沼約遊衡山拯先至見麗眉僧舉動樸野遐逅歡甚倩拯僕隨下山市鹽酪俄頃沼至云山下見虎食人訖化爲僧拯詢知是巳僕方駭顧僧亦來口血尚殷二人紿僧云井有怪物因共窺井推僧墜井中乃虎也下石壓殺之急趨歸日巳暝見獵者張機道傍召二人宿棚上曰虎方暴不可歸二人從之薄暮猛虎觸機矢貫心死忽見僧道男女數十群至號哭云殺我禪師譬未復復殺我將軍耶二人叱之曰爾倀無知生爲虎食死爲虎役今幸虎死又哀哭之何故哉于是諸倀弁散終不知禪師將軍者虎也

景雲元年蕭志忠爲衡州刺史臘日將畋先期樵人薪于霍山夜半月白見長人衣豹皮角而光芒虎兕狐狸千百從行自稱玄冥使者奉帝命以若屬充蕭使君畋數群獸哀號不起使者曰當求解于嚴四樵人施從至東谷中黃冠坐虎皮上使者告之故黃冠曰蕭公仁者本顧聮今若滕六降雪巽二起風當罷出矣命狐狸求美女醇醪書朱符分餉之群獸皆懽鳴黃冠唫曰昔爲仙子今爲虎流落陰厓足風雨更將斑毳被余身千載青山萬般苦樵人歸未明而風雪暴至蕭公罷畋矣讀其詩知嚴四爲虎也

大中間寗菌秀才假大僚莊于南山下月夜有斑寅將軍來謁氣類雄武自陳斑氏出於鬬穀於菟有文斑之象因以爲姓後漢班超生而虎頭封侯萬里其後將種官虎賁中郎將比因得罪竄伏山林耳遂朗吟一章曰但得居林嘯焉能當路蹲渡河何所怯終是怯劉琨寗甚疑之遂辭去及明覘門外惟虎蹤而巳

清源陳褒隱居別業臨牕夜坐外皆荒野月正明見婦人騎虎過牕下徑之屋西先有婢臥屋壁下婦人取竹枝從壁隙中刺婢婢即呼腹痛起出戶如廁褒駭愕未及言婢巳爲虎所攫遽救之得免鄉人言村中恒有此怪蓋虎倀也

陳郡謝玉爲瑯琊內史在金城其年多虎暴有一人乘小舠載少婦揷刀著船舷婦登岸便爲虎銜去其

人拔刀逐之口呼鍾山蔣侯求助即有黑人來導行入虎穴虎子聞聲謂母虎至皆走出即刺殺之隱樹間良乂虎來倒牽婦入穴中其人以刀斫斷虎腰虎死婦故活夜夢黑衣人云蔣侯生汝知否還家殺猪祠焉

建炎間荊南多虎郭外人多移家入城避虎張四者移來畢而虎至急竄于梁虎升堂蛻虎化爲丈夫出門尋張張下取皮置梁上虎還失皮甚窘探懷中丹符擲于地曰吾奉天符取若等姓名都除惟若在耳

能還我皮當捨若張曰除我名還還汝皮虎出筆除之張擲皮下虎蒙皮復故形咆哮大躍張震駭幾墜虎去明日六十里外雷震殺虎

資州趙媪業乳醫夜聞扣門方出應爲人負去行如風至吾厓下語趙曰爾無畏吾虎也吾妻方產能全吾妻當謝爾黃金入穴見牝虎坐蓐趙爲收得虎子即負趙歸明夜聞人呼曰謝媪妻子五里外虎殺一僧衣下黃金汝取之平旦如言往果得金

荊州陟屺寺僧那照善射言夜格虎時必見三虎並來挾者虎威在中者虎虎死威入地得之可却百邪虎初死時記其頭枕處月黑夜掘之掘時有虎吼不足畏此虎之鬼耳掘三尺當得物如琥珀蓋虎目光淪入地之所爲也

義興多虎成化間邵某設機于路虎過中箭跡之不獲明日行山廟見土偶股間箭在焉令聞而毀其廟又總兵趙輔征廣西嘗見群虎飲溪中趙引弓射之中其魁帶箭去明日邏者于古廟中見神被箭集脇間趙神之新其廟不若前令之毀爲得云

陸丈外舅先隴在花山竹塢中林壑幽邃往年多虎墳鄰人帶月採茶見白袍丈人謂曰去去虎且至倉皇升木見一群流血人來繞樹數匝云走却也當是茶中人洩之矣悵悵而去須臾虎至過岡度前嶺其人趨歸語其妻但不解茶中人何謂傾筥視之乃龜中木偶也先是此偶在山廟中拾得之龜事於梁中夜鼠鬬墜筥中不之知及是乃悟遂金身石屋虔奉焉

讚曰闞生弃野猛虎飼之匪虎飼之惟神賜之爲

鬼爲魅又曷使之妖不勝德正直耻之

虎苑卷上終

虎苑卷下

豢擾第九

梁鴦曰且一言我養虎之法夫食虎者不敢以全物與之爲其碎之之怒也不敢以生物與之爲其殺之之怒也虎之與人異類而媚養己者順也故其殺之逆也吾豈敢逆之使怒哉亦不順之使喜也何則喜之復也必怒故曰不處中和勢極則反必然之數耳

孔公文韶爲廣西按察使艤舟江口鄰舟有占城人進虎京師延公過舟虎在圈中毛色炳煥一夷人能馴虎開圈弄虎手探口中略無所損戲其足輒退縮夷人言虎惜爪距故也又呼其名即長虓孔駭然而退

董奉爲醫術甚神種杏成林人來謝者使益種杏杏實時虎守杏不去

江口孫御史夫人養一乳虎甚馴著牀屏間玩弄如意後虎漸大夫人歸寧扃虎室中五日方還虎愕甚見夫人便作嗥噬狀夫人大驚命格殺之

扶南王范尋常畜生虎人有訟未知曲直輒投虎虎

不噬則爲直于是蠻貊之人祀虎爲神

讚曰猛獸野心反噬非久出柙遺害各歸典守上林清風嗇夫緘口破棼脱檻卒擴以走

搏射第十

卞莊子性好勇嘗刺虎舘竪子止之曰兩虎方食牛牛甘必鬬則大者傷而小者亡從傷而刺一舉當兩獲莊子然之果獲二虎

李禹有勇力帝使刺虎縣下圈中未至地有詔引出禹以劍斫絶纍欲刺虎上壯之

李廣在北平出獵見草中石以爲虎射之中石飲羽視之石也明日更射不復入

李廣與兄弟獵于宜山見臥虎射之一矢卽殪斷其頭爲枕示服猛也鑄銅象其形爲溲器示辱之也今人作虎枕自廣始又謂溲器曰虎子穆天子時有虎在葭中七萃之士曰高奔戎乃生捕虎而獻之天子命柙而蓄之東虞是曰虎牢

孫權好畋長乘馬射虎虎突前攀馬鞍張昭變色諫權謝曰年少不能慮事然猶不能已命作射虎車

周處年少時凶彊俠氣爲鄉里所患又義興山中虎長橋下蛟並皆暴犯人謂三横而處尤劇處聞有自新意便射殺蛟及虎虎名邅跡乃白額虎也

天寶中緱氏縣太子陵仙鶴觀每年九月三日夜卽有道士一人上仙張竭忠爲令不信命勇士執兵夜覘之三更後見黑虎入觀銜一道士射之不死乃弃道士而去其年遂無上仙者明日令大獵石穴中格殺數虎得金簡王籙冠帔骨髮甚多皆前時上仙者也觀遂廢爲陵使之居

勝國時張興祖萬戶善射虎平生射殺十數虎他日遇虎一發而踣語人曰鬬生虎鬚可療齒因拔之虎氣垂絶猶爪裂其韡人遂目之爲殺虎張

黄棣阮其有膂力溪行遇虎突入其舟阮前抱虎腹相持入水踰時廼出虎逸去阮歸晝寢貓登其榻夢中驚呼虎至戰汗死

肇慶人言其鄉有人善捕虎夜持藥矢蔽林中聚薪燃火有虎與熊偕來附火人潛發矢射中熊喉熊拔矢怒視虎已而痛甚卽拔巨木擊虎虎一死熊繼之延

而獲焉

孔公文詔卒都昌時一卒長身多力夜行遇虎乃登木木無巨榦虎怒嚙之欲仆卒躍下持虎尾不解道無行人語虎曰吾與若俱力盡捨之恐見食即不食我當三號虎便三號卒縱之掉尾而去

義興王昌六經有力能拔樹嘗之野見人持鎗逐虎王取槍屈折之笑曰槍柔若此虎烏能死哉拔道傍巨竹剡其末未竟而虎來張頤向王王以竹貫其喉更持虎兩足擲林中則已僵矣

陸丈童子師包君家龍丘山中地多虎與妻家隔嶺居妻弟某生素剛愎夜飲包家昏黑欲歸不能止登嶺月出一虎蹲石上見人方張頤未及踴躍生遽以鞾擲之趨歸視鞾已裂矣明日嶺上行人言虎膩頤死

山西有人善搏虎蓄一弓極勁出必自隨一日官命捕虎山中使其侶將弓以從道語間虎出于薄亟呼弓來其侶倉皇悮以他弓與之而將弓者遁矣柔不堪用應手折其人以手把虎足虎人立而吼虎頷骨極堅抵擊不已賴有鐵幘可禦不然碎首矣日且墨道無一人其人恐更有他虎當不可禦遂伸臂與虎一至而虎死焉蓋虎性甚恥有不如意即憤極須嚙人乃死其人識虎性故假手殺之吾吳中人官山西親見之召至啓其臂傷痕尚新也

讃曰徒搏稱暴輕生奚取雅歌不敢風云鴉波飛將射石飲金沒羽聖行三軍嗟嗟誰與

神攝第十一

仙人鄭思遠長騎虎故人許隱病齒求治鄭曰惟得虎鬚及熱插齒間當愈鄭拔鬚與之因知虎鬚治齒也

老彭殷大夫也姓籛名鏗歷夏至殷八百餘歲歷陽有彭祖仙室常有兩虎在祠左右前世禱請風雨莫不輒應祠訖地即有虎跡云

東海黃公能御虎佩赤金刀以絳繒束髮及衰老力憊飲酒過度不能復行其術秦末有白虎見于東海黃公乃以赤刀往厭之術既不行遂爲虎所殺三輔人俗用爲戲

介象入山求神仙臥石上有虎舐象額象寤謂虎曰天使汝衛我者汝蹔若山神使試我者汝去虎乃去

吳猛有道術同縣鄒惠政迎猛夜于中庭燒香虎來抱政兒超籬去猛語云無所苦須臾當還虎去數步忽送兒歸

貴州僧結菴龍虎山下嘗赴肅市人家倩四僕肩輿以行至即從主人求密室閉僕其內加扃鑰戒勿與食主人念僕遠來不當令枵腹俄聞咆哮走視之皆虎也驚悸毛竦爭來言僧但微笑啟扃鑰與出依

然僕也遂舉輿去蓋始以法攝制山中虎耳

上官昶有神術能捕虎長樂謝士元守建昌虎近郭噬人士元自往捕之兵衛甚盛昶過見之笑曰捕一虎何觽張耶守知其神召問之曰第令衆人毋呼我姓名聽我指使虎易制耳乃令束芻燃火先行毋伐金鼓既至虎所虎踞竹林中昶被髮而進以袖拂虎頭虎不動遂乘之以行觀者塞道及郭門一人呼曰官先生騎虎來矣虎遂回首齧昶足昶亟呼獵徒叢稍刺殺虎人問昶何術曰玄壇法也蓋道家謂玄壇神能伏虎耳

讚曰至人御虎身尊道高馴服無忤如豕于牢黃公習幻絳繒赤刀術衰乃死角觝遺嘲

人化第十一

牛哀病七日化而爲虎其兄啓戶而入虎搏殺之方其爲人也不知其將爲虎也及其爲虎也不知其嘗爲人也

宣城太守封邵化爲虎食郡民民呼曰封使君時人語曰毋爲封使君生不治民死食民

隴西李徵皇族子恃才倨傲東遊吳楚莫知所適明年徵故人李儼使嶺南至商於界有虎騰出草中見儼匿身言曰故人知我乎我李徵也往年歸汝墳病予逆旅夜聞人呼走出山谷間不覺以手攫地而步覩軀間斑毛茁然心惡之臨溪顧影已爲虎矣初食狐兎既乃噬人今其骨髮故在崖下耳行負幽明化爲異類奈何故人言罷大慟托儼周其家甚哀懇儼回車登嶺見虎吼林中聲震巖谷後從南中取他道歸不復由此矣

趙不易爲江陰軍僉判妻病火食絶不食惟啖生肉與趙隔寢婢媵侍疾者輒病死不朞月更三人皆死老兵持肉自戟門入怒不食自後圃卽食之趙後侍闕衢州妻白晝化虎而去人謂戟門有神而三婢者遭其乘夜吮血故殞焉

葉薦妻讒妬葉七十始畜一妾妻卽求離異築室山後居焉家人日夕省候葉謂不復妬令妾訊之日落不返親詣其處門戸深扃破關而入則妻已化爲虎食妾盡矣

剱州李忠因病化爲虎初忠病久其子買藥歸而省父忠視子忝顧涎流乎驚視父已作虎形出外扃其室穴壁窺之遁眞虎矣

乾道五年趙生妻李氏病頭風家人聞虎吼起視之化爲虎頭問之不能言但隕淚撫其幼子與飲食不復食但食生肉日飼數斤久之遁死李生時凶悍人謂惡報云

讃曰凶悖濟惡獸心是畀戴弁峩峩猛踰貘貔五内既乖化爲異類倏焉咆哮啞人不顧

旁喻第十三

易曰大人虎變其文炳也

孔子適楚有婦人哭于路而哀使子貢問之曰爾之哭重有憂乎曰然子貢問其故曰吾舅死於虎吾夫又死焉今吾子又死焉是以哀之子貢曰奚不去也曰無苛政孔子聞之曰小子識之苛政猛于虎也

齊饑陳臻謂孟子曰國人望夫子復勸王發棠孟子曰是爲馮婦也馮婦善搏虎有衆逐虎虎負嵎莫之敢攖衆望見馮婦趨而迎之馮婦攘臂下車衆皆悦之爲士者笑之

龐共與太子質于邯鄲謂魏王曰今一人言市有虎王信乎王曰否二人言王信乎王曰否三人言王信乎曰寡人信之共曰夫市無虎明矣然而三人言成市虎今夫邯鄲去魏遠于市議臣過于三人願王察之共從邯鄲還果不得入呂蒙欲從軍母止之蒙曰不入虎穴焉得虎子

曹公擒呂布布顧劉備曰玄德卿爲坐上客我爲降虜今縛我亟獨不可一言耶操曰縛虎不得不亟也

韓子曰虎之能縛狗者爪牙也使虎失其爪牙而使狗用之則反伏於狗矣

司馬遷曰猛虎在山百獸震恐及在陷穽搖尾而求食積威約之漸也

劉夢得守連州替高霞寓高後入爲羽林將軍承眷顧附書夢得欲請自代劉答書云昔有嫗行山中遇虎虎舉足示嫗見有芒刺爲拔去之虎感奮而去反歸擲麋鹿狐兎於嫗家日無虛焉一旦忽擲死人入村人執嫗爲殺人嫗說前事得釋乃登垣語虎曰感

則感矣叩首大王更不拋人來也

解學士縉應 制題虎顧衆彪圖云虎爲百獸尊誰敢觸其怒惟有父子情一步一回顧 文皇素不悅仁宗聞此惻然即遣夏原吉迎於南京可謂善諷者矣

讃曰苛政傳譏大人易著君子見幾耻爲馮婦良臣善諷比物援類大君納約罕譬而喻

禨志第十四

爾雅曰熊虎醜其子狗絕有力麙

漢律曰捕虎一購錢三千其狗半之

記曰迎猫爲其食田鼠也迎虎爲其食田豕也詩曰有貓有虎注謂貓似虎而淺毛疑即俗所謂山猫耳非如人家所畜者蓋猫亦食人特其威猛亞于虎云

易曰虎視眈眈其欲逐逐

三九者陽氣成故虎七月而生陽立於七故虎首尾長七尺般文者陰陽襍也

淮南子曰虎不可衣緣木

風俗通曰人卒得病殃虎皮飲之繫之衣帶亦辟惡

縣虎鼻門上宜官子孫帶印綬縣虎鼻門中周歲取作屑與婦飲之生貴子勿令人知知即不驗亦勿令婦見之

神荼鬱壘兄弟黃帝時人能執鬼鬼有禍人者以葦索縛之投食虎於是官常以臘除畫虎桃人于門

方言虎陳魏之間曰李父淮楚之間曰李耳注謂虎食物值耳而止以觸其諱

百體書中有虎 召奏用虎爪書不可學以防詐僞

山蕭一名山臊能役虎害人

周禮方相氏敺罔象罔象好食亡者肝而畏虎與栢故墓上置石虎樹栢爲此也

二廣俗好於門畫虎頭書聻字

仙藥中有虎脫齒

蜻能跳入虎耳

猾無骨入虎口虎不能噬處虎腹中自内齧之今云蠻夷猾夏取此義

虎鷹能飛捕虎豹身大如牛翼廣二丈

虎鬚草江東人織以爲席

禽蟲之善搏生者多稱虎如蠅曰蠅虎鳩曰魚虎守宮曰蠍虎土附曰蝦虎鳲鶉剖葦食蟲曰蘆虎皆以其善食是物而有是名

士子初登選及遷除朋僚歡燕謂之燒尾說者謂虎欲爲人惟尾不變須焚之乃變故燕以名海中虎頭白皮料影三種鯊魚皆能變化

桀之女衆三萬人投虎于市觀其驚駭

子華少學公羊十四舉孝廉到洛陽遇虎爭一羊乃瞋目按劍斬羊腹虎各以其半去

秦召公子無忌不行使朱亥奉璧一雙秦王怒令著亥虎圈中亥瞋目視虎眥裂血濺虎不敢動

大觀間昌化山中居民夜聞虎鬬聲甚厲已而寂然殆曉視之見二虎頭八蹄而已意方鬬時別有猛獸遇而兩食之後有見異獸于山中金毛五文狀類獅子是必食虎者也然不知其何名

韓蘄王夫人京口倡也嘗五更入府賀朔見虎蹲臥廊間駭甚趨出不敢言已而衆至復往視之迺驕卒也蹴之起問姓名爲韓世忠心異之歸告其母具酒邀韓約爲伉儷蘄王後貴遂封兩國夫人

宋丞相范文穆公好談虎搆軒曰說虎

被虎傷者當喫菜油三四盞

龍丘山農家窶甚里胥至欲烹抱雛母雞爲供具胥恍惚見黃衫女前拜乞命俄失所在入屋見其家縛雞胥不許去數日復來雞已抱出一群雛見胥飛鳴作相感狀胥出門遇虎幾欲近忽一雞飛撲虎眼胥得逸去却還其家已失雞問之云朝來飛去胥具述虎事共往尋之雞已折翮斃草間自是山中不復食

雞

龜山趙氏乳犬引雛行虎來攫母犬趙持矛呼衆逐虎虎趫捷莫能及雛犬悲鳴嚙虎尾虎憚追莫敢回顧帶之而走骨挂榛棘灑血殷地終不肯釋虎為犬係累犇逸稍遲遂遭追及死于刃下矣

魏明帝于宣武場上斷虎爪牙縱百姓觀之王戎七歲亦往看虎承閒攀欄吼觀者辟易顛仆戎湛然不動了無恐色

梁王徐知諤嘗遊秋山除地為廣場編虎皮為大帷

率僚屬會其下號曰虎帳忽暴風飄帳碎如飛蝶知諤心惡之歸數月病卒

吳俗好鬭蟋蟀用黃金花馬為注里人張生為之屢負禱于玄壇玄壇張所素奉夜夢神云遣吾虎助爾在北寺門下張覺往尋之獲黑蟋蟀甚大每鬭輒勝獲利甚豐久之乃死

陳氏家義興山中夜聞虎當門犬號開門視之乃一少艾雖衣襦凋損而妍姿不傷問知是商女隨母上塚作寒食為虎所搏至此陳婦見其端麗諷之曰能為吾子婦乎女謝惟命乃遂配其季子踰月其父母蹤蹟得之喜甚遂為婚姻目曰虎媒

趙南仲丞相居溧陽私第作圈養四虎圈近火藥庫藥焙遺火衆砲倏發地震屋傾四虎悉斃人以為駭

元時外夷貢獅子虎頭狗身形色不類宮中以為非真夷人牽入虎牢虎皆帖伏不敢動獅遂溺于虎首虎益懾懼由是信為真獅子也

宣德間程雲南為尚寶一日被召至虎城傍門啓虎突出程驚呼不已　上大笑蓋虎去爪牙上特用戲

之耳

國朝劉馬太監從西番得一黑驢進　上能一日千里又善鬭虎　上取虎城牝虎與鬭一蹄而斃又鬭壯虎三蹄而斃後取鬭獅獅折其脊劉大慟葢龍類也

讚曰六經譚虎聖人之書班班載籍雲爛星垂分篇劄牘採綴紛紜蒙茸支離裨益多聞

虎苑卷下終

圖書在版編目（CIP）數據

百川學海/(宋)左圭輯. 續百川學海/(明)吳永輯. 廣百川學海/(明)馮可賓輯.—北京：人民出版社，2012
ISBN 978-7-01-011049-3

Ⅰ. ①百… ②續… ③廣… Ⅱ. ①左… ②吳… ③馮… Ⅲ. ①叢書－中國－宋代②叢書－中國－明代 Ⅳ. ①Z121

中國版本圖書館 CIP 數據核字(2012)第 154218 號

ISBN 978-7-01-011049-3
9 787010 110493 >

百川學海 續百川學海 廣百川學海

(宋)左圭 (明)吳永 馮可賓 輯

出版發行：人民出版社
北京市朝陽門内大街 166 號
郵政編碼：100706
http://www.peoplepress.net
責任編輯：陳鵬鳴 翟金明
責任校對：周思遠
封面設計：趙 晶
版式設計：郭清霞
經　　銷：全國新華書店
印　　刷：三河市利興印刷有限公司
開　　本：787mm×1092mm 1/16
印　　張：174.125
版　　次：2012 年 8 月第 1 版
印　　次：2012 年 8 月第 1 次印刷
書　　號：ISBN 978-7-01-011049-3
定　　價：壹仟叁佰捌拾元（全五册）